メディア用語基本事典 [第2版]
ENCYCLOPEDIA OF MEDIA & COMMUNICATION STUDIES

渡辺武達・金山 勉・野原 仁
Watanabe Takesato/Kanayama Tsutomu/Nobara Hitoshi

[編]

世界思想社

##　まえがき

　本書の原型である『メディア用語を学ぶ人のために』(渡辺武達・山口功二編)を刊行したのが1999年，そして野原仁が編者に加わりその改訂版を『メディア用語基本事典』と改題して出したのが2010年である。両書とも幸い好評で版を重ねたが，この10年ばかりのメディア界と情報環境，とりわけネット基本のコミュニケーション様式の進化，それらがもたらした社会の構造的変動，それらを追いかける研究動向は私たちの予想を超えていた。そのため，そうした動きに適切に対応し，手引き書となる事典の全面改訂版の発行要請が各所から寄せられるようになり，それらの声に応えようと新たに金山勉が編者として加わり準備を始めたのが2年前である。

　全体の構造については，冒頭にメディアと社会の時代状況を表す大項目を置き，現代社会のコミュニケーションとその様相を概観した。目次は分野名を含め大幅に組みなおし，各分野とも新規項目の追加，継続項目の見直し，資料編を含めた全面改訂を行った。ただし，初版以来めざしてきた①学問的な裏打ち，②時事性・ジャーナリズム性，③平易な表現で，学生，社会人にも受け入れられる内容であること等に加え，本改訂版では④学生諸氏がメディア関連業界を目指すときの参考にできる業界への基礎的案内としても役立つという観点も取り入れた。

編集意図

　現代社会は信頼できるメディアとグローバルな情報ネットワークの存在があってはじめて成立する。またメディアは人びとの人格形成に影響を与え，社会観(世界観・倫理観・歴史観)を作り，世論と社会の質的形成に大きな役割を果たしている。

　「メディア」はすでに日常語になり，書店には「メディア」を表題に入れた単行本や雑誌，インターネットやジャーナリズムに焦点をおいた単一領域辞書，コミュニケーションや文化，多様な社会現象についての優れた

事典類は少なくない。だが、これまで、メディアとジャーナリズム、そしてコミュニケーションと情報の実状とそれらの研究動向を今日的視点でおさえた、総合的かつハンディな事典はあまりなく、手前味噌だが、『メディア用語を学ぶ人のために』に続く本事典をもって嚆矢としたい。

その独特の位置は①情報、②社会、③ジャーナリズム、④コミュニケーション、⑤デジタル化、⑥グローバル化をキーワードにしてメディアの関連事項を俯瞰したものとしては、現在も変わってはいない。だがその間にインターネットによる影響と情報の流通量が大きくなり、その結果、当初の予測とは異なり、公共性よりも「私性」的傾向をもつ情報の流通が格段に増え、その分だけ伝統的「公共メディア」としての新聞やテレビの役割が小さくなった。このことと同時並行的に私たちの周囲で起きたのが多くの社会構成組織や制度（政党・労働組合・宗教団体・地域コミュニティ、その他の中間的な社会制度）の弱体化と減衰現象である。

だが、ネットの利用とその展開さえ、先進諸国に偏っているし、世界的には家庭に入り込んだ最も大きなメディアは今なおテレビとラジオであり、識字率と個人所得の低い途上国では新聞も、主として知識人と富裕層の間で読まれているのにすぎないという現実がある。

本書ではそうしたコンテキストにおけるメディアの今日的社会情報環境の理解に役立つアプローチによって、私たちのメディア環境を国際的位相で相対化したメディア学の基礎情報とそれらの現代的意味を、情報学・コミュニケーション論・歴史経済学・法学といった学際的な視点から照射して提供したいと考える。

読者対象

本書の想定する読者層はメディアとコミュニケーション・ジャーナリズム、そしてネットワーク社会のあり方等に関心をもち、メディアとコミュニケーションの現場とその研究理論について知ろうとする学生一般・社会人であるが、メディアの現場や日本の情報政策の議論に関わっている専門家・実務家の皆さんにもメディア・コミュニケーション学の概論として読んでいただけるものになるよう心がけた。メディアは社会の構成と動きをより多くのひとが総合的に理解するために必要不可欠であり、それらの基

本課題が把握できるよう，冒頭にやや長い解説を置き，各項目の選択とその表現についても，相互の連関の中から問題と状況が把握できるような説明の仕方を執筆者の方々にお願いし，その補助となるような索引をつけた。研究者やメディアの現場関係者の皆さんが隣接分野のことを知りたいときにも役立つよう，平易な記述のなかにも最新の学問的成果を盛り込むことを願ったからである。加えて，専門語を知るための字引としてだけではなく，メディアと社会について広く知るために読む事典になるように心がけた。

どのような著作にも編・著者，執筆者等の生き方が反映しているが，渡辺と山口は1960年代の後半，同志社大学大学院修士課程新聞学専攻（現在，メディア学専攻）で，戦後日本のジャーナリズム研究をリードした和田洋一・城戸又一・鶴見俊輔の3先生との対話と著作から大きな影響を受けた。その教えの根本は，政治学者・丸山眞男が「野党性をもたぬ政治学は，いかに深遠な理論を誇ろうと一番肝心な筋金が欠けているといって差し支えない」といった姿勢のメディア学への応用，また彼が「復性復初」ということばで，言論機関とその従事者，言論人たちが1945年8月15日を境にどう変わったのかを忘れるなと言い続けたことにつながっている。

メディアとジャーナリズムについての学問は長い間「新聞学」を呼称してきた。しかもそれは，日本の場合はとくに，「言論・表現・情報の自由」とのセットで語られることが多かった。だが，活字も映像もその実際的利用と理論的展開において，オーディエンス（メディア発信情報の「送られ手」）である市民を大切にしてきたとは必ずしもいえない。だからこそ，私たちは本書全体を通して，市民主権の立場からメディア・コミュニケーションの全体構造とその社会性に接近したい。多様性と多角的視点を尊重しながらも，項目の選定と記述にそうした姿勢が現れ，本書の読者がメディアについての「リテラシー」（賢い利用法）を身につけて使いこなし，「社会への積極的な参加者」になってくだされればうれしい。

編集要領

本事典がカバーする領域は，①メディア，②ジャーナリズム，③コミュニケーション，④情報，⑤広報・広告，⑥ネットワーク社会，⑦メディア

文化，⑧それらを対象としたメディア研究で，各分野の基本用語に解説を加え，最後部に初学者用に入手しやすい参考書をまとめて紹介している。また本書が扱う事項の基礎的理解に役立つ関連データを資料編として付けた。メディアとメディア学の歴史的発展の年表を付けたのも同じ理由からである。

　収録項目については，旧版での作業と同様，上記関連のキーワード約1500を選び出し，それぞれの分野の専門家の知識を借りながら450ほどに絞り込み，重要度から5種類の長さの解説に分け，他項目と関連づけた執筆をお願いした。当該分野に深い学識をおもちの方々にきびしい字数制限をした上での執筆依頼をした非礼をお許しいただきたいと思う。

　執筆者については一覧別記の通りで，学界やジャーナリズムの実務活動を通して編者と交流のある世界トップクラスのメディア学者たち，日本の第一線の学者や若手研究者，現場従事者のみなさんからの協力や編集上の助言が得られた。また初版の山口功二氏が退き，新たに金山勉が新編者として加わった。全体の編集雑務については阿部康人氏（駒澤大学），各項目の英語相当語の選定についてはネイティブの方々の助力を得た。

　本書の出発は先述した『メディア用語を学ぶ人のために』，故岡満男先生との共編著『メディア学の現在』（ともに世界思想社刊）がご縁になっている。それら二書の編集をご担当いただいた秋山洋一氏（元編集部次長），とりわけその補助担当者であった大道玲子氏には今回，責任担当者としてお世話いただいた。また高橋克典氏には煩雑なゲラチェック等をしていただいた。事典類の発行は出版社にとって労が多く，営業的にも危険な取り組みであり，本書への読者の支持が続くことで版元へのお返しができることを願うのみである。

　なお，初版準備から10年以上が経過し，その間にデニス・マクウェール先生をはじめ少なからぬ方々が物故者となられた。これまでのご指導に心からの感謝をし，ご冥福をお祈り申し上げます。

2019年3月10日

編　者　渡辺武達　金山 勉　野原 仁

■旧執筆者一覧 （※は編者。所属は2011年1月現在）

青木　貞茂	法政大学
秋山　登	映画評論家
有山　輝雄	
飯塚　浩一	東海大学
井川　充雄	立教大学
伊藤　高史	同志社大学
植田　康夫	読書人
大井　眞二	日本大学
大庭　絵里	神奈川大学
小黒　純	同志社大学
小田　光雄	文芸批評
香取　淳子	長崎県立大学名誉教授
金平　茂紀	TBS
カラン，ジェームズ（James Curran）	ロンドン大学
河崎　吉紀	同志社大学
清原　邦ภ	医療ジャーナリスト
清原　康正	文芸評論家
栗木千恵子	中部大学
ゴールディング，ピーター（Peter Golding）	ラフボロー大学
小山　帥人	ジャーナリスト
齊藤　修	京都新聞ホールディングス
才脇　直樹	甲南大学
佐伯　順子	同志社大学
佐々木久人	
佐藤　卓己	京都大学
佐藤　達郎	多摩美術大学
佐藤　正department	明治学院大学
芝田　正夫	関西学院大学
柴内　康文	東京経済大学
シュドソン，マイケル（Michael Schudson）	
シュレジンジャー，フィリップ・R.（Philip R. Schlesinger）	グラスゴー大学
鈴木　秀美	慶應義塾大学
鈴木　弘貴	十文字学園女子大学
砂川　浩慶	立教大学
スパークス，コリン（Colin Sparks）	ウェストミンスター大学
扇田　昭彦	演劇評論家
滝沢　岩雄	坂田記念ジャーナリズム振興財団
竹内オサム	同志社大学
竹村登茂子	読売新聞社
田島　正夫	朝日新聞社OB
立木　茂雄	同志社大学
田村　紀雄	東京経済大学名誉教授
津金澤聰廣	関西学院大学名誉教授
津田　正夫	中京大学
土田　弘	元・京都放送
徳永眞一郎	電通
永井るり子	芦屋大学
仲佐　秀雄	通信放送史料室ユマニスム文庫
中谷　聡	京都光華女子大学
中村　功	東洋大学
中村百合子	立教大学
※野原　仁	岐阜大学
野村　彰男	国際交流基金日米センター
野山　智章	聖教新聞社
橋元　良明	東京大学
早川　洋行	名古屋学院大学
日沖　桜皮	桜風舎
堀部　政男	一橋大学名誉教授
前澤　猛	ジャーナリスト
マクウェール，デニス（Denis McQuail）	アムステルダム大学
保野　裕美	同志社大学
松尾　祐樹	関西インターナショナルハイスクール
松田　浩	メディア総合研究所
丸山　昇	ジャーナリスト
三井　愛子	大阪経済法科大学
宮武　久佳	東京理科大学
矢野　直明	サイバーリテラシー研究所
※山口功二	同志社大学名誉教授
山下　憲子	
山田　隆司	創価大学（元・読売新聞記者）
吉川　幸	ベネッセコーポレーション
吉澤　健吉	京都産業大学
吉田　達	
吉田　麻記	
ローゼン，ダン（Dan Rosen）	中央大学
※渡辺武達	同志社大学名誉教授
亘　英太郎	

■執筆者一覧 (※は編者)

阿部　康雄	駒澤大学
有山　輝雄	
飯塚　浩一	東海大学
池田　謙一	同志社大学
池田　雅子	弁護士
市村　　元	関西大学客員教授
伊藤　高史	同志社大学
伊奈　正人	東京女子大学
植村　八潮	専修大学
元　　容鑛	(ウォン　ヨンジン) 西江大学校
海野　　敏	東洋大学
梅田ひろ子	認定NPO法人障害者放送通信機構
遠藤　　徹	同志社大学
大井　眞二	日本大学
大島十二愛	共立女子大学
大谷奈緒子	東洋大学
大西　祐子	京都新聞社
大庭　絵里	神奈川大学
岡本　　健	近畿大学
小川　明子	名古屋大学
小黒　　純	同志社大学
小川真知子	NPO法人SEAN
勝野　宏史	同志社大学
※金山　　勉	立命館大学
カラン, ジェームズ (James Curran)	ロンドン大学
河崎　吉紀	同志社大学
河島　茂生	青山学院女子短期大学／理化学研究所革新知能統合研究センター・客員研究員
川端　美樹	目白大学
神崎　　博	関西テレビ放送
北村　慶介	PwCコンサルティング合同会社
木村　忠正	立教大学
清原　康正	文芸評論家
具志堅勝也	沖縄大学非常勤講師
栗木千恵子	中部大学
黒田　　勇	関西大学
クンツ, ウィリアム (William Kunz)	ワシントン大学
小池　洋次	関西学院大学
小泉　恭子	大妻女子大学
ゴールディング, ピーター (Peter Golding)	ラフボロー大学
小佐井麻衣子	フリーライター
小山　帥人	ジャーナリスト
齊藤　　修	京都新聞社総合アドバイザー
才脇　直樹	奈良女子大学
佐伯　順子	同志社大学
酒井　　信	文教大学
佐藤　卓己	京都大学
佐藤　正晴	明治学院大学
志柿浩一郎	同志社大学専任研究員　助教
芝田　正夫	関西学院大学名誉教授
柴内　康文	東京経済大学
シュドソン, マイケル (Michael Schudson)	コロンビア大学
鈴木　俊夫	静岡放送
鈴木　秀美	慶應義塾大学
鈴木　弘貴	聖心女子大学
砂押　博雄	朝日新聞社
スパークス, コリン (Colin Sparks)	ウェストミンスター大学
関　　良樹	EYアドバイザリー・アンド・コンサルティング株式会社
薗部　靖史	東洋大学
高井　次郎	名古屋大学
髙城　千昭	TBSスパークル
高田　昌幸	東京都市大学
田口　哲也	同志社大学
竹内オサム	同志社大学
竹村　朋子	立命館大学
張　　朋美	EJU専門学院
津田　正夫	元・立命館大学
土田　　弘	元・同志社大学嘱託講師／元・京都放送
土屋　祐子	広島経済大学
トゥニ, クリストフ (Christophe Thouny)	立命館大学
内藤　　耕	東海大学
永井るり子	京都光華女子大学非常勤講師
長岡　里沙	フジテレビジョン
中村　　功	東洋大学
中村百合子	立教大学
中村　美子	NHK放送文化研究所
中谷　　聡	京都光華女子大学嘱託講師
新嶋　良恵	武蔵野大学非常勤講師
※野原　　仁	岐阜大学
野村　彰男	フォーリン・プレスセンター
野山　智章	聖教新聞社
橋元　良明	東京大学
畑仲　哲雄	龍谷大学
早川　洋行	名古屋学院大学
韓　　景芳	(ハン　ジンファン) 華東政法大学
玄　　武岩	(ヒョン　ムアン) 北海道大学
黄　　盛彬	(ファン　ソンビン) 立教大学
藤田　真文	法政大学
藤原　広美	立命館大学
白　　承燁	(ペック　スンヒョック) 韓国コンテンツ振興院
マクウェール, デニス (Denis McQuail)	アムステルダム大学
俣野　裕美	同志社大学
松浦さと子	龍谷大学
松尾　祐樹	関西外語専門学校
松田　　浩	メディア総合研究所
丸山　　昇	ジャーナリスト
三井　愛子	同志社大学非常勤講師
三ツ井　淳	PwCコンサルティング合同会社
美馬　秀樹	東京大学／産業技術総合研究所
宮武　久佳	東京理科大学
矢野　直明	サイバーリテラシー研究所
山下　憲ег	
吉川　　幸	岡山大学
吉澤　健吉	京都産業大学
吉本　秀子	山口県立大学
ローゼン, ダン (Dan Rosen)	中央大学
脇　正太郎	元・朝日新聞社／時事通信社
ワスコ, ジャネット (Janet Wasko)	オレゴン大学
※渡辺武達	同志社大学名誉教授

凡　例

■構成

　本書は，冒頭の「メディアと社会の21世紀問題」の他に，「現代情報化社会のキーワード」「インターネット・情報通信」「放送（テレビ・ラジオ・ネット利用・モバイル送受信）」「新聞（紙媒体・電子媒体）」「出版（書籍・雑誌）・電子出版，印刷」「広告・広報・パブリックリレーションズ」「ポピュラーカルチャー／大衆文化・社会風俗」「メディア・コミュニケーション研究，情報サイエンス」「メディアのキーパーソンたち」「カレントトピックス」の10分野から成り，重要用語を計約450項目選定した。

　目次と本文は分野ごとに，収録した用語を50音順に配列した。索引は，全分野を通して50音順に並べている。

■項目，記号，表記など

　見出し項目は，各分野ごとに50音順に配列している。人名が見出しとなる場合は，姓→名の順に表した。

　各項目の英語相当語を見出しに併記した。ただし，英語表現にはまだ定訳のないものもあり，日本語項目をよりよく説明できる仮訳として記述した場合もある。訳すことが難しいものはローマ字で表記した。

　引用・参照文献を巻末にまとめ，本文では項目末に番号で示した。

例：📖 130, 131

　またこれとは別に，各項目の理解の助けとなる参考文献を，現在図書館などで利用可能なものから挙げ，巻末にまとめた。その際，書名・雑誌名には『　』，論文名には「　」を使用した。

■索引

　検索しやすさを考慮し，見出し項目に加え，本文中の重要語（太明朝体）も収載，50音順→アルファベット順に配列した。

目　次

◆まえがき i　　◆旧執筆者一覧 v　　◆執筆者一覧 vi　　◆凡例 vii

I　メディアと社会の21世紀問題

インターネット・AI社会　1
AI時代のメディア体験　6
オーディエンスの自律と自立　11
広告　16
災害・安全対策　21
ジャーナリズムが直面する課題　26
情報化時代の娯楽産業　31
情報バリアフリー社会　38
世論調査の諸問題　43
マンガ・アニメ文化　48
メディア・ジャーナリスト教育　53
メディア社会の現況と研究の課題　59
メディアの責任とアカウンタビリティ　64
メディア表現とジェンダー　70

II　現代情報化社会のキーワード

アーキビスト　75
アクセス権　75
アルゴリズム　75
アントレプレナージャーナリズム　76
イエロージャーナリズム　76
イギリスのメディア　76
e-ポリティクス　78
EUのメディア政策　79
インターネット安全法，不正アクセス禁止法　79
インターネットスラング　80
インタラクティブ／双方向性　80
インフォテインメント　80
インフォームドコンセント　81
インフルエンサー　81
ウィキペディア　81
ウィキリークス，エドワード・ジョセフ・スノーデン　82
ウェブジャーナリズム　82
ウォッチドッグ　83
うわさと流言　83
冤罪　83
オーディエンス（読者・視聴者）　84
オピニオンリーダー　84
オーラルヒストリー　85
オルタナティブメディア　85
海外の日本語教育　85
ガラパゴス現象　86
カリスマ　86
環境問題とマスコミ報道　87
記者クラブ／インナーサークル　88
技術決定論　88
客観報道　89
キャッシュレス社会　89
キュレーションメディア　90
言論・表現の自由　90
公共性，公益性，公共圏　91
公正の原則／フェアネスドクトリン　92
国家公務員法と守秘義務　92
子どもの保護とメディア　93
誤報，虚報　93
コミュニティメディア　93
コンセンサスコミュニティ（共創社会）　94

災害時安否確認システム 95
サイバー戦争 95
再販制度（再販売価格維持制度） 96
サイレントマジョリティ 97
サステナビリティ 97
参加型コミュニケーション 97
Jアラート（全国瞬時警報システム） 98
GHQのメディア政策 98
自主規制 99
G-SPACEプログラム 99
支配文化と主流メディア 100
市民，市民社会 100
謝罪記事／謝罪公告 102
ジャーナリズム教育：米国の場合 102
ジャーナリズムの精神 104
宗教間対話 105
集団的過熱取材（メディア・スクラム） 105
熟議民主主義 106
情報格差 106
情報技術の戦争利用 106
情報公開法 107
知る権利 107
シールド法／情報源秘匿法 108
ステレオタイプ 109
スポーツとメディア 109
スロージャーナリズム 109
政治的公正論／ポリティカルコレクトネス 110

セクハラ・パワハラと報道 111
積極的公正中立主義 111
世論 113
戦時宣伝 113
戦略的コミュニケーション 114
対人コミュニケーション 115
第4の権力 115
タブレット通訳 116
多文化主義 116
チェリーピッキング 116
知識資本主義 117
調査報道／権力批判 117
調査報道と国際協力 118
著作権 119
著作権管理団体 120
通信社 120
通信・放送委員会 121
デジタル機器の教育利用 121
デジタルフォレンジック（電子鑑識） 122
デジタルヘルスケア 122
データサイエンス 123
データジャーナリズム 123
データ生態系 123
TEDカンファレンス 123
デマ 124
電子ジャーナル 124
ドキュメンタリー 124
トランスヒューマニズム 125
日本外国特派員協会 126
ニュージャーナリズム 126

ネットワークジャーナリズム 126
8月ジャーナリズム 127
ハッカー 127
ハッシュタグ 127
パノプティコン 128
パブリックジャーナリズム 128
パブリックドメイン 128
犯罪報道 128
ビッグデータ 129
ピュリッツア賞 130
ファクトチェック 130
ファブレス 131
フィッシング 131
フォトジャーナリズム（写真ジャーナリズム） 131
不文律 132
プライバシーの権利 132
プレスオンブズマン 132
プレスの自由委員会とメディアの社会的責任 133
プロパガンダ 134
米国立公文書館 135
米国のメディアコミュニケーション教育 135
放送禁止用語，差別用語，不快用語 136
報道協定 136
報道の危機管理 137
ポピュリズム 138
ポルノグラフィー（ポルノ）と猥褻 138
マスメディア 139
ミドルメディア 139
MIMAサーチ 139
名誉毀損 141

メディアインテリジェンス 141	メディアの内部的自由 148	やらせ 150
メディア化 141	メディア批評 148	UDトーク 152
メディア産業 143	メディアフレーム 149	ユネスコ・マスメディア基本原則宣言 152
メディアと権力 143	メディアミックス 149	ラップ 153
メディアと国家 145	メディアリテラシー 149	リスク社会 153
メディアの取材方法 146	モノのインターネット（IoT） 150	リーチサイト 154

Ⅲ　インターネット・情報通信

IoTテロ 155	GPS（衛星利用測位システム） 163	ネット依存 168
IP電話 155		ネット言論 169
アプリ 155	情報処理推進機構（IPA） 164	ネット情報の倫理基準 169
インターネット 156	シンギュラリティ（技術的特異点） 164	ネットセキュリティ 169
ウェアラブルデバイス 157		ネティズン 170
VR, AR, MR 157	ストリーミングコンテンツ 164	配信サービス 171
エゴサーチ 158		バズフィード 171
エコーチェンバー 158	送信可能化権 165	バズる 171
SNS 158	対抗テクノロジー 165	バーティカルメディア 172
オルタナファクト 159	第4次産業革命 165	BBS 172
仮想通貨 160	ダークウェブ 166	不正アクセス 172
クラウド 160	ツイッター 166	ブロックチェーン 173
コモンキャリアー 161	通信品位法 166	ポータルサイト 173
コンテンツモデレーター 161	電子商取引 167	まとめサイト 173
コンピュータ 162	電子マネー 167	マルウェア 174
コンピュニケーション 162	電子メールからSNSへ 167	その他知っておくべき用語 174
サイトブロッキング 163		
サイバー犯罪 163	動画投稿・共有サイト 168	

Ⅳ　放送（テレビ・ラジオ・ネット利用・モバイル送受信）

英国のコミュニティメディア 175	玉音放送 176	子ども番組と社会的影響 178
	ケーブルテレビ 176	
エデュテインメント 175	公共放送 177	コミュニティラジオ 178
NHK問題 176		サブリミナル 179

CS放送・BS放送　179	日本民間放送連盟(民放連)	放送法，電波法　190
視聴率　180	185	放送倫理・番組向上機構
受信障害　181	ニュースキャスターの心得	(BPO)　191
デジタル放送　181	186	民放　192
テレビ局入社の心得　182	ネット時代のラジオ　186	メディアとグローバライゼ
テレビコメンテーター　182	ネット同時配信　187	ーション　192
テレビ作品の顕彰制度　182	パブリックアクセス　187	ヨーロッパ(英独仏)の放
テレビ・ラジオの技術的発	番組審議機関(番審)　188	送法制　193
展　183	表現規制　188	リアリティショー／リアリ
東南アジア諸国の放送制度	米国の放送史初期事情	ティテレビ　194
184	189	ローカル報道の現場　194
ドキュメンタリー制作の心	放映権料　189	ワイドショー　195
得　185	放送における情報アクセシ	ワンセグ放送　195
	ビリティ　189	テレビ業界の用語　196

V　新聞(紙媒体・電子媒体)

記事データベース　197	新聞製作と技術革新　201	ネット新聞，デジタル版
降版協定　197	新聞と放送局の系列化　202	205
災害時相互援助に関する協	生活情報紙(誌)　202	パブリックコメント　205
定　197	宅配制度　203	貧困ジャーナリズム　205
署名記事　198	地方紙の課題と経営　203	編集権　206
新聞記事の顕彰制度　198	日本ABC協会(新聞雑誌	メディア欄　206
新聞記者の心得　199	部数公査機構)　204	新聞現場の用語　207
新聞産業　199	日本新聞協会　204	

VI　出版(書籍・雑誌)・電子出版，印刷

ISBN(国際標準図書番号)	書店　214	文庫本　218
209	書評紙(誌)　215	編集プロダクション　219
印刷，DTP　209	新書　215	ミニコミ誌　219
オンライン書店　210	総合雑誌　216	メディア批評誌　219
雑誌　211	第3種郵便物　216	ルポ／ルポルタージュ　220
雑誌コード　212	電子書籍，電子出版　217	出版制作校正用語　220
週刊誌　212	電子図書館　217	
出版業界の現在とこれから	日本複製権センター	
213	(JRRC)　218	

Ⅶ　広告・広報・パブリックリレーションズ

- アドテクノロジー　222
- 意見広告　222
- 印象操作　223
- インターネット広告　223
- AC ジャパン　224
- 既視感／デジャブ　224
- クチコミ広告　224
- 広告効果の測定　225
- 広告代理店　225
- 広告の種類　226
- 広告の制作過程　227
- 広告の表現と法規制　227
- 広告媒体　228
- 行動ターゲティング広告　229
- 購買行動モデル　229
- CI，VI，BI　229
- CM　230
- ステルスマーケティング　231
- デジタルサイネージ　231
- 電子広告　231
- ニッチマーケット　232
- パブリックディプロマシー　232
- フェムバタイジング　232
- フローチャート　233
- マーケティング　233
- 広告現場の用語　234

Ⅷ　ポピュラーカルチャー／大衆文化・社会風俗

- アイドル　237
- アニメーション　237
- アメリカンヒーロー　238
- e-スポーツ　239
- インディーズ　239
- 映像の技術　240
- 演劇現場の用語　240
- 大阪のお笑い文化　241
- キャラクタービジネス　241
- 携帯電話・スマートフォンの文化　242
- 現代の映画　242
- 現代の演劇　243
- コスプレ文化　243
- 子ども文化とメディア　243
- コミックマーケット（コミケ）　244
- サブカルチャー　244
- スポーツジャーナリズム　245
- 同人誌　245
- 日本の伝統芸能　246
- ブロードウェイ　247
- 米国映画におけるアジア系の人びと　247
- 米国のメディアとスポーツ　248
- ポピュラー音楽　248
- ポピュラー・カルチャー　249
- メディアと現代文学　251
- リーヴィズム／反商業文化主義　252

Ⅸ　メディア・コミュニケーション研究，情報サイエンス

- アクセスジャーナリズム　253
- アメリカ合衆国憲法修正第1条　253
- 安全神話　254
- 越境するメディア　254
- 勝ち馬効果　255
- カルチュラルスタディーズ　255
- 韓国人メディア接触の特徴と日本イメージ　256
- 韓国メディアの国際発信　256
- 議題設定機能　257
- キラーコンテンツ　258
- ゲートキーパー理論　258
- 公文書管理法　259
- 合理的無知　259
- コミュニケーション権　260
- コミュニケーションモデル　260
- 初期の出版印刷文化　261

世界のメディア・コミュニケーション研究関連学会　262
中国人メディア接触の特徴と日本イメージ　263
都市伝説　263
トリックスター　264
日本の新聞学研究　264

日本のメディア・情報学関係学会　266
風評被害　266
プレスの自由の5類型　266
ヘゲモニー理論　268
ペンタゴンペーパーズ　268
マスゴミ　269
メタジャーナリズム　270
メディア研究の課題　270

メディア効果研究の諸理論　272
モッキンバード作戦　273
リップマン-デューイ論争　274
連邦通信委員会（FCC）　275
惑星的カルチュラルスタディーズ　275
忘れられる権利　276

X　メディアのキーパーソンたち

アメリカ情報産業の先駆者たち　277
大宅壮一　279
黒澤明　280
ストーン, オリバー／ムーア, マイケル　281

田原総一朗, 池上彰, 津田大介　282
手塚治虫　283
日本のジャーナリストの先導者たち　284
ハルバースタム, デーヴィド　285

マクルーハン, マーシャル　286
マードック, ルパート　287
宮崎駿, 新海誠　288
リップマン, ウォルター　289

XI　カレントトピックス

IT眼症　291
エコメディア　291
NG社会　291
AV人権倫理機構　292
お祈りメール　292
顔認証　292
科学計量学　293
環境コミュニケーション　293
韓国大統領弾劾とメディア　294
QRコード利用の拡大と社会的効果　295
共謀罪　295

原発事故報道　296
高プロ　297
国際放送　297
ご飯論法　298
在京大手メディアの沖縄報道　298
シェアリングエコノミー　299
小説投稿サイト　300
情報通信法制　300
政治ジャーナリズム　300
性の多様性／セクシャルダイバーシティ／ジェンダーダイバーシティ　301

ソフトパワー　302
忖度　302
ゾンビ　303
ツイッター政治　303
デザインシンキング　303
図書館の変容　304
トランプ型選挙と政治　305
トリセツ　306
ドローン　306
日米地位協定と情報公開　306
日本の国際放送　307
日本パッシング　308

ネット時代の米国メディア　308
ネーミングライツ　308
ハゲタカジャーナル　309
パナマ文書と調査報道　309
ビブリオバトル　310
フリーランス　310
ヘイトスピーチ，ヘイトクライム　310
脱真実(ポストトゥルース)の時代　311
ミーツー（#MeToo）　311
メディアイベント　312
メディアの現場とハラスメント　312
モラルハザード　313
有価証券報告書　313
リベンジポルノ防止法，出会い系サイトの危険性　314
歴史修正主義・自由主義史観　315
若者のメディア利用　316

資　料　編
国際機関宣言・決議など　318
国内関連法規　319
国内倫理綱領　322
データで見る各種メディア　324

メディア・メディア学の歴史　330

◆参考文献　338
◆引用・参照文献一覧　340
◆索　引　347

I　メディアと社会の21世紀問題

インターネット・AI社会
Internet/AI and Society

河 島 茂 生

インターネット，IoT，ビッグデータ

　日本政府は2016年，Society 5.0を掲げた。Society 1.0が狩猟社会，Society 2.0が農耕社会，Society 3.0が工業社会，Society 4.0が情報社会であり，これからの社会はSociety 5.0というべき人類史上5番目の社会，つまり情報社会とは違った新たなステージに入っていくという見方である。その未来社会とは，**IoT**（Internet of Things）や**ビッグデータ**，**AI**（Artificial Intelligence，人工知能）などの先端技術により，さまざまな機器が連動して相互で調整することで，サイバー空間とフィジカル空間が融合し人間のくらしが最適化される社会である。たしかに現代社会は，コンピュータ技術が媒介してさまざまな活動が行われている。すでにインターネット技術やカメラ技術，音声技術，機械学習を中心としたAIなどが社会に組み込まれている。

　世界のインターネットの利用者数は，ITUの調査では2017年時点で35億人を超えている。世界のおよそ半数の人がインターネットを使っている。日本国内の利用者数も，2013年以降，1億人を上回って推移している。普及率は8割ほどである。PCのみならずスマートフォンなどのモバイル端末の普及率も8割を超え，それらの機器の大半はカメラや音声入出力装置，インターネット接続機能が付いており，多種多様なアプリケーション（**アプリ**）を使うことで，写真を撮ったり音楽を聴いたり調べ物をしたり，い

ろいろなことに使える。もはや仕事や遊び，生活，勉強に欠かせないツールになっている。既知の人同士のコミュニケーションはもちろん，一般の人でも不特定多数に簡単に発信できる環境が整ったといえる。それもテキストだけでなく，画像，動画，音を使って気軽に発信できる。**Instagram**や **LINE** などを介したヴィジュアルコミュニケーションが盛んになってきた。画像や動画の撮影・編集が実に簡単になり，通信速度が増したことも背景にあり，ヴィジュアルのよさ・面白さに人々が熱心になっている。マスメディアの記事やテレビ番組も，インターネットで配信されることが増えてきた。いまや**通信社**や新聞社が配信する記事をインターネットで見ることは珍しいことでない。見逃したテレビ番組や地上波では放送されない番組をインターネットで視聴することも多くなってきた。現代社会は，**対人コミュニケーション**にもマスコミュニケーションにもインターネットが介在する比重が増しており，まさにインターネットがメディアとなった社会であるといえる。

　モノのインターネットといわれる IoT 機器も着実に広がりをみせている。いろいろな機器が通信機能をもち，閉じられた専用ネットワークやインターネットにつながっている。総務省の『情報通信白書』（平成29年版）は，IHS Technology の推定を参照し，2016年時点で IoT デバイスの数は173億個であり，2020年には約300億個にほぼ倍増することが見込まれると述べている。PC やルーター，プリンターだけでなく，家電や自動車，医療機器，スポーツ用品に至るまで，さまざまなデバイスがネットワークに接続し，それらのデータがビッグデータ化する。

　ビッグデータは，その名の通り大量のデータを意味するが，それだけでなく頻度や多様性も兼ね備えたデータを指すことが多い。ビッグデータは，都市環境や治安の整備，コンピュータインターフェースの設計，各種**マーケティング**などに利用されている。ただし，ビッグデータの解析は容易ではない。そこでビッグデータを解析するツールとして，後で述べる AI が注目を集めている。

AI

　2013年以降，機械学習を中核とした AI の技術が進展・普及した。AI

は，1950年代から1960年代の第一次ブーム，1980年代半ばの第二次ブームに続き，3度目のブームを迎えている。その背景にはコンピュータのハードウェアが指数関数的な性能向上を示し，センサを含めたコンピュータの遍在化や多くの人々の発信によるビッグデータの生成がある。そこに深層学習（ディープラーニング）などの技術的工夫が合わさり，高速度で計算することで膨大なデータから自動で統計的な特徴量を見出せるようになった。スポーツの結果や企業決算のような伝えるべき項目が定まっているコンテンツは，学習データが大量にあったこともあり，すでにAIによる自動記事作成がかなりの精度で進んでいる。さらにAIは，記事作成の支援だけでなく，ネットニュースであれば，どのようなキーワードを付ければよいのかを提案したり，ユーザごとにどの記事を目につきやすい場所に配置するかを決めたりする。

　AIは，**SNS**上でもコンテンツの選別に利活用されている。個々のユーザがどのような**投稿**に「いいね！」を押し，どのようなリンクをクリックしているかなどを計算し，その人のホーム画面に表示されるコンテンツを予め選別している。これは，各利用者が自分好みにカスタマイズされた投稿や広告のみに接するようにしていく傾向があるため，デイリー・ミーもしくは**フィルターバブル**と関係する。AIは，社会の負の側面を抑えるためにも使われている。たとえば，**ポルノ**や暴力などのコンテンツの投稿を防いだり，自殺を匂わせる投稿を自動で抽出し特に危険な場合はメンタルヘルスの専門家が介入したりする。AIによって画像や動画を分析し，テロを助長する投稿ができなくする措置もとられている。また，AIを駆使することによってフェイクニュースを検知し，拡散する前に虚偽の記事を取り除くことが模索されている。いずれも，AIだけではなく人間によっても精査されるが，膨大な量の書き込みを人間だけで点検することは難しい。そこでAIをツールとして使って，全体のチェック能力を拡大している。

　そればかりではない。AIの翻訳技術は，現段階では厳密な言葉遣いが求められる現場では活用が難しいものの，観光案内のような大まかな翻訳ができればよい場面では異文化の交流の助けになると想定される。方言のきつい地域でもAIを使って標準語に変換することによって観光や医療に

活かすことが期待される。地域資料のデジタルアーカイブ化が進んでいるが，古文書のくずし字に適用することで史料を読む参考にもなるだろう。電話での窓口業務の支援にも使われており，オペレーターの研修時間が少なくなり，対応時間の短縮や担当者の労力の軽減につながっている。人がわざわざ読み上げなくても原稿データを入力すれば自然な音声ガイダンスが作成されるようにもなってきた。このほか，設備や製造品の異常検知にも使える。

技術による非決定性と社会の関与

　このようにデジタルテクノロジーは，現代社会に急速に浸透し社会的影響を増そうとしている。しかし，ほかの技術と同様，デジタル技術が一方的に我々の社会を変えていくわけではない。どのようにデジタル技術が社会のなかに組み込まれていくかは，人々の倫理観や法制度，企業などの組織の動き，開発者たちの熱意や創意，一般の人々のイメージや利用形態といったさまざまなことが作用し合って決められていく。

　たとえば1980年ごろから繰り返されている意見として，インターネットがあれば，在宅勤務が広がり，職場が変わるたびに引っ越しする必要もないため，地域社会が安定するという主張がある。雇う側からすると，従業員の通勤にかかる交通費を払わなくともよく，大きなオフィスも必要ない。自動車通勤が減るならば環境にもやさしい。雇われる側からみても，通勤の時間を浪費せずに済み，満員電車や自動車の混雑などに疲労しなくてもよい。メリットは多数ある。しかし，実際の人々の動きは違った。多極分散になるどころか大都市に人々が集中している。たとえコンピュータの通信速度が上がっても，会社が許さなければ在宅勤務はできない。また同じ空間にいると，相手の表情や忙しさを窺いながら，複数の人たちの動きを確認して仕事を振ったり相談に乗ったりすることができるが，オンラインであると難しい。こうした事情から，テレワークは進んでいない。このように，たとえ技術的可能性から予測できることでも，大きく外れてしまうことがありうる。

　日本政府の科学技術基本計画によると，Society 5.0は「年齢，性別，地域，言語といった様々な違いを乗り越え，活き活きと快適に暮らすこと

のできる社会」であるが，それが実現するかはどのような技術を開発し利活用していくかにかかっている。たとえばインターネットや**IoT**，**ビッグデータ**，AIがあるからといって，放っておいても不当な差別がなくなるわけではない。逆に，差別を助長する恐れすらある。ビッグデータは，過去のデータの蓄積であるため，そのデータに不当な差別が含まれているならそれが肯定されてしまう危険性がある。たとえば，ビッグデータをみると医者や研究者，社長には男性が多いため，男性こそがそれらの職にふさわしいという結論に至ってしまいかねない。しかもその結論は，これまでのぼんやりとした感覚的なものではなく，コンピュータによる計算処理の結果であるがゆえに科学的信憑性を帯びる。人々は反論しにくい。このようにテクノロジーを使うことでかえって差別の増大を招く懸念がある。AIは，前に述べたとおりフェイクニュースの検知にも使えるが，フェイクニュースの作成や伝播にも使える。

　マスメディアの**放送倫理基本綱領**や**新聞倫理綱領**などと同じく，技術者側もさまざまな倫理綱領を作ってきた。倫理綱領は，自分たちが重視する価値を明文化することで，開発の場面での手引きとなり職業集団としての責任の自覚を促す機能をもっている。**情報技術**でいえば，情報処理学会倫理綱領や電子情報通信学会倫理綱領が代表的である。AIについても，人工知能学会倫理指針やAIネットワーク社会推進会議のAI開発ガイドラインがある。また，情報技術を利活用する側にも自省を促すべく，**インターネット依存**の評価スケールや違法アップロード・ダウンロードの法規制などが作られてきた。AIに関しても，利活用するプロセスで学習データにより柔軟に出力が変わっていくため，AIネットワーク社会推進会議はAI利活用原則もまとめている。

　テクノロジーは万能ではない。そのことを踏まえ，いかなるデジタルテクノロジーを開発・実装するか，それを埋め込む社会制度の構築をいかにするかについて互いの行動を絶えず見守りながら議論して人々の価値意識を醸成していかなければ未来は開かれない。【参考】内閣府著『第5期科学技術基本計画』，2016年。https://www8.cao.go.jp/cstp/kihonkeikaku/5honbun.pdf（アクセス日：2019/1/1）

（かわしま・しげお）

AI時代のメディア体験
Media Experiences in the Age of Artificial Intelligence

勝 野 宏 史

「感情認識技術」とメディアとの結びつき

　ロボットに心は宿るのか……これは，SF 映画やアニメ・マンガ作品において繰り返し描かれてきたテーマの1つである。そのような作品の多くは人とロボットとの交流の描写を通して，感情的なつながりや親密性が「本物」の人間関係を規定する最も重要な要素であるということを強調してきた。しかしながら，今日，このテーマにおいて新たな SF 的想像力を促すかのような技術の実用化が急速に進んでいる。その1つが表情，視線，音声，そして体温や心拍数の変化など身体に現れる観察可能な反応から人間の感情の読み取りと解析を行う AI（Artificial Intelligence, 人工知能）を用いた「感情認識技術」である。近年，この技術とメディアとの融合が急速に進んでおり，その結果，人々は**サブカルチャー**から日々のコミュニケーションの領域に至るまで，コンピュータに制御された様々な人工物との感情的な関係の中に身を置くようになりつつある。たとえば，AI エージェントとの関係，ゲーム**キャラクター**との関係，そしてソーシャルロボットとの関係。中でも近年特に技術開発の速度が高まっているソーシャルロボットは警備や家事などの日常生活のアシスト，さらには表情や音声そして身体の動きを通した情報伝達を行うこれまでにない形のメディア端末として機能するだけでなく，感情認識技術と機械学習を取り入れた AI とが融合することで，人間の生活空間の様々な場面で共感的な振る舞いを行い，人と親密な関係を築くようにデザインされている。このような感情認識技術の登場によって，人とテクノロジーとの関係はどのように変わりつつあるのだろうか？　以下ではソーシャルロボットの例を中心にこの問いを検討するとともに，テクノロジーが我々の感情に積極的に介入する時代のメディア研究の課題についても触れることとする。

ソーシャルロボットの系譜

ソーシャルロボットという言葉が一般消費者向け市場で広く使われるようになったのは2010年代中盤以降であるが，それ以前から存在したコンパニオンロボットやコミュニケーションロボット，さらにはペットロボットなどより広く「人と関係を結ぶ機械」の系譜をたどってみると，1996年にバンダイが発売した「たまごっち」にその萌芽を見いだすことができる。卵形のケースに小さな液晶画面といくつかのボタンがついたこの携帯型のゲームは常時オンの状態で画面上のキャラクターに餌を与えたり，糞の掃除をしながら世話を続けるという設定であった。同時代のデジタルゲームと比較すると非常に単純な構造ながら，育てる中で**キャラクター**が感情や欲求を持っているかのように振る舞う特殊な仕掛けが多くの人々を熱狂させた。

たまごっちが日本のみならずアメリカやヨーロッパで社会現象とでも言えるブームになると，ペット育成ゲームやペット型ロボットなど，世話の必要な「デジタル生物」が次々と登場した。中でも1998年の発売とともに大ブームを引き起こしたアメリカのTiger Electronics社（後にハズブロ社に買収される。日本ではトミーが1999年に発売）のファービーは，内蔵されたセンサの情報に反応して体の一部が動き，会話によって成長するといったソーシャルロボットとしての基本的な特徴を備えていた。そして，1999年のソニーのAIBOの登場によって，この種のおもちゃとロボティクスとの本格的な融合が開始する。AIBOは多くのサーボモータによるスムーズな四足歩行が可能で，画像・音声の入力機能や各種センサを介して，ユーザーの呼びかけやスキンシップに反応するように設計されていた。

臨床心理学者で人とテクノロジーの関係を長年研究しているMITのS・タークルは，AIBOやファービーなどコンピュータに制御されたデジタルの「生き物」との関係の中で新たに形成されるようになった親密性について注目している。タークルの研究（Turkle 2011）によると，人びとの（特に子供たちの）「人と関係を結ぶロボット」との関係の中で重要なのは「本物」の命や感情があるかという問題ではなく，生きているように見え愛情を交わしているように感じさせる表面的な「インターフェースの価値」である。また，この種のロボットの最大の販売ターゲットである高

齢者についても，複雑な人間関係を避けながら，親密さとうまく折り合いをつける交流の相手としてロボットを受け入れているとタークルは分析している。ここでも重要なのは「つながっているように感じる」という技術的にデザインされた親密性である。

「共感のメディア」としてのソーシャルロボット

　2010年代中盤になると，ソフトバンクのPepperを皮切りにRoBoHoN（シャープ），EMIEW3（日立），KIROBO mini（トヨタ自動車），Unibo（ユニロボット）など一般家庭向けのソーシャルロボットの販売が本格化する。海外ではJibo（Jibo）やBubby（Blue Frog Robotics）がその先鋒を切った。この背景には，**クラウド**コンピューティング，無線ネットワーク，**IoT**（Internet of Things, モノのインターネット），**ビッグデータ**，AI等の新しい**ICT**の普及と，それに伴う「画像認識」や「音声認識」，そして「感情認識」技術の刷新により，ロボットが人とのインタラクションを自律的に理解し，状況に積極的に介入することが可能になったという点がある。特に，MIT Media LabのR・ピカードを中心に進められてきた「アフェクティブコンピューティング」（感情の認識と表現を行うコンピュータの開発を行う研究分野）と「機械学習」を利用したAIとが融合することで，人間とロボットの関係は新たな局面を迎えた。

　AI導入以前の「人と関係を結ぶ機械」が搭載していたのは，**キャラクター**の動きやユーザーと接しているコンテクストを通して（特に，ロボットの世話をするという行為を通して）ユーザー側にまるで生きてつながっているかのような想像力を喚起するインターフェースとプログラムであった。一方で，AI時代のソーシャルロボットは「共感のメディア」（McStay 2018）としてユーザーの人物識別を行うとともに「感情認識技術」を通して人工的な共感を行う。ここで言う人工的共感とは機械が人間のように感情移入するのではなく，インターフェースとしてのロボットとのインタラクションにおけるユーザーの会話のピッチやトーン，さらには表情や身振りの変化など感情に先立って表出する身体的反応（＝情動）を各種センサが検知し，そのデータからAIが「喜び」「怒り」「悲しみ」「平常」など類型化された感情モデルに適合させる形でユーザーの内面で

起きている感情を推測し，さらにその感情に対してあたかも共感しているかのようなフィードバックを返すという一連の処理のことである。さらにPepperの場合，このような感情認識機能に加えて独自の感情生成**アルゴリズム**も搭載しており，状況に応じた感情的振る舞いを学習し続ける仕組みを持っている。

　このように，AIが人の感情の解析を試みる（さらには擬似的な感情すら持つ）「共感のメディア」は，情動的反応と技術的フィードバックという共振的ループの中でインタラクションをよりパーソナルで親密な方向に制御するようにデザインされているのである。ただ同時に，これは見方を変えれば，人の情動的反応を伝達する神経システムとその反応を読み取るテクノロジーのシステムがAIを介した不可視の循環経路を形成し，ロボットというインターフェースを通してコミュニケーションと親密さの自動生産を行っているとも表現できる。すなわち，共感のテクノロジーは情動を資本主義の生産性の中にも取り込んでおり，その背後では莫大な量の感情のデータ化が進行し，「共感のテクノロジー」の精度が加速度的に高まっているのである。

人の内面が計測される時代のメディア研究
　人間の内面に直接的に介入するテクノロジーはその他のエンターテインメントの分野においても新しい体験をもたらしている。たとえば，『Nevermind』（Flying Mollusk）というPCゲームはウェブカメラと心拍センサでプレイヤーの自律神経系の活動や身体的変化を常にモニターし，その感情の起伏をゲームの内容に反映させる。また，テキストのみでのコミュニケーションに特化した，マイクロソフトが開発を行う女子高生型「ソーシャルAIチャットボット」の「りんな」は，2015年のサービス提供開始以来，多くの若者を惹きつけてきた（2018年9月現在，りんなのLINEサービスのユーザー数は720万人を超えている）。「共感モデル」と称された会話エンジンを搭載した「りんな」は，テキストでの会話の流れを読み取りながら人間との感情的なコミュニケーションを行う。さらには，教育（プレゼン技術の向上など），ヘルスケア（メンタルヘルス不調のチェックなど），顧客サービス（コールセンターでの顧客満足度のチェック

など）などの分野においても感情認識 AI の導入が進んでいる。感情の計測が可能になることで人間と社会の潜在性がどのように拡張し，さらにどのような体験と関係性と文化が新しく生み出されているのか，AI 時代のメディア研究は従来のメディア論の再構成を迫られていると言える。

同時に，このような技術の応用の向かう先は感情体験の最適化とそれによる新しい経済的価値の創出であることも注視すべきであろう。特に，「人間にはテクノロジーの作用は見えず，テクノロジーには我々が見えている」という構図がいかに資本の力と結びつき，新しい経済的価値を生み出しているのか，その際に人々の情動がどのように操作されているのかという問題は，スピノザやドゥルーズに影響を受けた近年の情動論的転回（affective turn）をめぐる議論の中で，伊藤（2013, 2017）など多くの論者によって提起されている。情動を介した拡張と制御というこの二つの問題をめぐって，今後のメディア研究は情動・身体・モノ（技術）・環境が互いに反響しあいながら形成される新しい社会と文化のありようを一層細かに分析することが求められていくだろう。【参考】伊藤守『情動の権力：メディアと共振する身体』せりか書房，2013年；伊藤守『情動の社会学：ポストメディア時代における"ミクロ知覚"の探求』青土社，2017年；S. Turkle, *Alone Together: Why We Expect More from Technology and Less from Each Other*, New York: Basic Books, 2011（＝渡会圭子訳『つながっているのに孤独：人生を豊かにするはずのインターネットの正体』ダイヤモンド社，2018年）; A. McStay, *Emotional AI: The Rise of Empathic Media*, SAGE Publications, 2018.

（かつの・ひろふみ）

オーディエンスの自律と自立
Autonomy of Audience

デニス・マクウェール，渡辺武達共著

　オーディエンスは日本語で「受け手」とか「聴衆」もしくは皮肉をこめて「送られ手」といわれ，一般にテレビやラジオの「視聴者」や「聴取者」，活字の「読者」，講演会やコンサートへの「来場者」などのことを指す。したがって，その研究素材はメディア活動が及ぶ範囲における伝達内容と効果／影響が主たるものとされてきた。そうしたオーディエンス研究の特徴は**コミュニケーター**（情報の送り手側）による送出情報の影響測定，つまり，何が人びとの行動・発想等を誘発するかといった点にあった。しかし，ネット時代は情報の送り手と受け手の区分をほとんど無意味にしており，そのことがメディアと社会の関係を根本的に変えつつある。だが，時代が変わっても，マスメディアによる公益活動，**市民主権**原理の支持者・推進者としての諸活動がいかに機能できるか，機能すべきか，ひいてはそのことがいかに民主制への貢献となるかということの重要性は変わらず，フェイク（虚偽）情報の見分け方などが「新しいメディアとそのオーディエンス研究」の重要分野になりつつある。ただし，ネットによる**交流サイト（SNS）**では著名人や人気サイトへのアクセス者は「**フォロワー**」と呼ばれ，従来のオーディエンス研究での枠組みでは捉えられない面が多々ある（後述）。

　オーディエンスは従来，①共通の文化的関心・理解・情報需要といった脈絡でメディアによって刺激され形成される共通性，②それぞれのメディアへの人びとによる対応パターンの違いに注目する特異性への関心という2面からアプローチされてきた。しかし今日，「効果研究」と呼ばれるその二分法だけでは実態にそぐわなくなってきた。たとえば，V・ナイチンゲールは従来型受け手研究を以下の4つに類型化している。①「人びとの集合体」としてのオーディエンス（ある一定の時間帯に，メディアが提供するものに反応する人びとの集合体で，一般的に「観客」（spectator）と

呼ばれる集団)，②「話しかけられる」人びととしてのオーディエンス（コミュニケーション発動者＝送り手が訴えかけたい相手として想定した集団)，③「偶発的」オーディエンス（日常生活を送るなかで，たまたま一人もしくは他の人たちと一緒に，別の行動をしているときに出くわすという経験によって形成される関係者)，④「聴視」もしくは「試聴」(audition) するオーディエンス（ショーの鑑賞に出かけたり，間接的にあるイベントを体験する，もしくはその両者を同時に行うような「参加」を原則として形成される集団＝市場としてのオーディエンス）。

　だが，これまでのオーディエンス研究はおしなべてメディア事業者，広告主／出稿者あるいは政府や社会的強者がその成果を広報や民衆説得のために利用することが多かった。マスメディアの研究はその始まりから，国家による戦争行為の自己正当化**プロパガンダ**や**広告主**とメディア事業者の利益のために利用され，発展してきた面が大きかったということである。また経済的な視点からは，1920年代初頭，ラジオのオーディエンスは機器やコンテンツの重要な消費者として急激な成長を見せ，聴取者が「メディア市場」として重要な位置づけをされるようになった。オーディエンスが従来的な社会経済的基準でファイルできる，メディアサービスと製品の現実的もしくは潜在的な「消費者集団」であるとともに，メディア企業にとっての「市場」という経済的関心対象となったということである。しかしこうした見方もまた，消費型社会での特徴であり，発展途上国の多くではいまだに良質なラジオ放送への民衆側からのニーズが強いという実態がある（2018年度**国際メディア・コミュニケーション学会 IAMCR** での報告）。しかもそこでのオーディエンスはシティズンシップ（主体的な市民意識）をもった公衆という面を強くしつつある。つまり，メディアとオーディエンスとの関係はカントや**ウェーバー**，**ハーバーマス**（『コミュニケイション的行為の理論』未来社刊）らのいう意味での，理性的かつ善的に相互理解を深化させる行為者というよりも，生産者と消費者との間の金銭的取引への「奉仕者」，さらには，社会改革の主体者を育てる手段などの多角的検討を求められる対象となってきたということである。

　にもかかわらず，ネット利用の急速な拡大は，コミュニケーションとオーディエンスの体験の質を軽視し，「公共知」(public knowledge) や「**公**

共善」(public good) の形成に対する関心を相対的に弱体化しつつある。しかもネット化の進行した地域（＝多くの先進国）におけるその利用者は通常，自分たちがこうした市場に所属させられていることに気づきにくい。だが，そうして実態としての市場を形成することになる人びととは個人消費者の集合体である。この市場的オーディエンスは所得と教養の基準によって分類され，しかもその構成者は相互につながりをもちにくく，共通のアイデンティティはほとんどなく，たとえその形成がされても永続性がないため，その公共的意味は不安定で注目されにくい。つまり，現行の市場的オーディエンスの能動性は提供されるものの中から選択するというネガティブなもので，**市民**が主体的に選択して議題設定をする機会が奪われつつあり，**SNS**がさらにその状況を促進しているともいえよう。このことは根拠のない議論が飛び交うネット上からいくらでも例を挙げられ，「フェイク批判」にたいしても「**オルタナファクト**」（もう1つの「事実」）という言葉を使って「真実」を覆い隠す手法さえ公然とつかわれ，しかも2017年に登場した米国大統領ドナルド・トランプがその典型だという驚くべき状況となっている（2019年現在）。

　それでは今日の**情報化社会**のそうしたネガティブな構造はどのようにして形成されてきているのか。I・アングはメディアオーディエンスの「最大公分母」を「大衆」文化，「本能的関心」「マスオーディエンス」等々での共通性，つまり「**リーヴィズム**」（教養主義）とは縁のない俗的趣味であるとした。この立場ではオーディエンスの自律性にあまり期待をせず，彼らは実際には自分たちへの最大の迫害者である**広告主**に無意識に奉仕させられているとした。商業テレビや新聞のシステム全体が経済的に搾取されるオーディエンスが差し出す剰余価値に依存し，オーディエンスはメディアに利用料金を支払う上に，広告商品の購入という行為によって広告代金の負担までしているという見立てである。またアングは，**メディア産業**は実際のオーディエンスを「**視聴率**」と呼ばれる商業上の断片情報に変換して見ているにすぎず，視聴率とは「広告主とネットワークがオーディエンスという商品を売買するための基準である」と主張した。だが，多くの人びとは自分自身で能動的にメディアを選択していると感じ，より大きな枠組みでの見えない力で自分たちが操られているとは考えていない。そし

てとりわけ，現在のネット社会においては社会の執権者とネットの末端利用者との関係が巧妙に利用されているのは政治家による **Twitter（ツイッター）** 発信とそれに情動的に反応している市民の動きに典型的である。

自律するオーディエンス

　同一情報に接してもその受け取り方＝理解による影響はその人のそれまでの経験や知識によって異なるが，そのことをもってオーディエンスの受動性の限界を語る議論がある（**限定効果理論**）。しかし実際にはオーディエンス自身の創造的行動は多くないから，それは必ずしも正しくない。同時に，メディアの情報が直接的に影響するという，いわゆる**皮下注射効果理論（弾丸理論）** もまた否定されつつある。人びとへの影響には小集団の意見をリードする**オピニオンリーダー**などを含め，環境や経験等による多様な要因が働き，それらの内容も時代によって異なるからである。しかしこれらの効果研究の特性は広告・広報理論の基礎となり，結果としてこれまでは，社会的・政治的強者の求める目的に奉仕するものであった。つまり当該国家の社会システムの維持といったものから，事業利益の追求という観点からの効果測定，オーディエンスの選択行動の管理，新たなオーディエンス市場の開発，商品テスト，影響の効果測定等の改善のために利用されてきたのではないかということである。それらのことから研究者が今後目指すべきアプローチは，メディアはオーディエンスの自律に奉仕すべきだというメディア・コミュニケーション関係者の自覚とその履行，オーディエンスの視点からのメディア活動の再評価，選択と利用に資するためのオーディエンスのモチベーションの分類，メディア提供情報についてのオーディエンスの意味解釈の態様の明確化，メディアの**公益性**（社会性と**公共性**のプラス価値）への新展開だということになる。

　この視点はメディア活動のあらゆる面で重要であり，その典型例がニュースの価値判断である。一般的にその基準は，a) メディア／情報提供者と政府／権力者にとっての有用性で，b) 読者，視聴者にとって長期的な視点でのプラス価値は劣位におかれやすく，「紀州のドンファン」事件報道（2018年）に典型的だがセンセーショナルな表現による視聴者への娯楽提供，本質的問題からの離脱促進を招きやすい。そのため，c) その時は

社会／国家にとっての大事件であるかのような報道量があってもたいていの場合，より大きな社会悪を隠すように機能し，少なくとも「国民益」に結びつくものではなく，d) 人間社会の普遍的価値の創造に貢献するようなものでもない。「政局」報道はあっても「政治」報道はないとの批判が出る所以である。

　実際，メディアはいつの時代，どこにあっても当該社会の制度の一部であり，メディア制度そのものがその国の制度や組織特性に対応するものにならざるを得なかった。社会制度の選択肢として市民が主体的に判断できるような情報が**主流メディア**から提供されにくい構造になっているということだが，喧伝される**ネット情報**はそれに対抗できるのだろうか。現代社会でもっとも大きな**フォロワー**数を誇るのは著名政治家や芸能人であり，そこには市民・公衆が自らの利益になる方向で判断したり検証したりできるようになる情報はない。今必要なのは，メディア企業がその利用者であるオーディエンスに**政経権力**（政治と経済の合同権力）の意向を取りつぐだけではなく，社会改革に必要な基礎資料を提供する努力をすることである。市民の側がそのことに気づけば，メディアも自らの**編集・倫理綱領**等で記している使命を実践しやすくなる。スマートフォンを代表とするパーソナルメディアについても利用者の主体性が追求され，その過度の利用がもたらす依存症や現実（リアリティ）把握能力の喪失を防ぐために父母・学校・地域社会（コミュニティ）との話し合いの場が持たれるようになり，希望が出てきている。【参考】D・マクウェール著，渡辺武達訳『メディア・アカウンタビリティと公表行為の自由』論創社，2009年；渡辺武達『メディアと情報は誰のものか』潮出版社，2000年；佐藤毅『マスコミの受容理論：言説の異化媒介的変換』法政大学出版局，1990年；佐藤卓己『ファシスト的公共性：総力戦体制のメディア学』岩波書店，2018年。（Denis McQuail, わたなべ・たけさと）

　本稿はマクウェール氏の生前に渡辺武達が改稿を委任されていたものである。氏のご冥福をお祈りする。

広　告
Advertising

関　良　樹

メディアと社会の21世紀問題

　これまでの既存広告とそれに連動する消費者行動は，20世紀初頭に提示された AIDA（Attention 注意，Interest 興味，Desire 欲求，Action 行動），AIDMA（Attention 注意，Interest 興味，Desire 欲求，Memory 記憶，Action 行動），そして1970年代の AMTUL（Aware 認知，Memory 記憶，Trial 試用，Usage 本格的使用，Loyalty 固定客化）に加え，デジタル時代に入った1995年に提唱された **AISAS**（Attention 注意，Interest 興味，Search 検索，Action 購買行動，Share 情報共有）などに至るまで，直線的な流れを想起させるモデルが主流を占めていた。

　今日，社会のデジタル化と IT の普及が人々の生活のあらゆる側面をよい方向に導いていくというポジティブな概念である「デジタルトランスフォーメーション」が注目を集めており，それにともなって新しいデジタル技術と関連の新たなビジネスモデルが，既存の製品・サービスの価値を変化・変革させるという「デジタルディスラプション」の概念が社会に提示される中，広告をより現代的なコンテクストの中で理解するためには，メディアと社会の距離感が以前にもまして近くなってきていることを意識する必要がある。なぜならば21世紀に生まれたデジタル技術により生活者とメディアの距離がより近くなっているからである。総務省『情報流通センサス報告書』（2006）は，デジタル化された社会の影響によって個人がアクセス可能な情報量である選択可能情報量が10年前と比べて530倍になったと報告し，さらに総務省『平成29年版情報通信白書』（2017）ではデータ流通量の爆発的拡大と **IoT・AI** 需要創出が進展すると，2030年の実質 GDP が132兆円押し上げられ725兆円に達するとしている。生活者にとってメディアが一方的な情報ソースだった時代から，個人がメディア情報の発信者となる時代を迎え，個人が意見（オピニオン）を自由に発信すると

同時に，**IoT・AI**が社会を大きく変革する時代を迎えている。

　現代社会においては，移動しながら情報行動が可能となる移動通信デバイス（モバイル）が登場したことなどにより，時間という概念を飛び越えどのような場所においても容易に情報を取得し，または情報にアクセスすることができるようになった。21世紀は，デジタル技術の台頭により社会に大きな変革・影響を与えるデジタルインフラの構築が急加速する時代であり，社会全体のメディア体系（メディアビオトープ）は大きく変わることとなった。メディア情報の消費者である市民にとっては，これまでと異なる多くの情報を得ることが可能となり，さらには情報に対してモバイル端末を起点に情報行動を喚起するアプリケーション・ソフトウェア（APP）の登場により，情報接触と情報消費行動における利便性入手が可能な時代においては，市民・大衆がこれら情報サービスにアクセスしたり，能動的に情報行動を起こす際に経済的な負担を求められることになった。加えて，**情報セキュリティ**の問題も含め，現代の広告消費者はデジタル社会が提起する諸課題にも直面しており，同時に広告コミュニケーションの在り方にも変革が迫られている。以下ではデジタル時代の広告が直面しているメディア環境のあり方，さらに考慮すべき要因を意識化することとしたい。

デジタル社会が迫る広告コミュニケーションの変容

　今日のわたしたちは，多くの情報を取捨選択する力が必要とされ，その能力を求められる。情報の発信者・受信者である現代の個人は，移動体端末（デバイス）のメール機能などを通じて多くの情報を収集できる。他方，個人は，情報の重要度に呼応する優先性（プライオリティ）の決断が求められる。結果として必要／不必要の取捨選択は，個人に帰することとなった。さらに特定の情報を取得する場合の多くが，個人がモバイル上で選択・取得したアプリケーションを通じてのものであり，これまでは取得するためにかなりの時間と労力を要していた情報を，スピーディに，必要情報，欲求情報として，容易に入手できるようになった。結果的に，既存の**マスメディア**からは情報を一方的に受け入れる半面，個人のデバイスで類似性メディアに自らアクセスし，詳細情報を入手するプロセスが成立した。

これは広告コミュニケーションの場合には、テレビを見ながらネットにアクセスして関連情報をチェックするようなあり方で、「生活者のダブルウィンドウ現象」とも言う。現代的なメディア環境の中で、情報の消費者である個人・生活者は、多くの詳細情報へのアクセス・取得が可能になる一方、これまで既存**マスメディア**が社会に向けて提供してきた情報の専門性が浸食され、結果としてマスメディアの有名性・付加価値性に支えられて流通してきた情報価値が失われるという事態に直面している。

One way の情報伝達から interactive な体系への移行による課題

デジタルメディアの台頭は、デジタル技術そのものがもたらす interactive な双方向対話を可能にし、さらに個人情報管理の課題の延長線上で、一時的ではない恒常的な情報送受信関係を、情報発信者とこれにアクセスする個人との間で生み出している。これは、デジタル社会における個人の負担増大現象であり、特にビーコン技術（※注）などにより、情報の提供を受けた際、個人情報流出の想定を常に意識しなければならないことに起因する。広義には、デジタルリテラシーの課題と位置付けられる。この個人情報のセキュリティにかかわる問題は、広告メッセージを常に意識するマスメディアにおいてきわめて重要な視点であり生命線でもある。

日本では2020東京オリンピックに向けて多くの団体・企業にとってグローバルな**スポンサーシップ**が見込まれ、同時に情報セキュリティ対策を展開している。他方、過去にロンドン五輪、平昌（ピョンチャン）冬季五輪では多くのサイバーアタックがあったとされる。特に社会的影響力に鑑み、あらゆるメディア組織・機関は、個人情報の漏洩対策も含め個人・消費者の情報の取り扱いに最大限の留意を払うべきであろう。

情報セキュリティへの積極的投資が継続的に必要な時代では、個人・生活者データの保持のあり方において、メディア組織・機関に対し、常時、信頼性が求められるようになった。具体例を挙げれば、EU（欧州連合）では、1995年に策定されたデータ保護指令に代わってより厳格なものとして、2018年5月25日に「一般データ保護規則」（GDPR: General Data Protection Regulation）が施行されている。この規則は、EU内のすべての個人（市民と居住者）のために、個々人が、自らの個人データのコント

ロールを取り戻し，保護を強化することを意図しており，今後 interactive な情報送受信体系で個人情報を扱うことがグローバル標準で求められる日本でも同様な解決の方向性を目指すべきである。

既存メディア情報との乖離と信憑性への対処

社会に多様化・多元化をもたらすデジタルメディアが種々台頭するグローバルなコミュニケーション環境の中では，既存の大手メディアは，多くのリアルな情報源に接触し，時間をかけて信頼性を担保した情報を提供せねばならない。他方，個人・生活者の立場からは，メディアには信頼性と情報の正確性を期待している。かつては，広告業界においても，信頼性の高い新聞に広告を掲載することで広告掲載企業には信頼性が付与されると考えられてきた。しかし今日，広義のメディアとして射程に入ってきた**SNS**，**ブログ**など個人が発信するメディアの台頭に対しては，既存メディア同様の信頼性を追求することの限界が感じられる。

ポピュラーなデジタルメディアの情報源は，基本的に既存メディアと同様にニュース配信会社であることが大半だが，これらを題材としつつも，個人・生活者自身が再加工した情報を発信しているケースが **SNS** では多く見られる。もともとは取材を通じ現場の空気感を含めた綿密な情報提供であったものが，SNS や**ブログ**発信では改変されて発信されるケースも散見され，また報道における匿名性崩壊，特定人物の写真公開など，**プライバシー**情報が SNS 上で回遊される危惧もある。広告の特性を意識して個人・生活者の特定消費を期待する時代はすでに終わり，インターネットで展開されるニュースにかかわる情報空間も含め，21世紀は，コミュニケーション・メッセージを**プライバシー**の課題とセットで包括的に理解すべき状況の中で推移している。

適切な情報解釈能力の必要性

デジタル技術に恩恵を受ける時代では，個人が発信する **SNS** コンテンツは責任の所在が明確ではなく信憑性担保が存在しないという前提で考える必要があり，個人・生活者にはその信憑性を見極め，問う，取捨選択の能力がさらに必要となっている。情報過多の環境の中，取捨選択能力，取

得情報の信憑性確認能力（信頼できるか，フェイクか）を身につけることが重要で，個人・生活者の負担は大きく，高度なデジタルリテラシーが要求される。新たな課題として，個人・生活者の情報取り扱い能力の格差拡大の問題が考えられる。情報を得た段階から行動・思考に移行するまでの社会情勢に対応する際のタイムラグへの認識も持たねばならない。デジタルトランスフォーメーションの進展と引き換えに多くの超えるべき課題が累積する中，情報やデータを個人・生活者の間で共通のものとするために能動的な働きかけを行う「コミュニケーションデザイン」という包括的なデジタルメディア環境対応を広告コミュニケーションに取り入れるべき時代を迎えている。たとえば，ネットユーザーが発信するコンテンツを誘発して大きな話題を作り，既存の社会概念やサービスの在り方を大きく変革するデジタルディスラプションを発生させることは，現代のネット社会に根付くための広告コミュニケーションのあり方と考えられる。ウェブ情報を広告においても能動的に活用し，時には公共的な社会課題を広告に取り込みながら，個人・生活者が主導してコンテンツ誘発型の話題づくりと連動できる環境をつくりあげることが，これからの広告に求められている。近年の，商品・サービスにかかわる具体性をともなう説明的広告の減少の一方で，ディスラプションを意識したイメージ主導の広告コミュニケーションの増加傾向がこれを反映している。既存の直線的な消費行動モデルを離れ，コミュニケーションキャンペーンの総体として社会を変革させる原動力となる，次世代の広告のあり方への社会的期待感ともオーバーラップしており，個人・生活者には，それを支えるための情報解釈能力の向上も期待されている。【参考】『平成18年度情報流通センサス報告書』総務省情報通信政策局情報通信経済室，2008年；『平成29年版　情報通信白書』総務省，2017年。（せき・よしき）

※beacon（ビーコン）とは，Bluetooth 信号を発信する発信機。専用アプリと連動させることで，店舗に近づいた特定のスマホだけに情報を発信できる機能を持つ。

災害・安全対策
Disaster and Critical Incident Management

藤 田 真 文

　阪神・淡路大震災，東日本大震災をはじめとする大規模地震，火山噴火，気候変動による集中豪雨や台風の多発など，日本列島は現在も多くの自然災害に見舞われている。不幸なことではあるが，大きな災害を経験することでマスメディアや情報メディア（以下，メディアと総称する）は，**災害報道**や情報提供の在り方を模索し反省することで，次なる災害に備えることができる。

災害報道のプロセス

　被災地の住民に必要とされ，メディアが伝えるべき災害情報には，災害の発生前後を起点とすると以下のようなものがある。
① 　予測・警戒情報：災害の発生に備えた避難などの危険回避の対策を促すために，台風の進路予想や気象庁が発表する暴風・大雨・洪水・噴火などの警報を伝える。
② 　被害情報：自然災害が起こったあとに，震度・降雨量などの災害の規模，人的・物的被害などを伝える。
③ 　安否情報：被災した地域の住民の捜索状況や無事を伝える。
④ 　生活情報：災害によってライフラインや物流網が途絶した地域の住民が，日常生活を送るために必要な食料・医療支援などの情報。
⑤ 　復旧・復興情報：被害にあったライフラインや物流網が復旧したこと，さらには甚大な被害にあった地域の生活や産業が元の状態を取り戻したことを伝える。
⑥ 　防災・減災情報：将来予測される災害に備える心構えや被害を最小限に抑える対策に関する情報。

　「①予測・警戒情報」については，東日本大震災の際に津波の大きさの予想を「〜センチ」と伝えたために，避難の必要はないだろうという正常

性バイアスが働き,人的被害を拡大したのではないかとの反省があった。そのため,例えば **NHK** は「すぐに避難」「すぐににげて」などの文字をテレビ画面に表示し,「東日本大震災を思い出してください」「命を守るために一刻も早く逃げてください」と強い口調でアナウンスするなど情報提供の仕方を変えた。

その他,大雨警報が発令されても雨がひどい場合や夜間には無理に避難せずに,自宅の高所に待機するように呼びかけるなど,警戒情報の提供の仕方が変わってきている。

「③安否情報」では,通常の場合地域の行方不明者や死亡者の情報は,警察・消防などを通じ都道府県・市町村が把握し,メディアは行政機関の発表を伝える。しかしながら東日本大震災においては,市町村役場自体が被災し通信網の途絶や長期間の停電のために,安否情報の集約が困難になった。そのため,新聞社や放送局に被災者が直接安否を連絡したり,記者が避難所などで集めた被災者の情報(たとえば避難所に掲示された名簿)がメディアに集約された。行政機関を補完する緊急時地域情報センターとしての役割をメディアが担ったと言える。

メディアはそれらの情報を自らの紙面や放送を通じて伝える他に,グーグルが安否情報のプラットフォームとして構築した「パーソンファインダー」に提供することで,被災者の利便性が高まった。

「④生活情報」に関しては,阪神・淡路大震災などで新聞社がライフラインの復旧状況,物資の配給など被災者の生活支援を地域ごとに細かく掲載する特別の紙面を組む取り組みが行われている。同じく放送では,画面の横と下に文字情報を表示する「L字画面」で生活情報を伝えている。

一方でメディアが「②被害情報」を伝える際に,被害甚大な場所の映像だけを繰り返し放送したり,発災直後で心理的に不安定な被災者に無理にインタビューするなど,**センセーショナリズム**に陥る危険性もある。東日本大震災では,一定の地域に取材報道が集中し,被害が大きかったにもかかわらず認知されない「報道過疎」地域を生んだことも指摘されている。また,「⑤復旧・復興情報」の報道において,行政が**風評被害**を心配して復旧・復興を強調するあまり,「まだ復興していない」という被災者の心情とのズレを生じたことがある。

災害時におけるメディア事業の継続

　企業や行政は災害にあっても事業を継続できるようにリスクに備えるBCP（Business Continuity Plan，事業継続計画）を策定することが多い。一般的な企業の事業継続計画では，「発災後4日以内の復旧」が最短の復旧目標になっている（山村 2012）。だが，メディアは災害情報を伝えるために，発災直後から緊急取材報道体制に入ることを求められる。放送局は，BCP策定の基本方針を一般企業より一段厳しいところに設定する必要があると言える。

　そもそも**放送法**において「基幹放送」と規定されている地上波テレビ・ラジオ局，BS局は，「暴風，豪雨，洪水，地震，大規模な火事その他による災害が発生し，又は発生するおそれがある場合には，その発生を予防し，又はその被害を軽減するために役立つ放送をするようにしなければならない」と災害放送を義務づけられている（108条）。そうでなくともジャーナリズムを担うメディアには，災害時に地域に貢献することが使命であるとの職業倫理がある。

　阪神・淡路大震災の際には，神戸新聞社は本社ビルが全壊し新聞の発行ができなくなった。そのため「緊急事態発生時における新聞発行援助協定」を結んでいた京都新聞社の協力によって発行を続けた。

　阪神・淡路大震災や東日本大震災の経験から，メディアが被る可能性がある被害としては以下のようなものがあると言える。①社屋・局舎の損壊，②印刷・放送設備の被災，③電源喪失，④通信網の途絶，⑤食料・水・燃料などの不足。

　「②印刷・放送設備の被災」に関しては，東日本大震災の際に地元民放局の取材用ヘリが飛行不能になる，海岸沿いの定点カメラが津波で使用不能になるなどの被害にあった。また，地域の「③電源喪失」が長期間に及んだため，自家発電装置を想定よりも長く使用しなければならなくなり，機械トラブルや燃料不足で放送継続が困難になったケースがある。「⑤食料・水・燃料などの不足」では，取材・中継車両の燃料確保に追われることになった。

　このような経験から，メディアは社屋・局舎の強靱化，自家発電装置の定期点検，独自の燃料備蓄施設の設置などに取り組んでいる。また，新聞

社同士の相互協定や放送局のネットワークを通じた支援の体制も整備されている。実際に東日本大震災の際には，これらの協定・連携によって，取材・制作体制の維持のための記者・制作者の人的支援や業務の継続に必要な物資（食料・水・燃料など）の支援が行われた。その他，本社機能が麻痺した場合のバックアップオフィスを確保したり，発災時を想定した報道訓練を繰り返し行っている。

　災害時にはまた，取材記者の安全確保も課題となる。1991年の雲仙普賢岳の大火砕流では普賢岳の噴火の様子を取材撮影していた報道関係者が巻き込まれ，多くの死者を出した。メディア各社では，大規模災害発生時にはまず身の安全を優先するなどの行動マニュアルを定めている。今後は災害報道によってPTSDに陥ることから取材者を守るなどの心理面の対策も必要になってくる。

新しい災害報道

　インターネット，SNSの発達によって**災害報道**のあり方も大きく変化している。東日本大震災の際には，停電で被災者がテレビを見られなくなったため，放送局はユーストリーム（2017年4月，IBM・Cloud Videoに移行）などの動画配信事業者を通じてインターネットによる放送の同時配信を行った。被災者は，スマートフォンなどを利用して番組を視聴した。現在では，放送局が自前のインターネット**プラットホーム**を持っていることから，同時配信が常態化することになる。

　停電が長期化した東日本大震災では，被災者にとってもっとも有用な情報源は，電池で稼働するラジオであった。ラジオではインターネット同時配信プラットホームとしてradikoが動画よりも早く整備されており，東日本大震災でも，エリア制限を外して全国で被災地のラジオを聴けるようにした。無線通信システムが5G（第五世代）になることで，スマートフォンによる動画・音声視聴がさらに進むと思われるが，災害時には依然として端末の充電確保が課題となる。

　一方，新聞社や基幹放送局といった既存のメディア以外に，インターネット事業者や映像配信事業者も，災害時には独自の情報発信を行っている。東日本大震災において**グーグル**が提供したパーソンファインダーは情報の

検索性が被災者に有用であったし、2018年の北海道地震では**インターネットテレビ**のAbemaTVが生活情報を文字情報で流し続ける臨時チャンネルを開設するなど柔軟な番組編成が可能になっている。

　スマートフォンの普及によって災害時に市民からの映像提供が頻繁になり、メディアがその映像を利用することが災害報道で常態化している。ただし、**SNS**による被災情報の書き込みや市民からの映像にメディアが過度に依存することは、**デマ**や**誤報**を拡散する危険性もはらんでいる。また、刺激的な映像を繰り返し使用することで、**センセーショナリズム**に走る可能性も高くなっている。**ドローン**の利用が広がることで、ヘリを飛ばさなくても被害状況が把握できるなど、新しい技術は災害情報の把握や伝達に貢献することが期待されるが、それが被災者や被災地にとって有用な情報提供となっているかどうか、常に検証することが必要であろう。【参考】三枝博行・藪田正弘他『災害報道：阪神・淡路大震災の教訓から』晃洋書房、2008年；丹羽美之・藤田真文編『メディアが震えた：テレビ・ラジオと東日本大震災』東京大学出版会、2013年；山村武彦「メディアの責任としてのBCPとは」『月刊民放』2012年9月号。（ふじた・まさふみ）

ジャーナリズムが直面する課題
Problems Facing Journalism

金山　勉

　ジャーナリズムとは，情報を見つけだし，公的な空間に示すという一連の行為と位置づけることができるだろう。ジャーナリズム活動とは，私的な，または光が当てられない存在としてあり続けたであろう情報を公に示す一連の行為のことを指す。ジャーナリズムにかかわる日々の活動を通じて生み出された情報は印刷および電子媒体を通じて，新聞，放送，雑誌，映画，ウェブサイト，ブログを通じて公的な空間や対象に向け，それぞれのメディア（媒体）が持つ時間軸（月刊，週刊，日刊，随時発刊，更新）の特性にそって提示されることになる。

　現代社会におけるジャーナリズムの一番の課題は<u>良心的，良識的なジャーナリズム活動に基づくニュース報道を支えてきたメディアの信頼性（trustworthiness）低下が及ぼす影響（課題①）</u>である。世界で起きている日々の出来事を記録するジャーナリズム活動は，その時々の社会から影響を受けているが，メディアと社会の相互作用（interaction）は，メディアが一方的に市民・大衆に向けて発信する情報（メッセージ）を規定するという一方的なエリーティズム（elitism）のアプローチではなく，社会のさまざまな利益団体・組織・集団・グループなどに根差す多元主義（pluralism）によるボトムアップの力が，情報（メッセージ）に影響を与えるという側面もある。どちらの立場をとるにしても，メディアは社会的な責任を負っていることを前提に，情報の受け手である大衆（public）が知るべき情報を取捨選択し，伝達する機能を果たすことが期待される。世の中の不特定多数に対して送り出される**マスメディア**を通じた情報は，誰が読んでも，視聴しても，聴取しても，一般的にその時々の社会において知るべき情報が，タイムリー伝達されていると考えられてきた。その際，メディアは，市民・大衆が信頼するに足る公的な存在でありメディアの責任と**アカウンタビリティ**（Media Responsibility and Accountability）を果た

すことを前提としているが,この考え方が揺らぎ続けている。これはジャーナリズム活動を経て制作・加工されたニュースコンテンツへの信頼度低下とも連動している。

<u>大規模なメディア資本が展開される中での商業主義重視とジャーナリズムの質低下（課題②）</u>も現代ジャーナリズムのあり方を改めて問う課題であり,ニュースの受け手である大衆・市民の間に久しく根を下ろしている。組織の中にジャーナリズム活動を包含するマスメディア機関は,世論の主体となる公衆（the public）によって的確に受け止められるニュース情報の送り手であることが期待されるが,19世紀半ば以降の第二次産業革命で物や情報の大量生産・消費社会が到来すると,自由市場（free market place）原理に支えられたメディアの利益追求（profit-seeking or -making）を目指して,一般大衆（the general public）の大量ニュース消費が重視されるようになり,熾烈な販売合戦が展開された。

高邁な精神に支えられ,十分な時間と取材費用を投入するジャーナリズム活動を通じた質の高い**調査報道**に基づくニュース情報が世の中に向けて送り出されたとしても,大衆の興味関心を引き,知らせ,楽しませ,消費を促すものでなければ,利益をもたらすジャーナリズム活動を展開することができない。その象徴的な歴史的一場面が,1890年代のアメリカ・ニューヨークを舞台に展開された米国新聞業界内での熾烈な販売競争である。ウィリアム・ランドルフ・ハースト（William Randolph Hearst, 1863～1951）が所有する『ニューヨークジャーナル』（*New York Journal*）とジョセフ・ピュリッツア（Joseph Pulitzer, 1847～1911）の『ニューヨークワールド』（*New York World*）の2紙が販売競争を過熱させたことであり,それは結果的に「イエロージャーナリズム」（**Yellow Journalism**）を全米社会に浸透させることになった。**イエロージャーナリズム**に基づく新聞報道は**センセーショナリズム**（sensationalism）,興味本位（prurience）,誇張された**犯罪報道**（exaggerated coverage of crime）を中心に据えて,読みたい・知りたい大衆を生み出し,販売数を大幅に増加させることとなった。この流れは今日におけるタブロイド紙がもつセンセーショナリズム中心の報道特性と共鳴するところがある。メディアが伝えるべきニュースを伝えていたかどうかへの反省からも,またジャーナリズムの質

を担保するよりも，多くの人々の興味を引き，消費を促すニュースが生み出す利益至上主義のジャーナリズム活動・事業に従事したことへの反省の証としてピュリッツアは，ニューヨークのコロンビア大学ジャーナリズムスクールへ寄附をしたが，これを基に1917年から**ピュリッツア賞**（Pulitzer Prize）が創設され，毎年，優れたジャーナリズム活動を顕彰している。なお，2009年からインターネット上で展開されているジャーナリズムも対象となり既存のジャーナリズムの在り方を超えた今日的なとらえ方を示してみせた。

　現代社会においても，ジャーナリズム機能を擁するメディア企業が商業主義を追求しすぎると客観性の担保が危ぶまれる局面が多々見られるが，19世紀後半の米国ジャーナリズム界でイエロージャーナリズムを超えようとして台頭したのが客観報道である。**客観報道**および**調査報道**への継続的な取り組み（課題③）は，グローバル化が進展する中，現代社会におけるジャーナリズムの課題としてしっかりと意識される必要がある。ジャーナリズムの立ち位置は，権力と市民の間にあるが，その際，基本的に国民国家，または，ある社会の一構成員である個人・市民に寄り添うことが期待される。米国では1890年代から1920年代にかけて社会・政治が大きく変革した進歩主義時代（the progressive era）に今日の調査報道（investigative journalism）につながるとされる**マックレーキング**（muckraking）により，当時の大手企業などを中心とする腐敗構造を白日の下にさらすジャーナリズム活動が展開された。マックレーキングは**センセーショナリズム**を強調する当時の**イエロージャーナリズム**の延長線上にあったことからネガティブな受け止めとなったが，その後，1896年に『ニューヨークタイムズ』を買収したアドルフ・オックス（Adolph Ochs, 1858〜1935）の下で始められた逆ピラミッド方式（inverted-pyramid style, ①5W1Hをベースにした最も重要でニュース価値があり，かつインパクトのある情報，②主要な引用と記事をサポートする証拠と詳細情報，③追加引用などを含む補足事項・説明，④補足的引用と異なる観点からの説明，⑤最も重要度が低い詳細情報の優先順位での記事執筆を基本とする客観報道が，その後の世界のジャーナリズムに影響を与えていった。

　客観報道および**調査報道**が取り組まれる中で，ジャーナリズム史上特筆

されるのが，1974年にニクソン大統領（Richard Nixon, 1913〜1994）を辞任に至らせた「**ウォーターゲート事件**」報道で，『ワシントンポスト』記者のボブ・ウッドワード（Bob Woodward, 1943〜）とカール・バーンスタイン（Carl Bernstein, 1944〜）が中心的な役割を果たした。

ビル・コヴァッチ（Bill Kovach）とトム・ローゼンスティール（Tom Rosenstiel）（2002）は，19世紀末から展開されたジャーナリズムの流れを現代的な文脈でとらえ直し，ジャーナリズムが守るべき9つの原則を提示している。それらは，①ジャーナリズムの第一義的責務は真実，②何よりも市民に忠実，③検証の規律を意識する，④対象からの独立を維持，⑤独立した権力監視役としての機能，⑥大衆の批判や譲歩を討論する公開の場の提供，⑦重大なことをおもしろく関連づけて伝える努力，⑧ニュースの包括性と均衡を保つ，そして⑨ジャーナリスト自らが良心を実践すること，であり，これらに立脚することで信頼できるニュースが生まれるとしている。客観報道と調査報道に加え，掘り下げた解釈・解説をともなう報道（interpretive journalism）へと広がりをみせてきたが，これらのジャーナリズムの実践は，十分なジャーナリストの力量，取材資金と取材時間の投入などがあってはじめて可能となる。先に示したメディアエコノミクス的なジャーナリズム状況への対応は，それぞれの社会でジャーナリズム機能を担ってきたプロフェッショナルの存在を大前提にしているが，ネットを通じて一般の個人が簡単に世の中の出来事についてニュース情報を発信できる社会が進展する中，ジャーナリズムおよびジャーナリストの定義に揺らぎがみられている。他方，コヴァッチとローゼンスティールが示したように，ジャーナリズムに従事する際の基本的な価値観や心構えは普遍的であることが常に望まれる。

大容量の情報を受発信可能なブロードバンド網を基盤としたネット社会におけるジャーナリズムの課題は，オンライン上で**ソーシャルメディア**を活用したジャーナリズムの展開を視野に入れるなど，プロフェッショナルか一般の個人かによらず，**起業家的なジャーナリズム（アントレプレナージャーナリズム）**に対する理解力・実践力の涵養（課題④）である。ジャーナリズムの課題としてあげてきた商業主義加速とジャーナリズムの質低下という状況の一方，社会から信頼を得るために実践を積み重ねてきた**客**

観報道や**調査報道**を展開するためには，ネット社会の仕組みを理解し，ネット社会を射程に入れた**起業家ジャーナリズム**の実践力涵養が望まれる。米国でこの分野で先進的な取り組みをしているニューヨーク市立大学（The City University of New York Tow-Knight Center Entrepreneurial Journalism）のジェレミー・キャプラン（教学担当）ディレクターは，①情報を提示する際のデザインの重要性，②実験的なジャーナリズムの営みを継続すること，③ジャーナリズム活動を維持・継続するための新たな収入源を見つけ出し，質の高い報道を行うこと，そして④キュレーション概念に基づく情報収集と工夫をこらしたそれらの提示により人々の興味関心を喚起する新たな取り組みの打ち出しが望まれること，を指摘している。

　21世紀のジャーナリズムの課題においては，グローバル化が加速する中で厳しさをますジャーナリズム環境を自分のものにすることが第一義的に重要になってくる。メディア資本の集中統合は資本主義経済体制下の社会で多くみられる現象で，ジャーナリズムの観点からみると言論表現の多様性を損なうことにつながる。また，利益至上主義と効率性重視のジャーナリズムは，既存の大手メディア機関によるジャーナリズムの自立性や信頼性低下という結果をもたらしかねない。だからこそ，**アントレプレナージャーナリズム**にかかわる理解力・実践力の涵養が重要になる。プロフェッショナルとノンプロフェッショナルなジャーナリストが玉石混淆で共存する今日の社会において，これまで既存のジャーナリズム機関が実践してきたプロフェッショナルなジャーナリストによる質の高いジャーナリズムを維持するためのレッスンとして示されたコヴァッチとローゼンスティールのジャーナリズムを実践する上での9つの原則は，**メディアの社会的責任**と**アカウンタビリティ**を担保する意味でもますます重要になっている。

【参考】金山勉『ブッシュはなぜ勝利したか：岐路にたつ米国メディアと政治』花伝社，2005年；B・コヴァッチ，T・ローゼンスティール著，加藤岳文，斎藤邦泰訳『ジャーナリズムの原則』日本経済評論社，2002年；D・マクウェール著，渡辺武達訳『メディア・アカウンタビリティと公表行為の自由』論創社，2009年；R. Campbell, C. R. Martin, and B. Fabos, *Media & Culture: An Introduction to Mass Communication*, Bedford/St. Martin's, 2006; T. Harcup, *A Dictionary of Journalism*, Oxford University Press, 2014. （かなやま・つとむ）

情報化時代の娯楽産業

Entertainment Industry in the Information Age

ジャネット・ワスコ著,渡辺武達訳

娯楽産業とは何か?

　メディアが提供する娯楽（mediated entertainment）つまり現代の娯楽**メディア産業＝エンタメ産業**は定義として,映画・テレビ番組および番組内のコマーシャル／**CM**,ネット上で絶え間なく流れている**ストリーミングコンテンツ**,音楽等のオーディオ記録媒体,電波による通常の放送やラジオ,出版,ビデオゲーム,それらの関連サービスとそこで生産されるすべての商品,新聞や雑誌・書籍等に部分的に含まれている娯楽的要素まで,じつに多彩かつ多様な分野に広がっており,実際にもそのような捉え方で議論されてきた。

　それらのエンタメ産業は全体としてのマスコミ産業の1部門「メディア娯楽」（media entertainment）として扱われる場合もある。しかし現実にはジャーナリズムや教育といったその他のメディアコンテンツと「エンタメ」とを区分することは前者に後者の要素が組み込まれていることも多く,必ずしも適切だとはいいがたい。多くのメディア企業は単なる情報のパッケージ販売からサービスにいたるまでの多種多様な形態をとってビジネスを展開しており,それらのすべてに利用者を引きつけるための楽しさの要素としての「娯楽性」が大なり小なり織り込まれているからである。

　米国商務省国際貿易局によると,2016年度のグローバルメディアおよびエンタメ市場の売り上げの合計は1兆9000億ドル（約210兆円：1米ドルを110円として計算）に達し,しかも毎年約5％の伸びで2017年度にはおよそ2兆ドルに達すると予測されている。2016年度の主要販売先は1位：アメリカ国内（7120億ドル）,2位：中国（1900億ドル）,3位：日本（1570億ドル／17兆3千億円）,4位：ドイツ（970億ドル）,5位：イギリス（960億ドル）,6位：フランス（693億ドル）である。ここで米国内向けが全体の約3分1をも占めているのは米国内の市場が大きく,収益が上

げられることに加え，それらの取り扱い企業がまたそれぞれに世界各地で関連ビジネスの展開をしているからである．また，米国のエンタメ製品には世界的な需要があることと，米国のエンタメ企業が外国に本社を置く同種企業の株式を所有したり，そのビジネスモデルの使用料を世界中から得ているからである．エンタメ業界にはそうした仕組みと実態があり，ここで主として米国のエンタメ業界を素材に説明してもそれが世界のエンタメ業界のある程度の解説につながることが理解していただけるであろう．

映画

映画は20世紀初頭から，エンターテインメントの分野で大きな役割を果たしてきたし，多くの国で有力なビジネスとして作品を制作し配給してきた．映画は映画館，テレビモニター上（方法は電波・ケーブル・ホームビデオなど多様），そして今ではストリーミングなどのデジタル手段などで楽しまれているし，従来的な劇場での実際の上映も今ではその多くがデジタル作品化され，使用料収益を生むと同時に関連グッズの販売面でも貢献している．これまでの実績と豊富な作品群があるから米国の映画産業（「ハリウッド」）は国内外で数百万ドルときには数十億ドルもの収益を上げる大ヒット作品を生み出し続けている．たとえば1995年～2004年の間に，**ハリウッド**では1億ドル（約110億円）を超える制作費をかけた映画60本が制作され，2005～14年の間にはそれが197本もあった．それら1億ドル以上の制作費作品のうち，70％以上が利益を上げたとの報告もある．その数字はその他の分野の市場やビジネスに比較すると明らかに優っている．

ラジオ・テレビ

米国のラジオとテレビ産業は各関係政府による官営もしくは公共システムまたは商業放送網を通じて，世界中にエンターテインメントを提供している．その実際のコンテンツには一般的にいう「エンターテインメント」だけではなく，広い意味でのニュース，トーク，その他の番組が含まれている．ケーブルTVや局ごとの契約方式によるテレビは多彩なエンタメ番組の視聴を可能にし，同時に視聴による収益だけではなく広告収益の増大をもたらし，多彩な契約形態が視聴者の多様化＝社会的分断化を進行さ

せるといった影響もある。加えて、**デジタル放送**（高精細度テレビ＝HDTV），マルチキャスティングや**オンデマンド**のネット利用ストリーミングビデオ（SVOD）等もその特性によって利用者に影響を与えている。

音楽

　デジタル技術の向上が音楽産業に革命的な変化をもたらし，高品質で低コストの配信，ダウンロードや聴取の質的向上によって多くの音楽ファンを取り込んでいる。アメリカでは2014年に初めて，デジタル配信による販売量がレコードやCD等による実物記録媒体による販売量を追い越し，音楽産業が多様なブランドとサービス形態をとるビジネスに変容し，ライブパフォーマンス，その他のオンラインのコンテンツサービス，ストリーミングや個別契約，「シンク」（sync，同調）と呼ばれるその他のビジネスとコラボした形態など実に多彩になっている。

ビデオゲーム

　最近のメディアによる娯楽分野ではゲームが主要な位置を占めつつあり，その利用者にとっては実際に自分で動かし相手と対戦するものなどからデジタルやオンライン利用，**携帯アプリ**，バーチャル（**VR**）から拡張現実 augmented reality（**AR**）を楽しむものまで実に多彩である。またライブでの観客を集めて選手がゲームをする **e-スポーツ**＝電子スポーツまで登場し，ますますその実際の態様が多様化し，それらゲームのライブ会場へのチケット販売による利益にも繋がってきている。

出版

　マスメディアとしての最古の**エンタメ産業**は出版だが，最近では紙媒体だけではなく，e-ブック（電子本），CD，独自のネットワーク販売網の利用によるものなど多角化している。その他の印刷媒体，たとえば新聞などにも娯楽的要素が含まれていることは先述したが，多くの書籍・雑誌・コミックなどが間違いなく出版系エンタメの主流である。**アマゾン**などのネット利用販売によってリアル**書店**が大打撃を受けているが，読者の新しい形態での「読書体験」によって，「読書行為」そのものが多様化し活性化

しているともいえる。皮肉なことだが実際，**アマゾン**は紙媒体本とe-ブックの両方を販売する**書店**をオープンし，読者層を拡大，活性化している。

テーマパーク

　テーマパークは技術的観点からいえば狭義のメディアではないが，マルチメディア事業の一つと考えられるし，実際いくつかのエンタメ企業がそうしたパークを所有し，運営している。ディズニーはその代表で，テーマパークビジネスをグローバルに展開し，世界の人気パークのベストテンに8つも入っている。これらの場所にはエンタメ企業がそれぞれに相乗効果をあげるため，たとえば大人気映画が乗り物やアトラクションと組み合わされ，多彩な相乗的商機を作りだすことに成功している。

米国娯楽産業の収益

　上述したように，米国の**エンターテインメント産業**は世界最大である。したがって以下，この分野の事業全体で動いている金額の総量について記しておく。表1（37頁参照，以下同）は分野ごとの2016年度の収入概要で，メディアによって提供されるエンターテインメントの収入の大きいものを並べたもので，これはもちろん，これら企業全部の数値でも，そうした関係会社のすべてを網羅したものでもない。

巨大娯楽産業：その主導者は？

　デジタル技術とその他の条件の革新によるこうした産業の質的変化にもかかわらず，エンタメ産業は全体として今なお，すべてではないにせよその多くが巨大かつ多様な多国籍企業によって支配されている。表2は，それらこの分野の巨大産業のリストで，その中心企業がいかに多様化しているかを示している。こうした多様かつ活発な活動は一般的な企業活動としてだけでなく，じつに多彩な分野の相関によるシナジー（相乗）効果となり，収益の拡大をもたらしている。これらの複合企業は米国内のエンタメビジネスだけではなく，世界中で同様の営業活動を展開している。

　エンタメ企業群は休むことなく小さな企業を新規に作ったり合併吸収等を行っており，ここに挙げたリストは2018年現在，一般に「可視化」され

ているものにすぎない。ディズニーは21世紀の最初の10年間でいくつかの重要なエンタメ企業として,ピクサーやマーベル,ルーカスフィルム社や21世紀フォックス社を吸収することで,米国企業の代表格となっただけではなく世界のエンタメ業界で最強企業の一つとして君臨するようになった。

しかし米国だけではなく世界中で支配的な位置を占めてきたこうした巨大エンタメ企業群もインターネットとデジタル技術を利用したコンテンツ配信という新業態によって大きな利益を上げ始めた新しいビジネス企業群からの挑戦を受け深刻な競争状態に追い込まれている。たとえば,新規参入者である**アップル**,アルファベット(**グーグル／ユーチューブ**),**アマゾン**,**ネットフリックス**などは娯楽コンテンツをデジタル配信し,そのうちの高収益企業のいくつかは映画やテレビ番組を購入するばかりか,制作し配信する過程のすべてを手掛け始めている。さらに,中国にベースを置いた巨大な複合企業であるアリババは国内外で事業展開を拡大し,世界中で米国系エンタメ企業群への挑戦者となりつつある。

現代娯楽産業の諸問題

21世紀に入り多くの技術開発が進み,既存のエンタメ企業が挑戦を受けることになった。とりわけデジタル技術はそれまでのマスコミ業態に特化した制作と配給／流通依存の企業群に深刻な打撃を与え,デジタル化製品とその配信があたりまえになった。高速のデータ通信が可能になり映像のストリーミングとダウンロードもネットによって一般化した。テレビもデジタル化し,それに伴い,最近では**4K**や**8K**の高精細度画像がフラット画面受像機から流れるようになった。しかも,**コンピュータ**・携帯電話・端末等が娯楽コンテンツ受信を日々革新している。

新しいデジタル技術の開発のたびにエンタメ企業は自らが取り残されないよう,それに合わせた製品生産やその販売法の変更を余儀なくさせられている。たとえば,映画会社がストリーミングサービスによる提供を開始したり,テレビのネットワークが自社のウェブサイトで事前宣伝をしたりといったことだけでなく,見逃した人たちのためにネットによる再配信を始め,雑誌も同様に,そのオンライン版の制作を始めている。ことほどさように,デジタル技術の進展と急速な展開で伝統的なエンタメ企業はあら

ゆる面で新事態への戦略的対応を余儀なくさせられている。

さらにはオンラインによるコンテンツ利用がそのユーザーに安価な購買を可能にした。たとえば、視聴者はしばしばテレビや**ケーブルテレビ**によるプログラムや映画を共有サイトやストリームで検索し利用している。もちろんエンタメ企業にとっては海賊行為 piracy という違法行為の横行もあり、エンタメ企業とその業界団体はそろってそうした行為から大きな損害を受けていると主張しているし、伝統的なエンタメコンテンツとの組み合わせで自らのビジネス展開をしてきた広告業界もその見解に同調している。

もちろん、伝統的なメディアによる娯楽／エンタメは引き続き利用できるし、じっさい世界中の人びとがそうして楽しんでいる。しかし、インターネットやデジタルコンテンツがより多くの人たちの娯楽接触時間とその形態を変えてしまったのも事実だ。つまり、メディアによるエンタメはコンピュータ、スマートフォン等のタブレット（端末）、電子本（e-book）等によって、いつでもどこでも、つまりテレビショーや映画を見るにも、ラジオを聴くにも、本や新聞記事を読むにも、私たちは時間と場所に制約されることなくオンラインでアクセスすることが可能になった時代に生きているということである。受容者側はデジタルビデオのレコーダーによってプログラムを保存し、自分たちの好きな時に視聴できる。しかも、オリジナル作品に組み込まれていた広告を削除した形で楽しめる。

全体としてこうした傾向が広範囲の娯楽用作品に対し、利用者にとってのより大きな利便性を与え、人びとによるアクセスを容易にしている。しかし、それがゆえに、専門家や研究者たちのあいだでは、ゲームその他のオンライン娯楽が多くの人びとの生活の仕方にまで影響し、民主社会の維持に大切な要素である報道や情報提供メディアに対する彼らの関心を削いでしまっているのではないかと危惧している。

【参考】Birkinbine, B. J., R. Gomez, and J. Wasko, *Global Media Giants*. New York: Routledge, 2016; E. M. Fattor, *American Empire and the Arsenal of Entertainment: Soft Power and Cultural Weaponization*. New York, NY: Palgrave MacMillan, 2014; W. M. Kunz, *Culture Conglomerates: Consolidation in the Motion Picture and Television Industries*, Rowman & Littlefield, 2006; H. L. Vogel, *Entertainment Industry Economics: A Guide for Financial Analysis*, 9th ed., Cambridge University Press, 2014.（Janet Wasko、わたなべ・たけさと）

劇場での上映	106億ドル
ホームビデオ	116億ドル
ネットオンデマンド*1	82億ドル
テレビ広告	706億ドル
ペイテレビ*2	1009億ドル
音　楽	202億ドル
ビデオゲーム	210億ドル
書籍出版	366億ドル
雑　誌	302億ドル
ラジオ	220億ドル

表1　米国エンタメ産業の収入／2016年度

注）＊1　動画配信
　　＊2　有料TV（ケーブルTV・衛星放送・IPTV）

	映画	テレビ	音楽	ゲーム	書籍	雑誌	ラジオ	テーマパーク
ウォルトディズニー	×	×	×	×	×		×	×
タイムワーナー	×	×	×	×	×	×		
コムキャスト／NBCユニバーサル	×	×	×	×				×
ナショナルアミューズメント／Viacom	×	×		×				
ニューズコーポレーション／フォックス	×	×	×			×		×

表2　多角化したトップエンタメ企業5系列

情報バリアフリー社会
Information Barrier-Free Society

渡 辺 武 達

「バリア」は「障壁」で，「フリー」とは「不当な拘束のない」ということだから，「情報バリアフリー社会」とは「情報が自由に流通し，人びとの送受信行為に障壁のない社会」のことで，Information Accessible Society ともいう。だがその実現には，民主的社会＝民主制の運営への市民参加を支える「情報の自由で責任ある流通システムの確立」という条件の確保が重要である。国家や自治体，あるいは会社等の組織がもつ情報は無条件に公開すべき，あるいは公開できる情報ばかりではないが，誰もが公共的かつ**公益性**のある情報にアクセスできる条件の保障が「情報民主主義社会」建設とその維持に不可欠だということである。

現代社会は **AI** を基盤にしたコンピュータとネットに支えられた **IoT** とデジタル化の時代と呼ばれ，コミュニケーション技術の革新をその中心としている。しかし，現実の情報流通には内容的にも物理的アクセス条件面でも多くの不合理性がある。2018年春，日本の空港で車いす利用者が「規程にない」という理由で，機内への搭乗時に階段の手すりを使って自力で登らされてニュースとなり，大きな非難が起きた。結果，国土交通省はバリアフリー法や航空法に基づく関連規定を改正し，障害者の搭乗に必要な設備や器具の備えを同年秋から航空各社に義務づけることにした。物理的に見えやすい障害問題であったからすぐ是正されたが，情報面でのバリアは社会の影の部分に存在し，それらへの配慮を忘れないことこそ，共生社会構築への必須条件なのである。

情報格差の実態とその克服

ニューヨークのマンハッタン地区での電子情報の流通量はアフリカ大陸全体のそれよりも大きいといわれる。ユネスコとの協力関係にある**国際メディアコミュニケーション学会（IAMCR）**の2018年度総会でもアフリカ

のマリではラジオが人びとの主たる情報アクセス手段で，地域放送局の開設が喫緊の課題であるとの報告がなされた。対して，欧米諸国では**ネット情報**の真偽の見分け方が大きな課題ということで議論がかみ合わなかった。つまり，メディアのあり方についての検討の第1は当該地域，分野の実態を反映したものでなければならないということである。

　情報の質と量は経済と密接に連動しており，情報をもつ者（**情報富層**：information-rich）ともたない者（**情報貧層**：information-poor）とのギャップ（格差）は機器利用の可否から，途上国に見られる電力不足によるラジオやテレビ受信の不能，識字率の低さや低所得による紙媒体購読の困難などまで多岐にわたる。一国内の社会階層間に起きている問題が国家間にもほぼ相似形で存在し，それが社会的不安定要素となり，**リスク社会**や社会的差別の原因にもなっている。問題はそうしたギャップが**政経権力**（政治と経済の合同権力）によって利用され，情報提供の程度と時期のコントロールが社会階層固定化の手段ともなっていることだ。こうした問題は現行の自由主義経済（市場経済）的な受益者負担政策でも，旧社会主義諸国に見られた計画主義だけでも解決できないこともすでに明らかだ。

　その一方で，現実にはビジネスに有効な情報だけが価値あるものとされ，人びとはそうした仕組みで提供される情報への接触に金と時間を使わされ，社会構造の歪みを理解するための基礎資料からは遠ざけられることが多様なかたちで実行されている。そのことは多くのテレビの**ワイドショー**やネットにおける連続的な「**炎上**」事件の題材をみればすぐわかることだ。

　日本では2003年の衆議院議員選挙時から各政党がこぞって発表するようになったマニフェスト（政権公約）で，重点目標として福祉の充実やバリアフリー社会の構築が挙げられるようになった。それ以前の障害者基本法（1970年制定）では障害者の自立と社会参加の促進を定め，その関連で障害者雇用促進法などが制定されてきたが，それらのいずれにも根本の思想，つまり①「情報民主主義とは情報アクセスにおける差別のない社会の実現」，あるいは②「すべての人間にはコミュニケーションする権利とまっとうな発信をする義務がある」，さらには③「人間は誰しもいくつかの分野では障害者である，もしくは障害者になり得る」という基本認識が十分にあったわけではない。せいぜいのところ，それは「健常者は目や耳の不

自由な人，身体に障害がある人たちを助けよう」といったもので，それだけでは共生思想は生まれにくい。しかしその後の改正でも目的条項は努力目標的で，政府や地方自治体，企業などは違法の指摘を受けないかぎり障害者雇用をできるだけ避けようとしている。

　その点では，米国での実践と法的整備には日本が学ぶべき点も多い。障害のあるアメリカ人法（The Americans with Disabilities Act, 1990年）はその目的条項で，障害者への差別除去のための①総合的法律を定めること，②規定は法的実施を前提とすること，③連邦政府が中心となり率先してそれを実施すること，④議会はその実施に全面協力し，経済面での不利が出ないようにすること等を定めている。④障害者はその他の市民と同様の生活を保障されるべきで，㋺政府・自治体はそれを物心両面から支えるべきだということだが，日本では多くのことが善意のボランティアの犠牲的協力に頼っている。ろう者（聴覚障害者）への教育でいえば，手話が自然言語だと考える立場からの「ろう文化」を想定したギャローデット大学（Gallaudet University, 在ワシントン D.C.）などがあり，全米的な連携体制があるが，日本で視聴覚障害者用の筑波技術大学ができたのは2005年のことで，現在でも難聴者への対応はテレビ画面での**字幕**掲出などだけで一層の努力が求められる。

　災害弱者の問題例を挙げれば，2018年6月から7月にかけての豪雨被災3県（岡山・広島・愛媛）では関係諸団体に登録している視覚障害者およそ1500人のうち，自宅から避難できたのはわずか6人であった（共同通信）。ほとんどが家に取り残されたわけだが，ここからは災害弱者への避難誘導もまた**情報セキュリティ**の大きな課題であることがわかる。またスマホなどの使えない高齢者の多いへき地ではNTTによる固定電話維持の経済的困難などから**ユニバーサルサービス**の維持が困難な状況さえ出てきている。

市民主権の情報政策

　自由主義市場経済社会では，利潤を生みだす仕組みや世論形成に有効なメディア企業の所有は経営論理で動き，**ソーシャルメディア**についても同様である。旧マルクス主義／社会主義陣営の弱体化とともに，市民運動や

批判学が衰退し，社会の構造的問題への指摘が減少した。しかも**言論の自由**を保障している政府が自ら，そうしたいびつな構造の是正をせず，行政情報の公開に積極的でないばかりか，中央省庁でも障害者雇用の義務条項違反を数十年隠し続けてきたことさえ発覚し，「森友・加計学園問題」に見られたような重要な公的情報の改竄までが国会討論の過程で明らかになった（2018年）。①情報は誰のものかという設問には，国家や自治体のものではなく，社会構成員である市民・国民の共有財産であるという答えしかなく，②情報政策の立案と情報提供は公正に行われているのかという疑問に対する「メディアアクセス」や「メディア監理への市民参加」の要求は当然である。そうした保障がない社会は果てしなく産業化・商業化・大規模化を推し進める権力層の欲望に歯止めをかけることはできない。そうした「**熟議民主主義**」の実現には，①プロセスの民主制，②システムとしての民主制，③情報の質的向上に向かう市民主権思想の向上が必要で，その方向性を支えるのが良質のメディアとジャーナリズムだということである。

　ところが，日本だけではなく，世界的にも情報バリアフリー関連の議論には，第1：**インターネット**を代表とする**IT**技術の一般化，第2：自由市場主義経済では弱者が救われることはないという2つの考え方の対立がある。前者では，①ネットでは誰もが瞬時に地球の裏側の人たちと交信できる，②物理的移動をしなくても，いつ，どこでも必要な情報が入手できるから，等と主張される。だが，①実態としては資本をもち，それを政治的に行使できるものが情報管理でもその優位性を維持し，②コンピュータなどの情報機器の購入やプロバイダ（ISP）への加入にもお金がかかるから，無料提供の情報は広告的なものがほとんどとなり，その結果③格差社会が意図的に作られ，下層民の勤労意欲のインセンティブ（刺激）に利用されている。だが，長谷川倫子などがいうように，「バリアの概念は性別，年齢，社会階層，エスニシティ，学歴，居住地域など，社会的格差を助長する要因となりがちな個人を規定する社会的人口集団（デモグラフィック）変数までを含む」ものであり，単純な二項対立の捉え方では安全かつ健全な社会建設の方向性は見出せない。

　世界には今なお，電気供給が十分ではなかったり，学校に通えないから文字が読めず，たとえ読めても新聞は高価すぎる等の理由から，公共コミ

ユニケーションの課題がラジオ局の設置と番組の質的向上である地域さえある。さらには，インターネット利用度の高い西欧諸国や日本，韓国，中国等における流通情報が社会的な公平をかならずしも保障しているわけでもない。同時に，国家による強権的な情報コントロールがある社会に**公益性**保障の最低条件としての**プレスの自由**などあるはずがなく，私たちは**市民主権**社会構築への道を継続的に探っていかねばならない。

情報バリアフリー社会への展望

　日本政府が障害者のケアに本格的に取り組み，それまでの厚生省（現・厚生労働省）中心の縦割り的施策を関係省庁横断の施策として，しかも初めて数値目標を盛り込んだ「ノーマライゼーション7か年戦略」として発表したのは1995年で，その最終年度の2002年12月，新障害者基本計画（03〜12年度）と，前半5年間の数値目標を定めた新障害者プランが発表された。柱とされたのは，①社会のバリアフリー化，②利用者本位の支援，③障害の特性を踏まえた施策の展開，④総合的かつ効果的な施策の推進で，新規の重点施策をa）入所施設は限定し，小規模・個室化を進める，b）障害者が政策の決定過程に関わる，c）精神障害者を法定雇用率制度の対象とすることを検討，d）**IT（情報技術）**を活用した雇用の促進……とし，そこではじめて中央政策レベルで「IT」という用語が登場している。ここでの「ITの活用による雇用の促進」は障害者のパソコン等の利用技術学習という面と，メディアに文化・情報面（点字・**手話**・音声案内・**字幕**・わかりやすい表示等）での改善を図らせようとする2つの面から捉えられ，障害者を健常者による産業社会構造へ取り込むにはどうするかという発想である。だが，現在いちばん大切なことは両者の接点の拡大と共存原理の導入であることは先に挙げた災害時における情報弱者取り残しの実態からも明らかだろう。【参考】堀利和『障害者から「共民社会」のイマジン』社会評論社，2018年；渡辺武達『メディアと情報は誰のものか』潮出版社，2000年；長谷川倫子「情報バリアフリー社会に向けて」津金澤聰廣・武市英雄・渡辺武達責任編集『メディア研究とジャーナリズム　21世紀の課題』ミネルヴァ書房，2009年；ましこひでのり編著『ことば／権力／差別：言語権からみた情報弱者の解放』三元社，2012年。（わたなべ・たけさと）

世論調査の諸問題
Opinion Poll

橋 元 良 明

「輿論」と「世論」

　「世論（よろん）」という言葉は，戦前，「輿論（よろん）」と「世論（せろん）」の別の2つの言葉として使い分けられることが多かった。明治期以降の語感として，「輿論」は英語の public opinion に近く，「公論」とほぼ同義であったのに対し，「世論（せろん）」は英語の popular sentiments に近く，「私（ワタクシ）に論ぜられたこと」とのニュアンスをもっていた。すなわち，個々バラバラの大衆の気分が「世論」であり，それらが社会的意識として組織化されたものが「輿論」であった（佐藤卓己『輿論と世論』新潮社，2008年，参照）。1946年，当用漢字の制定にあたり，「輿」は採択されず，「輿論」の代替として広く「世論」が用いられるようになった。したがって，本来の意味からすれば，「輿論調査」であるべきだが，現在もっぱら用字として（同時に本来の含意からしても）「世論調査」が流布している。

　統計学的に適正なサンプリングによる「科学的輿論調査」は1940年代初期から日本でも新聞社が主体となって試行的に実施されているが，本格的なものは第2次大戦後であり，たとえば朝日新聞社の世論調査室は1945年11月に設置され，1946年7月に最初の全国規模調査（「吉田内閣政治動向調査」）を実施している。

サンプリングに際する基本的要件

　調査によって計測される「世論」（以降，本項では「世論調査によって計測され，数値化されうるもの」という意味で「世論」という言葉を用いる）は，あるイシュー（論争点）に関する，特定の母集団の平均的態度である。ここでまず，標本抽出する母集団は，「13歳以上69歳までの日本在住男女」とか「東京23区在住男性」とか，確定された閉じた集合でなけれ

ばならない。大学キャンパス等，不特定多数が出入りする場所でたまたま集まっている（集まってきた）相手に対し調査を実施することは，母集団が確定しないから結果はほとんど意味をなさない。後述するように，インターネット上の掲示板等で回答者を募ったりする場合も同様に不適切である。

　また，特定の母集団の態度を計測するというからには，その母集団の実態的属性分布を反映したサンプルで調査の回答を構成しなければならない。たとえば，日本全国の住民が対象であれば，地域，都市規模，性別，年齢等の，とくにデモグラフィック属性が，実態の分布を反映したサンプル構成である必要がある。調査対象とするサンプルが，母集団に対して十分適切な「代表性」をもっているか否かはきわめて重要な要件である。全国調査と称しても，サンプルの在住地域構成や年齢構成が実態の分布とかけ離れていれば，「日本人の世論」を測定したことにはならない。

　さらに，やはり代表性に関わることであるが，サンプルの抽出にあたっては，無作為性（ランダムサンプリング）が基本である。恣意的に抽出した場合，あるいは特定の属性をもつ人や特別なつながりから意図的に標本を抽出した場合（有意抽出）は，母集団の代表性が担保されない。無作為抽出にあたっては，まず地域的な特性（地域，人口規模）から調査地点を抽出し，いくつかのデモグラフィック属性（性別や年齢）に応じて抽出すべき標本数を割り当てた上で無作為に抽出する方法がよくとられる（層化2段無作為抽出法）。標本抽出にあたっては，選挙人名簿や住民基本台帳が用いられることが多い。

調査方法に関する諸問題

　調査の方法としては面接法，訪問留置法，郵送法，電話法，オンライン調査（ネット調査）等がある。回答の信頼性（調査対象者が適切に真摯に回答しているかどうか）でいえば，直接，調査対象者と調査員が接触する面接法，訪問留置法の信頼性が高い。ただし，面接法では，調査員の性別，人種（アメリカ等の場合），外見等によって，回答結果にバイアスが生じる問題点（回答者にあわせて回答を変えるモデリング効果等）が指摘されることがある。回答の高い信頼性が期待できる反面，面接法や訪問留置法の実施には，多大な人件費を要するという欠点がある。このため，郵送法

以下も多用される。郵送法は比較的簡便であるが，回収率が低くなりがちである。回収率が低い場合，特定の傾向をもった人が回答する確率が高くなり（調査のテーマに興味を持つ人，まめな人，時間的余裕のある人等），代表性の担保という側面で問題が生じる。

　アメリカでは，かなり以前から調査員の安全性等の問題で面接法や訪問留置調査が困難な状況にあり，主流は電話調査（さらに現在はネット調査）であるが，電話調査の場合，回答者が英語話者，一定以上の所得層に偏ると指摘されている。日本でも近年，安価で簡便に実施可能なことが好まれて，テレビ局，新聞社あるいは政党によって電話による世論調査（とくに支持政党や投票行動等）が数多く実施されている。その結果が，内閣改造や選挙投票日等，重要な政策決定に影響することも多くなった。その際，通常，コンピュータによる乱数計算をもとに電話番号を発生させて架電，応答した相手に質問を行うRDD方式（Random Digit Dialing）が主に採用されている。しかし，このRDDにはいくつか大きな問題点がある。まず，対象となる電話は，基本的に固定電話であり，携帯電話だけを利用する人は母集団の外である。したがって，この方法で，一定の割当数にそって抽出される若年層は，一般的な若年層を代表しているとはいえない。近年，携帯電話を対象に入れる動きも出ているが，架電に対する回答回収率の低さや地域による抽出が困難などの問題点は解消されていない。電話調査はそもそも回答率の分母となる調査対象数が確定できない。また，RDDの具体的運用方法は現状では規範化したものがなく，電話番号の発生方法や標本の割当方法は，実施会社によってばらばらである。さらに，主に固定電話に出た人を対象にするから，在宅率の高い人，調査に協力しやすい人が対象者になりがちである。最終的には，諸属性について人口分布に沿った枠（クウォータ）の分だけサンプルを確保する場合が多いが，抽出された調査対象者が，それぞれのカテゴリーを適切に代表しているか疑問点が多い。この方法によって測定される「世論」が，政策の方向性に大きな影響力をもつとすれば大きな問題である。

　近年，インターネットの普及に伴い急速にオンライン調査（ネット調査）の実施数が増大してきた。2005年に施行された**個人情報保護法**の影響もあってセキュリティ意識が高まり，また，振り込め詐欺等の犯罪に対す

る警戒心の増加などで，訪問調査や電話調査に対する協力拒否が増えたこと，住民基本台帳等の標本抽出の基礎資料の閲覧が厳しくなってきたこと等もオンライン調査の増加に結びついている。

　オンライン調査の長所としては，安価で時間的にも労務的にも簡便に実施可能で，また回答を短時間に集計できることが挙げられる。大きな短所としては，以下に述べるように回答者の偏りや回答の信頼性が挙げられる。

　オンライン調査では通常，調査会社が契約を交わしているモニターから無作為にサンプルを抽出し，調査を依頼する方法や，モニターに対し，調査の協力を呼びかけ，属性（性別，年齢等）ごとにあらかじめ設定した枠組みに収まる数の回答が得られた時点で，その枠の回答募集を終了し，最終的に目標サンプル数を確保するという方法がとられる。しかし，そもそも**インターネット**利用者自体が，国民一般の属性分布を適切に反映したものではない。インターネット利用が一般化したとはいえ，実勢の人口学的分布に比べ，40代以下，女性より男性，高学歴，事務職・専門職（とくにコンピュータ関連企業や情報産業従業者），都市部居住者の比率が高い。とくにオンライン調査の協力者の場合，インターネット高頻度利用者あるいは平日の日中に時間的余裕がある人に偏る傾向があり，職務上，パソコンを頻繁に利用する職種や，学生，主婦のアクセスが増える。サンプル収集過程で，属性を統制したり，集計の際，重み付けを行ったりするにしても，回答者がそもそもネットの積極的利用者である傾向は排除できない。また，インターネット利用頻度の低い高齢者や労務職，第一次産業従事者等から得られた回答も，その層の代表的行動実態や態度を反映しているとはいえず，それらの層の中で比較的特異な一部の傾向を反映した回答である可能性がある。また，調査協力を公開で呼びかけた場合など，非正規雇用者やフリーター等の回答比率が増える傾向が見られるが，その場合，政治態度的には反体制的，革新的意見が実勢より高い回答比率として示されることもありうる。オンライン調査の場合，通常，母集団となる「モニター」が出入りの激しい開かれた集合であり，確定された母集団とは言い難い。標本母集団に偏りがあり，また確定も難しい以上，その対象に対して「無作為抽出」したとしてもあまり意味がない。また，回答の信頼性については，とくに重複回答の問題が挙げられる。ある個人が複数のアドレス

をもつ場合などでは，重複回答を完全に排除することは難しい。また，調査の基本情報となるデモグラフィック項目（性別，年齢，職業等）についても，回答が真実かどうかを確かめるのは困難である。オンライン調査に関する以上の特性を考慮した場合，この方法による調査は流行現象の分析や先行的市場調査等に向いている。

質問方法に関する諸問題

　質問の形式に関して，まず「ダブルバーレル質問」は回避されなければならない。たとえば，「情報を活用するために，毎日インターネットを利用しているかどうか」という質問では，「利用目的」と「利用頻度」が混在して質問されており，本来別質問にすべきである。

　質問形式で最も注意すべきは，「キャリーオーバー効果」すなわち，前の質問の内容・存在が後続質問への回答に及ぼす影響，あるいは質問文に先立つリード文が回答に及ぼす影響である。たとえば，「インターネット利用の効用で，あなたにとってあてはまるものに○をつけて下さい」という質問を置き，「1．時間が有効に使えるようになった　2．交友関係が広がった……」等のプラスの影響項目を列挙しておき，何問か後の質問で，「インターネットの普及によって人びとの生活は豊かになると思いますか？」等の質問をした場合，インターネットの利点がプライミング情報としてインプットされるため，インターネットを肯定的に評価しがちである。また，質問のリード文に「ガソリン暫定税が期限切れしたことで，ガソリンは値下がりしますが，国と地方の予算に不足が生じるほか，ガソリンスタンドでは混乱も起きています。あなたは，ガソリン暫定税に賛成ですか，反対ですか」のように，暫定税廃止のデメリットを列挙する文を入れた場合には，明らかに回答にバイアスがかかる。

　憲法改正，自衛隊，有事立法，消費税等，重要な政策案件に関わる世論調査でも，一部の大手新聞社等が実施する世論調査を詳細にみてみれば，この種の誘導要素が質問文自体，あるいは前の質問に盛り込まれている例が決して少なくはない。【参考】佐藤卓己『輿論と世論』新潮社，2008年；岡田直之・佐藤卓己・西平重喜・宮武実知子『輿論研究と世論調査』新潮社，2007年；谷岡一郎『「社会調査」のウソ：リサーチ・リテラシーのすすめ』文春新書，2000年。（はしもと・よしあき）

マンガ・アニメ文化
Animation and Comics Culture

竹内オサム

　20世紀末に日本のマンガとアニメーションが世界的に注目を集めて話題となった。それ以前にも1970～80年代には，アメリカやフランス，中国などの諸国に日本のテレビアニメが輸出されて人気に。その動きをきっかけに，原作であるマンガ本も海外で読まれるようになってきている。とりわけ21世紀に入ってから集英社，小学館などの出版社が積極的に海外でのマンガ出版を企画し，マンガ熱，アニメ熱に拍車がかかっていく。その結果，かつては俗悪の代名詞であった子どもや青年向けのマンガ，"子どもだまし"として蔑まれることの多かったテレビアニメは，現代日本を代表するコンテンツとして注目を集めるようになっていった。海外でも，MANGA，ANIMEという用語がそのまま通用する場合が多い。ちなみに，「アニメ」とはテレビ向けのアニメーションを指していう。

　まずマンガの歴史をふりかえってみれば，近代においてわが国では，マンガ文化は風刺マンガ，風俗マンガの流行として始まった。1862（文久2）年に横浜居留地で出版されたイギリス人チャールズ・ワーグマンによる『ジャパン・パンチ』をその嚆矢とみてよい。つづいて明治の半ばには北沢楽天が現れ，福沢諭吉に認められ，『時事新報』の漫画担当記者として1899（明治32）年より盛んに風刺画，風俗画を描いた。明治大正期は新聞メディアを中心にマンガが掲載されたという特徴があり，『朝日新聞』の社員となった岡本一平も例外ではなかった。

　今日では風刺画，風俗画は勢いをなくし，マンガといえばストーリー性をもつマンガ，あるいは劇画をイメージさせることが多い。そのようなマンガの隆盛に注目するならば，そのルーツを子ども向けのマンガに見出すことができる。明治，大正，昭和における新聞掲載の子ども向け四コママンガが，その後に生まれる物語性の強いストーリーマンガの基礎となった。とりわけ1923（大正12）年に『朝日新聞』に連載された織田小星作・東風

人画「正チヤンの冒険」や,『読売サンデー漫画』紙上に連載された宍戸左行「スピード太郎」などの連続マンガが,現代のストーリーマンガの直接的なルーツとして認められる。やがて昭和期には雑誌,単行本のマンガ出版も盛んとなり,赤本マンガというきわめて通俗的な出版も行われるようになっていく。

ただ,戦後の華やかなマンガブームをたどる場合,やはり**手塚治虫**というマンガ家の存在を無視することができない。手塚は大阪の赤本マンガの世界から出発,のち中央の雑誌に移り,「鉄腕アトム」「ジャングル大帝」「リボンの騎士」「火の鳥」などの代表作を20代の半ばで描き,その後のストーリーマンガ家に絶大な影響を与えた。以降,藤子不二雄(のちの藤子・F・不二雄,藤子不二雄Ⓐ),石森(石ノ森)章太郎,赤塚不二夫,白土三平,水野英子,萩尾望都など多くのマンガ家がデビューしている。またさらにその影響下に多くのマンガ家が育ち,多数のマンガ雑誌が創刊され,マンガ大国としての出版状況を生み出していく。1959年に創刊された『週刊少年マガジン』『週刊少年サンデー』という少年向けの週刊マンガ誌が,1970年代にかけて飛躍的に部数を伸ばす。またこの時期には,『ビッグコミック』『ヤングコミック』『漫画アクション』など青年成人向けのマンガ雑誌も創刊され,マンガが幅広い層に浸透していくきっかけとなった。

『週刊少年マガジン』は,1950年代半ばに台頭し貸本屋で読まれたリアルな素材と画風を特徴にもつ「劇画」を数多く掲載,編集者主導のもと原作者とマンガ家を組み合わせる制作システムを構築していく。それ以前の『少年クラブ』『少年』『少女』など月刊誌時代にも同様の工夫が見られたが,『週刊少年マガジン』編集部ではそのような制作の方法を積極的に推し進めた。日本独自のマンガの編集システムがこうして形を整え,以降マンガ文化の編集現場に受け継がれていくことになる。過去ヒット作に関わった編集者たち,宮原照夫,小長井信昌らの回想によると,マンガのストーリー作りの参考となったのは,戦前の少年少女小説や一般の大衆小説であったという。つまり文芸のヒット作がモデルになっている場合が多く,過去の文化との深い結びつきに改めて驚かされる。海外でも日本のマンガを真似た作品作りが盛んになっているが,日本のような魅力的な作品が生

み出せない要因には，いま述べたような独自の編集システムと，過去における大衆文化の蓄積の厚みの有無が関わり合う。

そのためだろう，日本のストーリーマンガの**キャラクター**には複雑な内面性をもつ者が少なく，典型像の造形がなされることが多い。一般大衆に支持されるような明瞭なキャラクター作りが行われている。歴史的にみると，時間的に古く最も多いパターンは，人よりも並はずれた能力をもつスーパーヒーロー＝超人の存在であり，そのあと姿を見せたのが何をやってもダメな主人公＝アンチヒーローである。前者は「正チヤンの冒険」「鉄腕アトム」「月光仮面」「ドラゴンボール」「北斗の拳」など，後者は「のらくろ」「丸出だめ夫」「がきデカ」「ダメおやじ」などの名が思い浮かぶ。また，1960年代以降には「あしたのジョー」「ゴルゴ13」「ブラック・ジャック」などアウトサイダーとしてのヒーローが，1970年代には「釣りキチ三平」「ゲームセンターあらし」「包丁人味平」など1つの技能に秀でたテクニカルなヒーローが読者の人気を得た。

過去を振り返ると日本のマンガ出版は，講談社，集英社，小学館，白泉社など中央の巨大出版社によるものと，赤本マンガ，貸本向け劇画，エロ劇画など，弱小出版社によるゲリラ的出版物が並行してきたことがわかる。そうした二重構造の相互関係がマンガの活力を支えてきた。その結果，初版刷りが200万部を超える単行本も現れ，雑誌でも『週刊少年ジャンプ』が最盛期600万部を超える部数を記録した。ただし，21世紀に入ってマンガ雑誌は極端に部数を減らしつつあり，出版界には危機感をもつ者が多い。スマートフォンを中心としたWebコミックへの移行を模索する出版社が多く，不透明な状況がしばらく続いている。

一方，日本のアニメ文化はその成り立ちにおいて，マンガと比べるとより海外との交渉の方が際立ってみえる。日本の初期のアニメーションは，大正期の下川凹天や幸内純一など，マンガ家が余技として創作していた場合が多いが，昭和に入るとディズニーのアニメーションの影響を受けて発展していく。政岡憲三監督の「くもとちゅうりっぷ」（1943年）や瀬尾光世監督の「桃太郎海の神兵」（1945年）などがそうで，フィルム自体が貴重な時代に，軍部の援助や依頼を受けて制作したものも多く，なかには国策の露な作品も見られる。

今日につながるアニメーション，とりわけテレビ向けに作られた「アニメ」を考える場合には，戦後の動向に直接目を向けた方が，その表現上の特質や内容が理解しやすい。とりわけ，1963（昭和38）年に放送が開始された虫プロダクション制作の「鉄腕アトム」は，その後のテレビアニメの発展を考える場合，エポックメイキングな役割を果たした。低予算のなかで毎週制作を余儀なくされることから生まれた発想，画面の一部分のみを動かして変化をつける技法，パンやクローズアップなどのカメラワークを駆使する方法は，その後のアニメにさまざまなアレンジを加えて受け継がれていく。

　このようなアニメは，最初誌上のマンガとして連載され人気となった作品をアニメ化する場合が多い。すでにストーリーや**キャラクター**ができあがり，知名度の高い作品がアニメとして放映される場合，先行する人気にたよって**視聴率**をかせぐという戦略をとりやすい。逆の見方をすれば，日本ではマンガというコンテンツの蓄積が先にあり，それをもとにしてアニメが成功するというパターンが顕著だった。この点は先にも述べたが，マンガ文化が戦前の少年小説や大衆文芸をモデルにした事実と類似して興味深い。以降日本のテレビアニメは，「鉄人28号」「銀河鉄道999」「宇宙戦艦ヤマト」などのSFもの，「アルプスの少女ハイジ」「フランダースの犬」などの名作路線，「ドラえもん」「サザエさん」「うる星やつら」などの生活ユーモア，その他，学園もの，ファンタジー，スポーツ，ホラーというようにジャンルを多様化させ，1970年代には海外に盛んに輸出されて，アニメ大国日本を印象づけることになった。「新世紀エヴァンゲリオン」が若者に広くインパクトを与えたことはよく知られる。視聴者である若者が，登場するキャラクターのコスチュームをそっくりそのまま真似て着るという，いわゆる**コスプレ**現象が起こり，そのファンたちをオタクと呼びならわすようになった。

　こうしたテレビアニメは当然のことながら，**スポンサー**が付きテレビで放映されるが，その一方で最初から映画館で公開されることを大前提とした劇場アニメーションや，技法上の実験を個人の努力で創りあげるアートアニメーション（実験アニメーション）という分野も存在する。前者で著名な作家は，東映動画部出身の**宮崎駿**で，「風の谷のナウシカ」（1984年）

を皮切りに「となりのトトロ」(1988年),「もののけ姫」(1997年) など個性あふれる作品を生み出した。さらに「攻殻機動隊」(1995年),「イノセンス」(2004年) の押井守,「AKIRA」(1988年),「スチームボーイ」(2004年) の大友克洋,「セロ弾きのゴーシュ」(1982年),「火垂るの墓」(1988年) の高畑勲,「秒速5センチメートル」(2007年),「君の名は。」(2016年) の**新海誠**など,個性豊かな監督を輩出している。後者のアートアニメーションの分野では,川本喜八郎,岡本忠成,古川タク,山村浩二などが有名で,海外にもその名が知られるようになっている。

　日本のアニメ技術はきわめて完成度が高く,これまでアメリカ,フランス,ロシアで培われてきた技術とはまた異なった特色をもちえている。また,そうしたアニメのなかのキャラクターそのものが独立して経済効果を生み,日本では**キャラクタービジネス**が成立している。こうしたアニメの制作は,人件費の安い近隣のアジア諸国に仕上げの工程を発注してきたため,結果的に技術の伝達が行われ,中国や韓国などの諸国ではその影響下にアニメ作りが試行されている。

　以上,マンガとアニメ文化について解説したが,こうした分野が日本独自のコンテンツを生み出したとの声が高まり,20世紀末から21世紀に入って**日本アニメーション学会,日本マンガ学会**などの研究組織が発足した。大学ではマンガ学の学部学科が開設され,関連する評論研究書がつぎつぎと刊行されるという事態に至っている。【参考】竹内オサム『戦後マンガ50年史』筑摩書房,1995年;清水勲『漫画の歴史』岩波新書,1991年。(たけうち・おさむ)

メディア・ジャーナリスト教育
Journalism Education and Training

野村彰男・大井眞二

マルチ・メディア時代の日本のジャーナリスト教育

　21世紀に入って**ソーシャルメディア**の目覚ましい発展は，日本や欧米における伝統的なメディア・ジャーナリズムの世界に激変をもたらした。2016年，英国の国民投票で決まったEU離脱（BREXIT）と，前代未聞の大統領選挙をたどった米国のトランプ共和党政権の誕生は，**ソーシャルメディア**がもたらした社会変化と，既成の政党や政治家にはわれわれの声は届いていなかった，と不満を募らせてきた大衆の反乱ともいえる動きを抜きには考えられない結果だった。**ポピュリズム**の台頭は欧州で右派の勢力拡大をもたらし，米国では，トランプ大統領が自分に批判的な新聞やテレビの批判を「フェイクニュース」と切り捨て，内外政策はもちろん，政権の人事や不祥事についてまで，自ら虚実とりまぜた**ツイッター**発信を続け，その有様をとらえた「**ポストトゥルース（真実）の時代**」という言葉まで誕生した。

　ブログ，**フェイスブック**，**ツイッター**等の加速度的な広まりによって，日本もマルチ・メディア時代を迎えた。本や新聞を読まず，テレビすら観ない若者たちの関心は，誰もが受信者であると同時に発信者にもなれる，という**ソーシャルメディア**に引きつけられた。個々人が出合った事件事故などは，映像やコメントがリアルタイムで発信される一方，同じネット上に，真偽も定かでない発信元不明の情報があふれ，人権侵害や差別など，言論空間を著しくゆがめる現象を引き起こしている。

　メディア各社はこれまで，民主社会の健全な発展のためには，多様な考え方や思想が自由に行き交うことが大切であるとの認識を共有し，権力の絶えざる監視もジャーナリズムの基本的使命と考えて，それらを記者教育の土台としてきた。

　しかし，**ソーシャルメディア**時代は，自分が関心を持つ情報を手早く入

手することで満足し、その背景や、その情報をめぐる多様な考え方にまで関心を向けないユーザーを爆発的に増やしている。自分とは異なる意見は排斥しようとする傾向も強まり、話題を呼ぶテーマでは、しばしば**炎上**などの現象が起きている。権力の監視、あるいはメディアと権力の間で保つべき距離についても、2012年に発足した安倍自民党政権の「一強体制」のもと、新聞社やテレビ各社間の対応の違いが表面化して、ジャーナリスト教育にも難しい課題を投げかけている。

　誰でも発信できるマルチメディアの特性は、反面で、プロとして訓練を受けた記者の報道と、一人ひとりのユーザーが発信する**ネット情報**との境界線を限りなくあいまいにしつつある。記者の側でも、ブログや動画発信がもたらすページビューに手ごたえを感じ、限られた紙面や時間内での報道とは別に、取材した情報を存分に盛り込んだ記事を**ブログ**などで発信するのが当たり前の活動になった。そこから、所属企業を離れて**フリーランス**に転じることに魅力を感じる記者も生まれ、マスコミ志望の学生の側でも、就職して何年か記者修業を積んだら、フリーランスに転身したいと考える若者が目立ち始めたのも、自然な流れといえよう。

　だが、メディア状況の変化はあっても、記者が多様な出来事を取材し、事実確認を重ねて記事にする、プロとして身に付けるべき基本知識や心得るべき倫理は変わらない。ネットユーザーの低年齢化、18歳から選挙権を持つ成人年齢の引き下げもあって、大学・大学院とメディア各社は、誰が、どこで、どうジャーナリズムの基本的教育を担うのか、という今日的課題に直面している。（のむら・あきお）

ジャーナリズム教育（外国）

　ジャーナリズムとともに高等教育は、近代の制度の1つであり、近年主としてグローバル化によって促進された変化の過程にある。ジャーナリズム教育もそうした変化の過程にあり、国際的な①ジャーナリズム教育のフォーマル化、②一定程度のトレーニング基準のコンセンサス、といった変化の傾向が指摘されている。事実、変化するジャーナリズム教育・訓練の環境の問題を評価する、多くの国際的な協同研究プロジェクトが組織されてきた。たとえば、①欧州ジャーナリズムセンターの多国間教育プロジェ

クト，②約30カ国の関係機関が参加する「世界ジャーナリズム教育評議会」(World Journalism Education Council: WJEC)，③UNESCOの主導のもとで実施されているさまざまなジャーナリズム教育プロジェクト，あるいは④ジャーナリズム・メディア教育のためのグローバルなネットワークのJournet，などは，そうした試みの代表的な事例であろう。

しかしながら，文献をレビューすると，ジャーナリズム教育の国際的な同質化の趨勢にもかかわらず，現実だけでなく理想のジャーナリズム教育の内容や方法について多くの見解が存在することが明らかになる。今日，ジャーナリズム教育をめぐっては，①ジャーナリスト像，②ジャーナリズムの職業定義，③教育・訓練のカリキュラム，④職業的イデオロギー，⑤**メディア産業**との関係，などの論点が広範に議論されている。それぞれの論点をジャーナリズム教育研究の視座から要約してみよう。

第1に，ジャーナリスト像については，誰がジャーナリストか，をめぐって広く議論がなされる。国際的に見ると，非常に多様な教育的背景から職に就き，現実のジャーナリズムへのキャリアパスは，明らかにナショナルな相違を示しており，高等教育としてのジャーナリズム教育が，ジャーナリストになる1つの方法にすぎないことを例証している。それは，OJT，とりわけin-houseの多種多様なジャーナリズム教育・訓練の実態に，そしてin-houseの課題や問題点に踏み込む研究の必要性を強く示唆する。

第2のジャーナリズムの職業定義は，その誕生以来議論されてきた古く新しい論点である。ジャーナリズムは熟練職（craft）か，それとも知的な専門職（profession）か，の論争である。ジャーナリズムの職業定義は，ジャーナリストに与えられる社会的地位を意味するだけでなく，ジャーナリストに期待される教育的背景にも関わる。ジャーナリズムを熟練職とみなすとすれば，ジャーナリズムの実践を永続化させるための職業教育のみが必要とされ，高等教育におけるプロフェッショナルな教育は必ずしも要求されない。他方で，ジャーナリズムは1つのプロフェッションであると主張するならば，この主張を支持する明確に定義された教育的方針が要求される。

第3の，教育・訓練のカリキュラムについては，最も精力的な論争が展開されており，それゆえ，理想のジャーナリズム教育についてほとんど合

意が見いだされない領域である。このことは，高等教育機関と産業の間のいくつもの断層をさらに深めることになる。いずれの立場であれ，ジャーナリズム教育の価値を疑わない。産業は，概念的教育の価値を疑問視する傾向が強いが，志願者が高等教育を受ける価値を否定するのではなく，ジャーナリズムなどの研究ではなく，他の学問領域を専門とすることを期待する。他方で高等教育機関は，ジャーナリズムは単なるスキルではないと考え，ジャーナリストは，最終的にジャーナリズムの改善をもたらす知識，感受性および徳性を備える必要がある，という前提に立つ。ジャーナリズム教育の方法論の問題は，実践的知識と概念的知識のデリケートなバランスをどのように比較評価するか，に関する議論に尽きている。

　第4の職業的イデオロギーの論点は，ジャーナリズムをデモクラシーの制度的前提に位置づける議論の是非をめぐって展開する。この論点は，これまで十分な考究の対象とならなかった。その理由は，事実に基づく，中立的なプロフェッショナリズムの米国ジャーナリズムモデル，自由主義的な市場モデルが議論を支配し，他のモデルが注目される機会がほとんど存在しなかったことに見いだされる。そこには，米国モデルの，世界的なヘゲモニックな機能を見ることができる。この米国モデルを「客観性のイデオロギー」とすれば，今日多くの世界で見いだされるのは，政治的「忠誠のイデオロギー」である。

　第5の**メディア産業**との関係をめぐる議論は，高等教育機関におけるジャーナリズム教育の二重の役割を中心に展開される。そこでは，教育は，ジャーナリズムの世界に入るための準備だけでなく，また既存のジャーナリズムの矯正策，とみなされる。この二重の役割は，高等教育機関のジャーナリズム教育を産業から独立させることになり，他方でアカデミズムとメディアの現場の間の不信を固定化することになる。産業は，批判的パースペクティブが商業的考慮に反する場合，メディア実践に関する批判的なパースペクティブを一般的に歓迎しない傾向にある。

　教育において，「何」が教えられるかだけでなく，「どこ」で教えられるかも，教育の目的や質やもたらされる成果などに重大な影響をもつ。「どこ」で，に焦点を当てた交差国家的研究によると，世界のジャーナリズム教育は，①一般的に大学に設置されるスクールや研究機関での訓練，②独

立型と大学レベルの訓練の複合システム，③独立型スクールでのジャーナリズム教育，④主として，たとえば，メディア産業による徒弟制度を通じたOJT，⑤上記のすべて（大学での商業的プログラムだけでなく，メディア企業，発行者，発行者，労働組合，他の民間または政府機関によるin-houseの訓練を含む），に大別される。しかし，重要なことに，これらの類型は近年流動化しているのである。

　こうして，ジャーナリズム教育の現代的アプローチや，教育プログラムをグローバルに比較考察したとき，いくつかの重要な傾向が生まれていることを指摘することができる。ジャーナリズム教育は，世界中で増加するだけなく，分化しており，新しいジャーナリズムスクールが始められている。他方で新しく設立された制度や財団によって特別なプログラムやイニシアティブが展開されている。今，ジャーナリズム教育の世界はますます複雑になると同時に，グローバルにますます同じ問題に直面するようになっているのである。その意味で，注目に値するのは，3年おきに開催されるその「世界ジャーナリズム教育評議会」（WJEC）の活動である。「大会」はジャーナリズム教育に関わる共通の問題や関心を議論し，ジャーナリズムおよびその教育の継続的発展をサポートする土台を提供するために組織され，2007年シンガポールで第1回が開催され，11項目からなる「ジャーナリズム教育の原理宣言」が採択された。第2回は2010年南アフリカで「ラディカルな変化の時代におけるジャーナリズム教育」をテーマに，第3回2013年はベルギーで「教育を通じてジャーナリズムを再建する」を，第4回はニュージーランドで2016年「ジャーナリズム教育におけるアイデンティティとインテグリティ」をそれぞれテーマとして開催された。そして2018年に，WJECは約10年の活動を総括し，今後のジャーナリズム教育を展望する，約500頁に及ぶ「グローバルジャーナリズム教育」と題するEbookを公表した。重大な変革の時代にあって，将来のジャーナリズム教育をいかに構想するか有益な示唆をたくさん含んでいる。また2017年にはシンジケートチームを母体とした作業部会は，ジャーナリズム教育の新たな方向性を考える上で貴重な報告書をまとめている。特に教育・訓練の実践に向けた勧告は，特に注目すべき項目が数多く含まれており，①デジタル時代における「事実のチェックと検証」の教育，②ジャーナリズム

教育の認証評価のシステム，特に国際的な認証評価のシステムの創設，③基礎教育と応用技術のバランス（業界の喫緊の課題として），④メディアのコンヴァージェンス（特にストーリーテリングに関する）に関する問題，いわゆる「トランスメディアジャーナリズム」，⑤モバイル**プラットフォーム**，⑥情報収集・流通のツールとしての**ソーシャルメディア**，⑦インターシップの利点と課題，⑧エンゲージメント，そして⑨メディアジャンル・技術の脱西欧化，といった，今そして将来のジャーナリズムとジャーナリズム教育を考える上で，いずれも重要な勧告がならぶ。先のEbookとあわせて，ジャーナリズム教育に携わる方々の一読をすすめたい。【参考】大井眞二「グローバル化の中のジャーナリズム教育」『ジャーナリズム＆メディア』第3号，2010年；Journalism Education and Training in Japan『ジャーナリズム＆メディア』第11号，2018年；世界ジャーナリズム教育評議会：https://wjec.net（特にEbook, Global Journalism Education: Challenges and Innovationsを参照のこと）；Hugo de Burgh, *Making Journalists*, Routledge, 2005.（おおい・しんじ）

メディア社会の現況と研究の課題
Current Media Society and Research Tasks

ジェームズ・カラン著，渡辺武達訳

　新聞とテレビが拮抗しながらマスメディアの先頭を走っていた1970年代，メディアの社会的機能についての議論を様々な分野の専門家たちが多様なアプローチと方法で行った。その1つがフォーカスグループ（面接のために集められた少人数の集団）調査だが，研究者たちはそこでメディアの影響が一律ではなく，その利用が視聴者の心理的欲求や関心，そして社会経験の違いを反映しており，そこには大変な多様性があることを発見した。**オーディエンス**がメディアから得る満足感の中には，娯楽／楽しみ，学習／教育，時間つぶし／くつろぎ感の獲得といったことを超え，帰属意識の獲得，仲間関係の構築，個々人のつきあいの円滑化，生活上の安心感，精神的解放感の経験，苦しい現実からの逃避／生活上の新仮想空間の獲得，自分と他人への内面的洞察方法の修得，好ましいアイデンティティ（自己肯定感／主体性）の確立などがあり実に多彩であった。つまり，メディアは一律的な「**インフルエンサー**」としてではなく，受容者側がそれぞれ能動的にそれまでに培ってきた社会観に根ざして対応していることが明らかになり，その後の多くの研究も同様の報告を出している。

　制作・発信側がテーマを決めその材料となる素材を集め，編集して提供した番組でも，人びとにとってそれは自分の好みでトレーに載せて食べられるカフェテリア形式のサービスに近い。とりわけ2000年代からのインターネット利用の急激な拡大がその傾向を顕著にし，今では**SNS**とネット通信がスマートフォンと親和性の高いテレビドラマやスポーツ中継を支え，それらをコンテンツとして楽しむ若者世代の「**メディア化**」を特徴づけている。

　そのような状況の中でメディアとメディア研究者，その研究分野であるメディア学の社会的責任とは何かと問えば，メディアが社会の動きを記録し，伝え，健全な社会的判断の規準を提供し，利用者からのフィードバッ

クを受け取るという「相互作業のキー」となることで，その理解には現行メディアの位置づけと実際の解明が必要となる。

　言語とイメージによって社会の実態が伝達され，人びとがそれらに基づいて意見を交換することなくして健全な社会の構築はむずかしい。加えて，現代社会はその**メディア化**を含め，その規模が家族や集落から自治体や国家，各種国際組織までが重層的に重なり，地球規模に展開されている。ITが発達した今日ではとりわけメディアの質が社会の質と個人の情報受容に決定的な影響を与える。また，メディアの扱う素材・テーマが社会全般に関わるため，総合的な社会科学の基礎知識が求められると同時に，情報の送受信に関わる技術を中心とした工学的な素養を統合した思考と行動ができなければ，情報とその情報源の信頼度を判定することさえできない。メディア関係者とりわけその研究者は最低でも，政治・経済・文化の基本的知識を備え，自らの活動成果をそれらの関連諸条件の中で位置づけ，人びとに提供するという役割を果たさねばならない。

社会規範形成に参加するメディアテクノロジー

　90年代までの欧米での中心的な議論では，メディアは社会統合（social integration）のための機関であるとされていた。マスコミュニケーションは人びとを団結させ，社会の根底に流れる継続性を確認する儀式的な意味を持っているとの主張である（Carey 1992など）。マスコミュニケーションは社会を可視化（見える化）するから人びとは一定の理解の共有によって一体感を持ち，社会運営のプロセスも併せ理解することができるというわけである。それは「多層的で地理的にも乖離の大きな集合体である近代社会ではすべての人が一堂に会することは不可能であり，メディアがその代替機関になるべき」という考え方である。そのため，国内だけではなくグローバルに展開しているメディア，ジャーナリズム関連組織の綱領等には「デモクラシー」がほぼ例外なくキーワードとなっている。

　またメディアは社会道徳・規範を提供すべきとか，メディアが政権主体・経済主導者たちの要請に応じて柔らかい手法で社会統合を企てる手段となることが期待され，その例として「**メディアイベント**」（media event）という概念を用いた解説等もなされてきた（Dayan and Katz

1992)。

　技術面ではさらには撮影機器の高度化と低廉化が個人による巨大メディアへの対抗手段となる実例も起きた。ロサンゼルスで黒人運転手が3人の白人警官によって不当に暴行されたロドニー・キング事件である（1991年）。市民がビデオ撮影した現場映像がその証拠として社会的話題となり、結果として**マスメディア**がくり返し取り上げ、一市民が「アメリカ社会の人種差別」を新しいメディア機器によって「社会化＝見える化」した。つまり機器の進歩が1人のビデオジャーナリストを産み、それまで支配層に都合の悪い情報が社会的に隠されてしまっていた構造をも表に出した。

メディアと社会の質的向上

　メディアと社会の質的向上のためには①信頼に足る情報、②自由なコミュニケーション、③確かなジャーナリズム、④受容者の**アクセス権**という4つが同時並行的に保障されねばならない。これらの要件については過去1世紀以上にわたる関係各界における議論でおおまかな合意ができつつある。それは市民による自治の政治過程への参加のための十分な事前準備ができるよう、メディアは公共情報の周知に努める責任があり、それを支えるのがジャーナリストとメディア研究者だということである。メディアは**ウォッチドッグ**（権力を監視する者、watchdogs）であることで、政治過程とその実態を調べ、民衆利益の視点から問題点改善の機運を作るという課題を負わされている。メディアが『自由で責任あるプレス』（*A Free and Responsible Press*, ハッチンス委員会報告、米国、1947年）になるためには、自らが「開かれた討議の場」となり、その結果を関係当局に対し伝える立場を求められる。要するに、民主制におけるメディアの任務とは情報提供、社会観察と議論、精査と検証、社会的強者・権力層に対する人びとの代理発言機関となり、それらの実現への道筋をメディア研究者に支えられて示すことがその最大責務だということである。

　このような考え方は20世紀半ばまでに出された**メディアの社会的責任**に関する英国の報告書『第一回王立新聞委員会報告書』（*First Royal Commission on the Press*, 1949年）やユネスコの「**マスメディア基本原則宣言**」（1978年）等にも引き継がれている。ネット通信全盛の今、それらの

主張が陳腐で,実効性がなく,ときに苛立たしいほど偽善的に見えてしまうのは研究費用の調達のために研究者の側も利益相反のわなにはまりやすくなっているからだともいわれる。

グローバル化社会の情報流通実態

　世界経済における国家のしばりが弱まり,超国家的な統制機関や金融市場,多国籍企業などの連携で国家はグローバル社会の地方自治体化しつつある。だが,人びとの政治参加はネットによる突破の試みがあるものの,言語の障壁もあり国家枠内が中心で,一部のネット利用者を例外として,世界の報道機関の多くは実質的に国家に縛られている。独自に発信できるように見えるネット／**SNS** も **GAFA** を中心とした**コンテンツモデレーター**等によって,あるいは中国やロシアのように独自の国内基準によって規制されている。民主制とメディアのシステムはそうした政治経済権力のシフトに十分な対応ができないまま苦悩している。

　したがって,必要な情報が**伝統メディア**とネット通信の双方で保障されていないという事実認識とその根本原因の探究もメディア研究の基本課題となる。英国の場合にはかつて「オープンデモクラシー」(open-democracy)のような問題提起の仕方が試みられたし,他地域でも国際的連携による**調査報道**などの実行がある程度成功している。自由放任主義では強者の独善はとまらないということは,これまでの歴史と現実が証明している。

　情報学者のマニュエル・カステルらの一連の仕事によれば,前世紀の終わりに,世界人口の20パーセントが全体の富の86パーセントを保有し動かすことができるようになった。この裕福層はコンピュータ利用が進んだ地域に住み,ウェブの内容のほとんどを作り,政治・経済だけではなく娯楽に始まり広く文化と芸術分野にいたるまでネットユーザーの関心を左右している。とくに,米国はもっとも訪問数の多いサイトの上位1000のうちほぼ3分の2を製作し,全閲覧ページの83パーセントを占めていた。その反面として,北アメリカや西ヨーロッパのネットユーザーは世界の66パーセントを占めるのに,アフリカとラテンアメリカではコンピュータ利用さえむずかしい人たちが95％もいた。さらに言語の偏りとして,世界の10パーセント未満しか母国語として英語を話さないのに,ウェブの内容のおよそ

85パーセントが英語だという調査結果があり、現在もその傾向は変わっていない。

e-ポリティクスの現実

メディア社会学者の中には**ネット言論**のほうが社会の実態をより正確に反映しているという者が少なくない。その理由として、伝統的メディアはPRマネジメント、その情報源と手法、組織の内部規制、企業としての財政状況などの影響から逃れられないといった理由を挙げている。中国やロシア、アラブ圏諸国などではネットさえきびしく統制されており問題は単純ではないがリベラルで民主的な諸国と権威主義的な諸国のメディアの違いをこのような視点で捉えることも可能である。同時にネットには**主流メディア**が報じない多くの情報と論点が流れている。とすれば大事なのは、ネット社会で必要な「**メディアリテラシー**」とは何かの追究が大きな課題となってくるということである。いうまでもなく、それはメディア特性を理解したうえで、そこに流れている情報を正しく読み解いて社会参加し、自らも発信する権利と義務、能力とその研鑽のことである。それはフェイクと真実を見分けようとする姿勢に止まらず、情報の自由と国家思想、グローバル社会の政治・経済権力と自由な民との相克の問題でもある。メディアの多くが現行権力の享受している特権、つまり権力者たちの是とすることを人びとに無批判に受け入れさせる働きをし、そうした社会秩序に不同意を唱える者たちを分断して周辺に追いやり、逸脱者の烙印を捺す傾向があり、問題の根は深い。情報は社会の「記号化構造」を通して示され、文化構造を背景としたアイディア、イメージを前提にして受容される。それは時間とともに発展し、社会構造の違いによって異なる。この視点に立てば、あらゆる情報はその社会に根ざす文化の産物であり、私たちのすべてが**情報バリアフリー**を阻む壁の前に立たされているということである。

【参考】Carey, J.W., *Communication as culture, essays on media and society*, Routledge, 1992; Dayan, D. and E. Katz, *Media Events: The Live Broadcasting of Histry*, Harvard University Press, 1992.（＝浅見克彦訳『メディア・イベント』青弓社、1996年）（James Curran, わたなべ・たけさと）

メディアの責任とアカウンタビリティ
Media Responsibility and Accountability

渡 辺 武 達

メディアの責任の発生

　古代ギリシャの哲人プラトンが著した『ソクラテスの弁明』（前4世紀）を持ち出すまでもなく，情報を公的に発信する者にはそれなりの責任が伴うという考え方には長い歴史がある。この思想はJ・ミルトンの**『アレオパジティカ』**（1644年刊）やJ・S・ミルの『自由論』（1859年刊），ドイツの哲学者カントや**ハーバーマス**などを経由して，コミュニケーションは良心に従って質の高い情報を伝えるもので，メディアにはそうする責任があるという思想として現代に受け継がれている。だが，この議論に決着がついていないのは，メディアには第1に「自由」，第2に「責任」，そして第3に「アカウンタビリティ」（責務の履行）の間の相克が関係者間の利害の対立でいまだに解決されていない，むしろネット時代は年代と階層差による**情報格差**を増大させているからである。また，**AI**とネット中心のコミュニケーション技術の進歩が生活の多くの局面を「**メディア化**」させ，これまでの情報理論の適用だけでは解けない状況が起きつつあるからである。

　メディアの社会的責任が発生するのはメディアが人びとの社会観（世界観・倫理観・歴史観）の形成に大きな役割を果たし，同時に社会の運営に不可欠だからである。社会観は①直接的体験と②メディアを含む広い意味での教育によって形成されるが，その両者の比率とあるべき関係についての公式はない。しかし電子化が進んだ現代社会は個人的体験を超えて大きく動いており，メディア利用の仕方，それを通して流通する情報の質が社会の質に大きな影響を与える。加えて，民主主義の基本は市民主権の尊重であるから，そのときの**市民**は**公共性・公益性**のある情報を正確に提供されてはじめてまともな社会参加ができる。逆に，市民の側にも社会の構成者としての発信の権利（right）と同時に，公共的議論への参加の義務（duty）がある。よりよい社会の建設に必要な情報の取得と他者との意見

交換の保障には『自由で責任あるメディア』(米国プレスの自由調査委員会著，1947年，和訳は2008年) が必要であり，それがあってはじめて健全な世論と熟慮型民主制 (**熟議民主主義** deliberative democracy) が形成される。そのプロセスが良質の「世論」を形成するからである。

社会心理学者のB・ヘネシーは**世論**を「公共的重要性のある争点をめぐって有意な数の人々によって表明される選好の複合体」(『世論』第5版，1985年) と定義したが，この見方に従うと現在のメディアと世論との関係のいくつかの問題点が明らかになる。米国の建国時の有力政治家で，のちに第3代大統領 (在任1801～09年) になるT・ジェファソン (1743～1826年) はフランス滞在中の1787年，「新聞のない政府と政府のない新聞のどちらを取るのかの決定を迫られれば，私は迷うことなく後者を選ぶ」とまで述べた。しかしその彼もまた，大統領になってからは自分を批判する新聞をこきおろした (1807年の書簡) が，あるべき「世論」(衆論) とは本来，メディアが市民の知るべき情報を提供し，多様な意見を戦わせ，それらを主体的に「国民益」に収斂させていく過程で出てくるものである。

プレスの自由とアカウンタビリティ

①**公共性**＝社会性のある問題に②**公益性**を基盤にして③自由闊達な取材を行い，④責任ある報道をするメディアがあってはじめて情報面からの〈民主制〉(デモクラシー，民主主義) が保障される。逆にいえば，巨大メディアが権力者・社会的強者，今日では**政経権力**の立場からの情報を一方的に人びとに伝えれば，その社会は民主制とは反対の方向に向かい，**G・オーウェル**の『1984年』(1949年刊，和訳はハヤカワ文庫，1972年) 的な全体主義社会やギー・ドゥボールの『スペクタクルの社会』(和訳はちくま学芸文庫，2003年) が描いた**監視社会**になりかねない。現実に人びとのネットによる情報交換は**フィルターバブル**等の技術によってそのすべてが事実上把握され，誘導されている。

民主制とは個々人の生活の基本が他人の権利と利益を侵すことなく保障され，あらゆる人がもって生まれた能力の開発と自由で責任ある言論を阻害されることなく，幸せ感をもって生活できる社会制度のことで，そうした情報流通を助け，発信するプロフェッショナル (専門職業人) がジャー

ナリスト，そうした社会情報システムのなかでの対話をしながら社会参加するものが〈**市民**〉だということになる。ベルトランはまだ決着のついていない議論の領域を残しながらも，メディアの「**アカウンタビリティ**」を「メディアに公衆に対する責任を取らせるための非国家的手段」と定義した。また，E・デニスらはその実践形式を，①「市場モデル」，②「**自主規制**モデル」，③「信託モデル」（fiduciary model），④「法律モデル」（legal model）の4つに分けて説明している。

アカウンタビリティのプロセス

　「**自由で責任あるメディア**」が民主制／民主政治を保障する。しかし現実のメディアは国家権力，宗教や文化の枠組みなど，市場競争などの経済原理に起因する干渉や制約を受けているし，**コミュニケーター**（情報発信者）たちによる取材ミスや無知，ときには悪意などによって，理想として掲げたメディア活動が実現されないことがしばしば起きる。日本を例にしていえば，**放送法**（1950年制定）はその第1条で，「この法律は……放送の不偏不党，真実及び自律を保障することによつて，放送による表現の自由を確保すること……放送に携わる者の職責を明らかにすることによつて，放送が健全な民主主義の発達に資するようにする」と定めている。つまり戦前の**NHK**（社団法人日本放送協会）1局体制であった放送に民間放送が加わることになった戦後日本の放送は，「健全な民主主義の発達」をその目的として定めることになった。GHQ（連合国軍総司令部）の指導によって新規に発足した**日本新聞協会**（1946年設立）が制定した日本新聞協会**新聞倫理綱領**の改訂版（2000年）は，「国民の〈**知る権利**〉は民主主義社会をささえる普遍の原理である。この権利は，**言論・表現の自由**のもと，高い倫理意識を備え，あらゆる権力から独立したメディアが存在して初めて保障される」とし，日本雑誌協会等の綱領にも同様の規定がある。だが**日本の主流メディア**による現実のパフォーマンスがそうなっているとは必ずしもいえない。とすれば，私たちは第1に，どのようなメディアの情報提供活動が民主制の質的向上に資するのか，第2に，メディアに間違いや問題の指摘がなされたとき，メディアと社会はどのような対応ができるのか，第3に，メディアだけにその責を負わせ，市民は傍観者・受動者のま

までいいのか，第4に，メディアの責務の履行はどのような方法によって可能なのか，第5に，**ネットメディア**の存在が大きくなった今日，マスメディア時代の議論枠組みだけで社会情報の健全性は保障できるのか，といった問いに答えなければならなくなる。こうした問題の発生から解決に至るプロセスを**アカウンタビリティ**と呼ぶとすれば，それは決して「説明責任」などとして国会などで議論されているレベルの問題でも，法的責任（liability, 有限責任）としての賠償問題の処理だけですむ問題でもない。メディアの自由はメディア組織自身が外部の有識者を入れ，有効に機能する**パブリックエディター**制度などを設置，活用することによって自らが果たすべき社会的責任に自主的に応えること（answerability, 答責）によってしか，自律的な市民主権の確立に有効に機能することなどあり得ない。

　メディアアカウンタビリティとは，情報送出者としてのメディア機関（media agency）が社会益への奉仕を念頭に置いて，「言論・表現・情報の自由」を行使することを基本に，①「**公共善**」原理に基づいた企画・取材から公表行為（publication）後の影響までの総合責任を自覚し，②もし，その過程で問題が起き，その起因責任（causal responsibility）がメディア側にある場合，③関係者（stakeholders）全員が解明と謝罪，賠償，原状回復等を含む対処行動責任（treatment responsibility）をとることによって，④それ以後の同種問題の再発の防止を担保するシステムの総過程のことなのである。

求められるメディア

　第2次大戦後におけるメディアの社会的責任論の代表的著作は先述した米国プレスの自由調査委員会による『自由で責任あるメディア』（主報告は1947年刊）だが，それはメディアに対する要請として以下の5項目を記している。①日々の出来事の意味について，他の事象との関連のなかで理解できるように，事実に忠実で，総合的かつ理知的に説明すること，②解説や批評を交換するためのフォーラムであること，③社会を構成する諸集団についての基本構図を描くこと，④社会の理想目標と価値を提示し明瞭にすること，⑤時代の先端的情報への十分なアクセスを保障すること。これらは現在のメディアにもあてはまることだが，現代の世界の言論・表

現・情報の自由が4つの型として説明できるとき（第1は日米欧の「自由市場型」，第2は中国や北朝鮮に見られる「国家統制型」，第3はイスラム諸国に顕著な「宗教・文化優先型」，第4がシンガポールのような国家による経済発展が**表現の自由**に優先される「社会発展優先型」），次に期待されるのはグローバルに展開する市民主権メディアが普遍的に受け入れられ，社会の主要な情報活動推進者となる時代で，それを志向する各界の共同作業が求められることになる。この第5はネット利用による個々人のグローバルな送受信活動が現実化している今日，とりわけ重要である。

　主流メディアは沖縄返還交渉における農地原状回復費秘密肩代わり報道（1972年）で，外務省機密を取得，報道した記者を守らなかった（西山事件）。またアメリカの情報機関が自国民だけではなく同盟国の日本と日本人のネット通信を傍受していることを明らかにした**ウィキリークス**のアサンジ代表がロシアの庇護の下にあるといった，皮肉な国際政治力学にも私たちは目配りしなければならない。だが広告産業を典型として，巨大メディア機関は**政経権力**に迎合的で，ネット依存の市民の側も情動的／短絡的になりやすく，学者の多くもデータを集め，分析することだけを科学者の仕事だと誤解しやすい。しかも，いわゆる**市民メディア**（市民ジャーナリズム，**パブリックジャーナリズム**）には社会全体に関わる情報を安定して提供できるだけの物理的能力や専門的ノウハウの蓄積が十分ではない。とすれば，**J・カラン**などがいうように，グローバルな取材体制を整え，あらゆる事態に即応できる能力をもつ主流メディアとその従事者に市民利益＝公益の視点の強化を求めると同時に，タックスヘイブン問題に関わる**「パナマ文書」**調査報道の国際的共同作業などに見られたメディアワーカー，ジャーナリストが所属企業と国境を超えて相互に補完，協力しあう社会情報環境の構想もまたメディアアカウンタビリティ論の重要課題となる。

【参考】D・マクウェール著，渡辺武達訳『メディア・アカウンタビリティと公表行為の自由』論創社，2009年；米国プレスの自由調査委員会著，渡辺武達訳『自由で責任あるメディア』論創社，2008年；J・カラン著，渡辺武達監訳『メディアと権力』論創社，2007年；渡辺武達他編『メディアの法理と社会的責任』ミネルヴァ書房，2004年；クロード＝ジャン・ベルトラン編著，前澤猛訳『世界のメディア・アカウンタビリティ制度』明石書店，2003年。（わたなべ・たけさと）

目的	手段			
	市場	法律	世論	専門職業的な自主規制
質	×			×
信頼性				×
公共的義務			×	×
社会への加害性の防止	×		×	
個人への加害性の防止		×		×
コントロール（統制）	×	×	×	
コミュニケーターの保護				×

アカウンタビリティの目的と手段との関係

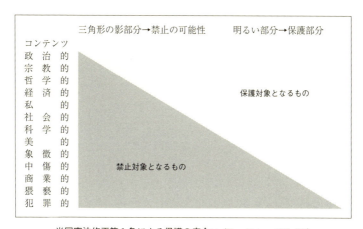

米国憲法修正第1条による保護の度合い（Van Alstyne 1992: 171）

（出典：デニス・マクウェール著，渡辺武達訳（2009）『メディア・アカウンタビリティと公表行為の自由』論創社。図は244頁，表は426頁）

メディア表現とジェンダー
Media and Gender Studies

佐 伯 順 子

ジェンダーの視点からのメディア研究の目的と意義

　ジェンダーの視点からのメディア研究は，日本のジェンダーギャップ指数の世界ランクが100位以下（110位，2018年，OECD）を推移している現状において，メディア研究，特に日本のメディア研究における最重要課題の1つと位置づけることができる。メディア業界におけるジェンダー状況の国際比較を含む実態調査をするとともに，メディアにおける女性，男性，**LGBT** を含むジェンダーに関連する表象が含む問題点を明らかにし，現状を踏まえた課題解決の方法を，研究を通じて提示し，メディアの表象および現実のメディア業界，ひいては社会におけるジェンダー平等を実現することが，ジェンダーとメディアを研究する者の社会的責務である。

　主流メディアは支配的価値を代弁し，権力を握る側（現状では多くの場合ヘテロの男性）の価値観を反映した情報が社会に流通する傾向があり，**オーディエンス**に"規範的"とみなされる女性像，男性像を提示し，特に価値観を形成する子どもの成長過程に規範的〈女性性〉〈男性性〉を刷り込む影響があるため，メディア研究とジェンダー研究は密接な関係にある。社会の支配的価値に偏りがちなメディアのメッセージを是正し偏りの原因をつき止め，性差を超えた人間性の自由を保証する社会の実現に貢献するために，メディア表現とジェンダー研究は極めて重要な社会的意義をもつ。

　過去の国際的取り組みとして，「女性のエンパワーのためのコミュニケーション会議」（Women Empowering Communication Conference, バンコク，1994年2月）で「メディア・ウオッチ1995」が提案され，世界の女性の多様な姿を女性が5分間の映像で発信する「ファイブ・ミニッツ・プロジェクト」が実現，世界女性会議（北京，1995年）で上映された（『ビデオシリーズ　ミレニアムの女性たち』ユネスコ・環境テレビトラスト）。こうしたプロジェクトは，アカデミズムの領域を超えたメディア実践であ

り，新聞紙面においても，メディアにおけるジェンダー平等を実現するためには，1．女性に関する女性のためのニュースの増加，2．経営レベルでの女性参画，3．上級職を含むニュース・ルームにおける女性参画，4．女性の能力とリーダーシップの強化のための育成面での配慮，の5つの戦略が必要との指摘がなされている（*The Guardian*, 2016年7月20日）。

現実社会におけるメディア業界が男性中心の組織であることは，国際的な傾向であり，59カ国，500以上のニュースメディアの現状調査報告によれば（Global Report on the Status of Women in the News Media, International Women's Media Foundation, 2011），世界の多くの地域において，ニュースメディアへの女性の参画が不十分であることがデータとして明らかになっており，「世界のニュースメディアにおいて，ジェンダー平等はいまだに大問題である」（*Vice News*, 2015年11月23日）と指摘される。ただし，日本の出版界においては，女性かつ国会議員という政治的権力者による**LGBT**差別の言説が「論文」として評論雑誌に掲載され休刊という深刻な事態（2018年9月）も発生しており，男性中心の既存の価値観を刷り込まれた女性権力者も存在するため，一般論として，女性の意思決定者や女性の送り手を単純に増加させるだけでは問題解決にはならないことにも十分留意すべきである。

研究の歴史

ジェンダーの視点からのメディア研究は，英語圏では第二派フェミニズムの影響のもと1960年代に萌芽があり，メディアのセクシズム（性差別主義）を証明し，受動的で脆弱な女性イメージをより主体的で現実的なものへと置き換える目的があった（C. Carter and L. Steiner, 2004）。その後，1990年代から2000年代にかけて，女性学，フェミニズムの視点からの問題提起は，男性の抑圧，**LGBT**の視点を含むジェンダー論，セクシュアリティ，クィア理論の観点を含むメディアにおける幅広いジェンダー平等の実現へと展開しており（伊藤公雄『男性学入門』作品社，1996年；瀬尾徹志「マスメディアにみる男性像――「男らしさ」はメディアがつくる」浅井春夫・伊藤悟・村瀬幸浩編著『日本の男はどこから来て，どこへ行くのか』十月舎，2001年所収；佐伯順子『「女装と男装」の文化史』講談社，

2009年;『論叢クィア』クィア学会,2008年9月～2013年9月),研究対象も,新聞,雑誌記事,ラジオ,テレビという旧来の"**主流メディア**"から,**ブログ,フェイスブック,ツイッター**等のSNS上の情報,**投稿**動画を含む個人的なサイトの映像情報分析など,幅広い領域へと拡大している。

　アメリカのマスコミ学者,ガーブナー (G. Gerbner) とタックマン (G. Tuchman) は,弱者を権力者が周縁化し,不可視化することが,メディアにおける女性の存在の抹消,人権侵害につながることを,「象徴的抹消」(symbolic annihilation) という概念を用いて批判した (G. Tuchman, A. K. Daniels and J. Benet eds., *Hearth and Home: Images of Women in the Mass Media*, 1978)。また女性雑誌,テレビドラマ,トークショー,映画,広告など,メディアの広範なジャンルにわたる内容分析を通じて,女性関係の情報が妻,母としての性役割,若さや美しさの強調という男性視点の情報になっていることが批判され,父権的な社会構造のもとでは女性が男性の視線の客体化するとも指摘される (L. E. A. van Zoonen, "Feminist Perspectives on the Media," in J. Curran and M. Gurevitch eds., *Mass Media and Society*, 1991; Laura Mulvy, "Visual Pleasure and Narrative Cinema" in *Film: Psychology, Society and Ideology*, 1990; L. J. Friedman, *Sex Role Stereotyping in the Mass Media: An annotated bibliography*, 1977)。スポーツ報道における女性アスリートの表現の,容姿,年齢偏重の傾向の問題点も含め (P. Markula ed., *Olympic Women and the Media: International Perspectives*, 2009;鈴木守・山本理人編著『スポーツ/メディア/ジェンダー』道和書院,2001年),ジェンダーの視点からのメディア情報の批判的分析は継続している (C. Carter and L. Steiner, "Mapping the Contested Terrain of Media and Gender Research," in Carter and Steiner eds., *Critical Readings: Media and Gender*, Open University Press, 2004)。

　日本では,人文・社会科学の諸分野で女性学,フェミニズムへの関心が高まった1970年代から80年代にかけて,女性研究者を中心に新聞,雑誌記事,テレビ番組の内容分析を通じて,家庭役割や,ファッション,化粧といった特定の領域に偏る女性情報の研究が進み (村松泰子『テレビドラマの女性学』創拓社,1979年;井上輝子著・女性雑誌研究会編『女性雑誌を

解読する COMPAREPOLITAN 日・米・メキシコ比較研究』垣内出版,1989年；小玉美意子『ジャーナリズムの女性観』学文社,初版1989年；田中和子・諸橋泰樹編著『ジェンダーからみた新聞のうら・おもて——新聞女性学入門』現代書館,1996年；岩男寿美子『テレビドラマのメッセージ 社会心理学的分析』勁草書房,2000年),国際比較の研究成果や(村松泰子,H. ゴスマン編『メディアがつくるジェンダー——日・独の男女・家族像を読みとく』新曜社,1998年),明治のジャーナリズムにおける女性参画や女性情報についての研究もある(江刺昭子『女のくせに——草分けの女性新聞記者たち』インパクト出版会,1997年；佐伯順子『明治〈美人〉論——メディアは女性をどう変えたか』NHK出版,2012年)。メディアとジェンダー研究に関する言論は,女性当事者としての現場経験に依拠した問題提起,研究者による学術論文の2つのタイプに大別される。

　マンガ,アニメ等,日本の**ポピュラーカルチャー**へのグローバルな関心の高まりとともに,2000年代には**マンガ**や**アニメ**の女性表象についてのジェンダー視点からの研究が活発化し,研究動向は四方由美「「ジェンダーとメディア」研究におけるメッセージ分析」(『マス・コミュニケーション研究』64号,2004年1月)がまとめ,女性はメッセージの受け手から積極的な「読み手」へと変化したが(小玉美意子編『テレビニュースの解剖学 映像時代のメディア・リテラシー』新曜社,2008年),一方で,2002年以降の国政,地方自治体の「バックラッシュ」の動きとメディアの連動への危惧も高まり(諸橋泰樹『ジェンダーの語られ方,メディアのつくられ方』現代書館,2002年；『メディアリテラシーとジェンダー——構成された情報とつくられる性のイメージ』現代書館,2009年),日本社会全体のジェンダー平等の後退(2017年にはジェンダー・ギャップ指数114位と最下位を更新)も受け,ジェンダー研究への一部ジェンダー研究への一部学術界における無理解の風潮も促され,研究が停滞化傾向をみせたことは否めない。

今後の展望

　しかし,ウィーン世界人権会議(1993年)を端緒に,国連経済社会理事会(1997年)でジェンダー平等の達成を最終目標とする「ジェンダーの主

流化」(gender mainstreaming) が打ち出されたとおり，メディアを含むジェンダー平等の実現は世界的課題であり，上記を念頭においた国際的，学際的，領域横断的な幅広い視点での研究が必須である。日本の学術界で学際研究の必要性が提唱されたことは（日本学術振興会，2017年），狭義のメディア学にとどまらず家族社会学，コミュニケーション論，文化人類学，法学，文学等，人文社会科学の知を総動員し，学際的な見地からのジェンダーとメディア研究を進める正当性に今後の展望を拓いた。**カルチュラルスタディーズ**のアプローチを加えた成果や（田中東子『メディア文化とジェンダーの政治学——第三派フェミニズムの視点から』世界思想社，2012年），**ポピュラーカルチャー**研究分野での**アイドル**やゲーム研究も展開し（田島悠来『「アイドル」のメディア史——「明星」とヤングの70年代』森話社，2017年），研究対象，方法論，成果発表の方法は大きく変容した。ネット社会におけるジェンダー表現は，従来のメディア環境とは異なるコミュニケーションの変容を含む議論が必要であり，研究成果を現実社会全般のジェンダー平等実現につなげるため，**SNS**を通じて研究活動や成果を社会に発信し，女性や**LGBT**へのエンパワーメントに寄与する活動実践も必要である。

70年代の先駆的研究における問題提起により，日本の広告等のメディアにおいては，家事をする男性や父親の子育て参画を促す情報も登場しているが，既存の価値観を刷り込まれた女性**オーディエンス**や女性権力者は，むしろジェンダー平等なメッセージに共感せず，逆に前述の具体例のように抑圧的言論を展開する場合もあり，コンテンツの商業的成功は既存の価値体系に迎合することで達成されやすいため，ジェンダー研究もその社会的実践にもいまだ課題は山積みである（小玉美意子「ジェンダーとメディア」津金澤聰廣・武市英雄・渡辺武達責任編集『**メディア研究とジャーナリズム 21世紀の課題**』ミネルヴァ書房，2009年）。既存のメディアに対するオルタナティブを提示し，ジェンダーの非対称性が解消されない現状打開のために，ジェンダーとメディア研究の意義は国内外において失われるどころか増すばかりである。【参考】国広陽子・東京女子大学女性学研究所編『メディアとジェンダー』勁草書房，2012年；北九州市立男女共同参画センター"ムーブ"編『ジェンダー白書3 女性とメディア』明石書店，2005年。（さえき・じゅんこ）

Ⅱ　現代情報化社会のキーワード

〈ア〉

アーキビスト
Archivist

　古文書・写真といったデータ，資料を選別，保存し，それらの公開，収集・利用・閲覧などを助ける専門家のこと。深い知識と人格的高潔性が求められる専門職で，日本では国立公文書館・**図書館**・博物館のような施設に所属している。従来は古文書や外交記録などの保存価値のある情報は紙媒体がほとんどであったが最近では電子化技術が進み，高速・大量保存と送受信両面での飛躍的進歩を可能にした。反面，書き換え／改竄などが容易になり，森友学園問題のような**公文書管理法**違反の問題が起きている。日本ではこれまでに外交や年金関係などの公的文書のずさんな管理や隠蔽などがあり，外交の検証でも日本の学者が米国立公文書館等に資料請求しなければならない等，この分野での専門家養成と制度の拡充が求められている。（渡辺武達）　📖130, 131

アクセス権
Right to Access

　マスメディアによる送信情報に対して自らの意見を伝え，メディア側もそれに耳を傾けるべきだとする権利を読者・視聴者が保有するという法概念。日本のメディア関連学界では堀部政男が英米法に基づいて最初に紹介した（『ジュリスト』1974年10月15日号）。①マスメディアが大きな影響力を持って社会に情報を送出している，②その受け手である読者・視聴者が単なる受け手であるのは非民主的，③受け側は社会的公平・公正の立場からマスメディアの流す情報への意見開陳の権利を保障されるべき，だとする。アメリカの法学者Ｊ・Ａ・バロンが『ハーバード・ロー・レビュー』（1967年）に書いた論文「プレスへのアクセス――新しい修正第１条権」を嚆矢とする。ネットの登場とSNS隆盛の今日ではその概念の有効性の再検討が必要だが，ネット上を流れる情報の真偽の判定とニセ情報の駆逐という観点から，民衆の新しい「情報権」としてのアクセスを保障する情報流通システム確立と整備の必要性はむしろ高まっている。（渡辺武達）　📖178

アルゴリズム
Algorithm

　情報処理や数学，言語学などの関連分野で，膨大な情報処理を必要とする問題解決のための手順をあらかじめ定式化したもののこと。コンピュータによる情報の集積と送受信能力の進化は情報処理の革新を生んだが，その利用については，目的と実行過程における透明性と**公益性**保証が不可欠である。たとえば，世界中の犯罪の手口とその実行経過をアルゴリズム化すれば，犯罪の事前防止にも役立つが，逆に被疑者の予測に用い政治犯等の事前拘束等にも利用できる。欧米では権力への批判者や素行不審者のデータが

この方法で類型化され，犯罪が起きると真っ先に嫌疑者として拘束されることがある。安易なアルゴリズム利用は社会の右傾化・管理化を導くという観点からの新たな情報社会倫理の検討が必要になってきている。（渡辺武達）

アントレプレナージャーナリズム
Entrepreneur Journalism

起業家ジャーナリズムとも言う。ジャーナリストが起業家精神を発揮し，新しいビジネスモデルと革新的なニュースやサービスをつくり出し実践する，新しい形態のジャーナリズム。小規模ながらも収益を上げることを目指しており，将来の持続可能なジャーナリズムを担う存在として期待されている。ユニークな情報に特化したサイトや，既存の**SNS**と**アプリ**を組み合わせ独自のサービスを開発し提供している新興ニュースメディアなどがある。ニューヨーク市立大学大学院ジャーナリズム学科では，J・ジャービス教授，J・キャプラン教授のもとアントレプレナーのスキル，ジャーナリズムへの革新的なアプローチ等を教える専門プログラムを開講している。（藤原広美）

📖87

イエロージャーナリズム
Yellow Journalism

メディアがセンセーショナルに人びとの興味をかき立てる報道姿勢のことで，芸能関連や猟奇・性的事件など一過性の題材が多く，それによって人びとの真面目な社会問題への関心が逸らされることになりやすい。「紀州のドンファン」事件報道（2018年）などがその典型で，視聴者・読者にとっては娯楽である反面，この時期の政治関連事項——安倍晋三内閣による森友・加計学園（モリカケ）問題に関わる公文書の改竄，「働き方改革法案」など——の報道による検証があいまいになってしまった。19世紀末のアメリカにおける**大衆紙**の販売競争のため，当時の人気連載マンガで主人公が黄色のシャツを着た「イエローキッド」の作者をライバル紙が引き抜いたことに対し，自らも同色服の主人公のストーリーを連載し競争したことから「**扇情的報道**」をこう呼ぶようになった。（渡辺武達）📖202

イギリスのメディア
Mass Media in the UK

イギリスの新聞は当初国内的にはロンドンを中心として発達したが放送では国際的な植民地統治という目的を構造的にも反映し，それが**BBC**を代表とする公共サービスの特徴となっている。その仕組みが現在，ネット交信の急速な拡大で大きな挑戦を受けている。

【**新聞**】ロンドン近郊の都市で始まり，19世紀に発明された蒸気エンジンによる高速**印刷**が大量販売を可能にした。しかし19世紀初期の労働者階級に読まれた進歩的な新聞は印紙税などで政府から圧迫された。それは中産階級の増大を恐れた政策的なものであり，この税法が民衆の反発によって廃止されて値段も下がり，1896年から1905年の間に今日の主流新聞のいくつかが誕生し，人びとの読み書き能力の向上，より読みやすいスタイルの確立，販売努力などが合わさって，購読者も増え，大量販売の大衆紙の登場にもつながった。

第2次大戦後は大衆紙の伸びに押され，**全国紙**が大枠として2つに分かれることになった。『タイムズ』のような大型の

新聞は読者数をあまり伸ばせず、『サン』を代表とするタブロイド判の新聞はおよそ300万部もの発行部数(『タイムズ』の4倍)となった。それとともに、報道主体で規模も小さい**地方紙**は**全国紙**やテレビにも対抗できず、2000年代に入ってからはネットにも押されて廃業が相継いでいる。新聞の質的向上努力は1991年から**PCC(プレス苦情処理委員会)**によって行われてきたが、**マードック系大衆紙**による盗聴などの違法取材常態化を止められず、2012年、解散した。その運営は新聞業界からの拠出資金依存で、しかもその決定に強制力がなく、社会的な実効性がなかったからである。

【放送】 イギリスの放送は**BBC**が中心で、職員総数は約3万人、放送事業組織としては世界最大規模である(2018年現在)。また受信料は政府と議会によって決定され、ラジオ・テレビ・オンライン事業等の予算をまかなっている。外国向けのBBCワールドは1932年、大英帝国サービス(Empire Service)として始まったがこれも2014年からは同様の財源によってまかなわれ、現在では28の言語による総合テレビ放送に加え、アラビア語とペルシャ語の2つでオンライン事業も行っている。また24時間の英語放送が系列会社によるBBCワールドニュースやBBCグローバルニュースとして配信され、それらの番組販売は好調でイギリスの対外信頼度を高めるだけではなく、運営の大きな財源ともなっている。

歴史的には1922年、当時の製造業者たちの企業連合体(consortium)としてBBC(British Broadcasting Company, 英国放送会社)のラジオが始まり、1927年にイギリス放送協会(Corporation)として改編、「公共のための放送」を標榜して事業展開、これまで世界各地の放送局のモデルとされてきた。受信機をもつ者すべてが強制的に支払う受信許可料(license fee)を財政基盤とし、政府の強い監理のもとに、教育・情報・娯楽番組を高い水準、かつ**公益性**にかなう形で提供する責任を課されている。テレビ放送は1936〜39年に実験的に行われたが、第2次大戦中は一時中断され、1946年に再開された。

商業放送は1955年に始まり、5年もたたないうちに全国民に受け入れられ、「独立テレビ」(ITV)は各地に組織されたが実際の放映番組の多くは全国ネット方式であった。近年は合併を続け、会社数が著しく減少している。第3のネットワークとしてのBBC2は1964年に始まり、さらに官民のバランスをとり、新たに無料視聴の可能な第2の商業放送であるチャンネル4が1982年に事業免許を与えられた。そして1997年、第5番目の商業放送が始まり、地上波と衛星利用の併用で全国展開をしている。ラジオはBBCによるものが複数波あり、国内主要都市に地方支局がある。その他、5つの全国ネットの商業放送があり、100以上のローカル放送局があるが、いずれもネットによる進出の影響を受けている。

【映画】 第2次大戦後では1947年に最初のピークが来て、**ハリウッド映画**が好まれた。それ以後の40年間、落ち込み傾向であったが一カ所に複数スクリーンを有した複合映画館(**シネマコンプレックス**)の増加と、相対的に安い入場料設定によって1980年代には増加に転じた。し

かし映画館へ足を運ぶ人の年齢は若く，35歳を超えると3分の1以上の人があまり映画館に行かない。また近年は大型画面テレビやネット鑑賞もその傾向を助長し，ヒット映画を除き，産業としては好調といえない。

〔広告〕総広告費は米・日に続く世界の3番手で，その後にフランス，ドイツが続くが，総額は日本のおよそ半分である。1990年代初期の経済不況は広告費を減少させたがそれ以降は大きな変化はない。媒体別では新聞の激減，テレビ視聴の漸減，その他のダイレクトメール，ラジオ，映画などもそれぞれ，ネット利用広告の進出によって苦悩している。

〔まとめ〕21世紀に入ってからの英国メディアの特徴は次の4つである。第1は，規制緩和が放送界をいくつかの巨大商業集団へと再編させ，**BBC**の不安定さも改善されないままであること。第2は，他の余暇活動への参入と所得層によって異なるメディアの利用時間量によってメディアごとの接触者の階層分化が進展しつつあるということ。第3は，メディア所有権の集中は大多数の**全国紙**と商業放送局を少数の複合企業体に収斂させ，市場自由主義と**表現の自由**および独占資本との間の深刻な相克をもたらしていること。そして最後の4つ目として注記しておきたいのは**SNS**などのネット交信と伝統的メディアとの物理的・ソフト的融合と相互利用によって社会の情報流通のあり方自体が大きく変わりつつあるということである。

イギリスでもテレビをネットにつないで，あらゆる媒体のあらゆるコンテンツをテレビ的な視聴時間に制約されることなく日本での **Netflix** や **Amazon Prime**，DAZN等と同じ感覚で，若者世代を中心に多少の課金は問題にされずに視聴されるようになってきている。(ピーター・ゴールディング〔Peter Golding〕，渡辺武達訳)
📖 52, 115

e-ポリティクス
E-Politics

ソーシャルメディア／SNSが世論形成に大きく影響し，それが社会を動かす政治／社会状況のこと。1960年にアメリカ大統領選挙史上はじめて，ケネディ対ニクソンの放送を使った対抗討論会（ディベイト）があり，ケネディは若く，日焼けした映画スターのような出で立ちで登場，一方ニクソンは顔色も悪くやつれ，大国アメリカをリードできる政治家にはみえず，有権者がテレビ映りのいいケネディに投票することになったことから「テレポリティクス／テレビ政治」(tele-politics) という用語が生まれた。同様の情報力学で21世紀に入ってからの世界のコミュニケーションはインターネットの影響を多く受け，2016年のアメリカ大統領選挙では**ツイッター**と派手なスペクタクル「演出」で米国第45代大統領ドナルド・トランプの誕生となった。現在の日本でも同様のことが起きており，テレビタレントたちが選挙に出て当選できるのも，テレビを通したイメージと知名度に助けられているからである。いくら多数決が民主主義の基本だとしても，このテレビ主導型政治には危険が多い。第1は，テレビでは論理的な説明よりも刺激の強い映像が優先され，論理的正しさの軽視につながりやすいこと，第2は，インタビューに対する答えが極端に短く編

集され,「サウンドバイト」という, ひとことで全体を理解させようとする表現法が重視されていること, 第3に, テレビは**視聴率**競争の結果, 娯楽性を重要視するあまり, ほんとうに大切なことが報道されにくくなっていること, そしてその裏で権力と社会的強者の連携悪が深刻化している可能性があること, などである。(渡辺武達) 📖176, 230

EUのメディア政策
Media Policies of EU

ヨーロッパ連合 (EU) は, 政治・経済・社会制度の共通化政策が進められてきているが, 共通のメディア政策もその主要政策の1つである。

2018年時点におけるEUのメディア政策の3本柱を挙げるとすれば,「視聴覚メディアサービス指令」「MEDIAプログラム」, および「Digital Single Market政策」である。

「視聴覚メディアサービス指令」は, 1991年にヨーロッパ共同体 (EC) が発した「国境を越えるテレビ指令」の2007年版である。これは, ビデオ**オンデマンド**などを含む域内の放送映像コンテンツに対し, 域内の「国境」を撤廃し, 域内全体で共有させようとする政策である。

「MEDIAプログラム」は, 1991年に開始され, 2014年からは「Creative Europe」というメディア文化政策の一部に組み込まれているもので, ヨーロッパ文化の担い手の1つである映像制作産業を保護・育成していこうとするものである。

「Digital Single Market政策」は2015年から開始された, 3本柱の中では最新のものである。この狙いは, 域内のインターネット上のルールを統一し, 域内どこからでも共通のインターネットアクセス性を担保するものである。

こうした共通のメディア政策の目的の1つは, 域内の人びとに「ヨーロッパ人」としての意識を持たせることであるが, 2016年のBrexitは, 国民意識を上回るアイデンティティの形成は道半ばであることをはからずも示した形となった。(鈴木弘貴) 📖110, 237

インターネット安全法, 不正アクセス禁止法
Cybersecurity Law of the People's Republic of China, Unauthorized Computer Access Law

不正アクセスとは, 利用権限がないコンピュータを不正に利用できる状態にする行為である。1999年に施行された「不正アクセス行為の禁止等に関する法律」(不正アクセス禁止法) は, 不正アクセス行為を禁止するとともに, 罰則および, その再発防止のための都道府県公安委員会による援助措置等を定めることで, 電気通信に関する秩序の維持を図り, 高度情報通信社会の健全な発展に寄与することを目指すものである。中国では, サイバー攻撃やインターネット犯罪などを厳しく監視し, 国家や国民, 企業の損害を防ぐことを目的として, 2017年「インターネット安全法」(網絡安全法) が施行された。この法律は, インターネット管理者に利用者の実名登録や当局への情報提供を義務づけるとともに, 国の分裂, 国家統一の破壊を扇動する活動に従事してはならないなど, 言論の監視の強化を図っている。また, データの海外持ち出しの制限など, 中国における外国企業への影響が危惧される。(大谷奈緒子)

インターネットスラング
Internet Slang

インターネット上で使われる隠語・略語で,「ネットスラング」ともいう。国内・海外を問わず, 省略形やもじり語が多く, **2ちゃんねる**(2ch)をはじめ, ネットユーザーが電子掲示板等で使うことから, 声に出して読むことは想定されていない。初心者あるいは専門外の人用の辞書まで編纂され, ネット上で公開されている。たとえば,「映画」の難度について通俗から高尚／難解まで順に「Flick → Movie → Film → Cinema → Kino」と表現するものなどもあるが, 多様な発想で作りだされ,「24する」はtwo four(ツーフォー)→「通報する」=「告げ口する」,「犬の卒倒」は犬=ワン, 卒倒=「パターンと倒れる」→「ワンパターン」で「いつも通り」……などといったように使われる。造語法が複雑で, 形成過程が判明しないものもある。
(渡辺武達)

インタラクティブ／双方向性
Interactive

生活上の日常会話はコミュニケーションの基礎であり, 発信者と受信者が交互に役割を分担して成立している。それが「インタラクティブ／双方向性」の基本的特徴だが, 文字の発明と印刷術の開発により, 少数の発信者=支配層が多数の受信者に情報を送り, ときには販売し, 一方的に情報を送られる人=送られ手が多数となるマスメディア時代が形成された。そこでは権力者・支配者が自己都合に合わせて, 心地よく響く情報によって民衆を熱狂させ(**ポピュリズム**), 社会を歪ませた。その典型が第2次大戦下の日・独・伊による軍事体制による新聞と放送の権力支配で, そうした情報支配形式は今も態様を変えて継続し,「柔らかいファシズム」(soft fascism)といわれる。1990年代からインターネットが一般化し, 21世紀に入ったころから, 市民を巻き込んだネット通信が活発になり, それに反比例してマスメディアの影響力が小さくなった。ネット時代, とりわけ**SNS**中心のコミュニケーション形態は地理的・時間的距離を克服し, 巨大な「井戸端会議」状にグローバルに展開しているものだと理解できる。米国第45代大統領となったトランプは選挙キャンペーンに**ツイッター**を利用し真実性の薄い情報発信を続けたが, それに「いいね！」と返す**フォロワー**が5千万人を超え, 世界のどの新聞よりも読者数が多い。そうした大きな影響力をもつ発信者は**インフルエンサー**と呼ばれ, ツイートには広告が並載されビジネスとして成立することから, 注目度だけが重視されフェイクと事実との区別がますます難しくなっている。いわゆる**インスタ映え**もその一環で, 被注目度を上げることが重要な動機となっている。(渡辺武達)

インフォテインメント
Infotainment

information(情報)とentertainment(娯楽)とを組み合わせた造語であるが, 今や英英辞典や国語辞典にも掲載されるなど, 一般的な用語として定着している。テレビ番組に関して用いられることが多いが, どのようなメディアであるかにかかわらず, あらゆる情報が受け手の娯楽欲求を満たすように制作・編集されること, およびそうした指向性によって作ら

れた情報を意味する。日本では、60年代半ばに誕生した**ワイドショー**が、まさにインフォテインメントそのものであった。すなわち、ある事柄を伝える際に、できるだけ視聴者の関心を引いて「楽しませる」ために、人的関心（ヒューマンインタレスト）に焦点を合わせるとともに、一定の「物語＝ストーリー」を創作し、さらには**コメンテーター**が、井戸端会議さながらに、人物や物語について感想を勝手に言い合うというスタイルをとったのである。そして1985年には「ニュースステーション」がスタートし、ワイドショーのみならず、ニュース番組におけるインフォテインメント化に拍車をかけることとなった。さらに90年代に入ると、生活・グルメ・旅行・健康などに関する情報を伝える「情報バラエティー」と呼ばれるジャンルが生まれ、現在に至っている。また派生的に、自動車関連の用語として、カーナビや車載テレビ・DVDなどの総称として用いることもある。

（野原仁）

インフォームドコンセント
Informed Consent

医者が患者に対して、その治療法に関連し、事前に正確な病状と採用されうる治療法の効果、想定される副作用などを説明し、患者（側）の理解と同意を得てから投薬や手術を行い、患者が正しい情報に基づいて自らの病状の適切な治療法の自己管理・判断を可能にするもので、「説明と同意」ともいう。医療の現場では専門化が進行し、同時に医者自身あるいは病院組織としての治療過誤（事故）が発生することや、病院経営上の利益や医者の学問的野心、製薬会社・医療機器メーカーへのデータ提供優先として批判される利益相反により、患者が実験材料として使われるような場合もある。他の医療機関の専門家の意見を聴くセカンドオピニオン制度の保障にも通じ、特定医・機関による独善を防止するための**情報公開**の一環でもある。（渡辺武達）

インフルエンサー
Influencer

インフルエンサーとは**ブログ**や**SNS**（Social Networking Service）などを活用して多くの人々に影響を及ぼす個人のことである。ブログやSNSの普及に伴って、**マーケティング**や**PR**（Public Relations）分野を中心に広まった用語であるが、R・K・マートンの「影響者」（influentials）やE・ロジャーズの「早期採用者」（early adoptors）などにその由来を求める見方もある。従来は、ユーザー個人の影響力を測定するのに**ブログ**の訪問者数やSNSの**フォロワー**数（特定のユーザーの近況を知るためにそのアカウントを購読するユーザーの数）を大まかな目安としていたが、ユーザーの影響力がそれらだけで測定可能かどうかについては議論がある。（阿部康人）

📖 197, 223

ウィキペディア
Wikipedia

コピーレフトの思想に立ち、誰もが無料で自由に編集に参加できる世界最大規模のオンライン百科事典サイト。米国非営利団体のウィキメディア財団が運営しており、2018年8月時点で300以上の言語でサービスの提供を行っている。項目や内容が日々変化しており、また一般の百科事典にはない項目も多いのが特徴で、

ネットで簡単に検索できることも相まって，2001年の英語版サイト開設後，世界中で爆発的にユーザーが増加している。しかし，専門家による査読がなく，また不特定多数のユーザーが投稿するため，情報の信頼性や公正さなどは保証されていない。さらには特定の個人に対する名誉毀損や**プライバシー**を侵害する内容が存在したり，国家や企業などが自己に都合の悪い内容を削除するなどの問題も生じている。（野原仁）

ウィキリークス，エドワード・ジョセフ・スノーデン
WikiLeaks, Edward Joseph Snowden

ウィキリークスは，機密文書を収集分析して公開するインターネット・サイト。2006年にジュリアン・アサンジが創設した。内部告発者・**投稿者**の身元は高度なセキュリティー技術によって完全に守られていると運営側は主張している。イラク戦争に関する約40万点の米軍機密文書を公開（2010年）するなど，国際社会に大きな影響を与えている。

エドワード・スノーデン（1983年〜）は米国の国家安全保障局（NSA）や中央情報局（CIA）の元技術職員。米当局がグーグルなど大手ネット企業の協力も得て，世界中の通信データを傍受し，個人情報を違法収集していると暴露した。その後，米側の逮捕を逃れるためロシアに滞在中（2018年10月現在）。日本も含め，世界は**「監視社会」**に組み込まれていると主張している。（高田昌幸）

ウェブジャーナリズム
Web Journalism

デジタルジャーナリズム digital journalism, オンラインジャーナリズム online journalism ともいい，パソコンやスマートフォン端末で送受信できるジャーナリズム活動のこと。米国発のハフィントンポスト（ハフポ）などが代表的で，既存メディアの発信ニュースをまとめて表示するYahoo!ニュースやLINE NEWSなどの**キュレーションメディア**もこれに含まれる。**伝統メディア**（いわゆるマスメディア，テレビ・新聞・雑誌など）も**デジタル版**＝電子版を併用しており，緊急性のある連絡などに使用する。またこのシステムは，自然災害時だけではなく，児童誘拐事件などにおいて近隣住民への注意や情報提供でも利用されている。スマートフォンなどの端末保有と利用技術さえあれば，誰もがほとんど無料で参加でき，**ツイッター**などの例外はあるが，基本的にはメッセージの長さ制限もない。そうした特性が，①投資資金に乏しく，②取材・発信訓練や学習が十分ではない団体や個人による「市民ジャーナリズム」を成立させ，③その行為が既存の大手メディアやそれらに広告掲載などで多様な影響を与える政府，大企業などへの対抗手段にもなること，④ネットの性格上，送受信場所が地域的に限定されないことなどから世界中に受信者を得ること，などを可能にしている。しかしこうした特徴をもったウェブ利用型ジャーナリズムの隆盛が逆に，⑤受信者数＝アクセス数を稼ぐこと，つまりその媒体への関心の高まりが**広告媒体としての**価値を上昇させることから，⑥真偽とは関係なく刺激を高めるだけのフェイク（ニセ）情報の横行状態を作り，公正ビジネスの維持や社会倫理上の多くの問題をグローバルに生じさせ批判されている

面がある。(渡辺武達)

ウォッチドッグ
Watchdog

　マスメディアが市民の立場から権力を監視し、その不正義を告発する機能を果たすべきという考え方で、「権力の監視者」(権力のお目付役)、「市民のための番犬」などと訳され、ジャーナリズムの機能論には欠かせない重要概念。だが、ネット時代に入り、①権力批判だけではなく、社会的事象の解説や市民の討論の場、ときには娯楽や広告の提供までがあわせて要請される、②メディアの規模が巨大になり、商業主義が進行した結果、ウォッチドッグ機能さえ十分に果たせない、という二重の危険にさらされ、関係学会においてもメディア研究の中心は「コミュニケーション力」(communicative power)の検証にあり、ジャーナリズム研究が主ではないという意見も強くある。反面、ネット中心の情報には真偽の効果的検証が困難という不安定さがあり、社会情報の伝え方が根本から問われる事態が起きている。(渡辺武達) 📖170, 229

うわさと流言
Hearsay and Rumor

　コミュニケーションの連鎖のなかで短期間に大量発生したほぼ同一内容の言説が流言であり、その小規模なものがうわさである。これまでそれらは、災害等の非常時に発生する間違った情報であり人びとの知的欲求から生まれる、と見なされることもあったが、こうした、状況・内容・社会心理上の前提は、近年いずれも否定されている。

　うわさと流言は、寿命の短さによって民俗学者が注目してきた伝説や昔話等の伝承(folklore)から区別される。しかし民俗学者らが都市伝説と呼ぶ現象は近似している。うわさとゴシップ(gossip)は、後者が特定の個人を対象として倫理上否定的な評価を伴った言説であることで区別される。デマと流言も混同されがちであるが、デマは扇動者(demagogue)からきた言葉であり、人びとを騙す意図をもって流された言説のことであり、流言がデマであるとは限らない。

　流言には、当為命題を含む解決流言と含まない解釈流言があるが、パニックの引き金になるのは前者である。流言は、人びとの「不安」からも「飽き」からも発生するが、いずれの場合であっても社会問題となる可能性がある。また流言のなかには、繰り返し発生するものがあり、それは再帰性流言と呼ばれている。

　うわさと流言の内容とその伝達者の属性には一定の相関がある。ニュースは、メディアが未発達な社会において人びとの間を口伝えで広まったと考えられるが、マスメディアに比してインターネットやスマホ・携帯電話の影響力が強くなるにつれ、再びニュースの流言化とも言うべき現象が生まれている。(早川洋行) 📖154

冤罪
A False Charge

　無実であるにもかかわらず犯罪者として扱われてしまうこと。実際には罪を犯していないにもかかわらず、逮捕、起訴され有罪判決を受ける場合をいう。冤罪が発生する原因としては、予断や思い込みによる捜査、自白偏重主義など捜査機関の問題とともに、裁判所の冤罪発見の能力の限界も挙げられる。また、科学的捜査方法の確立による捜査能力の向上に

もかかわらず，冤罪は依然根絶されておらず，近年では無期懲役が確定したのち，再審で無罪判決が確定した東住吉事件，無罪確定ではないが有罪確定後に再審開始が決定した湖東記念病院事件などがある。また，冤罪を生み出す一因としてマスメディアの影響を指摘する声もある。マスメディアの発達に伴い，被疑者は「容疑者」としてセンセーショナルに報道され，あたかも犯罪者であることが証明されたかのように扱われる。逮捕・勾留中には外界と遮断され経済的損害や精神的苦痛を受ける場合がある。また，被疑者の周辺取材が行われ，被疑者の家族・関係者などに影響を及ぼすこともままある。マスメディアによる負の影響とは逆に，報道により冤罪事件の救済に至るケースもある。しかし，冤罪主張がなされていても，話題とならなければ報道などで取り上げられないことも多く，マスメディアの権力監視機能には限界があるといわざるを得ない。（中谷聡）　📖3

オーディエンス（読者・視聴者）
Audience

オーディエンスとは，一般的に読者や視聴者を指す用語であるが，メディア環境の変容に伴ってその概念が再考されつつある。多くのメディア学者が示しているように，この用語は元々特定の個人や集団を示すものではなく「聴く」（hearing）という様態を意味していた。**インターネットやソーシャルメディア**などの普及とともに，これまで自明とされてきたオーディエンス概念がマスメディアを主流とした特定の歴史的文脈に規定された概念であることを指摘し，その概念の妥当性の再考を促す議論も存在する。

その一方，メディア環境の変化に伴って，オーディエンスの能動的次元に着目したファン研究などの分野がいっそう拡大しているという現状から，オーディエンス概念の有効性はいまだ失われていないという立場もある。（阿部康人）　📖14

オピニオンリーダー
Opinion Leader

1940年のアメリカ大統領選挙の期間中，投票者がどのようにして自分たちの態度を決定したかを研究している間に，あるコミュニティのどんな階層の中にでも，選挙に関する情報を伝えたり投票を呼びかけたりするマスコミュニケーションの中継ぎ役を果たしている人びとがいることが明らかとなった。このオピニオンリーダーによって媒介されたマスメディアのメッセージは，投票意図の変更者や投票意思を持たない者（**フォロワー**）に影響を与えた。**フォロワー**にとって，マスメディアよりパーソナルな関係の方が潜在的に影響力が大きい。この「観念はしばしば，ラジオや印刷物からオピニオンリーダーに流れて，そしてオピニオンリーダーからより能動性の低い層に流れる」という示唆は，大衆社会論的なマスメディア観を再考する材料の1つとなったと同時に，メディアの影響の流れに小集団の役割を取り込むことで，メディア効果の「**強力理論**」やメディアがオーディエンスに直接的即効果をもたらすという「**皮下注射効果理論**」を衰退させる契機の1つとなった。インターネットの普及はコミュニケーションの多様化をもたらした。オピニオンリーダーとフォロワーの関係は，かならずしも対面ではなく，緩やかなものとなった。たとえば，**SNS**

(Social Networking Service) におけるコミュニケーションでは，実際のコミュニティや階層を超えて，誰もが発信／受信者になれる。発信者のある領域についての投稿に対し，受信者は「いいね！」を送信することで，共感や褒め行為，閲覧行為を伝えることができる。受信者は特定の発信者の**フォロワー**になることもあり，また，発信者は受信者に影響を与える**インフルエンサー**になることもある。
（大谷奈緒子）　　　　　　　　📖219

オーラルヒストリー
Oral History

オーラルヒストリー（以下 OH）とは口述によってもたらされた歴史情報であり，たとえば9.11同時多発テロのような歴史的大事件の目撃者や体験者の証言およびそれが記録されたものを指す。1940年代に米国の歴史家ネバンスは政策決定の過程を示すエリートオーラルと個人を対象としたパーソナルオーラルとに大別し，個人史の意義が強化された。特筆すべきは従来の歴史から除外された人々の過去を掘り起こした個人史の集積が人々の意識を変容させ，憲法で保証された法のもとでの平等を求めて声を上げることで米国社会を根底から揺るがす公民権運動やウーマンリブへと発展したことである。当人の記憶に頼る OH は長らくその信憑性が疑問視されてきたが，複数の対象者や文字史資料などの検証により，現在ではおおむね妥当性が認められている。隠された事実を明らかにし克明に記録した『大統領の陰謀』『ブッシュの戦争』『敗者と勝者』『沈黙の向こう側』や『ミラージュ』などの**調査報道**は語り手の不在では不可能であった。インタビューの名手としてまたオーラルヒストリアンとして名高い S・ターケルの編集を最小限とし，人々の生の声を収録した一連の作品『大恐慌』『人種問題』『アメリカン・ドリーム』『「よい」戦争』などからは，米国の社会と時代の空気，人々の価値観，行動などが伝わってくる。さらに『百歳の人々』（邦訳なし）には常識を覆す新たな事実の発見があり，人間性について示唆に富んだ作品となっている。
（栗木千恵子）　　　　　　　　📖128

オルタナティブメディア
Alternative Media

その形態や目的の多様性から未だ確固たる定義を持たないが，一般的には，さまざまなメディアの周縁に存在する小規模で多様な声を伝えるメディアを指す。名称は，主流（マス）メディアに対する代替的（オルタナティブ）な立場，あるいはそれに対抗もしくは補完するメディアという解釈に立つ。最大公約数的な特徴として，目的・動機は人道的・文化的，民族的なものなどで，組織構造は水平的で誰もが参加できる民主的なコミュニケーション手法などが挙げられる。目的を限定した名称として，市民が自ら発信する「**市民メディア**」，社会・政治運動への参加を促す「アクティビストメディア」，特定の人種・民族等に向けた「エスニックメディア」などがある。（藤原広美）
📖26

〈カ〉

海外の日本語教育
Japanese language Education Abroad

海外における日本語を母語としない人

への日本語教育は，現在世界137の国や地域において行われ，その機関数は1万6179，学習者数は365万5024人に上る（国際交流基金，2015年度調査）。ただし，この調査は日本語を教える教育機関を対象としているため，その他の機関や**マスメディア，インターネット**などでの学習者数を含めると，実際の数は上記を大きく上回ると考えられる。また地域別に見ると，機関数の6割以上，学習者数の8割以上が東アジアと東南アジアに集中している。

海外の日本語教育の歴史は，16世紀後半から17世紀前半のキリシタン宣教師団の布教活動を目的とした日本語学習，19世紀半ばにヨーロッパ諸大学で開始された日本・日本語研究，17世紀末から18世紀半ばにロシアに流れ着いた日本人漂流民による日本語教育などに遡ることができる。1895（明治28）年に，日本は国家事業として統治下の台湾で日本語教育を始め，その後アジアでの覇権を目指して日本語普及政策を進めた。また，植民地では国語としての日本語教育を行った。一方，第2次世界大戦中に米英では，対日軍事政策の一環として，語学将校や日本語を理解する兵士養成のため日本語集中教育が行われた。1945年の日本の敗戦で海外の日本語教育は一時下火になったが，1950年代に入って学術・文化交流・経済協力のための日本語教育が復活した。1980年代から1990年代初頭にかけては，日本の経済大国化に伴って世界で日本語を学ぶ人が増え，初等・中等教育機関での学習者も急増した。2000年代以降，日本の**アニメやマンガ**を通して日本語を学ぶ人も増えている。　　　（川端美樹）　📖73, 98

ガラパゴス現象
Galapagos Syndrome

あるモノが特定地域で独自の進化を遂げること。初期の携帯電話が日本で独自の進化を遂げ，ガラケー（ガラパゴスケータイの略）としてシニア層を中心に今も親しまれているのは日本では適切規模の市場が確保され，小型で軽く，**ワンセグ**などの独自技術の開発もあり大災害時にもスマートフォンに比較して電気消費量が少ない等の利点があるからである。その一方で，日本独自の特徴が多く世界標準となりにくいことから，特定の狭いところでしか使えないもの，「ガラパゴス化」と揶揄することもある。ガラパゴスは大陸から遠く離れた南米エクアドルの離島群の名前で，1835年，C・ダーウィンがこの島を訪れ，『ビーグル号航海記』や『種の起原』で，この岩礁（アトール）のゾウガメやイグアナなどには他の南米大陸とは違う独自の進化があると報告したことに語源がある。（渡辺武達）

📖47

カリスマ
Charisma

ギリシャ語が語源だがドイツの社会学者M・ウェーバー（1864〜1920）が『支配の社会学』（1922年）で社会の支配形式を①合法的（法制度に準拠），②伝統的（社会のしきたりに依拠），③カリスマ的支配の3つに分け，③を「特定の人物の非凡な能力への信仰的な信頼に基づく」と説明した。日本の若者の間で多用される用語「レジェンド」（legend）がこれに近い。政治思想史としてはヒトラーやムッソリーニのような独裁者たちが民衆を熱狂させた**ポピュリズム**的側面を

有し，日本では「今太閤」といわれたが政治資金作りの不正献金発覚等で凋落（1976年）した田中角栄，**有価証券報告書**（金融商品取引法第24条）虚偽記載で逮捕された（2018年）日産・ルノー・三菱自動車の三者連合元最高幹部カルロス・ゴーンなどがそうである。（渡辺武達）

環境問題とマスコミ報道
Environmental Reporting

日本における環境問題報道は明治期における足尾鉱毒事件（1890年代）の公害告発運動に始まり，戦後ではチッソ水俣工場廃水が原因の水俣病や四日市の石油関連工場廃煙による大気汚染や薬害エイズ問題など，企業利益が人びとの生命よりも優先され，政治やメディアがその力学に左右されてきたという共通点がある。またこれらの深刻な人的被害をもたらしてきたもののほかに，1960年代からの経済成長政策の結果として全国各地で起きた自然破壊や河川・海の水質汚染などへの批判運動が高まり，東日本大震災での深刻な原子力発電所事故なども加わり，メディアの環境対策報道責任もより大きくなってきた。しかしいずれのケースの報道でもメディア／ジャーナリズムが問題を大きく取り上げ，世論を喚起したのは事態が深刻化してからであり，その呼びかけも市民生活におけるリユース・リサイクル運動などの呼びかけが中心で，根本的な帰責事由／起因責任（causal responsibility）への言及は**スポンサー・広告主**依存という経営原理に左右されている新聞や民放テレビ，選挙などで財界依存せざるを得ない中央政府の「暗黙知」（暗黙の了解，tacit understanding），国会での審議にその視聴代金制度を左右される NHK の対応など，マスコミ一般の立ち遅れがこれまでも指摘されてきた。

また水俣病などへの被害者補償でも被害者がいまだ暮らしぶりだけではなく身体的にも苦難を脱していないのに事実上の支援打ち切りなどが起きている。また被害者が裁判に訴えない限り関係省庁，自治体も率先して動かない実情があり，それに気づいた被害者とその関連組織，本当のことを発表したい研究者・学者などはネットジャーナリズムによる発信に重心を移している。またアーティストたちによる**ラップ**などの方法での訴えも始まっており，マスコミ報道の弱点が市場自由主義とその下に置かれたメディアだけではなく，社会主義国やアジア・アフリカの途上国における資源採掘問題等にも見られ，問題の根底がグローバルな経済活動と社会の仕組みにあることが明らかになりつつある。

そうした視座からの地球温暖化などへのグローバルな問題が1980年代から指摘され，1992年ブラジル開催の「地球サミット」，1997年京都開催の「気候変動枠組条約第3回締約国会議」（COP3），2015年フランス開催の「気候変動枠組条約第21回締約国会議」（COP21）等において，気候変動に関する2020年以降の新たな国際枠組みである「パリ協定」（Paris Agreement）の採択となった。気候変動が，①地球全体の緩やかな温暖化，②一部地域の極端な乾燥／砂漠化，③海水温度の上昇による台風などの発生率の増大，④集中豪雨の多発，などの原因となることは学界の常識となっている。そうした立場からの**環境コミュニケーション**研究や有意の民間機関からの環境保全対

策のあり方についての提言などが活発化し、政治現場を経験したアル・ゴア元米国副大統領は啓蒙映画「不都合な真実」1・2を制作した。反対に同国第45代大統領ドナルド・トランプは温暖化を認めず、パリ協定から離脱さえした。災害の防止には全社会的な日常的取組が必要だが、日本政府による対応は復興庁の設置（2011年、東日本大震災発生後）や政策スローガンとしての「強靱国家の建設」に代表される土木工事的発想で、国連などが提起する基本的な予防対応が軽視されているとの批判がある。（渡辺武達）

📖 157

記者クラブ／インナーサークル
Kisha Club / Inner Circle

記者クラブは**マスメディア**が取材のために利用する日本特有の組織。官公庁や各種団体のなかに設置され、与えられた部屋を独占的に使うことができる。また、会員のみが参加できる特別な記者会見を開き、情報を有利に手に入れる。会員のほとんどは大手の新聞通信社、放送局の記者であり、雑誌社、**フリーランサー**、外国人記者は入会できないことが多い。そのため、一部の報道機関にのみ有利な取材制度を作り出している。このような特権は、第2次世界大戦中、政府によって大手マスメディアに与えられた。戦争に協力した新聞通信社、放送局は、戦後もGHQの要請に抵抗して利権を手放さず、**日本新聞協会**を通して記者クラブを親睦団体とするたてまえを発表し、運営を現場の記者に押しつけることで責任から逃れようとした。情報を独占できるため記者は競争をする必要がなく、取材対象の発表に頼りがちとなり、結果として**広報**に利用され、同じような紙面、同じような番組内容を生み出す。他方、制度化された特権ではなく慣習上の差別として、外国では権力側から優遇された報道機関をインナーサークルと呼ぶ。直訳すれば権力者の側近、取り巻きを意味する。ここに所属する記者は、いち早く情報提供を受け、非公式の取材にも応じてもらえる可能性が高い。逆に政府からの情報操作にさらされやすい。権力側から遠ざかるにつれ、ミドルサークル、アウターサークルと序列化され、取材の公平性が損なわれている。（河崎吉紀）

技術決定論
Technological Determinism

社会の変化／進化の決定要因は**印刷**術や蒸気機関、最近では**コンピュータ**や**インターネット**などの新技術の発明、発見によるとの主張で「技術決定主義」ともいう。対して社会の成熟度によって必要なものが求められ、それが社会の次のあり方を決めるという考え方が社会決定論（social determinism）もしくは文化決定論（cultural determinism）である。メディア学では、**M・マクルーハン**が1960年代に主張した「メディアはメッセージ」という論は現代では「ネット形態そのものが情報内容とその理解の決定要因だ」という論にも通じている。しかし同時に、もともと軍事用に開発されたネットがなぜ人々に受け入れられているかという視点からは、国家より個々人の利便性という自己愛が**SNS**にまで進化したと考えるほうが合理的で、社会的要請による技術革新と個人の快適＝ウェルビーイング欲求が合わさって社会進化していると考えるほうが説得的である。（渡辺武達）

客観報道
Objective Reporting

　事実をまげずに，しかもジャーナリストの意見を入れずに伝える報道を指す。前段は「事実性原則」，後段は「没評論原則」と呼ばれる。1946年に制定された**旧新聞倫理綱領**の「報道の原則は事件の真相を正確忠実に伝えることである」と，「ニュースの報道には絶対に記者個人の意見をさしはさんではならない」という部分に，それぞれ対応している。報道は客観報道の原則に基づくべきであるという考えを「客観報道主義」という。

　客観報道の起源については19世紀の米国でAPなどの**通信社**が定着させたという説や，ニュースを商品化させたペニープレスに求める説などがある。いずれにしても，19世紀後半にジャーナリズムが産業そして職業として確立する中，事実と意見は分離できるし，そうすべきであるという考えに立って，客観報道は成立した。具体的には，記事のなかに，「私」を登場させず，「5W1H」（誰が，何を，いつ，どこで，なぜ，どのように）の要素によって，事実を伝えようとする。

　客観報道をめぐってはいくつかの批判がある。その1つは，そもそも完全に客観的な報道はあり得ないという批判である。たしかに，取材・報道する過程には，記者や編集者の主観的な要素が絡む。例えば，記者会見における発言のどの部分を切り取るのかは，取材現場の記者の判断による。

　また，客観報道主義から派生する問題として，捜査当局など権力側の情報をそのまま流す「発表ジャーナリズム」への批判がある。つまり，外形的には「5W1H」の形で，意見は含まれていないものの，内容は権力の側に与するものになっており，権力監視の足かせになっているという批判である。その多くは**記者クラブ**制度との関連で捉えられている。

　しかし，記者の主観が強くなればなるほど，「事実性原則」と「没評論原則」から離れてしまう恐れがある。客観報道のスタイルは，事実を突き詰め，意見を混ぜ込まないよう記者に自制を促す装置であると言える。ジャーナリズムの理念として客観報道を掲げる意味は大きい。
　　　　　　　　　　　　　（小黒純）
　　　　　　　　　　　　　　　📖 119

キャッシュレス社会
Cashless Society

　現金以外の支払い方法，クレジットカードや**電子マネー**などの電子決済が広く普及した社会のことである。2016年の日本のキャッシュレス決済比率は約20％で，政府はこの比率を2027年までに40％にまで引き上げようとしている（経済産業省商務・サービスグループ『キャッシュレスの現状と推進』2017年）。

　金銭授受の簡略化，消費者への各種ポイント還元，現金管理業務のコスト削減をはじめ，**ビッグデータ**の活用や販売店の無人化など，様々な分野においてキャッシュレス化によるメリットは大きいが，端末の導入コストや決済手数料など販売店への負担が大きく，諸外国に比べ，その進展は大きく後れを取っているのが現状である。また，日本では現金の信頼性が高く，伝統的に現金・預金を好む国民性という要因もある。（松尾祐樹）

　　　　　　　　　　📖 69, 124, 136

キュレーションメディア
Curation Media

「キュレーション」という言葉は，美術館での展示企画などをイメージさせる。また展示を企画する学芸員をキュレーターと呼ぶ。キュレーションにあたり重要なのは，どのような作品を収集（collect）し，その上でどのように展示（displayまたはexhibit）するかであり，キュレーターには展示企画にどのようなコンテクストや意味を付与することができるか，その力量が重要要素として関係する。キュレーションおよびキュレーターをコミュニケーション学との関係でみるとニュース選択者「**ゲートキーパー**」（gatekeeper）がキュレーターにあたり，キュレーションとは，情報を一定の価値観に基づいて取捨選択する際の「**ニュースバリュー**」（news value）をもとに，特徴ある情報の収集，制作加工によって情報の受け手の興味関心を引く情報提示の仕方と理解される。先の指摘を総合した上でキュレーションメディアを説明すると，インターネット上の様々な情報を，独自の価値判断で収集・整理し提示するメディアで，一般的には「**まとめ**」サイトなどがこれにあたる。GoogleやYahoo!のような自動的に情報を集める手法ではなく，特定の価値観による情報が提示されることで，これに共感する能動的なアクセスを呼び込むことができる点も特徴である。特徴としてあげられるのが，①既存の情報を特定の価値観で「まとめ」て，ネット空間に向けて公開することから制作コストが低く効率的であること，また②簡単にアクセスを集めることができる点があげられる。

成果報酬型広告（アフィリエイト）との連動もあり大企業のみならず小規模事業者も始めやすい点も特徴だが，情報の信頼性に対するチェック・確認不足から，消費者に対して不適切なコンテンツがネット上にあがったり，他のメディアからの盗用をしたりする事例が社会的な問題となることもあった。2016年12月に起きたDeNA健康・医療キュレーションサイト問題はこれにあたる。（金山勉）

言論・表現の自由
Freedom of Speech and Expression

「言論・表現の自由」とそれに伴う責任の議論は前4世紀のプラトンやアリストテレスの時代からあるが，人が外部に向かってその思想信条，感情等を表現する自由が法的な権利や道徳的責任とされるようになったのは活版印刷物が登場した17世紀以降で，同時にその影響力の大きさから権力側からの**検閲**も厳しくなった。メディアによる市民の「**知る権利**」に奉仕する報道の自由が民主制（デモクラシー）確立との関連で議論されだしたのもその頃である。現在の言論の自由にはさまざまな表現手段による多様な次元のものが想定され，①狭義の「言論の自由」，②「表現の自由」，③「情報の自由」の3つに大別できる。①は個人の日常生活レベルにおける表現の自由を主として意味し，②は①の意味を含みながら，芸術表現やメディア機関による取材・報道の意味で使われ，「**自由で責任あるメディア**」といったように**メディアの社会的責任**とのセットでの考察が必要である。③は社会的に有益な情報は原則としてすべて公表されるべきだという立場から，第2次大戦後に国連を中心にして討議さ

れ発展してきた。その推進者には米国プレスの自由調査委員会報告書『自由で責任あるメディア』の執筆者らがいた。そこから国際的にも「メディアおよび情報の自由」が発議され，後に「**ユネスコ・マスメディア基本原則宣言**」(1978年)や各国の**情報公開法**等として結実する。「言論・表現の自由」は各個人が国境を超えてもつ権利だとされ，メディア機関のもつ権利は「読者・視聴者の目となり耳となり取得した情報を取捨選択して提供すること」と解され，その**公益性**原理に反する報道の**タブー**があってはならない。（渡辺武達） 📖 42, 170, 182

公共性，公益性，公共圏
Public Nature (Publicness), Public Interest, Public Sphere

〈**公共**〉とは「社会一般にかかわる利害関係」のことで，グローバル化した今日では①「あることが時代と国境を含む空間を超えてさまざまな関係枠のなかに存在するという性質」，②「個人の純個人的なことを除いた部分と社会との，世界大にまで拡がる関係性」を表す概念のことである。このように公共性を「個」と「他人」との間の関係属性と理解すると，**公益性**とは「社会一般にかかわる関係枠の中の，人間社会にとってのプラス価値属性」だと理解できる。そして公益に資する言論活動一般があるべき「公的言論領域」であり，一般的に「**公共圏**」(public sphere) もしくは「公的生活空間」(public life) ということになる。戦前の〈滅私奉公〉等の〈公〉は「忠君愛国」で，〈お上の〉＝〈統治者の〉という意味であった。とくに第2次世界大戦中の〈公〉は国民・市民を動員するための

「御守りことば」(**鶴見俊輔**の造語) として国民が「従うべき基準」となり，メディアは大本営発表を垂れ流した。「新しい公共」という言い方で提言される内容も**政経権力**の横暴をいかに抑制させるかという主眼がなければ，一般勤労者だけを規制し，金融商品取引法違反（日産自動車ゴーン元会長らによる**有価証券報告書の虚偽記載事件，2018年**）等の社会的詐欺を防げない。

公共性の議論は主権在民の基礎となる言論の自由と市民主権主義に支えられる。日本には明治期の自由民権運動があるものの，政治制度化はGHQ（連合国軍最高司令官総司令部）による**米国憲法修正第1条**に基づく個人の尊厳の普遍化教育とメディアの責任論から始まった。〈メディアの公共性〉とは「メディアがその情報活動をとおして，社会一般の利害にかかわる事象について，自由に報道・論評する責務，あるいは娯楽の提供をすることなどによって生じるメディアの社会貢献機能」で，そうしたメディアの活動空間が〈公共圏〉である。とすれば，〈公共圏〉は「メディアの公共性」と類似性を有し，それは「〈個〉と〈世界〉を結ぶ社会的関係枠を健全に維持するためにメディアに課せられた責務と倫理が機能している言説空間」だと説明できる。「メディアの公益性とはメディアが公共性の論理に則り，社会が円滑に機能するよう，公的情報の公正な提供が創る社会的プラス価値」だということだ。公共圏（公的言論領域）に関連し，ドイツ・**フランクフルト学派**のハーバーマスによる議論は「ブルジョア社会の自由論」にすぎず，日本でいう市民運動，市民主権社

会というときの〈市民〉を含んではおらず，ハーバーマスを肯定するだけの議論が今日的公共性論に資する部分は大きくない。（渡辺武達）　　　📖 9, 153, 182, 233

公正の原則／フェアネスドクトリン
Fairness Doctrine

　米国連邦通信委員会（FCC）による放送行政の基本指針で，1949年から1987年まで**不文律**として採用されていた。FCC は1940年に「情報の伝達および意見の交換が公正かつ客観的に行われることに専念してはじめて，ラジオは民主主義の手段として役立ちうる」との指針を公表し，放送局が自らの所見だけを放送することを禁止する政策をとった。しかし，1949年にこの政策を変更，公的な問題に関して放送局が所見放送を行うことをむしろ奨励した。この時に FCC が出した声明「放送免許保有者による所見放送について」（In the Matter of Editorializing by Broadcast Licensees）が，その後「公正の原則」（フェアネスドクトリン）と呼ばれるようになった。

　そこから放送局に対して課された2つのルール，①放送によって個人攻撃を受けた者に放送時間を無料で提供せよとする「個人攻撃のルール」（Personal Attack Rule），②放送局が支持を表明した選挙候補者の対立候補者に反論の機会を与えるとする「政治的所見放送のルール」（Political Editorial Rule）である。その後，**アメリカ合衆国憲法修正第1条**「**言論の自由**」にこの「公正の原則」が反するかどうかが問われたが1969年の連邦最高裁判所判決（レッドライオン放送局対 FCC）によって，「公正の原則」の適法性が確認された。しかしこの原則が放送局に与える制約は大きく，1970年代半ば以降，その廃止を求める声が大きくなってきた。

　1980年代，レーガン政権になると，規制緩和が明確になり，1986年には，FCC は5500件にのぼる原則違反の訴えを受けながら，そのうちのわずか6件を取りあげただけであった。この背景にはケーブル受信の普及により受信できるチャンネル数の飛躍的増加などにより，1987年，ついに FCC は「幅広い情報源に接触することによって得られる視聴者の利益を守るには，公正の原則は適切な手段ではない」との見解を示すことになった。「公正の原則」の復活，法制化を目指す断続的な動きが議会を中心にしてあるが，大統領の拒否権などで，これまでのところ成功していない。なお，「公正の原則」は1934年連邦通信法第315条にある，「機会の均等」（Equal Opportunities）における時間の均等（通称 Equal Time）の原則と混同されることがあるが「公正の原則」が法律であったことはなく，いわば「**公共善**」（public good）を目指すメディアの態度のことだと考えればよい。（渡辺武達）　　📖 25, 182

国家公務員法と守秘義務
Civil Servant Law and Confidentiality Obligation

　国家公務員法100条（秘密を守る義務）は，国家公務員が「職務上知ることのできた秘密を漏らしてはならない。その職を退いた後といえども同様とする」と記し，その違反行為については同法第109条（罰則）において「次の各号のいずれかに該当する者は，一年以下の懲役又は五十万円以下の罰金に処する」等と規定

している。たとえば税務職員が職務上知り得た情報をむやみに外部に漏らすことなどは論外だが、この規定は、森友・加計学園問題で露呈したような大蔵官僚たちによる守秘義務を理由にした犯罪隠蔽に悪用され（2018年）、国会への参考人招致と証言においても問題となった。こうした事案についての司法上／裁判上の法解釈と運用においては国民の幸せ増進と公正な国家運営という2大原則とメディアによる公益報道の姿勢遵守が同時に求められる。（渡辺武達）

子どもの保護とメディア
Child-Protection and Media

大半の子どもがスマホを所有している今日、子どもが接する社会情報は実質的に無制限である。しかも、テレビやネットは誰もが機械的に利用者の年齢制限などを設定もしくは解除でき、映画やビデオショップ店等での制限も厳密ではないため有害情報から子ども守ることは困難である。とすれば、親や学校、教育委員会などができることは条例などにより子どものそうしたアクセスの機会を少なくすること、結果として情報環境等の困難に追い込まれてしまった子どもを救えるネットワークを社会的に用意することである。その具体例の1つが、滋賀県大津市教委が始めた子ども自身がラインによって教委に連絡するシステムである。このやり方は幼児・**児童ポルノ**や親からの虐待から子どもを守る方法として各地で利用され始めている。（渡辺武達）　📖60

誤報，虚報
A False Report, Misinformation

メディアによる誤った情報提供のことで、①取材やチェック、不十分な校閲等から起きるものと、②発信側の意図的なものとがある。ネット、SNS隆盛の今日では「フェイク」ともいわれ、政治的意図や投稿者の金銭目的等による②が増加し情報の信頼度が揺らいでいる。新聞やテレビの誤報では、松本サリン事件（1994年）の犯人視報道や朝日新聞阪神支局襲撃事件の「実行犯インタビュー」を標榜した『週刊新潮』による誤報（2009年）は拙速と営業利益主義の結果である。関東大震災（1923年）の際の民族蔑視に起因する「朝鮮人暴動」の虚偽報道は数千人虐殺の原因になったし、戦時中の新聞や放送による国民だましは軍部による統制の結果であった。日常の膨大な作業のなかで、誤報の根絶は難しいが、チェック機能の強化、誤りが判明した時の速やかな「おわび・訂正」などによる措置を含むメディア**アカウンタビリティ**の確立が求められる。（渡辺武達）　📖75

コミュニティメディア
Community Media

県域よりも狭い市町村域で発行されている新聞（地域紙／ローカル紙）や放送法上の超短波放送（**コミュニティFM**）などの総称。特定の地域をカバーする「地域メディア」の多くや、職業ジャーナリストではない人々が情報発信する一部の「**市民メディア**」も含まれる。地方自治体や警察などが情報を人々に周知する目的で発行されている広報媒体などは含まない。

外国からの移住者が集住する地域で作られる情報誌や、興味関心ごとに人々がオンラインで集うサイト、今世紀に入りブームに火がついた**リトルプレス**や**ZINE**（ジン）などの一部も、広義のコ

ミュニティメディアといえるだろう。まとめれば，空間やアイデンティティ，興味関心などを共有する人々をつなぐ情報媒体と定義できるだろう。

コミュニティに相当する言葉が日本語にないこともあり，日本ではコミュニティメディアが，狭いエリア限定のちっぽけな存在であるかのように誤解される傾向がある。それは日本が長らく中央集権型の社会を維持してきたことの反映であり，ドイツやアメリカのような地方分権型の社会では，コミュニティが民主主義の基盤と理解されている。たとえばアメリカの社会学者R・M・マッキーヴァーによれば，コミュニティは人々が共同生活することで生じる風習や伝統，言葉遣いによって作られるもので，小さな町だけでなく，国民単位でもコミュニティを作り得るという。抽象的にいえば，コミュニティとは人々の共同性と**公共性**の苗床となる自律的な場といってよい。

日本でコミュニティに近い概念としては，クニやムラなどが挙げられる。そんな全国各地のクニやムラで新聞が発行されていたことは，あまり知られていない。春原昭彦によると，日本には太平洋戦争前には日刊紙が約1200あり，週刊や旬刊などの新聞を含めると，その数は約7700にのぼった。

クニやムラの小さな新聞は，戦時下の新聞統合で消滅したが，戦後，復刊をはたした報道重視の地域紙も少なくない。東日本大震災で被災し，手書きの壁新聞を作った『石巻日日新聞』（宮城県石巻市）も復刊紙の1つだ。日刊地域紙が多いのは信越地方で，少ないのは四国地方といわれる。

1960年代終わりから70年代にかけて，新興のローカル紙のブームが起こった。新興紙は，権力監視の報道よりも，地域活性化やローカリズムに軸足を置くことが多く，報道型の新聞の発想を超える工夫も見られる。NPOとの協働で注目を集めた『上越タイムス』（新潟県上越市）も新興紙の1つである。

免許事業の放送局と違い，活字系やネット系のコミュニティメディアは内容や判型，発行頻度の差が激しく網羅的な調査統計は存在しない。電通総研『情報メディア白書』は2016年版で発行部数800部以上の約170の地域紙を分析したが，翌17年版から地域紙を対象から外した。メディア・リサーチ・センター『雑誌新聞総かたろぐ2018年版』は「地域紙」「ローカル紙」を約130，「コミュニティ紙」を約330リストアップしたが，離島専門新聞『季刊 ritokei』などのリトルプレスや**ネットメディア**は含まれていない。全体像の見えづらさも活字系・ウェブ系コミュニティメディアの特徴といえるだろう。（畑仲哲雄）　📖 112, 150, 161, 194

コンセンサスコミュニティ（**共創社会**）
Consensus Community

共創社会は，木村忠正が『デジタルデバイドとは何か』の副題で用い，**インターネット**が生活世界に組み込まれた市民社会における「**公共圏**」の理念型として提起した概念である。インターネットが創り出す言説空間に対しては，その普及当初から，多種多様な人々が，オフラインでの地位，立場，時間に囚われず，自由にアクセスし，意見交換，合意形成できる場としての期待が寄せられ，市民電子会議室，地域SNSなど，**e-デモク**

ラシーを具体的に展開しうる多様な取り組みが実践されてきた。しかし、こうしたネット**公共圏**の試みは、匿名・仮名制であると、脱個人化傾向が強く働き、激しい言い争い、荒らしが跋扈し、登録制・実名制を導入すると参加者が限定的となり、広範な市民参加の**プラットフォーム**として機能するとは言い難い。ただここで重要なのは、技術がもつ多様な可能性から、どのような可能性をいかに機能させるかは社会文化の問題だということである。木村は、北欧圏で1990年代、インターネットが社会に急速に普及していく過程を研究する中で、G・エスピン＝アンデルセンの福祉資本主義論にもとづいて、北欧社会を「個人を基本的な単位とし、育児から老後まで、社会全体が再分配経済で支えることにより、リスクと機会を共有する文化」と規定し、北欧圏で、**e-デモクラシー**が機能し、生活世界の一部として機能する機序を明らかにした。「共創社会」(コンセンサスコミュニティ)とは、このような北欧モデルを理念型として指し、**ハーバーマス**が主張するコミュニケーション的合理性、**熟議民主主義**の議論とも接合しうるものである。新自由主義化、政治的分断化が顕著に進展する現代社会において、改めて、その理論的射程を検討する必要があるだろう。(木村忠正) 📖29, 59

〈サ〉

災害時安否確認システム
Safety Confirmation System

阪神・淡路大震災以降、災害時に企業・団体・学校などの組織が、所属する成員の安否を確認する仕組みや、個人が家族や知り合いの安否を確認する災害用伝言ダイヤル・災害用伝言板などのサービスが作られた。組織向けのシステムは、各種の**ASP**（Application Service Provider）サービスによって提供され、メールや**アプリ**へのプッシュ通知で各成員に安否状況の報告を促し、返信をサーバで集計する。さらに帰宅状況、出勤可能状況、支援の要否などを集計するサービスもある。他方、個人用の安否確認システムには、**Google**パーソンファインダー、**Facebook**の災害時情報センター、あるいは各システムの安否情報を横断的に検索するJ-anpiなど、さまざまなシステムがある。(中村功)

サイバー戦争
Cyber War

戦力の従来の概念は陸・海・空の3軍であったが、現在では核搭載大陸間弾道弾などを装備した宇宙軍、「第5の戦場」といわれる高空での核爆発による電離層攪乱や仮想敵の電子網への侵入による情報取得、**マルウェア**（不正プログラム）等による相手側コンピュータの無力化などにまで広がっている。こうしたコンピュータ蓄積情報・送受信をターゲットにした「電脳戦争」のことをいい、2016年度の米国大統領選挙にはロシアが、自国に有利になるということでトランプ陣営の対立候補であったクリントン候補のメールを**フィッシング**等によって不正取得し、それを公開して集票活動にしたとの告発がなされ、CIA（米国中央情報局）やトランプ政権閣僚などを巻き込んだ司法闘争となった。この種の**戦略的コミュニケーション**は米国・ロシア・中国などの大国や北朝鮮・イスラエルなど外部との激しい対立関係にある諸国だけではな

く，日本の自衛隊を含めほとんどの国や企業が情報戦／謀略活動として利用し，攻防が激しくなっている。物理的手段による戦争を「熱戦争」と呼ぶが，現在の戦争は，サイバー分野との併用になっていることから，ハイブリッド戦争（hybrid war）とも呼ばれ，広義では，企業間の電子データを使った宣伝／**広報**，ときとしてなされる相手企業への侵入，情報取得活動などもこれに含まれる。こうした技術を悪用する**ハッカー**＝クラッカーが銀行や**仮想通貨**取引所のシステムに入り込む犯罪も実際に起こっている。いずれも理論としては昔からあった情報戦の一部で，**AI時代**の暗部である。（渡辺武達）

再販制度（再販売価格維持制度）
Price Maintenance System

メーカーが決めた小売価格（再販売価格）を小売店に守らせる制度のこと。独占禁止法（私的独占の禁止及び公正取引の確保に関する法律）では自由な競争を妨げる取り引きとしてこれを原則禁止している。占領軍軍政下の敗戦2年後（1947年），アメリカの指導による反トラスト・反カルテルの精神から，財閥等による横暴を抑えた自由取引によって消費者の利益を守るために制定された。その一方で，この再販制度では商品の安定供給のため適用除外条項（第23条）を設け（1953年），化粧品や医薬品ならびに「著作物」を再販制度流通品に指定した。その後さまざまな議論や裁判を経て97年までに制限の多くが廃止されたが，現在でも著作物（新聞・雑誌・書籍・音楽用CD・テープ・レコードの6品目）の保護が「法的な告示」ではなく，「事実上」の指定として残っている。

再販制度見直し論は①ネット社会の発達により従来の「著作物」の概念が変わり，関連法の適用が現実に合わない，②自由市場原理は小売店の販売の自由を含むと同時に価格低下やサービス向上となり消費者の利益になる，③再販制度は新聞社などの同調値上げを可能にするなど悪質だ，など。対して，存続論は①著作物はその文化的・公共的な役割によって豊かな国民生活を保障しており，その重要性は高まっている，②全国一律の再販価格による著作物は，メディアの表現の自由と市民・国民の**知る権利**の保護に役立っている（1997年，日本新聞協会報告書），③著作物は民主主義の基礎であり，国民の**知る権利**に貢献している，④弱い立場の著者は再販制度によって印税を確保されているし，撤廃になれば新人作家が出にくくなる，などと主張。この著作物関連団体である**日本新聞協会**・日本書籍出版協会・日本雑誌協会・日本レコード協会の4団体は，しばしば共同で，「日本の今後の言論・文化・芸術ならびに教育政策に関わる重大問題にもかかわらず，制度廃止だけを議論するのは危険」などの見解を表明してきた。

再販制度が廃止された英米等の出版界では利益幅の確保のため，1000部以下といった小部数の学術出版が困難になり，大部数が保証され内容的にも英語圏一般で受け入れ可能なものという内容的制約が強まった。また，日本ではブックオフやネット販売などで著作物が安売りされており，CD・テープなどを含め，この制度での保護の意味は小さくなっている。新聞や雑誌についても，多くの**週刊誌**やスポーツ紙・**夕刊紙**のようにエンタメ

（娯楽）中心の情報提供を続けていれば，政府の規制緩和小委員会だけでなく一般市民からもこの再販制度に「相当の特別な理由がある」とは判断されなくなる。関係業界によるそうした自覚と**アカウンタビリティ**（責任の履行）がなければ，早晩この制度は見直され，消費者は良質で多様な文化・精神的情報から疎外されるという事態がやってくることになる。（渡辺武達） 📖58

サイレントマジョリティ
Silent Majority

アメリカにおいてサイレントマジョリティ（物言わぬ大衆）という言葉はもともと第37代大統領ニクソンが演説で使用した語である。自身の支持基盤である保守層を，不満を抱えながらも意思表示をしない大多数だと表現した。ニクソン大統領選出を支えたこの支持層とは，公民権法や，アファーマティブアクションなど，人種的マイノリティの社会的地位向上を保障しようとする福祉政策に反対する白人労働者であったという。

2016年度の大統領選挙では，マスメディアは，**ポピュリズム**の文脈でこの語を使用した。すなわち，「（物言わぬ）白人層のもとにパワーを取り戻す」と宣言したトランプ候補は，マイノリティに対して排他的な政策を訴えることで，自分たちは政治に無視されてきたと考えていた経済的不安を抱える白人労働者層を取り組むことに成功したという。「白人の巻き返し現象」（バックラッシュ）といわれるように，白人労働者の他人種に対する反感情の高まりは確かなものであったが，2016年の選挙が明るみに出したのは，あまりにも多数の排外主義的主張を支持する人びとの存在であった。（新嶋良恵） 📖133

サステナビリティ
Sustainability

あるものが他のものを阻害せずにそれ自体で円滑に動く仕組み，またはそうした仕組みを形成すること。これまでの人間社会は企業の公害問題から地球全体の温暖化問題まで，環境・社会・経済の3つの観点から自己破壊に向かって進んできたとの指摘がある。国連は「SDGs（持続可能な開発目標）」（Sustainable Development Goals）を設定し，それに向けて積極的に取り組み，官庁や金融界が注目し，環境（Environment），社会（Social），組織統治（Governance）に配慮した活動展開をしている企業をESG投資会社として社会的にアピールしている。ゴア元米副大統領（クリントン政権）が提唱者となって制作された映画「不都合な真実」（2006年，続編は2017年）による世論への訴えや覚醒した市民の強い要請があり，政財界も対応せざるを得なくなっている。（渡辺武達）

参加型コミュニケーション
Participatory Communication

市民が社会発展に資する情報流通に直接参加すること，ならびにそうした条件を社会制度として保障すべきであるという考え方のこと。数千万人の命と膨大な財産を喪失させた第2次世界大戦勃発の背後にメディアの国策**広報**手段化があったことから，戦後世界の再編時，とりわけ大国間の争いの犠牲となった国々の学者，有識者から，市民・民衆の社会発展計画への参加が近代化の必須条件とされたことが背景にある。とりわけ市民の主体的な社会改革に必要なものが「**開発コ**

ミュニケーション」(development communication) と呼ばれ，これまで主としてメディアの受信者であった市民が**インターネット**を中心に各種通信手段を手にし，エリート中心ではなく，自分たちが社会の主人公として送受信活動を展開すべきだという考え方の総称となっている。
(渡辺武達)

Jアラート（全国瞬時警報システム）
J-ALERT

Jアラートは武力攻撃や災害警報について，国が市町村の同報無線を自動起動させたり，緊急速報メール等を使って，国民に伝えるシステムである。情報発出では，武力攻撃は内閣府が，災害警報は気象庁が行い，それを総務省消防庁が衛星等を使って市町村に伝える。武力攻撃については，同消防庁から携帯電話会社を通じて緊急速報メールでも発信する。伝達される情報には，弾道ミサイル情報，航空攻撃情報，ゲリラ・特殊部隊攻撃情報，大規模テロ情報，緊急地震速報，大津波警報，津波警報，噴火警報，噴火予報，特別警報，その他がある。2007年から運用が始まり，2011年までにほぼ全国で整備され，東日本大震災では津波警報伝達に使われた。ミサイル発射については，2012年（沖縄県），2016年（沖縄県），2017年（北日本・東日本）などで使用された。(中村功)

GHQのメディア政策
GHQ Media Policy

第2次世界大戦による敗戦の結果，日本は1945年9月から6年8カ月にわたって連合国軍の占領下に置かれた。その占領行政の主体になったのが，アメリカのマッカーサー元帥を長とする連合国軍最高司令官総司令部（GHQ・SCAP，以下GHQと略記）である。GHQのメディア政策は，当初，「言論，宗教，思想の自由」「基本的人権の尊重」「軍国主義の影響の一掃」「民主主義的傾向の形成の奨励」などを掲げたポツダム宣言に沿って推進され，のちに47，48年頃から米ソの冷戦の激化に伴って，それに対応した展開（例：レッドパージなど）をみせた。

それは，基本的に自由な言論・メディアの育成と占領統治の便宜という2つの側面をもっていた。そのメディア政策の基調は，戦前からのメディア機関を存続させつつ，メディア自体の民主化を図るものだった。この点は既存の新聞，放送がすべて解散させられたドイツと対照的だが，これは日本の占領が間接統治の形をとったため，その方が占領統治上，好都合だった事情による。しかし，そのことがメディアの戦争責任の問題を未清算のまま残すことにもなった。

GHQは，1945年9月から一連の指令を発表し，長い間，日本の言論とメディアを縛ってきた新聞紙法をはじめ出版法，治安維持法など一切の言論思想統制法規を撤廃させた。

GHQが力を注いだのは，日本の民主化に向けてのラジオの積極的利用であり，放送の制度改革だった。それは番組指導，放送**検閲**，電波行政の3本柱で進められ，それぞれをGHQの下部組織である民間情報教育局（CIE），民間検閲支隊（CCD），民間通信局（CCS）が担当した。

GHQの放送政策は，2つの時期に分けることができる。第1期は，**言論・表現の自由**の回復と戦前から唯一の放送メディアであった**NHK**（社団法人**日本放**

送協会）の民主化に力点が置かれた。第2期は、新しい放送のあり方を新憲法に即応する形で法律・制度面で整備・確立した時期で、それは**電波3法**（**電波法・放送法・電波監理委員会設置法**＝1950年6月施行）の制定に結実する。この過程で1947年10月、CCSが逓信省に示した"ファイスナーメモ"は、それまでの占領上の便宜を優先させたNHKの独占方式を転換し、民間放送とNHKの併存体制の導入を示唆した点で、放送政策上の大きな転換点となった。

電波3法の特徴は、第1に放送法に「放送番組編集の自由」を明記するとともに、放送の政治的中立を制度的に保障するために、FCC（**連邦通信委員会**）にならって独立行政委員会制度（**電波監理委員会**）を導入したこと、第2に**民間放送**開設に道を開き、放送に多元性と競争の原理を持ち込んだこと、第3に旧・NHKを放送法に基づく特殊法人として改組・再出発させたことである。**電波3法**の制定は、その後の放送事業の発展に大きな基礎を与えることになった。

だが、もともと独立行政委員会制度に反対だった吉田内閣は、1952年の独立と同時に**電波監理委員会**を廃止し、放送の独立行政委員会制度は2年2カ月で終止符をうたれた。電波監理委員会の広範な行政権限が政府の手に移ったことで、放送メディアの政府からの自立はその後、大きく揺らぐ結果になった。（松田浩）

📖 125, 175, 195

自主規制
Self-Regulation / Self-Control

マスメディアが①外部からの批判を避け、②自発的に情報の質の向上を図るため、個別または業界団体内での自主的判断によって、取材法や送出情報の内容を律したり、送出後に問題が起きた時に適切に対応すること。そのための業界組織として、報道機関としての新聞と放送の両業態が加盟している**日本新聞協会の倫理綱領**、民放とNHKの両者が加盟している第三者機関としての**BPO**（**放送倫理・番組向上機構**）などがあり、後者は放送における**言論・表現の自由**を確保しつつ、視聴者の基本的人権を擁護するための活動をしている。こうした活動はメディア自身の社会的責務として必要だがしばしば、**政経権力や広告主への忖度**が指摘され、自ら定めた倫理綱領さえ守られていないという批判もある。**インターネット**の隆盛がこうした問題をより複雑にしている面があり、**プレスの自由**と責任の問題はメディアのグローバルかつ永遠の課題である。（渡辺武達）　📖 170, 225

G-SPACEプログラム
G-SPACE Program

「宇宙インフラ利活用人材育成のための大学連携国際教育プログラム」のこと。G-SPACEプログラムを統括しているのは東京大学空間情報科学研究センター、慶應技術大学システムデザイン・マネジメント研究科、東京海洋大学海事システム工学科、青山学院大学、事業構想大学院大学の5大学で、「宇宙・地理空間技術による革新的ソーシャルサービス・コンソーシアム」（Geo-spatial and Space Technology consortium for Innovative Social Services：GESTISS）の下で2013年4月に開始。宇宙と地上のインフラを統合して、防災・災害対応、物流管理、営農支援など、さまざまな社会公共サー

ビスの革新および再構築により関連人材育成を目指す国際教育プログラム。日本をはじめアジア各国からの大学生・大学院生を対象にしている。(金山勉)

支配文化と主流メディア
Dominant Culture and Main-Stream Media

文化とは社会を支えるスタイルの総体,つまり思想・政治・経済なども含めた生活のあらゆるものについての記号体系のことである。しかし日本では音楽や文学,絵画,ファッションなどのことだと狭く理解されることが多い。一方,「文明」とは農法や工業,電化生活とか自動車,**IoT**化によるつながりなど,主として人間の暮らしの技術的側面についていい,文化の一部だと考えられる。そうした文化も社会構造的には階層分化し,その上層部に位置して社会的な上昇目標となっているのが**支配文化**(メインカルチャー)である。歴史の流れをグローバルにみれば,植民地支配列強が支配文化となり,世界各地でメディアがそれを原型/プロトタイプとして拡大再生産し,その枠内での行動はプラス価値として是認されるが逸脱者は社会的な劣位に置かれ,前者に従属せざるを得なくなる。

戦後の日本社会はこの仕組みにより,政治思想と生活文化両面でのアメリカ化が進行し,その背後を天皇制資本主義と欧米型市場主義が支えている。他国の例ではアラブ諸国でのイスラム主義,中国やロシア等での国家統制優先主義,シンガポールや多くの途上国での開発至上独裁主義などがある。そうした支配文化は永久に続くものではなく,人権擁護や環境保護をテーマとした市民運動や世代交代等欲求などから抵抗を受け変化する。支配文化とそうした対抗文化(**サブカルチャー,カウンターカルチャー**)との葛藤がたえず起き,情報分野では21世紀に入ってからの**マスメディアはオルタナティブメディア**としてのネットによる挑戦を受け,ビジネス分野を筆頭にそれを受け入れ,支配層も世論操作と若者の取り込みに躍起である。(渡辺武達) 📖127

市民,市民社会
Citizen, Civil Society

「市民」の肯定的概念は①国家もしくはそれに相当する組織の存在を前提として,そのなかで自由・平等に生きるという権利概念に基づくもの,②自治体(都市)や国家の枠を超え,個人が暮らしのレベルから地球大のことまでを考え,自らを律する政治状況への参加のグローバルな責務を持つ,という2つに大別できる。前者はほぼ「国民」の概念と重なり,後者では国家は権力悪の保持を避けられないという立場から,国家は生活に最小限必要な「交通規則」や「社会福祉」などを基本にして「市民生活」に関わればよいのであって,市民は1個の人間として「人類益」と「地球社会」の思想に立って行動すべきだと考える。

市民という概念はギリシャの都市国家(ポリス)の時代からあり,アリストテレスやプラトンが記している「市民」はそこに住む「自由な民」のことで,ポリス国家以外の人びとや戦争捕虜,奴隷の存在を認め,彼らを自分たちの国家の構成員とは考えていない。17世紀から19世紀にかけての近代社会でもそれは基本的に同じで,ヨーロッパでは女性・子ども,教養のない労働者や貧者は社会的発言の

できる民（ブルジョア市民）とは認められてこなかった。米国も憲法修正条項が個人の平等や**プレスの自由**などの基本的権利を保障しているのに，議会前の広場で奴隷売買が行われるという矛盾を含んでいた。その意味で列強帝国主義・植民地主義時代の市民概念が国家とその有力構成員という枠組みから離れることは難しかった。

しかし，ヨーロッパにおける重商主義と大航海時代の始まりはA・スミス『諸国民の富』（1776年）などに見られる国際意識を育てた。その後，ドイツのヘーゲルがその著『法の哲学要綱』（1821年），『歴史哲学』（1837年）を書き，自由の拡大が世界史の進歩であるという歴史観を提示して人びとの社会意識を変えてきた。だが，西洋哲学における市民とは財産と教養のあるブルジョア・有産階級を意味し，その問題点は**ハーバーマス**の**公共圏**（**公共性**）論にもつながっている。その著『公共性の構造転換』（1962年）は社会的に有用で自由な発言ができる人を「ブルジョア」とし，その形成する社会を「ブルジョア社会」としている。しかし日本語版（細谷貞雄訳，未来社，1973年）がそれらを「市民」「市民社会」と訳したため，社会改革としての市民運動の経験のない日本の学者や，原典にあたらない日本の市民運動従事者たちの多くは，**ハーバーマス**を「市民運動の擁護者」だと誤解している。**ハーバーマス**のいう「**公共圏**」（**公共性**，ドイツ語のÖffentlichkeit）とはそうしたブルジョア階級に見られる「サロン的自由の言論空間」のことで，私たちが社会改革と関連させていうときの**公共性**論や**公益性**論と同じではない。

今日の私たちが社会改革に関連し，「**市民社会**」（Zivilgesellschaft）ということばがドイツで登場したのは1990年代に入ってからで，欧米や日本の市民運動・NGOが反公害・人権・環境保全・多国籍企業・衛星放送といった国境を越える世界的問題群に取り組むことによって地球規模の市民主権社会の建設への胎動が見られるようになってきたのも，1960年代の全世界的な学生運動やベトナム戦争の反対運動が背景としてある。その意味では**ハーバーマス**に先んじること100年以上，1848年にアメリカの**H・D・ソロー**が行った演説「市民的不服従」（飯田実訳『市民の反抗』岩波文庫，1997年所収）の方が，国家の枠組みを最小にし，市民の自発的努力による社会改革の提起として今日の市民主権論・市民運動論に近い。

渡辺武達は「〈**市民**〉とは，他者を物理的・精神的に圧迫せず，同時に他者からも圧迫されないで生きようと考え，自らの日常生活が国境を超えて地球大に拡がるかかわりをもっているという認識のもとに，可能な範囲内でその考え方を実行しようと努力する生活者のこと。〈市民主権社会〉とはそうした市民が自らデザインする社会システムのことであり，そうした市民を社会の基本単位と考える思想を〈市民主権主義〉あるいは〈市民中心主義〉という」と定義する。また，メディアがそうした市民主権の立場から，取材・調査・編集，そして情報の提供を行うやり方を「**積極的公正中立主義**」と名づけ，メディアの公正論・コンテンツ論を展開している。（渡辺武達）　📖224

謝罪記事／謝罪公告
Apology Announcement / Apology Notification

　新聞や雑誌などの記事が**名誉棄損や誤報**だと認識されたり，あるいは企業・団体もしくは個人が社会的レベルでの不祥事や火事などで迷惑をかけたときに，謝罪の意を表明する記事および公告／広告のこと。放送では「謝罪放送」といい，「発掘！　あるある大事典Ⅱ　食べてヤセる！！！　食材Xの新事実」（2007年，フジ・関西テレビ系）や「世界の果てまでイッテQ！」の「橋祭りinラオス」（2018年，日テレ系）の**やらせ**／捏造など，新聞では「謝罪記事」といい，活字媒体にも数多くある。放送では管轄する総務省やNHKと民放による**自主規制**組織**BPO（放送倫理・番組向上機構）**などの注意を受け，検証結果の公表が求められることもある。その一方で，SNSなどによる誤報は事実上野放しで，ネット空間での新たな訂正方法の確立だけではなく，市民の側の**メディアリテラシー**向上活動が同時に求められる。（渡辺武達）
　　　　　　　　　　　　　　📖182

ジャーナリズム教育：米国の場合
Journalism Education in the US

　〔ジャーナリズムの社会的位置〕21世紀も最初の5分の1が過ぎようとする今日，ジャーナリズムの世界に入るという職業選択はあまり適切であるとは思われなくなっている。今日のメディアは米国だけではなく他の多くの国々でも批判と攻撃の対象となっていることに加え，現在の新聞や雑誌は廃刊もしくは生き残りをかけた戦いに必死だし，放送局も統合，合併を迫られつつある。その結果，メディア企業への就職者が全体として減少しているのだが，逆に米国のジャーナリズム専門学校では入学希望者の数が増加しているところが少なからずある。このような関心の高まりの一部は真実のために戦う勇壮な兵士としてのジャーナリスト像への憧れからきているのかもしれないし，新聞や放送といった**伝統メディア**が衰退する一方で，新しい形としての**ネットメディア**が勃興してきていることの反映かもしれない。

　実際，最近の若者は記事や写真を**インターネット**に**投稿**して育った世代であり，彼らにとってジャーナリストになるということは日常的にやってきたことの延長に過ぎない。加えて，ある出来事を誰よりも早く知り，それを多くの人に知らせるという仕事がそれらの若者にとって「クール」で魅力的でもあるのだろう。これまで，ジャーナリズム教育の役割は独特の技術を駆使して情報を探りそれをうまく表現する方法を伝授することだとされてきた。しかしネットという「ニューメディア」はその受け手としての閲覧者・視聴者にこれまでとは違うツールを使い，違う期待をいだかせるコミュニケーション形態だとの認知が定着し，今日のジャーナリズム教育ではそうした新しい**プラットフォーム**で使える，映像と音声，写真と文字などのすべてを組み合わせて使うストーリー展開のやり方を教えなければならなくなっている。

　〔これからのジャーナリズム教育〕**インターネット**が登場するまで，たとえば印刷メディアの記者は動画を扱う必要はなかった。しかし現在の記者は自分で撮影して，それを自分の書いた記事と組み

合わせ、これまでは独立していた編集や配送なども電子画面ですべてやってのけてしまう。その結果、21世紀のジャーナリズム教育では従来的な業務分担の境目があいまいもしくはなくなってきて、誰もが別分野の仕事もほぼ1人でやらねばならないようになった。にもかかわらず、今日、ジャーナリズムを学ぶ者は少なくとも1つの分野で特殊な専門知識を伸ばすことを期待されている。

とすれば、これから必要なジャーナリズム教育とはどういうものになるのか、言い換えれば、望ましいジャーナリズム教育とはどのようなものになるかということが大きな課題となってくる。2013年のポインター研究所（Poynter Institute）の報告書ではメディア学の教員の80％以上が大学でのジャーナリズム教育は記事を書くスキルを身につけるために重要であると答えている。しかし実際のメディア記者たちの中でそのように感じている者は25％にすぎない。ナイト財団（Knight Foundation）による報告では今日のジャーナリズム教育の最重要点は従来的モデルに固執することなく、常に現在の動きに敏感でありつづけることだと結論づけている。同時に、大学教員の少なからずが前世代のメディア観を下敷きにして、現代の諸条件の変化を受け入れないどころか、現在起きていることへの認識さえしていないとも記している。

ジョージア大学が2013年に実施した調査によれば、全米5000以上の高等教育機関のうち、ジャーナリズムやマスメディア教育のコースがあるところは480以上あるという。だが、ジャーナリズムを教えるのは学部の段階からすべきか、それともある程度まで世の中のことを知っている院生になるまで待つべきかという2つの意見にはまだ大きな相違が存在している。コロンビア大学ジャーナリズム大学院は、長年後者のアプローチのトップであった。同大学院にはジャーナリズムの現場で3年以下の職歴の者を対象とした修士課程（Master of Science）と3〜15年の経験のあるジャーナリストを対象とした修士課程（Master of Arts）の2コースの他に、外国からの記者教育の1年コースなどが用意されている。

これらの修士課程ではいずれも①教養（arts and culture）、②ビジネスと経済学（business and economics）、③政治学（politics and science）の3つのうち1つを選択する。しかし、「証拠と推論」（evidence and inference）というコースだけは全員が履修しなければならない。このコースでは仮説の評価法を学習し、批判的思考（クリティカルシンキング）を用いて統計などの読み取り方を学ぶ。そしてジャーナリズム専攻のもう1つの必修科目は「情報探索・調査技法」である。いずれの課程への入学もその選抜はきわめて厳しく、コロンビアの場合の合格率は20％にすぎない。もう1つの著名大学コースであるノースウェスタン大学メディア・ジャーナリズム学院の評価も高い。しかしここでのジャーナリズム専攻修士課程では実務経験は、志願者の評価にあたりプラスに働くとはいえ、必ずしも必要ではない。

〔教育・研修の実際〕いかなるメディア**プラットホーム**であれ、文書表現（writing）にすぐれていることや物語（story）構成の巧拙が評価基準の大きな

要素になるが，ノースウェスタンの場合も同様で，文章技法とストーリー構成の巧みさが当然，重要な評価対象となる。2018年度入学者は11カ国の出身者で，平均して1.6年の職務経験があった。ここのジャーナリズム大学院コースでは必修科目の他に倫理と法，インターネットを利用してそのユーザーと対話しながら公開，進行させる「対話型ジャーナリズム」(interactive journalism)，「ビデオジャーナリズム」，「メディア接触」，「ニュースの発見と報道方法」といった科目が必修となっている。

イェール大学大学院のロースクール修士課程では，ジャーナリストだけではなく，他分野のスペシャリストたちにも法的概念の基本を教授し，法概念が他分野の論理とどのような関係を持つのかを探究できる機会を提供している。同大学のナイト課程（Knight Program）ではジャーナリストやメディア政策の立案者，メディア関連問題の弁護士になることを希望している院生の支援もしている。これはジャーナリズム教育というよりもジャーナリズムをより豊かにするための教育といったほうがよいだろう。

また，ハーバード大学のニーマン財団（Nieman Foundation）では，ジャーナリストの実務作業からいくらか離れ，その本来的責務をより深く認識し，必要な思考を発展させる機会となる環境を準備するようにしている。ここへの入所申請には最低5年の実務経験が求められ，毎年，アメリカ国内とその他の国から12人ずつの計24人が入所を許される。そうして財団フェロー（Nieman Fellow）になると俸給が支払われ，招待された講師陣の講義に出席し，必要な場合にはいつでも自由に大学の施設や資料を利用することができる。ここでは履修単位授与とは関係のないシステムを採用しているため，必修コースというものはないが，入所を許された人たちはハーバード大学の教員や外部からのジャーナリスト，その他のゲストと出会い，議論するチャンスを毎週のように与えられ，招待研修ツアーなどにも参加できる。（ダン・ローゼン〔Dan Rosen〕，渡辺武達訳）

ジャーナリズムの精神
Journalism Spirit

ジャーナリズムの精神は，その源流をローマ時代，世界最古の新聞とも言われる官報『アクタディウルナ』(*Acta Diurna*) に見出すことができる。「日々の記録文書」との意で，一種の壁新聞であった。ラテン語でdiurnal（1日の記録）にism（主義）をつけて「ジャーナリズム」とされる。日本においては和田洋一が「その日暮らし主義」と定義した。1日の限られた時間のなかで状況判断を行って新聞記事として世に送り出された情報も，翌日には古紙になることを意識しながら，また日々のジャーナリズム活動の在り方の修正をも意識しながら真実を追求してゆく姿勢を大切にすることが前提となる。米国では，独立宣言の起草者で第3代大統領のT・ジェファーソン（1743～1826）が，「新聞なき政府か，あるいは政府なき新聞か，そのいずれをもつべきかの決断を迫られたならば，私は一瞬のためらいもなく後者を選ぶであろう」として，**言論の自由**の下で民衆のために尽くすジャーナリズムが民主主義社会にとってなくてはならないものである

ことを明言した。ジャーナリズムの日々の活動の成果は，民衆に公開（publish）され，民衆の批判・判断を受けることが前提であり，ジャーナリズムが提示する真実は，民衆によって判断される。ジャーナリズムの立ち位置は，王や国家という巨大な権力と民衆の間であれば民衆に寄り添うことが期待される。商業主義が加速すればするほど，少数の意見は周縁に追いやられる傾向がみられるが，ジャーナリズムの精神の神髄は，少数者の意見によることである。**鶴見俊輔**は「ジャーナリズムの思想」（1965年）において，個人の発語を活かすジャーナリズムの視点を強調しており，ジャーナリストが単なるかたまりとしてとらえられる世論を意識せず，個に焦点をおくことの大切さを示している。（金山勉）

宗教間対話
Interreligious Dialogue

異なる宗教による地域紛争が絶えないなか，宗教間対話は重要な役割を持つが，実際に活動が始まったのは現代に入ってからであり，カトリックの総本山バチカンが主導する西欧型と，諸宗教が合同で実施している日本型の2つの大きな潮流がある。現代の宗教間対話の先駆けは，1893年，シカゴで開かれた万国宗教会議。その70年後，1962年から開かれた第2バチカン公会議で，カトリックがそれまで唯一性，絶対性を死守してきた路線から，他宗教に開かれた対話路線に転換。毎年，イタリアの信徒団体・聖エディジオ共同体主催の世界平和祈禱集会が世界各地で開かれている。日本では，1967年，世界連邦日本宗教委員会が設立され，1979年，比叡山の大阿闍梨・葉上照澄がシナイ山麓でイスラム，ユダヤ，キリスト3教の合同礼拝を行ったのが先駆け。1970年，日本の宗教者のよびかけで，世界39カ国から300人の宗教者が国立京都国際会館に集い，世界宗教者平和会議（WCRP）が設立された。同会議はインドシナ難民，ボートピープルの救済や湾岸戦争の被災者救援など人道支援活動を行っている。1987年，比叡山開創1200年を記念して，日本の仏教，神道，教派神道，キリスト教，新宗教からなる日本宗教代表者会議が主催し，比叡山宗教サミット「世界平和祈りの集い」を開催。海外16カ国から仏教，キリスト教，イスラム教，ユダヤ教，ヒンドゥー教などの宗教代表24人と国内から500人が出席して平和を祈った。その後もサミットは毎年開催され，イラク軍のクウェート侵攻の際に抗議電文を関係国首脳に送ったり，9.11同時多発テロの際には平和に向けた仏教者の役割を議論するなど，宗教の違いを超えた平和活動を続けている。（吉澤健吉）

集団的過熱取材（メディアスクラム）
Media Swarm

社会の注目を集める大事件や大事故の際，多数の報道機関や取材陣が被害者宅や容疑者宅などに殺到・包囲し関係者の**プライバシー**を不当に侵害したり，平穏な社会生活を妨げ，大きな苦痛を与える取材状況のこと。1990年代後半から2000年代初めにかけて頻発し，批判を受けることになった。1994年のオウム真理教による松本サリン事件や95年の地下鉄サリン事件，97年の神戸連続児童殺傷事件，98年の和歌山毒入りカレー事件，2001年の大阪・池田小学校児童殺傷事件などで，数百人の記者やテレビカメラが現場に殺

到。被疑者やその関係者，周辺住民などを相手かまわず執拗に追いかけ，批判を受けた。こうした事態を招いた背景には，マスコミ各社の過当競争がある。法的規制論も出るなか，問題を自主的に防ぎ取材の自由を守るため，**日本新聞協会**は2001年，「集団的過熱取材に関する見解」をまとめた。主な内容は，嫌がる当事者や関係者を集団で強引に包囲した状態での取材を行わない，通夜・葬儀では遺族の心情に配慮する，住宅街や学校では近隣の交通や静穏を阻害しない，の3点である。

類似語の集中豪雨型報道（sensational excess of one-theme reporting）は，1つのテーマや現象，事件について大量に，繰り返し，長時間にわたり集中的に報道することを指す。大規模災害や政権交代など国民生活に大きな影響を及ぼすニュースの場合は許されるが，興味本位や好奇心に迎合した低俗な報道は慎むべきである。(吉澤健吉)

熟議民主主義
Deliberative Democracy

社会運営についてすべての構成員の総合的な利益になる方向で，人権尊重・平等などの普遍的に有効な原則に依拠し，事実に基づいた議論をしながら多様な思想を許容する共生型社会運営をしていく政治手法のこと。ギリシャの哲人，アリストテレスの提唱から始まり，近代では**ドイツのハーバーマス**やアメリカの**ロールズ**らの主張をたたき台にした議論が盛んである。基本は①1人ひとりの権利の尊重，②社会的事実に基づいた徹底した議論，③そこで得られた合意を個々の状況に合わせて修正しながら実行していく社会運営の方法論，である。しかし，グローバルに展開している現代社会では市民の教養レベル，社会の規模に見合う代表者の選出，巨大資本の制御，情報流通システムの確立とその自由で安定した利用実現のために，解決すべき問題点が多い。(渡辺武達)

情報格差
Information Gap

情報をもつ者（**情報富層**：information-rich）とそうでない者（**情報貧層**：information-poor）との間のギャップのことで，社会階層の格差につながるとされる。そのギャップは情報接触のための機器，たとえばパソコンやスマートフォン等の利用の可否がもたらす**デジタルデバイド**や新聞購読をしているかといったアクセス媒体の違いによっても発生する。だが，社会は**政経権力**に都合のよい情報だけが流通しやすくなっており，喧伝される**ユビキタス社会**（欲しい情報がいつでも入手できる社会）の内実は幻想に近い。こうした「情報の非対称性」は「**情報バリアフリー社会**」にいたる大きな障害となり，災害の際の救助活動等でも問題となっている。また一国内の経済格差だけではなく，途上国の貧困には大国支配に起因している面が多々あり国際的理解と取り組みが必要である。(渡辺武達)

情報技術の戦争利用
Information Technology and War Usage

情報技術と戦争利用は不可分の関係にある。まず，①「戦争利用のための実践にかかわる情報技術」との見方に立てば，戦場における目的達成のために一連の計画された軍事行動（military campaign）

を成功裏に展開し,優れた情報収集力に加えて最先端の情報技術とその利用が必要とされる。情報が戦況を左右することから,情報技術が効率・効果的な実践行動遂行に不可欠との立場に立つ。巡航ミサイル「トマホーク」や敵がその存在を感知できない「ステルス機」の本格的な投入によるピンポイント爆撃は,偵察衛星活用で現地の状況を視覚的に把握し,実行するものである。自宅リビングのテレビ画面に戦争がもち込まれる本格的なハイテク戦争時代の到来であり,1991年1月17日のイラク空爆を契機とする湾岸戦争とそれ以降の軍備情報化がこれを象徴している。インターネットにより世界が情報ネットワークでつながる現代グローバル社会では,②「情報空間での戦争展開」が常に想定されることからサイバー空間で情報技術がどのように利用可能かについて社会的関心が集まっている。戦争の当該国・地域での物理的交戦ではなくインターネット空間で国の重要な組織・機関をターゲットとしてアクセス・侵入し,国や地域に直接ダメージを与える**サイバー戦争**(cyber warfare)時代の到来がこれにあたる。情報技術と戦争利用との関連では江畑謙介『情報と戦争』(2006年)がある。(金山勉)　📖31

情報公開法
Freedom of Information Law

2001年から施行されている「行政機関の保有する情報の公開に関する法律」の通称で,国の行政機関が保有する資料を「原則公開すること」を定め,国の全行政機関だけではなく,防衛研究所図書館,外務省外交史料館当局も対象としている。この法律に基づいて上記機関が保有する情報についての開示を求める請求があれば,一部の例外を除き,開示請求者にすべて公開することが定められ,国民の**知る権利**を制度的に保障し,行政機関等に保有情報の公開を義務づけている。欧米ではすでに1800年代から制定が始まっているが,日本では,1970年代後半から地方自治体を中心に関心が寄せられ(1982年に山形県金山町が初制定),現在では全47都道府県と市区町村で制定されている。しかし為政者側は出したくない情報を黒塗りにして公開しがちで,問題は解消されていない。

本法でいう情報は「行政機関の職員が職務上作成し,又は取得した文書,図画及び電磁的記録であって,当該行政機関の職員が組織的に用いるものとして,当該行政機関が保有しているもの」と定義され,「官報,白書,新聞,雑誌,書籍等及び公文書館等において,特別の管理がされているものは除かれる」。だがそれが「ザル法」だと批判されるのは,第1. 公務員の**守秘義務**との兼ね合いで(**国家公務員法**規程),第2. 森友・加計学園問題(2018年)で露呈したように,関係公務員が行為の犯罪性を事前に知り,公文書として残さず廃棄してしまうことなどが実際に起きているからである。加えて,内閣それ自体に関わる情報は無期限に本法による開示対象とされず,国民主権の理念に基づく日本国政府の**説明責任**が果たされないことが,国会審議でも露呈している。(渡辺武達)　📖27, 179

知る権利
The Right to Know / Right to Be Informed

国民が自らの国家・社会の動きについ

て知ることは健全な社会建設とその維持に不可欠である。その両者の仲介はメディアの責任の1つで、国家が国民の知る権利に応え、国家の知らせる義務の履行を助けるのがメディアの役割だということである。日本国憲法21条がその第1項で「集会、結社及び言論、出版その他一切の**表現の自由**はこれを保障する」、続く2項に「**検閲**はこれをしてはならない。**通信の秘密**はこれを侵してはならない」とするのはそのためでもある。世界各国の憲法はいずれも現在、総論としての「**言論の自由**」を保障している（同志社大学メディア・コミュニケーション研究センター調査）。中国や朝鮮民主主義人民共和国（北朝鮮）、イスラム系アラブ諸国でも同様だが、政府批判をしたジャーナリストを在トルコ領事館内で殺害したサウジアラビア政府の行動が象徴するように（2018年）、それが憲法記載どおりに実践されてはいないことに問題がある。また世界のいずれの政体も「ただし」という付属（的）条項（ただし書き）を別法その他で用意している。それは当該国民の知る権利は「その国家の維持に必要な枠組み以内に限定」という制限があることの別表現で、欧米諸国や日本でもその違いは程度の差だけである。対して、中央政府とその系列団体、そして現在ではネットプロバイダー等に市民の個人情報が蓄積され、**プライバシー**の大規模な侵害が起きている。民主主義社会において「知る権利」は個人が自分の属する国家と共同体（地域社会や役所、議会や警察等）で何が起こっているかを知り、その構成者としての義務を果たすために不可欠な条件であり、メディアはその補助をするという社会的要請に応える義務（メディア**アカウンタビリティ**）がある。（渡辺武達）

シールド法／情報源秘匿法
Shield Law（for Journalists）

ジャーナリストなどに情報源の秘匿の権利を認める法律。ジャーナリストが職業的に知りえたことやニュースソースについてほかで開陳しなくてもよいという法的特権（証言拒絶権）規定がシールド法といわれ、1896年に初めて米メリーランド州がこれを制定。1991年までに35の州が同様の法律を作り、ほかの10州がコモンロー（慣習法）として、あるいは州憲法の解釈としてこの特権を認めている。医者や弁護士、あるいは信者から精神的悩みを告白される聖職者なども職務上知りえたことをみだりに他人に話さないことによって社会的な信用を保つと同時に、患者や顧客の**プライバシー**を守ることを法的・倫理的に要請されている。これらの専門職業人にはそうした秘匿義務がある代わりに、それらの開示を求められても拒否できる権利を認められなければ、社会的公正と信用が維持できなくなることから法制定された。

しかし米国でも、裁判になり記者の側が敗訴してもなお秘匿した場合、たとえば、スパイ防止法などとの絡みで国益を阻害したとの判決後も、職業的責任の自覚からニュースソースを秘匿し続けた結果、ジャーナリストが収監されることも実際に起こった。日本の場合も、報道関係者が民事訴訟法197条1項3号に基づいて証言拒否できる場合は「その事項が公開されると、当該職業に深刻な影響を与え以後その遂行が困難になるものをい

うと解される」とし、その実効性は高くはない。そのため、1972年の沖縄返還に関わる密約情報を入手した『毎日新聞』記者が逆に政権側からスキャンダルを流されても、メディアの側は対抗できなかったばかりか政府の動きに加担した面さえあった。2000年代に入ってようやく情報開示請求などによっていくらか改善されたが森友・加計学園問題を例に出すまでもなく、実効性があるとはいえないのが実態である。（渡辺武達）　📖68, 213

ステレオタイプ
Stereotype

ステレオタイプとは、個人のもつ固定観念のことである。米国のジャーナリストである **W・リップマン** が『世論』で提示した概念として広く知られる。リップマンは「われわれはたいていの場合、見てから定義しないで、定義してから見る」（リップマン 1987：上111）と述べた。「百聞は一見に如かず」というが、われわれが自身の目で見て事実だと認識するものは、われわれのもつ価値観や習慣、さらにはわれわれが現在置かれている環境や立場などによって作られたステレオタイプに強く影響を受ける。ステレオタイプには多忙な日常生活のなかで事実を把握するのに時間を節約できるという効用がある一方、われわれには自身のステレオタイプに合致しない事実を受け入れない傾向があるという。（阿部康人）
　📖222

スポーツとメディア
Sports and Media

自分ではやらず、もっぱら見て楽しむスポーツを「観客スポーツ」と呼ぶ。観客スポーツは巨大産業を **スポンサー** にし

て今や映画や音楽産業と並ぶ一大娯楽となった。たとえば年初恒例の箱根駅伝は、もともと地味な競技だったが今やテレビで高**視聴率**を稼げるブランドだ。クーベルタン男爵が近代オリンピックを構想した当時と今ではメディアの伝達技術には雲泥の差がある。初期のラジオ放送や白黒の記録映画から東京オリンピックを経てテレビ中継が主流となり、その後衛星放送で世界への同時配信が可能となった。アマチュアリズムの精神は棚上げされ、プロも参戦する。結果、国際オリンピック委員会（IOC）は億単位の視聴者を惹きつける、国際サッカー連盟（FIFA）にも劣らない巨額の売り上げを誇る組織となった。アマチュアリズムが信じにくくなった時代に、プロやアマを問わずスポーツ界に **ハラスメント** などの不祥事が続発しているのは、スポーツが巨大ビジネスになったことの証左である。オリンピックもテレビ中継されなければ村祭りと同じだ。スポーツを巨大な**娯楽**にしたのはメディアである。スポーツ中継は報道というよりはライブの娯楽番組に近く、スターや話題性を追う。メディアのコングロマトリット化が進み、高**視聴率**を生むスポーツ番組への資本の投下やスポーツ選手の **アイドル** 化も進んだ。2011年にスマートフォンが出現してからは莫大な投資を背景にデジタル情報が高速で大量に送受信できるようになり、今やスポーツはニューメディアにとっても必須のコンテンツになった。（田口哲也）

スロージャーナリズム
Slow Journalism

次々に起きるできごとの速報を最優先するやり方を、即席めんやレトルト食品

Ⅱ　現代情報化社会のキーワード〈ス〉　109

をファストフードと呼ぶことにならい，**ファストジャーナリズム**（fast journalism），対して，人間生活全体をとらえ，それぞれのできごとの意味を吟味しながら実行する報道をスロージャーナリズムと呼ぶ。新聞などの場合，連載形式での発表が多く，のちに**ノンフィクション**や**ドキュメンタリー**の形でまとまった作品となることもあり，そうした形が文学作品と似ていることから，**リテラリージャーナリズム**／文学的ジャーナリズム（literary journalism）とも呼ばれる。ネットによる報道ややり取り，とりわけ **SNS** は，短くて早いことが特徴で，年代層，社会層によっては新聞やテレビよりも大きな影響力をもつようになっているが，トランプ米国大統領の場合，**ツイッター**の**フォロワー**数が5000万人を超え，世界有数の発信メディアとなっている（2018年）。**主流メディア**との会見による発表ではなく，発信場所も多くは自宅や政治の執務室という，ジャーナリストからの面と向かっての反論や質問が避けられる場所からである。思いつきで一方的な発表が可能であり，現実にそうなっていることから，識者からの批判も多い。日本でも安倍晋三首相をはじめ，多くの政治家たちがそれを利点として使い始めている。対して，スロージャーナリズムでは，取材・検索・送信等には最新の通信技術も利用するが，相応の経験を積んだ記者が十分な下調べをし，長期間の取材をする。発表までに時間と経費がかかるためにメディア企業の収益性＝費用 vs 効果の観点から敬遠される傾向があり，メディアの信頼度低下の原因にもなっている。

（渡辺武達）

政治的公正論／ポリティカルコレクトネス
Political Correctness

　いかなる種類の差別も是認せず，人間としての平等原理を基本に，社会改革を政策的に実行しようとする考え方のことで，たとえば**セクハラ**，**LGBT** や人種や出身階層による差別の肯定論などは，**言論の自由**などと認めない。メディアの情報提供活動は社会改革を志向すべきだとし，複数の異なる意見の中間を公正・中立などとは考えない。戦争や凶悪事件の報道にしても，現行メディアの主流になっているセンセーショナルな報道ではなく，同様の災禍の再発を防止するという視点が入っていなければならないとする。1960年代のアメリカでは公民権法案の成立に関連し，人種的差別の撤廃運動が大きな盛りあがりをみせ，たとえば，黒人家庭の経済的貧困が子どもの劣悪な初等・中等教育環境を作っていることから，たとえ入試成績が悪くても一定の割合で黒人を合格させることが「政治的に正しい」と考えるやり方にまで拡がった。こうした立場から採られたさまざまな政治的措置が「**アファーマティブアクション**」（affirmative action）で，メディアによる取材・編集・情報送出法としても大きな影響をもちつつある。この考え方は同一時点での能力比較ではなく，もともとの出発点が平等であったならば，という視点で両者を比較して捉え，世界的な**ジェンダー**に基づく差別や社会差別撤廃の議論，運動などにも大きく影響した。だが，21世紀に入った今日，欧米では雇用不安や財政問題等から，各地で排外主義的傾向をもった政治パワーが強くなり，

人種対立などが目立ってきた。英国のEU（欧州連合）離脱国民投票（2016年）や米国第45代大統領トランプの白人男性中心主義, 移民制限活動などがその典型例である。（渡辺武達）

セクハラ・パワハラと報道
Sexual / Power Harassment and Media Report

2018年テレビ局の女性社員が財務事務次官のセクハラ発言を告発した事件で, セクハラ・パワハラと報道の問題は広く知られることとなった。第１報は週刊誌で, 翌日同社のwebで「手縛ってあげる。胸さわっていい？」などの音声データが公開された。財務省は聞き取り調査を行ったが, 本人はセクハラを認めないまま, 大臣や財務省から「女性記者にはめられた」「調査のため弁護士に名乗り出てほしい」などの発言が相次いだ。被害者への保護対応を求め, 全国の新聞社と通信社で働く労働者の産業別労働組合「新聞労連」は, 声明文「「セクハラは人権侵害」財務省は認識せよ」を発表した。取材先と自社との関係悪化を恐れ, セクハラ発言やセクハラ行為を受け流してきた状況は終わりにしなければならない, 会社は記者の人権や働く環境を守るために対応し, 記者に忍耐を強いる指示や黙認はセクハラ容認であり許されないとしている。多方面からの批判が高まり, 次官は辞任した。『男女共同参画白書』によれば, メディアで働く女性の割合は2割前後, 管理職は**民放**13.7％, **NHK** 7％, 新聞社5.6％と圧倒的な男性中心社会である。相手を対等とみず, 見下し支配するというセクハラの構造はパワハラと共通する。報道機関の働き方そのものから見直さなければいけない。新聞社やテレビ局などで働く記者は「メディアで働く女性ネットワーク」を設立し, セクハラの体験を公表し, 取材対象者のセクハラ発言を放置しない「#MeToo」運動を展開している。（小川真知子）

積極的公正中立主義
Positive Doctrine of Fairness and Impartiality

メディアによる公正な情報取材・提供活動についての基準（渡辺武達提唱）でこれまでの人類社会がより望ましいものとして社会の健全な維持のための普遍的プラス価値, 常識としてきたことを中心として番組（記事）を制作, 編集・編成し, 市民主権によるあるべき地球社会構築・運営の論理と倫理を踏まえ, メディア活動を組み立てる立場と方法。ここでいう「**市民**」とは, 生活次元から世界大に至る問題のあらゆる次元で, 悪に対して少なくともノンといい, そう行動したいと願う人たちのことである。

いかなるメディアにも多様な理由により以下の３つの限界がある。第１, コミュニケーション媒体として提供できるスペース・時間・容量は限られ, 第２, 同時にそのエンドユーザーである視聴者・読者, あるいはパソコン・スマホ等の末端利用者にも時間や能力, 購入費を含む物理的制約があり, 第３, それに対し世の中に存在する情報の量は無限大だという３つである。とすれば, メディアにとってもその利用者にとっても, どういう情報をやりとりすべきかという優先順位基準が必要になる。またこの基準についての考え方には, ①情報提供の仕方を中心に議論するやり方と, ②情報内容につ

いて議論し，その枠内から優先提供順位（**合理的無知**もその1つ）を決めていくという2つの基準が考えられる。

内外を問わずこれまで幾多の歴史的経験とさまざまな圧力に抗して議論され，採択・制定されてきたメディア機関・ジャーナリスト組織等の**編集綱領・倫理綱領**などはすべからく，メディアの社会的機能が，人間社会のコミュニケーションをより円滑にし，社会を少しでも改革，進歩させる方向性，つまり**公共善の増大**を指向する情報の提供にあることを示唆している。要約すれば，メディアは，第1．メディアの提供する情報は単なる商品であってはならず，社会的共有物である，第2．メディアは情報を収集・編集・提供するにあたって，そのエンドユーザーである視聴者・読者による**アクセス権**を保障しなければならない，第3．メディアは人間社会の構成要素の最小単位である個々人の平等性とその生活の向上を図り，地域社会・国家内，さらには国家間・民族間その他の紛争をなくし，社会問題を解消する方向での情報提供活動を行わなければならない。

放送を例にすれば，その主要関係法令としては，**表現の自由**と**検閲**の禁止を定めた憲法（21条），それに関連した**放送法**（1条の「公共の福祉への適合，不偏不党・真実と自律の保障による表現の自由の確保」ならびに3条の2「政治的に公平であること」）の規定，および**電波法**による放送の免許事業制度の規定（4〜27条）等を挙げることができる。しかしそれらのいずれもが公正・公平についての具体的な規定をしていないため，1993年秋のテレビ朝日報道局長（当時）による「私どもの番組は決して公平ではなかったし，公正・公平に拘泥する必要もない」という「椿発言」を契機にした議論も何も生み出さなかった。一方，渡辺は「公正とは公衆の利益のために正義を実践すること」だと考え，「メディアの公正とは公的利益と社会改革のために情報提供活動を行い，議論の場を提供すること」だと主張する。

この提唱はメディアのやりとりすべき情報（公的情報・公的言論領域のコンテンツ）の社会的価値基準を以下の3つに定める。A．取材・編集と情報送出の姿勢，B．情報内容の選択基準，C．「公正中立」を守る社会的保障。Aでは，メディアの送出情報は単なる商品ではなく公衆の共有財産であると考え，メディアはその情報送出行為を公衆・**市民**への奉仕の精神をもちながら，地球規模での市民生活の向上を目指して彼らとの緊密な連携のもとで行う。Bでは，①個人的レベルと②社会的レベルに分かれ，前者は〈基本的人権と男女平等・多様性原理の尊重・**プライバシー**保護の積極的展開・共生を基本とする社会構造の擁護〉〈短期的視点での事実の報道，長期的視点での社会教育機能〉になり，メディアは市民に対し，その帰属する社会の健全な維持に必要な判断材料を提供する。この視点からは，長期的視点を保持した〈遠近法理論による報道の題材の選択〉〈世界的問題群の取り扱い〉〈記述における文化多元主義〉〈地球規模の**市民主権**社会の創造〉などが想定される。Cでは，〈報道における「公正と中立」を守る社会保障〉が考究され，健全なジャーナリズムとは何かの社会的合意，公権力・社

会的強者による干渉の排除システムの確立，**広告主**・金銭的援助者等との関係の正常化などが検討される。また〈公衆のメディア政策形成への参加〉や〈**ジャーナリスト教育・メディア教育**〉の検討もなされる。

問題は上述の事項をどのように保障するかで，そのための機関として，準独立司法行政委員会としての〈日本メディア委員会（仮称）の設立の必要性〉が提唱され，その附属施設として〈日本メディア資料館の設立〉を考え，国内制作されたものだけではなく，日本へ輸入された映画，ビデオやCDなどのデジタル化による収蔵と必要に応じた一般開示を考える。運営にあたっては**著作権**や**プライバシー**の侵害，商業利用などに注意する。さらには，〈罰則〉としてこうした市民主権のメディア監理の姿勢に敵対するものについては具体的かつ有効な対処法をも備えるべきだとする。〈渡辺武達〉

📖 182, 226, 227

世論
Public Opinion

J-J・ルソーが初めて用い（1744年），G・タルド（1901年）がメディアと関連させて考察したとされるが，**リップマン**『世論』（1922年）によって一般化した。最近では，B・C・ヘネシーなどが「公共的重要性のある争点をめぐって有意な数の人々によって表明される選好の複合体」としているが，現代ではコミュニケーションと**PR（広報）**技術や調査法が進化し，その時点での民衆のトレンド（傾向）が世論とされやすい。その逆に「公共的に重要な」問題について熟慮して意見を出し，公開議論をしながら考え

るという「**熟議民主主義**」から遠のいていく状況にある。主としてアクセスするメディアの種類も①新聞中心，②テレビ視聴中心〈ニュース型と**ワイドショー**型に分かれる〉，③ネット世論があり，かなりの違いがある。それが世代間のある種の断絶を作っている場合もあるし，調査自体も質問の仕方や順序が違えば回答の内容も違ってくる。たとえば，原子力発電の是非に関する調査で「炉心清掃時の危険な被曝」と「白血病」との関連およびその実例を知ってからの問いと，電力会社等が意図的にやるように，電力需要の増大と文化的生活の保障との関係だけが説明されてからの問いとでは，出てくる答えが反対になってしまいかねない。また，過去のNHKには政府の方針に沿わない結果の出た調査を発表しなかったり，調査結果の分析に意図的操作を行ったケースがしばしばあった。世論形成の社会心理分析として，ノエル=ノイマン『沈黙の螺旋理論』（1966年）などが「**勝ち馬効果理論**」などからも注目される。
〈渡辺武達〉　📖 144

戦時宣伝
Propaganda in Wartime

論争の対象となっている政治・経済・社会問題をめぐる**世論**を，宣伝者にとって有利な方向に操作しようとする宣伝を「政治宣伝」と呼ぶが，とくに戦時下において実施される政治宣伝を「戦時宣伝」という。B・クシュナーは，日本の戦時宣伝について「宣伝は日本に何世紀にもわたり存在していたものの，それは近代メディアの到来を受けて初めて瞬間的に働きかけることが可能になった」という理解の重要性を強調している（『思

想戦——大日本帝国のプロパガンダ』2016年)。戦時宣伝の起源は聖書以前に遡るともいわれるが、その洗練された手法が初めて活用されたのは第1次世界大戦時であり、この戦争の勝敗を分けた要因の1つとして、宣伝戦の優劣の差が指摘されている。たとえばイギリスは、大戦末期にドイツの新聞に似せた新聞を製作し、これに連合軍優勢のニュースを載せてドイツ軍戦線にばらまくなどの手段を講じている。

第1次世界大戦終結後、欧州諸国は、後に第2次世界大戦を引き起こすことになるさまざまな政治紛争をめぐって、自国の立場を有利にすべく「海外放送」を宣伝手段として積極的に活用するようになった。第2次世界大戦中は、ナチスドイツの宣伝大臣ゲッペルスによる、映画・ラジオを縦横に駆使した宣伝など、各国が国内外に向けて熾烈な宣伝戦を展開した。日本では短波ラジオ局「ラジオトウキョウ」が、敵国向け戦時宣伝の中心的役割を担った。

第2次世界大戦終結後、東西間のイデオロギー闘争で主要な役割を担ったのはやはり海外放送であった。西側は東側諸国の人びとに対して「ボイス・オブ・アメリカ」(VOA／米)や**英国放送協会**(**BBC**／英)が短波放送を流し、それに対しソ連・東側諸国の政府は「ジャミング」と呼ばれる電波妨害を行った。これは、東西冷戦下における一種の宣伝戦ともいえよう。「冷たい戦争」が「熱い戦争」となった朝鮮戦争時(1950〜53年)では、アメリカ政府は厳格な情報統制を行った。この戦争報道には19カ国から270人の特派員が従事したが、特派員たちは**検閲**が行われたり間違った情報が提供されたりすることに対して異議を唱え、戦争実施のあり方に疑問をはさみ、国連の行動にアメリカが支配権をふるいすぎることを非難した。このことによって、アメリカ政府は宣伝手法と活動の再検討を余儀なくされた。

ベトナム戦争(1950年代末〜75年)の際には、アメリカ国内で戦争支持派と反対派による激しい宣伝戦が繰り広げられた。政府は**検閲**による情報統制を行わず、国民を戦争に協力させるための**広報**キャンペーンを実施した。このため、ベトナム戦争の全容は従軍記者によって詳細に伝えられることになったが、結果として国民の厭戦気分を高め、軍の撤退を招く一因になったともいわれている。(佐藤正晴)

📖 62, 83, 86

戦略的コミュニケーション
Strategic Communication

広義には、①成員・関係者間の誤解をなくし社会的融和を図ること、②自分をよく見せるという目的をもったコミュニケーションのことで、大学等での講義課目ともなっている。具体的には、③ビジネス面での企業**広報**＝コーポレートコミュニケーションや政治面での相手国民への宣撫工作(**世論操作**)、④最新鋭大型コンピュータを駆使した敵国所有情報機器の攪乱などを意図した「武器化」使用までを含む。とりわけ、ロボット作成アカウントを利用、発信源を隠しての**交流サイト**(**SNS**)による瞬時拡散機能を利用した④の例として、ロシアによる2017年米国大統領選挙でのトランプ陣営への肩入れや北朝鮮などの国際金融詐欺疑惑などがある。実際には、日本を含め各国

ともこうした方面での活動・工作に力を入れており、**サイバー戦争**の深刻な一面となっている。（渡辺武達）

〈タ〉

対人コミュニケーション
Interpersonal Communication

対人コミュニケーションはコミュニケーションが成立する最小限の条件である「2者間」のメッセージ・情報交換の過程であり、対面的（face-to-face）ないしメディエーテッド（mediated）の形態をとる。コミュニケーションが行われる背景（コンテキスト，context）が問われ，**コミュニケーター**間の関係性（関係的コンテキスト）やコミュニケーションが行われる状況（状況的コンテキスト）がメッセージの内容およびそれを伝えるためのコミュニケーションスタイルを決定する。主要な研究テーマは対人認知，自己呈示・印象管理，対人魅力，自己開示，対人影響・説得，対人葛藤，対人交渉，欺瞞，ソーシャルサポート，社会的スキルなどを含む。焦点があわされるコンテキストにより，異文化間コミュニケーション，医療コミュニケーション，ビジネスコミュニケーション，集団間コミュニケーションなどに分類化されることもある。主要な理論は社会的浸透理論，コミュニケーション調整理論，ポライトネス理論，面子交渉理論，不安不確実性管理理論，関係性弁証理論であり，コミュニケーション学のみならず、社会学，社会心理学，社会言語学などの観点から研究されている。近年では、**SNS**による対人コミュニケーションが注目されており、「対人」と「マス」コミュニケーションの接点を取り扱う新たなジャンルとして「メディエーテッド対人コミュニケーション」が誕生している。インターネットの普及により、人びとの対人関係のあり方が変わり、従来の知見や理論の見直しが求められている。（高井次郎）

第4の権力
The Fourth Estate

近代国家の基本は立法・行政・司法の三権分立である。が、それらの3つの権力に加えて**マスメディア**の社会的重要性，反対にその横暴な行使を批判するときなど、マスメディアを三権に次ぐ4番目の権力にたとえていうことば。この英語の原語（fourth estate）は「第4番目の社会的財産」という意味で、19世紀中頃イギリスの政治家バークが当時の新聞がその社会的役目を果たしていないことを批判して使った。僧侶出身の上院議員、貴族出身の上院議員、下院議員に次ぐものとして**新聞（記者）**を位置づけ、その責任の履行を求めたことからきているともされる（初出についてはマコーレイという説もある）。「権力」には常にマイナスイメージがつきまとい、それを「第4の権力」と訳すのは、原意に含まれる社会の木鐸としての役割をメディア、ジャーナリズムの使命とするプラス評価を損ねるもので正しい用法とはいえないが、「三権」が民衆・市民を「支配されるもの」としか捉えていないとすれば、メディアが公衆の声を代弁する「第4のパワー」として三権を監視し、横暴をチェックする「**ウォッチドッグ機能**」を果たせば、あるべきメディアの責任自覚と責務の履行としてのメディア**アカウンタビリティ**が実現することになる。現在のイギ

リスにはこの名を冠した出版社もありジャーナリズム関係の本を発行している。
(渡辺武達) 📖182

タブレット通訳
Tablet-Translation

専用**アプリ**を使ったスマートフォン等の利用で、異なった言語を即座に、文字または音声によって翻訳、相互に伝達できる機械翻訳システムのこと。空港や商業施設など、外国人観光客の多い場所などでの利用がすでに始まっている。専門分野の議論が中心の国際会議などでは訓練を受けた専門家による同時通訳や一節ごとに発信者が停止してその部分を訳す逐次通訳が使われてきたが、優秀な通訳者の確保や費用の点で問題があった。しかし、タブレットの小型、軽量化の実現と **AI** 能力の飛躍的進化により、外国人への道案内やタクシー利用、買い物など日常的な用途の段階を超えつつある。アプリ開発競争が活発で、精度の高まりと用途の広がりで、生活レベルでのグローバル化への貢献手段として期待されている。(渡辺武達)

多文化主義
Multi-Culturalism

人間の文化・生活様式はその地域の自然条件とそこで人びとが経験し、育んできた多様なことの反映である。たとえば、米や麺類を主食とするアジア地域では箸を使うことが多く、一方、欧米のような肉食主体の文化ではナイフとフォークが使われるが、それは食料に応じた利便性からきている。また日本の作法では椀物・汁物は手にもって口に運ぶが、朝鮮半島ではお椀をテーブルに置いたまま、スプーンですくい、飲むようにするのがふつうである。これらの食べ方のどちらが正しいかという問いには意味がなく、それぞれの文化にはそれぞれの特徴があり、それらは相互に価値上の優劣なく共存している。そのように考えるのが多文化主義（または複文化主義もしくは多元文化主義）で、**文化相対主義**（cultural relativism）ともいわれ、カナダやスイス、セイシェルなど憲法でも複数の国語を認めているやり方を複言語主義という。このように考えると、現在の世界の対立点といわれる政治・経済上の多くの問題、欧米先進諸国対発展途上国の問題、一国内の人種・民族の違いなどに起因する社会差別等の、解消のいとぐちがみえてくる。ただし、基本的人権の擁護など、普遍的に守られるべきプラス価値指標がこの論理の誤用によって圧迫されるようなことがあってはならないし、逆に、一国内の特定文化集団に他国からの政治的干渉が行われることなどに利用されてはならない。さらには、一国内で、ある文化を劣位に置く構造を改革しないことを正当化してはならない。メディアは物理的・心理的に圧迫されている少数民族や社会的弱者に寄り添う**ポリティカルコレクトネス**の立場からの社会報道が求められている。(渡辺武達) 📖135, 199

チェリーピッキング
Cherry-Picking

原意は「美味しいサクランボだけを摘むこと」で、ネットを含め、メディアが自らの主張を有利に展開するため、自説を補強する内容のインタビューやデータを意図的に用いた情報提供手法のこと。メディアの社会的機能の1つは社会に有用な情報を多角的な論点から示し、読

者・視聴者の判断材料にすることだが，ともすれば，外部からの圧力（政治的・経済的）や記者の未熟さ等から，こうした操作がしばしば起きる。また，テレビや新聞，ネット発信を問わず，取り上げる記事・ニュース項目や長さ，タイミング，**コメンテーター**の選択など，編集過程における多様な形での歪曲作用がしばしば指摘される。メディア企業には編集の自由（**編集権**）があるが，事実に基づき，社会問題の改善，解決に役立つ方向性をもった情報の提供が求められる。
（渡辺武達）

知識資本主義
Knowledge Capitalism

IT産業論学者でコンサルタントのバートン゠ジョーンズ（Alan Burton-Jones）が1999年に出版した本（Oxford University Press）の題名で，知識そのものが資本となった時代の到来を指摘し，その枠組みに対応した社会論の構築を提起した。人間社会には雑多な情報が混在しているが，それが有益性をもつには，不平等の最小化による全社会的な共益要請に応えるものである必要がある。情報そのものが価値をもつ産業社会がきたことを世界で最初に指摘したのは日本の文化人類学者・**梅棹忠夫**であり（1963年），両者は，①生データ→②情報→③知識→④知恵（智慧）のうち第3段階までの社会理論化を進めたことになる。人類は今，**ソフトパワー**など武力に依存しない地球的規模の平和安定社会構築に資する「智慧」の社会的常識化と実用化を必要としている。（渡辺武達） 📖28

調査報道／権力批判
Investigative Reporting / Criticism of Power

調査報道とは権力・当局の「発表」に依拠することなく，内部告発や独自の問題意識などを端緒として，隠れている・隠されている事象を掘り起こし，報道する行為を指す。論評による権力批判とは一線を画し，取材側が独自に入手した事実やその分析によって権力に疑義を唱える営為である。主に，権力者や権力・統治機構の不正，不作為などを対象にした「権力監視型」，社会のアンフェア構造を対象としてその改革の方向も視野に入れた「キャンペーン型」，過去の出来事を新たな証拠・証言をもとに見つめ直す「検証型」に分類できる。

調査報道と対極に位置するのが「**発表報道**」である。権力・当局側の発表趣旨をそのまま伝えたり，追加取材を加えたりして報じるこの行為は，権力側による情報コントロールや画一的報道の温床になりやすく，過度の依存は情報統制につながる恐れもある。これに対し，調査報道の対象は，いずれもその時々に取材報道しなければ，半永久的に表に出ない可能性があり，だからこそ逆に，時の権力を崩壊させたり，歴史を塗り替えたりする力ももつ。

「権力監視型」調査報道は時に権力と激しく対峙する。米ニューヨークタイムズ紙の「**ペンタゴンペーパーズ**」（ベトナム秘密報告）報道（1971年）がホワイトハウスによる記事掲載差し止め訴訟を引き起こし，両者が激しく対立したのは好例だ。ニクソン米大統領を辞任に至らせしめたワシントンポスト紙の「**ウォー**

ターゲート事件」報道（1972年），自民党の竹下登政権の崩壊につながる『朝日新聞』の「リクルート事件」報道（1988年），『北海道新聞』の「北海道警察の裏金追及」報道（2003～04年）など，代表的な調査報道においても，取材拒否や訴訟など権力側からの"圧力"が見られた。

ただ，**ネットメディア**の興隆と伝統的メディアの凋落，それらに伴う取材力の劣化などにより，調査報道は世界的に衰退しつつある。とくに調査報道の主力だった新聞社は厳しい経営環境に置かれ，人的経済的資源の必要な調査報道を敬遠する姿勢を強めている。

こうした傾向に対し，調査報道を担う新しい組織や仕組みも生まれつつある。2007年に米国で誕生した調査報道専門の非営利組織「ProPublica」には既存メディアからベテランの調査報道記者が参加。ラテン語で「公共のために」という名前のこの組織は2010年，ハリケーンカトリーナに関する調査報道によってオンラインメディアとして初めて**ピュリッツア賞**を受賞するなど大きな成果を挙げている。米国には規模の大小は別にして，同様の調査報道専門組織が次々と生まれている。また「国際調査報道ジャーナリスト連合」（ICIJ）には約70カ国から200人以上の記者が参加し，インターネットを利用しながら国境や所属企業の枠を超えて情報の交換・分析や取材協力を実施。その成果は「**パナマ文書報道**」（2016年）などで結実している。こうした新しいかたちの調査報道には「取材ノウハウと取材結果の共有」「テクノロジーの活用」といった特色がある。日本でも調査報道の新組織に向けた試行錯誤が始まっており，「誰が次世代の調査報道を担うのか」が焦点になっている。（高田昌幸）

調査報道と国際協力
Investigative Reporting and International Cooperation

国内で競合関係にある報道機関の記者だけでなく，国境を超えて世界中の記者が連携して取材・分析を進めて報道するという，調査報道をめぐる新たな動きや手法を指す。タックスヘイブン（租税回避地）での各国要人や著名人らの不透明な金融取引などを暴いた2016年の「**パナマ文書**」（The Panama Papers）や翌年の「パラダイス文書」（The Paradise Papers）では，前例のない国際的な枠組みで取材が行われ，成果を上げた。2つのプロジェクトにはそれぞれ約70の国・地域から約400人の記者が参加したとされる。世界の主要紙や放送局などが提携し，日本からは朝日新聞社や共同通信社，NHKが参加した。

一連のプロジェクトを構想し，主導したのは，1997年に米国で設立されたNPOの**国際調査報道ジャーナリスト連合**（International Consortium of Investigative Journalists: **ICIJ**）である。運営資金は財団からの高額な寄付や個人からの寄付などで賄い，これまで国境を超えて協働する調査報道に取り組んできた。米国では2006年以降，調査報道を専門に手がける同様のNPOが相次いで発足しているが，ICIJは，その先例とされるCenter for Public Intergrity（CPI）の関連組織として設立された。米国ではこのCPIやCenter for Investigative Reporting（CIR），ProPublicaなどの調査報道NPOが，**ピュリッツア賞**を受賞するなど高い評価を

受けている。

　こうした調査報道 NPO が米国で相次いで誕生した背景には，既存のマスメディアにおける調査報道の劣勢がある。メディアが独自の調査によって，政治や経済，社会の構造的な不正や腐敗などを見つけ出し，報道機関の責任で報じる調査報道は通常の報道と比べ，人員や時間，費用などが大幅にかかる。報道対象から名誉毀損などで提訴されるケースも多く，報道機関にとっては応訴の負担も大きい。

　米国では1970年代後半から，大手メディアによる買収や合併，自社株の上場などメディア企業の経営環境が激変し，株主への配当や収益率を最も重視する商業主義化が加速した。さらに今世紀に入ると，**インターネット**の普及によって**広告収入**と読者・視聴者を奪われ，構造的な不況に陥った。これに2008年のリーマンショックが追い打ちをかけ，既存のメディアはコスト削減のため急激な人減らしを進めた。そのなかで高コストの調査報道チームが真っ先にリストラの対象にされた経緯がある。

　米国をはじめ，世界のメディア企業が近年，経営環境の悪化に直面し，持続可能なジャーナリズムのための財政基盤を確立する模索が続いている。米国発の国際協力に基づいた新時代の報道手法は，民主主義には欠かせないとまで評される調査報道が衰退していくことへの危機感をバネにしている。（砂押博雄）　📖34

著作権
Copyright

　小説・音楽・絵画など著作物を創作した作者（著作者）が独占的にもつ，作品の利用を許可したり禁止したりできる権利。財産的利益を保護する財産権（著作財産権）と，著作者の人格的利益を保護する人格権（著作者人格権）の2種類より構成される。前者は財産権として移転・譲渡できるが，後者は人格権として一身専属性が認められ譲渡できない。

　著作権は，特許権，商標権などの産業財産権とともに「知的財産権」の1つ（知的財産基本法2条2項）である。産業財産権法が産業の発達への寄与を目的とする一方で，著作権法は文化の発展への寄与を目的としている（著作権法1条）。

　著作権法によると，著作物とは「思想又は感情を創作的に表現したものであつて，文芸，学術，美術又は音楽の範囲に属するもの」（2条1項1号）である。「創作的」とは表現者による何らかの創作性があればよく，厳密には手紙や落書きも著作物と認められる。メディアが扱うコンテンツのほとんどは著作物であると考えられる。誰が作っても同じような結果になる，ありふれた表現は創作性がないとされ著作物にあたらない。歴史的事実や数値データも著作物にあたらない。また，表現の形をとっていない，着想や学説，理論などアイディアも著作物ではない。

　著作権は著作物の創作時に発生し（51条1項），その保護期間は原則として創作時から著作者の死後70年間である。長らく「死後50年間」だったが，2018年末に「死後70年間」に改正された。なお，映画の著作物の保護期間は公表後70年間である。また，著作権は登録や届け出などの手続きなしで発生する（無方式主義＝17条2項）。著作財産権には，複製権，上演権・演奏権，上映権，公衆送信権等，

口述権，展示権，頒布権，譲渡権，貸与権，翻訳権・翻案権等のほか，二次的著作物の利用に関する原著作者の権利が認められている（21～28条）。このうち，最も重要なのは複製権である。著作物の複製物（コピー）を無断で作ることを禁ずる権利をいう。著作物を適法にコピーするには著作権者から複製の許諾（許可）を得なければならない。

他人の著作物を無断で利用すると著作権の侵害になり，著作権者に差止請求権や損害賠償請求権が認められるほか，刑事罰も規定されている（112～124条）。

著作権法の目的である「文化の発展への寄与」を実現するため，著作権が一定程度制限される場合がある（著作権の制限）。私的使用のための複製，**図書館**などでの複製，引用，教科書への掲載，点字による複製などがこれに相当する（30～50条）。この場合，著作（権）者の利益を不当に害さないように，また著作物の通常の利用が妨げられないように，条件が厳密に定められている。

なお，著作物のなかには，音楽や演劇などのように著作物を公衆に伝達する者やメディアが重要な役割を果たしているものがある。そこで，このような伝達者のうち実演家（演奏家，歌手，演芸家，舞踏家，俳優，オーケストラの指揮者，舞台演出家など），レコード製作者，放送事業者，有線放送事業者の4者について，著作権に隣接する権利として「著作隣接権」が設けられている（89～104条）。実演家には財産権に加え人格権も与えられている。（宮武久佳）

著作権管理団体
Copyright Management Group

著作物（美術，写真，動画，文章など著作権で保護されるコンテンツ）の作り手に代わって，著作権を一括的に集中管理する機関を指す。美術や文芸，映画など分野や業界ごとに設立されている。日本文藝家協会，日本脚本家連盟，日本美術著作権協会などがある。

なかでも，社会的に広く認知されているという点で**日本音楽著作権協会**（JASRAC，ジャスラック）が重要である。作曲家，作詞家，音楽出版社などがもつ音楽著作物に関する著作権（音楽著作権）の保護と著作物の円滑な利用を通じて音楽文化の発展普及を図ることを事業目的とする。作曲家や作詞家などの作家に代わって利用者から音楽利用料金を集め，手数料を差し引いて作家に分配する。

音楽の利用とは，テレビやラジオの放送のほか，ライブ演奏やネット配信，カラオケ，ダンス教室での演奏を指す。ホテルや飲食店のBGM利用も含まれる。JASRACの他に，NexTone（ネクストーン）社も音楽の著作権管理組織である。（宮武久佳）

通信社
News Agency

通信社とは，国内外に取材網を張り，取材して得たニュースや情報を，新聞やテレビなどの**マスメディア**や官公庁，企業，団体などに配信する組織のことである。世界的な通信社が生まれたのは19世紀半ばである。英国のロイター，米国のAP，フランスのアバス（後のAFP）などが，世界各国に取材拠点を広げ，地位を築き上げていった。

マスメディアが取材の効率化を図ろう

とすれば，通信社が必要になる。それぞれが国内外に取材網を張っていては膨大な経費がかかるからだ。自前でカバーできないところは，通信社にまかせる。とくに地方のメディアは，全国ニュースや海外ニュースのほとんどを通信社に頼っている。

通信社の最大の使命は速報である。大ニュースであっても，第一報を早い段階で通信社から受け取っていれば，他のマスメディアは，落ち着いて対応することができる。

世界で最も長い歴史をもつのは米国のAPで，1846年に設立。2018年現在，世界263カ所に取材拠点を置き，1日当たり約2000本の記事，1年間に約100万枚の写真と約7万本の映像を配信している。

日本国内では，共同通信社と時事通信社が2大通信社と呼ばれる。共同通信は一般社団法人で，時事通信に比べ規模が大きい。NHKや地方紙など56社が加盟社となり，出資している。国内は全都道府県をカバーし，海外にも欧米，中国など41都市に総支局を置く。職員は約1680人，予算規模は約414億円（2018年）。中国語・英語でも配信しているものの，欧米の通信社に比べれば，外国への影響力はきわめて小さい。

時事通信は顧客と商品が分散しているのが特徴である。伝統的に金融・証券業界向けや，官公庁向けのニュースと情報が強いといわれている。（小黒純）

通信・放送委員会
Japan Communications Commission

国際社会から国家，身近な生活レベルのいずれにもその関係者を明示的あるいは暗黙に律する法律や約束事があり，それらの違反者には一定の社会的制裁が科される。そうした取り決めの効力が減少したときには規約改正となるが，虚偽や誤導といったメディアの不祥事が続発しているにもかかわらず，その抑止への努力が**政経権力**の有形無形の圧力で掛け声だけになることが多い。

そうした議論に具体化の期待がもたれたのは2009年の総選挙で政権についた民主党のマニフェスト（政権公約，「インデックス2009」）が，日本版FCC「通信・放送委員会」を，通信・放送行政を国家から分離する方向で提起したのが初めてである。メディアが権力（政治と経済と軍の合同権力）のお目付役（**ウォッチドッグ**）としてその暴走を監視し，執権を信託した国民に実情を報告し，さらには国民利益を第一に**世論**（国民が正しい情報を与えられ，熟慮して表明する意見）を代表するのは当然のことだが，その後の自民党返り咲きで立ち消えになった。もちろん，民主党案も，別の意味で問題の多い米国のFCCを単純にまねることなく，市民主権の情報政策を自ら確立していくさらなる努力が求められていた。
（渡辺武達）　　📖 182, 227

デジタル機器の教育利用
Education Using Digital Tools in Japan

1910年頃まで遡れる映画教育や1935年に始まった全国向けの学校放送など，日本におけるメディアを活用した教育には技術の発達と共に長い歴史がある。それらは視聴覚教育や教育工学という研究分野を形成しつつ発展してきた。現在，学校教育ではデジタル機器の利用が本格化している。学校教育法等の改正により，

紙ではなくタブレット端末等を使用した「デジタル教科書」が、2019年4月より利用可能になった。2020年度から順次実施される学習指導要領では、小・中・高いずれの学校でもプログラミング教育の必修化が盛り込まれ、全科目においてコンピュータ活用の充実が図られる。単なる機器操作の習得に留まらず、「主体的・対話的で深い学び」と結び付いた学習活動が目指されている。具体的な授業設計や機器の整備、教員養成には課題も残り、実施の進捗による教育格差の広がりを懸念する声もある。

デジタル機器を活かした教員主体の表現教育開発の取り組みにD-project（デジタルメディア表現研究会）が上げられる。2002年発足の同会では、全国の教員や研究者が参加し、授業実践の発表や交流を行う研究会を毎年実施している。また、世界で広がるユニークな実践にデジタルストーリーテリングがある。自己の内面の想いや考えを写真と自分のナレーションで表し、数分の動画を制作する活動で、1990年代初期に米国で始まり、ケアや地域アーカイブなど多様な分野で実施されている。学びのふり返りや、他者や地域理解を深める「デジタル作文・レポート」として、小学校から大学まで幅広い教育活動に国内外で取り入れられている。(土屋祐子)　　　　　　　63

デジタルフォレンジック（電子鑑識）
Digital Forensics

フォレンジック (forensics) は科学的犯罪捜査＝鑑識を意味し、犯罪や法的紛争において**コンピュータ**などの電子機器に残る記録を収集・分析し、その法的な証拠性を明らかにする手段や技術の総称。官庁でも民間会社でも資料のほとんどを電子データとして保管している。それらは削除や追加が簡単だが、多くの場合、専門技術によって復元が可能で、「森友学園」問題での国有地売却をめぐる財務省の決裁文書問題では、大阪地検特捜部が実施した電子鑑識によって文書の改竄が判明した（2018年）。また野球賭博を行っていたプロ野球・読売巨人軍の福田・笠原・松本の3選手は、日本野球機構の調査委員会の求めにより、犯罪隠蔽のためにメールやLINEのやりとりを削除したスマートフォンを提出したが、この鑑識技術によって簡単に復元、証拠採用され、有罪となった（2015年）。現在各種の本人確認に使われている「**顔認証**」もこのような技術の1つである。
(渡辺武達)

デジタルヘルスケア
Digital Healthcare

「モバイルヘルスケア」「Health 2.0」とも呼ばれ、健康に関するあらゆる情報がネットを通して瞬時に利用できる**モノのインターネット**（Internet of Things: IoT）の医療分野における成果の1つ。たとえば、腕時計のように身につけた計測器が専門のデータセンターと自動交信し、体調をチェック、必要なときにその人の医療対応を助ける。ケア項目をあらかじめインプットし、情報共有を可能にしておけば、24時間どこでも利用可能なシステムで、入院から健康維持に必要な食べ物やエクササイズの助言等まで広範囲な対応が可能である。いつどこにいても専門医療機関と身近につながっている生活と安心が確保できるシステムで、政府や自治体、医療関係団体が協力し、機

器の低廉化とともにそうした健康ネットの構築に取りくんでいる。（渡辺武達）

データサイエンス
Data Science

大量に集められたデータ＝**ビッグデータ**を分析し，何かしらの示唆を科学的に導きだす研究分野で，**コンピュータ**の発明と進歩によってデータの集積と解析が可能になり，現在では大学の専攻名にもなっている。デンマークの情報学者，P・ナウア（1928〜2016）による1960年代の造語だといわれるが，データを取りその解析を主とする分野はそれ以前にもあった。社会全体に存在する価値観などは「集合的記憶」「集合知」などといわれ，それらは①個人の体験，②家族との対話，③学校教育，④**マスメディア**による提供情報などの複合したものであった。今日では高速稼働のコンピュータの開発により，膨大なデータの集積とその解析が可能になり，そこから新次元の統計学，心理学，宇宙工学などが生まれ，社会発展に貢献している。反面，その手法が**広告**や選挙運動などに利用され，人びとの考え方を解析しその方向性を操作することも可能になっており，倫理面からの考察と管理が重要になっている。（渡辺武達）

データジャーナリズム
Data Journalism, Data Driven Journalism

現代社会を飛び交う膨大な情報を整理し提示する**調査報道**の一類型で，**スノーデン事件**と**ウィキリークス**などがその好例。ジャーナリズムの原意は「執権者からの民衆に対する告知活動」だが，現代では「社会の円滑な運営に必要な情報＝公益情報を集め，人びとに知らせてその判断を仰ぐための送受信活動」だと定義できる。ネット利用の膨大な情報が飛びかう今，何が起きているかを正確に知ることが，従来のような現場取材や記者会見等への出席だけでは困難になり，膨大なデータの処理によって何を見つけ提示できるかということが等しく重要な課題となる。その実践のためにメディア企業の多くは情報解析専門部署を設置している。また，タックスヘイブン（租税回避地）のような問題では，調査記者の所属組織や国家枠等を横断した協力活動がグローバルに展開されている。（渡辺武達）

データ生態系
Data Ecosystem

大量に保存された電子データとその活用システムのこと。電子技術の発達によりデータが書物やフィルムなどから電子形態による一括保存に移行し，今では国家や自治体，企業等は**ビッグデータ**と呼ばれる膨大な蓄積を活用し，政策推進や拡販等に利用している。この変化は，プラス面として動植物の環境汚染被害や地球温暖化問題対策等への利用の一方，米**フェイスブック**のような巨大**プラットフォーマー**などをねらって個人情報を盗み出し，悪用する犯罪も頻発するようになった。**広告・広報**分野でも市民がアンケートに安易に答えることによって嗜好や年収などの個人データが蓄積され，PCやタブレットに保険や各種の販売促進のための情報が送られてくるなど，各種**マーケティング**にも利用されている。（渡辺武達）

TEDカンファレンス
TED Conference

TED「テド」は Technology Entertainment Designの略で，1984年にサロンとして始まり，2006年から**インターネット**で無料配信されるようになった講話シリーズの名前。現役の政治家が登場することはないが，その他の各分野で活躍する世界のトップたちが自らの文化活動や学術研究で得た「アイディア」を披露する。日本ではNHK教育テレビ（Eテレ）が「スーパープレゼンテーション」として，日本人に関心が高いと思われるトピックを選び，字幕付きで定期的に放映している。スマホ用の専用アプリなどもあり，誰もが簡便にアクセスでき，内容が豊かで先端的しかも比較的簡単な英語表現で話し方も魅力的であることから，ファンが多い。デジタル時代にいったんネットに登場した情報は善悪，好悪を問わず簡単には消せないことを「**デジタルタトゥー**」と呼んで最初に紹介したのもこの講話であった。（渡辺武達）

デマ
Demagogy / Demagoguery

デマゴギーの短縮和語。ギリシャ語demagogos（民衆を指導する者）に由来する情報操作と煽動の技術を指す。21世紀の**インターネット**上にあふれる「**フェイクニュース**」，その「**ポスト真実**」状況で意図的に流される「あいまいな情報」もこれに含まれる。内容の虚偽性や伝播の状況から，自然発生的な**うわさ**やゴシップなど**流言蜚語**と混同されるが，デマの情報操作と流布活動は確信犯的である。しかし，**デマ**は民衆の不安や期待を反映する流言を装うべく組織化されるため，取り締まりにおいて両者の区別は不可能である。そのため，デマにも，流言の流布量の公式 $R \propto i \times a$ が適用できる。

つまり，受け手における当該情報の重要性（i）と裏づけとなる証拠の曖昧さ（a）の積に比例する。しばしば，共同体の凝集性を維持するため，外国やマイノリティに向けたデマが組織化されてきた。具体的には，陰謀史観，残虐宣伝，性的スキャンダルなどがよく利用される。（佐藤卓己）　　　　　　　📖43, 79

電子ジャーナル
Electronic Journal

電子データとして閲覧できるオンライン学術専門誌のこと。オンラインジャーナル（on-line journal）ともいい，パソコンやスマートフォンの高性能化と低廉化とともに，さかんになった。媒体が紙でないことから，①発行経費が小さく，②配本はほぼ無料で，③持ち運びする必要がないこと，等に加え，電子データとしてパソコンなどに表示できることから，④検索が容易，⑤他の関連論考との比較・検証が短時間で可能，といった利点がある。逆にそれらのことが研究者に簡単なコピペ（複写盗用）や捏造・合成の誘惑を与えて問題化し，その検証**アプリ**も発売されている。安易かつ安価に発行できることから国際的にもビジネス化し，初学者が業績づくりに利用しやすく，信頼できる査読制度がない「**ハゲタカジャーナル**」も生まれ，批判されている。（渡辺武達）

ドキュメンタリー
Documentary

英語のdocument（記録）の派生語で，イギリスの映画ディレクターで理論家のJ・グリアソン（1898〜1972年）が1936年，『ニューヨークサン』における映画「モアナ」評で初めて使った用語。実際

の出来事や体験を基にした文章作品が一般的に「ルポ」「ルポルタージュ」といわれるのに対し，実際の事件・紀行・冒険・科学的分析などを内容とした映像作品のことをいう。現代の社会は物流・情報ともにグローバル化し，身近な話題ではネット利用の**SNS**依存が多くなり，人びとにとって事実と**フィクション**との区別がつきにくくなっている。「リアリティ」（現実）の内容も実体験や科学的認証よりもメディア的知識やイメージによって形成され，**デジャブ（既視感）**となる場合も多い。

映画の場合には「記録映画」，活字では「ノンフィクション」（non-fiction），**ニュージャーナリズム**ともいわれ，政治的迫害や公害問題，動物の生態記録などがその題材となる。近年，映像分野の作品が多くなった背景には撮影機材の小型化がある。極端な場合にはスマートフォン利用も可能で，そうした**技術的発展**とデジタル送信の汎用化が**オルタナティブメディア（市民メディア**，市民ジャーナリズム，**パブリックジャーナリズム**ともいう）を主たる発表場所とする「ビデオドキュメンタリスト」などの活躍の場を作りだしている。だが，提唱者グリアソンのドキュメンタリー観は決して事実を客観的に描こうとするものではなく，事実の根底に潜む真実をディレクターの目と演出によりえぐり出すことを主眼とした。日本では1992年にNHKスペシャルで放映されたドキュメンタリー番組「奥ヒマラヤ禁断の王国・ムスタン」の**やらせ**が問題になったとき，「すべての作品には演出があるから」などと，「**やらせ**」と「演出」が混同して議論されたが，

「やらせ」とはありもしないことを報道したり，意図的な**オーディエンス**だましをする「捏造」のことで，どの作品にもある情報を効果的に送出する「演出」とはまったく違うものである。

優れたドキュメンタリー作品は①これまで知られていなかったことが描かれている，②多くの人にとって知るべき社会的事実・真実が描かれている，③科学的事実が社会の知的水準を高めるべく描かれている，といった点をクリアしている。通常いうところの「公害問題の記録」などといった題材における事実の積み重ねだけではなく，**CG**などを利用した植物の生長や脳内の構造説明などを中心とした作品もドキュメンタリーに分類できるということである。しかし作品完成までに経費がかさみ時間がかかるから，一般の商業放送（**民放**）では**スポンサー**が付きにくく，各局とも深夜枠で放映といった扱いしかできなくなっている。メディアコングロマリット（巨大複合企業，メディアの複合企業体）化で他業種や商社などの経営参加の増加に加え，通販だけではなくテレビそのもののネット化が進行，良質のドキュメンタリーがマスメディアで放送されることをますます困難にしている。（渡辺武達）　📖204, 225

トランスヒューマニズム
Transhumanism

科学技術を用いて人間の外観や筋力だけではなく，記憶能力や生死といった自然的制約の克服を人類の進化と考える思想で，＞HやH＋と略記され，「超人間主義」ともいう。死は誰もがいつかは迎えるものである。しかし動物としてのその限界を克服するために，心臓ペースメ

ーカーなど多くの埋め込み機器が開発された。それは体のなかに運動や認知能力拡大機器を埋め込むという考え方是認の始まりで，最終的には優秀な人間の脳との入れ替えの是非にまで行きつく。自然な人間をはるかに超える能力をもった「新人間」の登場／製造さえ可能になり，人間の特性とは何かという**シンギュラリティ**議論につながる根本問題を私たちに突きつけている。（渡辺武達）

〈ナ〉

日本外国特派員協会
The Foreign Correspondents' Club of Japan

　日本に派遣されている外国人記者の団体。1954年11月29日設立。通称「外人記者クラブ」。略称FCCJ。準会員として外国企業の社員などを含む。著名人を招き，昼食をとりながら記者会見を行う。1945年，占領下の日本に乗り込んだ従軍記者が，住居と仕事場を求めて東京特派員協会を作り，その後，公益法人の認可を受けた。1974年，田中角栄を招いた記者会見では，首相退陣のきっかけを作った。まったく別の組織として，1976年，フォーリンプレスセンター（FPCJ）が設置された。こちらは外務省の委託費を受け，外国人記者に日本の広報を行う団体で，外国記者登録証の申請受付を代行する。（河崎吉紀）

ニュージャーナリズム
New Journalism

　1960年代にアメリカで始まった，事実についての徹底した取材を基にして，作者が事件等の真実を追究し臨場感をもって記述する手法で，読者に親しみと出来事の深層を伝える**ルポ**，**ノンフィクション**の一種。T・カポーティが実際の殺人事件に題材をとり，センセーショナルな新聞記事のレベルを超えた「リアリティ」小説として発表した『冷血』（1966年）が，ニュージャーナリズムの最初だとされる。その後，日本にも紹介されたものとしては，T・ウルフが『ザ・ライト・スタッフ』（1979年），**D・ハルバースタム**が『ベスト＆ブライテスト』（1972年），『メディアの権力』（1979年），『覇者の驕り』（1986年）などを書いている。日本では佐木隆三『復讐するは我にあり』（1975年），沢木耕太郎『一瞬の夏』（1981年）などが代表的。また国家の弾圧に抗したアスリートを描いた後藤正治『ベラ・チャスラフスカ　最も美しく』（2004年）や金子達仁『28年目のハーフタイム』（1999年）などもスポーツ解説をエンターテインメントからジャーナリズムと心理描写の次元に高めた作品として注目できる。ジャーナリズム史では1890年代のアメリカにおけるW・ハーストやJ・ピュリッツァなどの，センセーショナルな記事を売り物にした商業新聞の新手法もニュージャーナリズムといわれるが，現代のメディア／ジャーナリズム論として本項が取り上げている「ニュージャーナリズム」とは違うものである。（渡辺武達）　　📖111, 208

ネットワークジャーナリズム
Network Journalism

　新聞や放送に代表される伝統的メディアでは，職業人としてのジャーナリストが取材・編集し，受信者＝読者・視聴者に向け情報を届け販売する基本システムであったが，今日のネット中心の社会情

報環境ではジャーナリズムの態様と質は根本的に変化している。そうした状況をロンドン大学教授のC・ベケットが2008年，その著『スーパーメディア』(*Super Media*) で名づけた名称。ニュースはプロダクト（製品）ではなくプロセス（過程，ストリーミング）になったと指摘，ジャーナリストは絶え間なくニュースを編集し，パッケージにして報道し，それらがユーザーと共有され，拡散される。ジャーナリストが情報の**ゲートキーパー**（門番，編集発信者）から，ネットでつながる人びとの共感（エモーション）起動者の一部となったとした。この変化はグローバルに展開されている現象だが，より根本的な問題は，行き交う情報の真偽確認がほとんど不可能に近いことである。（渡辺武達）

〈ハ〉

8月ジャーナリズム
August anti-war Journalism in Japan

8月15日がポツダム宣言受諾による日本敗戦の日（1945年）であることから，例年，8月になると日本のマスメディアでは日本軍による残虐な事件や731部隊の実相，シベリア抑留，軍や中央官庁による戦時機密文書の焼却など，戦争関連の記事や番組が増えてくる現象をいう。ゲームの戦闘ではなく，惨禍の実相を知るための素材をメディアが提供することは**日本新聞協会綱領**や**放送法**の目的にも合致し，好ましいことだ。若年層を中心に**SNS**全盛でテレビ視聴も**放送法**の規制を受けない**ネットTV**へのアクセスが多くなってきたこの頃，反戦・平和思想を根づかせるメディアの**アカウンタビ**リティ活動としての意義も大きく，そうした番組作りを通年で制作，発信できる社会基盤の強化が望まれる。（渡辺武達）

ハッカー
Hacker

英語のハッカー（hacker）や**ハッキング**（hacking）はhack（「何かをたたき切る」「徹底分析する」）の派生語で，情報・ネット関連分野では「電子データやネットワーク取り扱いの高度な知識や解析技術をもつ者」の意。この呼び名そのものには善悪のニュアンスはないが，「コンピュータやネットワークに悪意をもって侵入する人」の意味での使用が多く，そうしたハッキング技術を社会発展に活かそうとする者をホワイトハッカー（white hacker），悪意によるシステム侵入者をクラッカー（cracker）と呼び区別する。2018年初頭に日本で発生した580億円（当時）の**仮想通貨**取引業者を狙った窃盗事件は，クラッカーが絡んだ電子送金・保管システムへの侵入，窃盗犯罪だが，事件解明への専門協力者はホワイトハッカーである。（渡辺武達）

ハッシュタグ
Hashtag

日本のプッシュ式電話機の文字盤にある「#」は「シャープ」と呼ばれているが，**ツイッター・フェイスブック・インスタグラム**などの**SNS**で使われるときには，強調記号で，「ハッシュマーク」または単に「ハッシュ」と呼ばれる。関心を同じくするユーザーがそれを目印にして相互につながるための符号で，これを最初に使用したS・ボイドは「Twitterでのグループ化」であるとした（2007年）。2011年には「米国の金融資本家た

ちが政治家とつるんで社会を歪め、収益を独占している」として抗議する運動が起きたが、その運動への参加、賛同を求める活動組織が #OccupyWallStreet（ウォール街を占拠せよ！）というSNS活動を立ちあげて情報交換した。また一般顧客相手にスーパーなどが特売宣伝に、映画愛好者が「#コナン」などと、世界中で多様な使い方がされている。（渡辺武達）

パノプティコン
Panopticon

パンオプティコン（pan-opticon）ともいい、pan（all＝すべて）を opticon（observe＝観察する）監視システムのこと。IT（ICT、情報通信技術）があらゆる場面で活用されている現代の警句として、**環境管理型権力**という言葉ともつながっている。もともとは英国の哲学者 J・ベンサムが弟サミュエルに示唆されて設計した更生・教化型刑務所で、1791年に発表された。庭を隔てた中心の監視搭からはそれを円形に取り囲む囚人の部屋のなかがすべて見渡せるのにその逆は不可能な設計で、自力更生援助が少人数の監視で可能になるとされた。現代社会では、監視塔が権力が支配する発信側メディア、受信者が被監視者となっている構図として説明でき、権力＝上位者への「**忖度**(そんたく)」の仕組みとも重なっている。（渡辺武達）

パブリックジャーナリズム
Public Journalism

1990年代初頭に、アメリカの**地方紙**を中心に始められた新たな取材・報道の手法で、シビックジャーナリズムともいう。従来型のジャーナリズムとの相違点として、①読者である**市民**との積極的な対話と、その意見の報道内容への反映、②地域社会の問題解決策の提示、③**市民**に対する政治・社会活動への参加の要請、などが挙げられる。以上からもわかるように、その最大の目的は、ジャーナリズムの側が積極的に市民との絆を強めることを通して、形骸化した民主主義を改めて実質化することにある。しかしその一方で、新聞社が新たな読者を獲得することで、自らの経営基盤の強化を図る目的も存在する。（野原仁）

パブリックドメイン
Public Domain

文書・記録・音楽・映像などの著作物や発明などの知的創作物について、**知的財産権**（**著作権**、特許権、商標権など）が発生していない、またはすでに消滅している著作物もしくは表現のことで、社会の公共財産になり、誰でも自由に利用できる。しかし、知的財産権を侵害しなくても、利用が名誉毀損などの人格権侵害等になる場合などは別の制限を受けることになる。また知的財産権には著作権や**意匠権**などによって保護条件が違うことがあり、法域によって権利が違うから注意が必要である。同様に、国によって保護期間や保護内容が違ったりするため、ユネスコ管理の**万国著作権条約**（1955年制定、その後改訂）や**ベルヌ条約**などによって国際的基準が決められ、日本も加盟している。また途上国発展のための著作権等の優遇利用についても定められている。（渡辺武達）

犯罪報道
Crime News / Crime Reporting

犯罪報道については、ジャーナリズムとしての議論の他、犯罪ニュースを対象とする学術研究が展開されている。

ジャーナリズムの視点からは，たとえば，国家権力としての捜査機関と報道機関との関係はどうあるべきか，判決前の段階での報道が無罪推定の原則から逸脱していないか，犯罪事件に関係する被報道者への取材と報道が人権侵害となっていないかなど，報道機関側の社会的責任と取材・報道のあり方をめぐって，今日においてもさまざまに議論されている。

犯罪ニュースの研究としては，犯罪ニュースを社会統制に関するイデオロギーの表象として捉え，ニュース言説を分析し，メディアにおける犯罪のリアリティ構築とその影響について研究が蓄積されている。

報道される犯罪事件は，捜査機関と報道機関の相互行為を経て，一定のニュース枠組のもとで取捨選択されたさまざまな事実に意味を付与され，犯罪事件としてカテゴリー化され，ストーリー化されたものである。日本においては，報道は逮捕段階に集中しており，事件の「凶悪性」が強調され，捜査活動を中心とする犯罪ストーリーとなっている。このような捜査機関の統制イデオロギーの強いニュース言説は，**オーディエンス**の犯罪観，犯罪者観にも影響する。近年の厳罰主義的傾向も事件報道のあり方と無関係ではない。(大庭絵里)

ビッグデータ
Big Data

インターネットを含め，デジタルデータとネットワークの発展が可能にしたデータ集成技術に基づき，大量のデータからの推定によって人々やモノや企業の行動の予測・誘導・管理・効率向上を狙うデータ基盤を，ビッグデータと総称する。ここには，大量のユーザ間の電話トラフィックの時系列データ，膨大なカーナビ使用ログ，クレジットカード利用やオンラインショッピングの履歴データも，何千万人の **SNS** のログデータの集積も，含まれる。

初期の利用形態として米大統領選挙の事例を見よう。選挙では，政党支持と何らかの争点上の立場とが一貫しない有権者を見いだし，その非一貫性を突くことが投票先変更のテコとなるような「説得可能な投票者」(ヒリガスら 2008年)に注力することが勝利に寄与する。マイクロターゲティング技術がこれを効率化した。公的に大量公開された投票行動データに同一人物の利用可能な消費行動データを対応づけた上で，そのなかの数千人に争点意見や政治意識を含んだ**世論調査**を実施し，全てを個人単位で対応させると，どのような居住地，ライフタイル，消費行動歴，争点意見等をもつ有権者が「説得可能」かが推定できる。直接推定できる有権者はこの規模でも，それをビッグデータのある行動パターン(投票や消費)との類似性でマッチングすることで，膨大な数の有権者個々人の説得可能な確率が推定でき，確率の高い有権者への大規模な直接的説得行動が実をあげる。

同様のターゲティング技術は，人々のインターネットサイトへの誘導，購買の説得，行政やサービスの効率化など多様に用いられるようになり，人工知能による情報処理能力・推定力の飛躍が拍車をかけているが，2016年のトランプ大統領誕生の経過でその悪用可能性が広く明るみに出た。悪意あるニセ情報でも，ターゲティングされた広告やニュースのなか

に忍び込ませて，望む方向に結果を意図的に変える可能性である。

ここには「良い目的」と「悪い目的」がありうる。ビッグデータの全てが知識情報基盤として社会的に役立つと仮定するのは高いリスクがある。災害時の電話輻輳や大規模交通渋滞の緩和目的でビッグデータを用いたり，データ野球の高度化に守備と攻撃の一挙手一投足のビッグデータを用いることは「良い目的」と見なされる。一方，データによる推論から特定のSNSユーザ群にフェイク情報をターゲティングして表示したり，消費者や利用者自身がコントロールできない，意識できない形で情報操作を行い，意識していたなら望まない（あるいは刑事的に問題だったり，一方的に操作者を利するような）心理や行動の変化，またクレジットの信用毀損や行動の監視などを招くことは「悪い目的」たりうる。分類の基準は手段のフェアネスと結果の社会的許容性がどこにあるかであり，たとえば「説得可能な投票者」のターゲティングがフェアかどうかはその国の民主主義のあり方で異なりうる。

自らに関する情報のすべてを管理できるよう個人が保護されるべきだという規範があっても，マイクロターゲティングがそうした規範をマッチングやネットでつながる他者の析出等の技術でくぐり抜ける可能性がある。SNSの広告のターゲティングなどを考えてみるとよい。

（池田謙一） 📖241

ピュリッツア賞
Pulitzer Prize

この賞はハンガリー系アメリカ人のJ・ピュリッツア（1847〜1911）の遺言により創設されたもので，ジャーナリズムにかかわる優れた取り組みに対して贈られる。米国コロンビア大学のジャーナリズムスクールに事務局を置き，毎年4月に受賞者が発表されている。ジャーナリズム部門だけがよく知られるが，審査対象分野は，文学，音楽・演劇にも及ぶ。このうちジャーナリズム部門は，ジャーナリズム活動部門，速報部門，調査報道部門，ローカル報道部門など14に分かれる。ピュリッツア賞理事会はメディアの形態が多様化する状況を受けて2009年からウェブ上で発表された記事も対象に加えるようになったが，翌2010年には，非営利のオンラインメディア「ProPublica」が調査報道部門で受賞した。（金山勉）

ファクトチェック
Fact-Check

政治家らの発言内容について事実に即しているか，誤りがないかを検証するジャーナリズムの手法。米大統領選挙でのトランプ候補の発言に虚実ないまぜの内容が多いため，米メディアが積極的に取り組んだ。これに触発されて，日本では朝日新聞が2016年10月に初めて導入。記事にそれぞれ「〇」（正しい），「×」（間違い），「△」（誤りが含まれていたり，重要な情報が欠けていたり，誇張があったりした）の印を付けて報じた。「公平・中立」を掲げる従来の政治報道では，あからさまな問題発言でない限り，両論併記に終始して独自の判断を避けがちだったが，端的な指摘が試みられている。対象とすべき発言を的確に見つけ出して，迅速，正確に検証するのが課題だ。（脇正太郎）

ファブレス
Fabless Company

ファブ（fab）は製造工場（fab＝fabrication facility）で、工場をもたず（less）、OEM（買い手ブランド名での生産 original equipment manufacturing）による製品を自社ブランドで販売する会社のこと。こうした方式は、①製造担当の組織と従業員をもたないことから、②設備投資が少なくてすみ、品目の転換が容易、③製造業者に競争させ、高品質で低価格の商品を仕入れられる、といった利点をもつが、④自己管理が営業・流通に偏ることになり、修理などの顧客要望に迅速に対応できない、⑤中間での情報漏洩の危険が増す、⑥コピー製品が作られやすい、等の問題点が指摘されている。江戸時代の日本にもあった経営スタイルだが、グローバル化した現代では半導体企業に多く、**アップル**が代表的。日本では任天堂やゲーム機器のセガ、そのほか清涼飲料の伊藤園などもそうである。（渡辺武達）

フィッシング
Phishing

「**なりすまし**」ともいわれ、ネットユーザーから個人情報（名前や住所、カード情報やパスワードなど）を奪い悪用する詐欺行為のこと。そうして得た情報によってニセの発信者が虚偽のWebサーバに誘導することが多い。デジタル化時代の新語で語源には諸説あるが、新しい手法の開発によって現在では国際化、大規模化している。世界中の政府間・企業間での**サイバー戦争**（デジタル戦争）でも使われている。2016年秋の米大統領選では、ロシアの政府機関が反ロシア政策を掲げるクリントン候補追い落としのため、フィッシングした情報をトランプ陣営に流したという疑惑（ロシア疑惑）があり、米連邦捜査局（FBI）や司法省までが乗り出す事件となった。北朝鮮もフィッシング活動による窃盗疑惑、マネーロンダリング（資金洗浄）を指摘されているが、欧米諸国の情報機関も同様の詐術を使ったり、対抗したりしていないわけではない。（渡辺武達）

フォトジャーナリズム（写真ジャーナリズム）
Photo Journalism

19世紀に入りフランスで写真の基本原理となるネガ技術が開発され、写真画像として社会のさまざまな出来事を記録することができるようになった。1880年代に入るとヨーロッパでは英国のフェントン（Roger Fenton, 1819～69年）がクリミア戦争（1853～56）の戦況を伝えるため従軍取材し、世界で初の戦争写真を撮った。米国でも写真雑誌『ライフ』（*Life*）が1936年に創刊され、フォトジャーナリズムの象徴的な存在となった。撮影された写真は、1000から2万ワードの長文にわたる記事またはパンフレットのなかに埋め込まれ、そこには私的な見解を盛り込む形態をとる**ロングフォーム（long-form）ジャーナリズム**との親和性がみられた。また、報道の客観性を超え積極的に取材対象にかかわりあい、事象を深くえぐりだそうとする**ニュージャーナリズム**、さらに文中に筆者が登場する一人称ジャーナリズムの**ゴンゾー（gonzo）ジャーナリズム**にも連なっている。21世紀に入りネット社会が急速に進展し、限られた紙面・スペース内で伝える枠組み

が取り払われ，写真，動画，テキストによる**ウェブジャーナリズム**が展開されるなか，フォトとロングフォームのコンセプトが見直されている。なお，フォトジャーナリズムにおいては個人の**プライバシー**，**名誉棄損**にかかわる課題は，別途検討すべきである。（金山勉）

不文律
Unwritten Rules

明文化されていない法律や規則であると同時に，お互いに心のなかで了解し合っている「暗黙の了解」「暗黙のルール」という禁忌事項で，対義語は「成文律」もしくは「成文法」。絶対に犯してはならない鉄則的なものから，家族内や知人間のやわらかい約束事まである。通常は日常生活を円滑に過ごすには外に出すと問題になりやすいが，知っていないと相互にトラブルになりやすい前提事項についていう。しかし**マスメディア**の場合には，**倫理綱領**には書かれていないが「やってはならない」とされることには，**スポンサー**が好まないものから天皇およびその制度の批判まで多種多様ある。後者の例では，靖国神社の宮司が天皇の戦跡追悼行為を批判し辞職に追い込まれたこと（2018年）が示すとおり，知っておくべきだが破ってはいけない「暗黙知」（tacit understanding）のような強い社会的拘束力がある。（渡辺武達）

プライバシーの権利
Right of Privacy

自己の情報をコントロールする権利。アメリカにおいて「ひとりで居させてもらう権利」（right to be let alone）の意味で解釈されてきた。しかし，近年情報との関連で理解するようになり，情報コントロール権とする見解が主張されている。日本国憲法では幸福追求権の一環として位置づけられている。プライバシーの権利は，判例によって承認されるに至り，元外相有田八郎をモデルにしたとされる小説がプライバシー侵害として訴えられ，東京地裁が判決でプライバシー侵害を認めた「宴のあと事件」（1966年に和解が成立）が日本の社会にプライバシーの権利を初めて認識させたものであるとされる。2017年，検索エンジンに表示される前科・前歴情報の削除請求に関して「公表されない法的利益が優越することが明らかな場合は削除できる」という判断基準を最高裁は示した。また，**GPS**を利用した捜査には令状を必要とし，立法措置についても最高裁は言及した。現代は**インターネット**上のプライバシー侵害が注目されるようになったが，インターネット上の**名誉毀損**と比較して，慰謝料が低額となる傾向がみられる。裁判を起こすよりも利用サービスの**ブロッキング**やアカウントの凍結などを狙う手法が散見されるが，直接利害関係にないものが関わること，運営会社（民間企業）の規約認定の可否には法的な保証がない点など，実効性と**公益性**のバランスについての判断が注視される。（中谷聡）　📖193

プレスオンブズマン
Press Ombudsman

報道による**プライバシー**侵害や**名誉毀損**から市民を守るため，マスコミ各社が自主的に設置した民間のオンブズマン（オンブズパーソン）。「全権を与えられている代理人」という意味であった。1713年のスウェーデンで国王の最高代理人（オンブズマン）職が設置されたのが

嚆矢である。1809年，市民の代理人としての議会オンブズマンが設置された。行政の拡大に伴い，オンブズマン制度は北欧に拡大する。公的なオンブズマンに対し，プレスオンブズマンは，メディア自身が主導し，創設した報道倫理監督機関である。スウェーデンのプレスオンブズマンは議会が任命したオンブズマン，法曹会会長，報道団体合同委員会会長の3人によって人選される。任期は3年で，3年更新が認められる。アメリカのプレスオンブズマンは各報道機関（多くが日刊紙，テレビやラジオが若干）が苦情処理機関を設けている。アメリカで最初にプレスオンブズマン職を設置したのは，1967年ケンタッキー州の『クーリエジャーナル』『ルイビルタイムズ』両紙である。また，アメリカでは全国規模のニュース評議会設置が1973年に試みられたが，現在活動しているニュース評議会は1971年設立のミネソタ州のもののみとなっている。イギリスでは1953年以来，報道評議会が存在し，法律家が議長に任命されており，電波メディアにも同様に電波メディアの規律・監督を行う規制機関として **Ofcom**（Office of Communications）がある。（中谷聡） 📖166

プレスの自由委員会とメディアの社会的責任
The Commission on Freedom of the Press and Media Responsibility

「プレスの自由委員会」は1942年タイム社からの基金により，アメリカのシカゴ大学総長，R・ハッチンスを中心に組織され，マスメディアの社会的責任について検討した。委員長の名をとり「ハッチンス委員会」ともいわれ，1947年にシカゴ大学出版局から刊行された報告書（通称ハッチンス報告書 Hutchins Report，原題「自由で責任あるメディア」 *A Free and Responsible Press*）は現代におけるマスメディアの危機として3つを挙げる。第1は，社会におけるメディアの果たす役割の大きさが増しているにもかかわらず，メディアに参加しそれによって意見表明のできる人が逆に減少していること。第2，そうした状況のなかでメディアに参加できる少数の人たちが実際の社会活動において公共の福祉への貢献を行っていないこと。第3，それらの少数の人たちの行動には社会的な批判の対象になるものが多々あり，健全な社会の維持にはそれらはむしろ有害でさえあること。しかし，このようなマスメディア状況を改善するために政府の統制に頼ることはかえって**プレスの自由**を殺すことになりかねず，またそれは全体主義を招きやすいので，マスメディア自身の**自主規制**が必要だとし，「今，何ができるのか」については，①政府は何をなすべきか，②プレスは何をなすべきか，③公衆は何をなすべきかという3方向から計13の提言をした。

このハッチンス委員会報告書から大きな影響を受けた**W・シュラム**は後に，F・シーバートやT・ピータスンらとともにマスメディアを，①政府の政策を実施するための権威主義的なもの，②政府をチェックし，社会の他の諸必要をみたすための自由主義的なもの，③国家に所有され，完全に統制されたメディアが国家の武器としてのみ存在している全体主義的なもの，④メディアは自主的に社会的責任を負わねばならず，そうしないと

誰かがメディアを監視しなければならなくなるという社会的責任論によって対処すべきもの、に分類し、④をいちばん好ましいものと考えた。メディアと政府との関係については後者が「公共サービスを保証するために乗り出す必要のある時以外、メディアは私有・民営」(『マス・コミの自由に関する四理論』1956年、日本語版、1959年)であるべきだと結論づけた。

　メディアの社会的責任についての議論がアメリカで最も早く、かつ体系的になされた背景には、アメリカではすでに1927年にテレビの特許申請がなされ、ラジオ法が制定されているし、31年にはCBSテレビ実験局、翌年にはNBCテレビ局の開設へと進んできた歴史が示すように、放送の発展と放縦が同時進行し、社会的強者によるメディア利用への危惧が出てきたということがある。ハッチンス委員会報告書はそうした認識の上に立って、メディア自体が**言論の自由**を脅かしかねない事態を憂慮し、その危機感からメディアの**自主規制**を提起した。またシュラムは『マス・コミュニケーションと責任』(1957年刊、原題 *Responsibility in Mass Communication*、日本語版『マス・コミュニケーションと社会的責任』1959年)を書き、より詳しくその議論を展開している。なお、「メディア**アカウンタビリティ**」ということばは、メディアの「説明責任」などと訳されるが、正しくは「メディアの責任自覚と責務の履行」という意味である。(渡辺武達)

📖 170, 182

プロパガンダ
Propaganda

　宣伝とは、特定の目的をもって個人あるいは集団の態度と思考に影響を与え、意図した方向に行動を誘う説得コミュニケーション活動の総称である。操作性において「教育」と、組織性において個人的な「説得」と区別する立場もあるが、大衆社会においてその境界は実際には曖昧である。一見普遍的にみえる算数の教材が売買や金利の計算を通じて資本主義システムを支えているとか、他愛のないディズニーアニメが**文化帝国主義**の先兵であるなど、教育や大衆文化の操作性を指摘する議論は繰り返し行われている。また、メディアで公表される統計数値や**世論調査**がいずれも特定の政策や意図をもって算出された以上、それを宣伝の材料とみなすべきであることはすでに現代の常識ともいえよう。

　このようにほとんどのマスコミュニケーション過程に想定できる宣伝であるが、一般的には、政治宣伝の「**宣伝／煽動**」、商業宣伝の「**広告**」、公共宣伝の「**広報**」(**PR**)に区分して議論される。

　①「宣伝／煽動」propaganda/agitation＝第1次大戦の経験から使われ始めたソビエト国家の指導者レーニンの定義が一般に流布している。「宣伝家は、主として、印刷されたことばによって、煽動家は生きたことばによって、活動する」(日本共産党中央委員会宣伝部編『レーニン―宣伝・煽動』国民文庫、1969年)。つまり、宣伝は論理的内容をエリートに教育することだが、煽動は一般大衆向けに情緒的なスローガンを叩き込むことである。

②「**広告**」(advertisement)：共同体の原理に従う情報操作を「宣伝」と呼ぶのに対して、市場の原理に従うそれを「広告」と呼ぶ。しかし、現代の大衆消費社会においては、共同体と市場の差異は曖昧になっており、「政治広告」という言葉は「宣伝」と同じ意味で使われている。

③「**広報**」(**PR**) publicity (public relations)：営利活動である公示行為を「広告」と呼ぶとき、集団が構成員の共通認識を形成するために行う非営利行為を「広報」(PR)と呼ぶ。広報者は「黒い」宣伝に対して「白い」啓発活動であることを主張するが、情報の正確さや出所の明示性によって「宣伝」と判然たる区別はしがたい。(佐藤卓己)　📖 95, 103, 114

米国立公文書館
National Archives and Records Administration (NARA)

米国立公文書館は、連邦政府の公文書を保存・管理・公開する独立機関「公文書記録管理局」(National Archives and Records Administration: NARA)の施設に対する一般的呼称。首都ワシントンD.C.中心部、連邦議会議事堂を臨むペンシルベニア通りに本館があり、ここでは独立宣言など建国時の重要文書類が展示されている。本館からシャトルバスで45分ほど郊外に行ったメリーランド州カレッジパーク市の新館(Archives Ⅱ)には、第2次世界大戦期から戦後期の各省庁の公文書・写真・地図・映像などが保存・管理されている。身分証明書を提示した上で、公文書利用に関する説明を受けると、国籍によらず公文書を閲覧請求できるため、世界中から研究者が訪れる。これ以外にも、全米各地にある分館、33代フーバー以後の各大統領図書館もNARAが管理している。米国は1946年の行政手続法(Administrative Procedure Act: APA)で公文書を保存し、市民に公開することを義務づけていたが、管理方法は各省庁に任せていた。しかし、保存すべき文書が破棄されてしまう問題が発生し、NARAが一定の方針のもとで政府文書を管理することになった。1966年の情報自由法(Freedom of Information Act: FOIA)では、公文書を市民に公開し、その評価に委ねることが民主主義の基本であるとする理念から、市民から情報公開請求する権利を明記、そのための書式を準備することを具体的に義務づけた。同法に基づく**情報公開請求**を「FOIA(フォイア)リクエスト」と言い、NARAでもできる。ただし、公開請求を行った文書がすべて公開されるのではない。利用するための実践的入門書として『研究者のためのアメリカ国立公文書館徹底ガイド』がある。(吉本秀子)　📖 131

米国のメディアコミュニケーション教育
US Media and Communication Education

米国の多くの大学では、欧州にそのルーツをもつとされるコミュニケーション学の分野の一部門でメディアに関する専門教育が行われている。そこでは、媒体としてのメディアそのものではなくコミュニケーションに焦点を当てた教育および研究が主流であることに大きな特徴がある。コミュニケーション学部をもつ代表的な米国の大学として、ペンシルベニア大学、南カリフォルニア大学、スタン

フォード大学，ノースウエスタン大学，ミシガン大学，ニューヨーク大学などが挙げられる。これらの大学では，多くの研究資金に支えられた質的研究や量的研究の成果から生まれたメディア・コミュニケーション研究について幅広く学ぶことができる反面，その研究対象の大半が米国の事例に限定されているという課題を抱えている。(阿部康人) 122

放送禁止用語，差別用語，不快用語
Prohibited Words for Broadcasting, Discriminatory Language, Uncomfortable Words

放送は地上波（一般放送），空中波（衛星放送），ケーブルを問わず，誰でも容易にアクセスできるものであることから，**放送法**はそれらに「公共の福祉に適合するよう」（1条）求め，**NHK**や**民放**各局（または**民放連**）は独自の番組（放送）基準等を定めている。さらに各局は内規として，放送に適切でない用語・用例などのリストも作っている。そこには①差別を助長するもの，②露骨な性表現，③方言の蔑視，④民族的偏見，⑤不快感を与えるものとして，「特殊部落」（同和地区，と言い換え），「めくら」（目の不自由な～），「坊主」（僧侶），などの例示がある。しかしこれだけでは問題の一面的見方にすぎないし，ネットによる放送は**放送法**の拘束下になく，その交信も事実上の野放し状態である。逆に天皇制批判はメディア全体の**不文律**の**タブー**となっている。(渡辺武達)

報道協定
News Reporting Agreement

新聞や放送など一般社団法人**日本新聞協会**（東京千代田区）に加盟する報道機関同士が申し合わせ，報道により被害者の人命がいっそう危険にさらされると思慮される誘拐事件などにおいて，取材から報道までを「自主的」かつ一斉に一定期間全面的に停止（自粛）することを取り決める協定のこと。報道協定は，警察側からの締結（自粛）要請を受け，**日本新聞協会**に加盟する報道各社（新聞，放送，**通信社**）の本社編集・報道幹部全員の了解のもとで成立する。警察当局は，締結には参加しないが，事件の進展状況等を適時報道側に発表することになっている。被害者を安全に確保できた場合や，1社でも報道を望んだ段階で解除するのが原則だとされる。

なお，**記者クラブ**単位で結ばれ，その範囲で効力をもつ記者クラブ協定（黒板協定など）も，報道協定という呼び方がされる場合もある。

誘拐事件等に関する報道協定の制度化の端緒は，1960年に東京で発生した小学男児誘拐・殺害事件で，逮捕された容疑者が「報道で非常に追い詰められた」と供述したことにあるとされ，同年6月17日に日本新聞協会編集小委員会で「誘拐報道の取り扱い方針」が決められた。これは，警察当局と報道側との間で締結されるものであり，適用範囲や締結期間が曖昧で拡大運用されることもあった。そこで1970年2月5日に改正し，改めて現行の「誘拐報道の取り扱い方針」等を定め，報道機関による各社間協定に変更した。

それでも報道協定制度には，大きく6つの問題点がある。

第1に「仮協定」というグレーゾーンを残していること。警察当局から協定締

結の要請があり，報道側が締結如何の結論を出すまでの間，「**仮協定**」(**記者クラブ**ベースの緊急協定)が自動的に発効し，取材・報道を停止する。これは一時的にせよ報道管制そのもの。

第2，報道協定の対象範囲が，誘拐事件だけでなく，恐喝や不法監禁事件等々にまで拡大される恐れがある。実際，連続企業恐喝事件(『グリコ・森永事件』)における報道協定(1984年11月8日締結)，湾岸戦争勃発を前にしたクウェート在留邦人の脱出にあたっての報道協定(1990年8月21日締結)，皇太子妃候補選定にあたっての報道協定(1992年2月13日)などが結ばれている。

そもそも報道協定は，誘拐事件に先んじ皇室報道から始まった。当時の皇太子(平成の天皇)の婚約に係る「皇太子妃報道に関する日本新聞協会編集小委員会申し合わせ」(1958年7月24日)，「皇太子妃候補者の取材に関する日本新聞協会編集委員会申し合わせ」(同11月19日)など。

第3，報道の各社間協定であっても言論・報道の自律に疑問符が付く。

第4，報道統制(管制)に抵抗感がなくなる。熊本市女児誘拐・殺害事件(2011年)では，「報道協定締結を申し入れる可能性がある」との県警幹部の要望だけで，着手していた取材・報道を控えている。「昭和」の末期には天皇の重体報道から死去・葬儀報道に至る過程で，報道協定もないのに自粛と一色一斉報道が繰り広げられた。「平成」に入ると通称「国民保護法」が制定され(2004年)，いわゆる政府が「武力攻撃事態」や「緊急対処事態」などと判断して発表する緊急情報を受け，NHKなど報道機関は速報する責務を負わされた。実際に2016～17年に活発化した北朝鮮ミサイル発射実験の時などで適用され，異様に危機を煽るアナクロニズムな放送が繰り返された。「国民の保護」を前面に押し出したものであり，「グリコ・森永事件」の報道協定時に危惧された事態が現実のものになっている。

第5，一度締結された協定は，情報を握っているのが警察当局であるため，報道側の自律的な解除が難しい。皇太子妃候補選考や「グリコ・森永事件」などでは，**日本新聞協会**に非加盟の外国メディアや雑誌が書くまで金縛り状態に陥った。

第6，**SNS**などの飛躍的な普及で報道協定の実効性に疑問。(丸山昇)

📖 138, 198

報道の危機管理
Media Crisis Management

大規模な災害が発生した場合，あるいは発生が予想された場合に，それに即応した態勢をとることができるように準備すること。**放送法**6条の2は「放送事業者は，国内放送を行うにあたり，暴風，豪雨，洪水，地震，大規模な火事その他による災害が発生し，又は発生するおそれがある場合には，その発生を予防し，又はその被害を軽減するために役立つ放送をするようにしなければならない」と定めているほか，とくに**NHK**は，**災害対策基本法**において「指定公共機関」と規定され，防災計画の作成・実施，都道府県および市町村への協力，業務を通じての防災への寄与が責務とされている。またNHKを含めて有力な放送局は国民保護法施行令において，「武力攻撃事態

等」には，国民保護のための放送を行うことが義務づけられている。

　ケーブルテレビ局や新聞社は，これらの法律法令上の規定から外れているが，危機管理の必要性に変わりはない。日本新聞協会と警察庁との間では，**災害対策基本法**において「指定地方公共機関」とされていない報道各社に対しても，取材用車両を「緊急通行車両」として扱うことが合意されている。

　大規模な災害においては，報道機関それ自体も被災を免れえない。したがって，危機における初動態勢の確保，メディア間での相互援助や後方支援体制の仕組みを作ることは，いずれも重要な課題である。また，被災地のメディアと被災地以外のメディアの役割分担を明確にして報道にあたることや被災者への取材のあり方について研修を積んでおくことも大切である。（早川洋行）

ポピュリズム
Populism

　政治用語としては「大衆依存主義」あるいは「大衆扇動主義」と訳され，イギリスのEU離脱国民投票（2016年）やトランプ米大統領の誕生（2016年）に象徴される政治状況，大衆の「自分だけよかれ」式の思考方式とそれを利用する政治形態のことで，歴史的にはヒトラーなどがその主導者の典型である。自己中心主義，排外主義とも重複する用語で，民衆の素朴な欲求に根ざした政治哲学を標榜するが，実態としては民衆を見下した権力支配の側面が強い。社会変革には民衆の希望と社会の仕組みとの整合性が必要で，実現には信頼できる政治家を選べる知性と情報が必要となる。それにはメディアの社会教育機能が重要になる。アメリカの教育哲学者デューイ（John Dewey）はこれを強調しており共同社会を相互扶助の精神で支える公衆への期待が今ふたたび注目されている。（渡辺武達）

ポルノグラフィー（ポルノ）と猥褻
Pornography

　猥褻とは性について社会の公序良俗に反する形で取り扱う卑猥表現のこと，ポルノ（porno）はポルノグラフィーの短縮形でギリシャ語で売春婦のこと。転じて現在では露骨な性的刺激を引き起こす表現や物品のことをいい，何が猥褻・ポルノで，何がそうでないかの内容は時代と文化基準によって変わる。写真集や男性週刊誌の女性モデルのアンダーヘア露出は1980年代からほぼ解禁になった。だが日本ではこうした描写が当局から告発されなくなると，その影響が一般テレビの深夜番組にも及び，そうした表現を見たくない人に結果として押しつけたり，女性を男性の（その逆もある）性的関心だけから見るという問題等を引き起こしている。反対に，多くの欧米諸国では，男女の外性器の結合を含む性描写でさえ，見たい人だけが見られる印刷媒体・ビデオ・映画・有線テレビ等で普通になっているが，日本では刑法175条の「猥褻罪」等によって処罰される可能性が高い。反対に，欧米では誰でもアクセスできる一般の放送等では日本よりも厳しい規制がされている。インターネット時代に入り，露骨な表現にぼかし（スクランブル）をかける手法が専用ソフトで破られたり，そうした猥褻サイトが誰でもみられるようになり，**セクハラ**や痴漢行為を誘発し子どもを害しているとの批判も強い。そ

のため,「児童買春,児童ポルノに係る行為等の処罰及び児童の保護等に関する法律」(2011年制定) などの対策がとられるようになったが効果的とはいえず,社会全体の協力と取り組みが必要であろう。(渡辺武達)　📖 49, 72, 211

〈マ〉

マスメディア
Mass Media

マスメディアは一度に多数の相手 (マス mass) に情報を提供できる媒体 (メディア) のことで,一般的には新聞・雑誌・テレビ・ラジオ (広告業界ではこれらを「**マスコミ4媒体**」と呼ぶ) や書籍 (単行本・雑誌等),映画などを含めることもある。その特徴は不特定多数の人に大量の情報を一度に伝達できる機能にあり,日本ではマスコミと同義語として使われている。が,後者はマスコミュニケーションの省略形で,英語では上記の特徴をもった「コミュニケーション (相互伝達) 形態」のことである。**インターネット**が一般化した今日では1つの発信源へのアクセス者数がときには100万人を超えることが珍しくないし,多くのマスコミ企業も電子・**デジタル版**を発行,頻繁に更新しているから,現在ではメディアとコミュニケーションの定義の変更が必要になってきている。その結果,前者を「**伝統メディア**」(traditional media),後者を「**ネットメディア**」(net media) と呼び区別することもある。両者の最大の違いは前者の発信情報は一定の編集過程を経て,倫理性と**公益性・公共性**を保ち,逸脱が指摘された場合に備えた審議会等の社会的管理体制の下にあり,その

システムが実際にもある程度機能している。対して,後者には問題が多く,運営者による情報内容の管理は困難で,情報の真偽を問い検証することは物理的にも不可能に近い。その典型が米国45代大統領D・トランプの**ツイッター**で,そこではフェイク (非真実) が「もう1つの事実」として発信され,米国メディアだけではなく,世界中で批判が起きているのに,そのまま信じたり,楽しんでいる人たちさえ少なくない。(渡辺武達)

ミドルメディア
Middle-Media

現代の情報空間は,**マスメディアとソーシャルメディア／SNS**だけではなく,両者をつなぐ「**まとめサイト**」の存在が有効性を助けているとして,2006年に藤代裕之が名づけた中間的メディアのこと。**インターネット**の開発は1960年代,敵からの軍事攻撃に耐えられる分散型通信の必要性から始まったが,1990年代にその技術の民生転用が実用化し,マスメディアを脅かし始めた。続く安価なPC／スマートフォンの開発が送受信の個人化を促進すると同時に,情報の真偽を問わない交信というフェイク問題まで出てきて,マスメディアやネット情報をまとめたり,コメントしたりする参照系中規模メディアの登場となった。(渡辺武達)　📖 168

MIMA サーチ
MIMA Search

今日,情報の伝達や知識の活用のあり方は,次の2点により劣化していると言わざるを得ない。

1点目は,学問の領域化によって生じた問題である。科学の発展,専門の深化により,知識は爆発的に増加したが,同

時に現在の学問分野は過度に細分化され,知識の相互のつながりがわかりにくくなっている。学問はさまざまな知識を領域化し,領域内の原理的構造を発見することによって,それらを科学化,知識化してきた。専門性は,この領域化を基盤に制度として整えられ,学術的地位を確立していったといえる。しかしながら,その結果として,各分野は,既存の学問体系に収まらない複雑な事例への対応力を脆弱化させ,他の学術領域と連携して解決を図ることにも困難を生じさせているのが現状である。

2点目は,高度**情報化社会**における情報量がもたらした問題である。情報通信技術 (Information Communication Technology: **ICT**) の発展とインターネットの大衆化は大量のデジタルメディア・コンテンツを生み,人々がさまざまな情報・知識にアクセスする機会を拡大した。だが,情報の洪水は,人々に適切な情報・知識を適時に収集することを困難にさせ,情報過多の弊害をもたらしている。

価値ある情報・知識が大量に捨てられているのである。

他方,ICT の発展は,大量のデジタルメディアに対するさまざまな処理を高速に行うことも可能としてきた。さらには,人工知能 (Artificial Intelligence: **AI**) や自然言語処理技術の高精度化により,言語情報を始めとしたメディアの深い理解を全自動で行うことも実用の段階に入ってきている。たとえば,全文検索やテキストマイニングの技術により,瞬時に,大量の文書のなかから意味的に関連するものを検索することや,大量の文書群の全体の傾向等をリアルタイムで読み取ることが可能となってきている。

MIMA サーチとは,このような **AI**,自然言語処理,および可視化の技術を統合した情報検索・可視化システムである。MIMA サーチでは,文書間の関係を構造的に捉え,扱っているテーマや他の文書との類似度などを自動的に認識し,その情報をもとに検索結果を「点」と「線」でリアルタイムにネットワーク表現する。これにより,関連する文書の検索だけではなく,文書間の意味的関連に基づいて,そこに含まれる知識や情報間のつながりを視覚的に捉えることが可能となる。

MIMA サーチの機能は大きく次の二つにまとめられる。それは,大量のテキストの高速処理と,処理結果の可視化である。MIMA サーチでは,自然言語処理,および **AI** 技術(機械学習)を活用することで,テキストの分析と関連性の計算を高速かつ高精度に行い,さらに,可視化技術を活用することで,分析したテキスト間の関連性をグラフィカルに表示する。また,GUI (Graphical User Interface) により直感に即した操作を可能とすることで,検索(必要な情報・知識の収集)や分類の支援を行う。「分かる」の語源は「分ける」だと言われるが,MIMA サーチにより大量の情報・知識の関連性を高速に計算し,分類,可視化することは,正に全体像を「分かる」ことにつながる。

社会では種々雑多な情報や知識のやり取りが日々洪水の流れのように行われている。現状では,それら一つ一つに目を通し,理解するのはほぼ不可能である。それでも,我々はそれらから意味ある情

報・知識を読み取っていかなければならない。MIMAサーチによって，日々流入する情報・知識を構造化し，可視化すれば，それらを俯瞰することが可能になり，情報の取捨選択や，知識の活用は大いに容易になるはずである。（美馬秀樹）

名誉毀損
Defamation

他人の名誉・社会的信頼性を傷つける行為。刑法230条に規定される名誉毀損罪は，公然と事実を摘示して名誉を毀損した場合に成立し，3万円以下の懲役若しくは禁錮または50万円以下の罰金が規定されている。なお，親告罪である。民法723条における名誉毀損は事実の摘示だけでなく意見や論評であっても社会的評価が低下すれば不法行為が成立するとされ，損害賠償に加えて，名誉回復の適当な処分を裁判所が命令することができる。

マスメディアによる名誉毀損としては，2004年に最高裁判決が確定したNHK訂正放送等請求事件では，放送によって名誉毀損・プライバシーの侵害を受けた人物が放送局に訂正を求めることができるか否かについての民事訴訟がある。最高裁は，**表現の自由**の下における自律性と干渉の排除が**放送法**の理念としたうえで，訂正放送は放送局が自律的に行うことを義務付けたものであり，被害者が訴訟で訂正放送を求める権利は認めていないと判断した。

インターネット上の名誉棄損の場合，**投稿者**への交渉，サービスプロバイダへの削除依頼などを経て，訴訟へと発展することとなる。発信者の身元特定には運営会社への発信者情報開示請求などを経なければならず，費用と時間がかかることとなる。即効性を求めて，第三者が投稿者の利用するサービスに対してアカウントの停止を求めたケースが2018年に散見されたが，別アカウントへの移行による対策，安易な停止要求などの問題が見られ，判断が分かれるところとなっている。（中谷聡） 📖189

メディアインテリジェンス
Media Intelligence

メディアインテリジェンスは音声認識，音声合成，知的対話，画像認識などのメディア技術を活用してデータを収集・分析することで，多様なサービスを生み出すことを目的としたデータ分析・活用技術を指す。技術の進歩によってデータ活用の幅が広がり，さまざまな機器・メディアを通じた情報収集が可能となった。

広告業界での活用例としては，デジタル化された数多くのメディアから自社に関わる情報を収集・分析し，生活者のリアルタイムでの声を集約，次の広告やPR戦略に役立てるといったことが実現されている。さらに，近年ではテレビメディアのデジタル化に伴い，マスとデジタルを跨ぐデータ分析による**広告効果**の測定なども徐々に行われつつある。（三ッ井淳）

メディア化
Mediatization

「メディア提供情報依存社会」のことで，生活上の直接的対話よりも経済・政治・文化等，社会の全局面においてメディアの役割が決定的な状況をいう。厳密な学問的定義要件を満たす用語ではないが，通常，①メディア組織が社会でより大きなアクター（行為者）になっている

こと、②メディアが個人間・制度間での関係づけの形成者になっていること、③メディアの提供する情報が人びとの考え方や態度に大きな影響を与えるようになってきたこと、④人びとの時間消費のうち、メディア接触によるものが大きくなっていること、さらには⑤メディアの発達が大衆文化だけではなくその他のテーマでも影響力として無視できなくなっていること等を意味している。メディアが人間社会でかつてないほどの力をもつようになった状況のもとでメディアが経営の問題や政治権力との関係で他の社会制度との適切な関係を築けないでいること、さらにはネットが事実とフェイクをしばしば混同しかねない状況を作りだしているといった問題も指摘できる。

　私たちは各種メディアの伸長を黙視するのではなく、どのようにしてその質的向上を図るべきかを考えねばならなくなってきたということで、米国議会の政治活動におけるメディアの役割を例にして説明すれば、1950年代までの新聞中心時代、**全国紙**がなく5000以上の地域紙があったが、そこでは連邦議会での議論の詳細報道はなく、人びとは政界中央のことを知ることができなかった。民衆も地域のことだけで満足し、議員も都合のよい情報を伝えるだけでよかった。当時の議員たちはジャーナリストがそうした慣行を破るとか、彼らの私的行動をセンセーショナルな記事にして、外部からの信頼をぶち壊すのでは、といった心配は無用だった。しかし、テレビが力をもち、全国共通の題材を報じだした1960年代からは事情が変わり、議会の委員会や分科会が社会的に公開されるようになり、**地方紙**が廃刊に追い込まれた。1960年のケネディ対ニクソンの大統領選テレビ討論はテレビ映りが良かったケネディが勝ったことで知られるが、ラジオでそれを聴いた人の多くが議論を内容で理解してニクソン支持に傾いたことも、メディアで伝わる情報はその媒体特性で異なることを表している。

　80年代までに連邦議会の様子も実況中継されるようになり、議員たちはそれに合わせた活動形態に転換し、ワシントンにおける政治決定過程そのものが民衆にとって身近な、**市民**参加型、多元主義型に変化した。メディアの発達が議会の公開度をいっそう高め、議会側も社会に支持され批判的になってきた報道機関との相互交流を始めた。ジャーナリスト側は報道対象とした政治家にしばしば挑戦的になり、インタビューでも答えをそのまま伝えるだけではなく、発言の背景にまで踏み込んで報道するようになった。だが、そうした変化がメディアの果たすべき責任ある報道を前進させたかという点では必ずしもそうではない。なぜなら、①政治現象におけるメディアの役割の増大と、②メディアを通して政治が社会に伝わるということが、今度は③政治家側に「メディア対策」とでもいうべきものを生み出したからである。つまり政界を含む社会の指導層がメディアへの対応策を練り、メディアを自分たちの価値目標を伝えさせるものとして操作しようとする面が出てきたのである。

　このように、「メディア化」とはそれまでと比べて政治家たちがメディアに対し戦略的に対応するようになってきた状態をも意味するが、彼らがメディアによ

って力を増大させたとか，メディアが政治とともにその力を増大させたということではなく，メディアが以前に比べて，政治闘争の場と化し，今や社会的利益への貢献活動よりも，メディアとりわけ**SNS／ソーシャルメディア**を使いこなすことが有能な政治家になる条件になってきたという憂慮すべき事態をも表している。(マイケル・シュドソン〔Michael Schudson〕著，渡辺武達訳)

📖 52, 249, 250, 251, 252

メディア産業
Media Industry

メディアは情報を載せて別の場所へ伝える「媒体＝乗り物」のことで，主に企業体が，**オーディエンス**の必要とする情報を生産し，メディアを使って提供する経済活動をいう。日本では戦後，新聞・雑誌・ラジオ・テレビのいわゆる「**マスコミ4媒体**」が中心だった。しかし，1990年代の**インターネット**の商用化で，業界は一変した。ネットは，既存メディアがそれぞれ別個にもつ文字，静止画，音声，動画の機能をすべて兼ね備え，**双方向性**をもつ。個人でも手軽に意見を発信し，世界中のニュースや情報をほとんど無料で受信できる。この圧倒的な魅力で爆発的に普及した。当然のことだが，既存のメディア産業は打撃を受けた。とくに新聞のダメージは大きく，さらにスマートフォン出現が追い打ちをかけた。新聞発行部数は，2009年から毎年ほぼ100万部ずつ減少，ピーク時の5376万部が4212万部（2017年）まで落ち込んだ。**広告**もピーク時1兆3592億円が5147億円（同）まで減少した。雑誌，ラジオにも同様の傾向がみられる。この間，ネット広告は，1996年の16億円が，ラジオ（2004年），雑誌（2006年），新聞（2009年）を瞬く間に追い抜いて1兆5094億円（2017年）になった。いずれテレビ1兆9478億円（2017年）を抜くともいわれ「ネット一強」の様相をみせている。対する既存メディアはネット分野への進出や新規事業の開発など巻き返しに懸命だが，局面打開の決め手は未だみえていない。ただ，ネットには「偽情報」の横行など問題も多い。メディア産業の評価には経営的側面だけでなく，ジャーナリズムの側面からの社会的評価の議論が欠かせない。
(齊藤修) 📖 231

メディアと権力
Media and Power

日本のメディアにおける，松本サリン事件（1994年）の第1通報者の犯人視**誤報**や自称「赤報隊事件」（朝日新聞連続襲撃事件）実行犯の告白記事**虚報**（『週刊新潮』2009年）などに代表される，報道の**誤報・虚報**，人権・**プライバシー**侵害や曲報等は，発信者側の調査不足への批判は当然としても，報道対象への加害的側面，メディア企業にとっての一時的な営業利益の他に，時の社会的権力（政治・経済と軍の合同権力）への迎合になる。結果として，市民・**オーディエンス**は知らず知らずのうちに物事を深く考えないようにし向けられ，大きな社会枠組みへの変革姿勢を削がれるようになるからである。

放送を例にすれば，①**NHK**は**公共放送**を標榜し，総務省所管の特殊法人だが，そこに顕著な政治的ことなかれ主義によるニュース項目選択と政権与党寄りの姿勢，予算審議，経営委員の任命等に起因

する政界・官界とのなれあい，NHKの制作協力組織として株式会社化された下請け企業群の過酷な労働条件等が見られる。②**放送法**と**民放連**の**放送基準**の精神（放送基準マインド）である「公共の福祉」に適合せず，「健全な民主主義」や「文化の向上」に資することのない番組を放映し続ける**民放**。社会的強者としての大広告主優先に起因する情報操作。③**電波法**と**放送法**とを恣意的に適用し，国民の共有財産であるべき放送をその「**公共性**」概念の判断を含め，総務省の独占的管理に閉じ込めようとする政・官機構。④新聞と後発のテレビの成立過程からくる，両者の人事・資本などの系列化，および放送の免許事業制による国会議員（族議員）と総務省（旧・郵政省）官僚によるメディア全体へのコントロール。⑤政治的偏向批判を避け，同時に**視聴率**をあげるための娯楽偏重主義と**センセーショナリズム**，ならびにテレビ報道の「ワイドショー化」と俗的関心への迎合。⑥ネット資本によるテレビ企業株の取得や外国資本との提携といった倫理を欠如した放送のグローバル化・国際**系列化**と，米国ないしは米国系メディアによる発信情報の寡占および情報内容の親米化傾向。⑦スペクタクル性重視のメディア特性と非論理性，ならびに効率性重視による情報産業化の弊害。⑧メディアのエンドユーザーである視聴者の軽視およびメディアに対するアクセスと視聴者による番組検証制度の不備。⑨放送文化基金や文部科学省の科学研究費の配分における，メディアの現状肯定および政府案支持型研究の優遇。その結果，原子力発電報道の偏向に関するレポートの学会発表の不採

用といった，ジャーナリズム研究の偏向さえ起きている。

こうしたことを認識したうえで，日本のメディア，とりわけ放送のあり方を，主権者である市民・国民の手に取り戻すには，以下の3つのプロセスでの検討が不可欠であろう。第1．メディア，ジャーナリズムの社会的機能の最大のものは「人と人とを結び，人の目となり耳となる」ことであり，その結果としてメディアの提供する情報が「人の適正な社会的判断を可能にする資料」となり，「メディアの存在が市民主権社会の円滑な運営のための不可欠な補助手段となること」の確認とその社会的合意の形成。第2．読者・視聴者である**市民**がいかにメディアの政策形成に参画していけるかという，国家と社会的強者を排した新しい「メディアアクセス」の論理とシステムの構築，および第3．それらのことを社会的に保障するシステムと法的整備。

このような認識をすれば，①ネットを含めた流通情報の質的改善のために公的な「日本メディア資料館」などを作り，問題が起きた時のチェックを可能にする必要があること，②メディアの国家管理と商業的放任の両者に欠陥があることはすでに明らかだから，NHKを日本公共放送網（NKH）とし，**民放**の公益法人化構想を含む，第3の道を探す必要性があること，③今や，放送と出版，電波メディア，そして**インターネット**は，資本・人事・ソフト，機器製造などあらゆる面でグローバルな規模で相互に密接に結びついている。そのため，メディアのトータルな**市民主権**監理組織として，準司法行政独立組織としての「日本メディ

ア委員会」（仮称）を設置し，その付属施設として，上述の「日本メディア資料館」などを組織的に管理することが喫緊の課題であることなどがわかる。現在のような，国家・政治権力と大**広告主**・経済権力支配の濃厚なメディアを**市民**の**知る権利**に奉仕させる方向に転換するには市民主権の新たなメディア監理制度の確立が求められているということである。

（渡辺武達）　　　　　📖52, 227, 228

メディアと国家
Media and State

歴史的にも今日的にも，また地域的にも，メディアと国家との関係には大きなバリエーションがある。中国やヨーロッパにおける初期の**印刷**技術の発達は封建君主たちによって厳しく統制された。近代の西洋における新聞は国家によるそうした桎梏から脱け出ようと長い闘いをしてきた。現在ではメディアと国家の関係には，地域によって，そしてメディアの種類によって多様な形態ができあがっている。

今日，一方に，**マスメディア**が国家の直接支配下にある社会／共産主義型のものから，他方に，基本的な部分で国家からは離れている米国型のものまである。いうまでもなくこの中間には多くのメディア形式が存在する。たとえば，イギリスではメディアと国家が密接に結びついている局面がある。**BBC（英国放送協会）**は国家の機関ではないが，税金（受信許可料，license fee）に依存している公社（public corporation）で，その運営委員会（Board of Governors）は実質上，首相によって任命される。**広告**に依存している「チャンネル4」は政府との関係は直接的ではないが，これもまた一種の「公社」だといってよい。日本の場合，しばしば，「**記者クラブ**制度」によってジャーナリストが政府機関にコントロールされやすいともいわれる。一方，中国やロシア，北朝鮮（朝鮮民主主義人民共和国）のように，国家からの自由がなく，**マスメディア**が国家に締め取られてしまっているところもある。だが，現実には，いかなる社会においても，マスメディアのような主要な社会制度が国家からまったく自由で，影響を受けないことは想定しにくい。

メディアに関して，国家はいくつかの重要な機能を果たしうる。第1は，規制者としてで，民間所有メディアの事業認可を出すための規則を決めること。第2は，メディアの事業主体としてで，間接・直接を問わず，メディアの情報内容に影響を与えていること。第3は，パトロン（保護者・支援者）としてで，国家がメディアに経済的援助を与えるということ。たとえば，スカンジナビア諸国では，現存する新聞に多様性を保障するための援助などの配慮がある。第4は，**検閲者**としてで，国家は直接的にメディアが提供すべき情報内容に干渉すること。第5は，メディアに対し，自らの行動あるいは行動に関する説明として記者会見の場や報道資料を提供すること。第6は，いわばイデオロギーとしての観点から論議されているもので，国家と**市民**との意見が食い違った場合，国家の主張を正しいものとして**世論**の誘導協力をさせること。国家は，程度に違いはあるのだが，具体的な現場では，以上のやり方の1つ，あるいはいくつかを組み合わせて使って

いる。いずれにせよ、国家が**マスメディア**に対し何ら影響力を行使しないということは考えにくい。メディアと国家との間の距離を置くことは重要だが、これまでの歴史上、国家は最も強力な社会制度である。その決定は、戦時のような極端な場合には、多くの人びとの生死をも左右する。この巨大な国家の権力を前にしてその決定に異議を唱える者は、いつの場合にも、当該事象に関して国家のもつ情報の完全公開を命がけで求めてきた。この公開ということが民主的な社会を機能させるための最低条件だからである。

しかし国家とメディアとのあるべき関係には微妙なものがあり、さらなる検討が必要である。理由の第1は、実際に国家から離れることが批判的な**広報**・報道という民主的な機能と相関するかどうかが定かではないということ。イギリスを例にとれば、国家によって規制された、あるいはその一部が国家によって所有された放送の方が、選挙のような重要な社会問題について、完全な民間所有で、国家の干渉をほとんど受けていない新聞よりも、より多くの人びとに中立的な情報を提供しているという意見を否定する人はあまりいない。つまり、国家との距離が大きいからといってかならずしも、適正で、偏向がなく、公的な情報を広く伝えるということにはならないということであった。第2は、20世紀の最後の四半世紀以降の特徴の1つとして、国家がどこまで人びとの社会生活を規制できるかという程度が変化してきていることである。"リベラル"な経済政策とは、世界中の多くの諸国でこれまで国家によって行われてきたことが私的な利益活動に取って代わられるようになってきたということでもある。たとえば、コミュニケーションのインフラ提供といった、かつては国家に依存していたことが今や民間で行われるようになっている。かつては国家の政治的決定に左右されていた人びとの生活が今ではビジネス上の決定によってなされているということだが、この変化の極端な例は、旧社会主義諸国で、そこではかつてはほとんどのものが国家所有であったにもかかわらず、今ではマスメディアの多くを含め、市場主義によって動いている。ネオリベラル政策の勝利の直接的結果として、経済的権力、つまり民間の社会経済的権力によるメディアへの影響力が相対的に強まってきたということである。

そのことは、国家と巨大メディアの所有者が事業の展開について話し合うという傾向を作り出した。その具体例が、香港を基点に中国向け放送を企画した**マードック**や検索エンジン・**グーグル**と北京の社会主義政権との交渉で、中国でのグーグル規制は解けていない（2018年現在）。メディアと国家の問題は、一方ではメディアの従事者と**オーディエンス**との関係の問題である反面、他方ではメディアの経営者を含め、中心点の多様化が起こっている。国家は、ネット時代にあってもメディアに干渉する最大の組織ではあるが、その唯一のものではなくなってきたわけである。（コリン・スパークス〔Colin Sparks〕、渡辺武達訳）

メディアの取材方法
News Gathering Methods of Media

メディアの取材者には、個人で取材して雑誌などに寄稿する**フリーランス**のラ

イターと、新聞社・放送局などに勤務して自社の記事を書くスタッフライターがあるが、わが国では後者が1万8734人（日本新聞協会調べ、2018年）と圧倒的に多いため、後者の取材方法の代表例を取り上げる。

わが国のジャーナリズムの取材方法として主流なのが、**発表ジャーナリズム**（agenda journalism）である。首相官邸、中央省庁、経済団体から、地方自治体、地方の警察署、裁判所、商工会議所にいたるまで、施設内に提供された記者室で、官房長官、省庁幹部、市長らの定例会見や事件に関する警察幹部の発表などが行われる。記者室には専用の記者席や専用スペース、電話、専任の広報職員が配置され、**全国紙**、放送局、**地方紙**などで組織する記者クラブの記者が占有している。**記者クラブ**は常駐する加盟社のクラブ員の総会によって運営され、交代で担当する幹事社が会見の設定などを行う任意の相互扶助組織である。会見にはクラブに加盟していない雑誌記者や外国メディアの特派員、フリーランスの記者は同席できないため閉鎖的で、加盟社への特権的便宜の供与はジャーナリズムの本質をゆがめるとの批判がある。

発表ジャーナリズムは情報を流す側の主導のもとに行われるため、記者との質疑応答もあるとはいえ、発表側の一方通行になることが多く、各社の報道に独自性が欠けて横並びになり、**パックジャーナリズム**（pack journalism）を生む原因にもなっている。

また、会見が発表側の恣意に左右されることから問題もあり、新聞、雑誌の活字メディアを偏向報道として嫌った佐藤栄作元首相が退陣表明記者会見で内閣記者会と口論になり、記者が退席した会見室で1人テレビカメラに向かって演説した例や、米国のトランプ大統領が中間選挙後の記者会見で、自身に批判的なCNNの記者と口論になり、記者に無期限出入り禁止を宣言した例などがあり、注意を要すべきである。

こうした発表ジャーナリズムと一線を画し、記者が独自の調査・取材で他社に先駆けて大きなニュースを「抜く」ことを**スクープ**（scoop）、**特ダネ**という。それが権力者の隠された不正や腐敗を暴き、国民に正しい判断材料を提供する場合は、国民の**知る権利**に奉仕し、民主主義の健全な発展に寄与するものとして高く評価されよう。

世紀の**特ダネ**として知られるのが、1972年、米大統領選挙の最中、共和党政権のニクソン大統領が何者かが野党民主党本部に盗聴器を仕掛けようとした事件に関与していたことを『ワシントンポスト』のB・ウッドワード記者とC・バーンスタイン記者が**スクープ**し、その後の粘り強い調査報道で大統領を辞任に追い込んだ**ウォーターゲート事件**報道である。日本では1988年、当時未公開株だったリクルートコスモス株が川崎市助役に譲渡されたことを朝日新聞横浜支局が**スクープ**したことに端を発し、その後、同社未公開株が政治家や官僚にばらまかれたことが明るみに出て、政・官・財を巻き込んだ大事件に発展し、竹下登首相が退陣に追い込まれたリクルート事件報道が特筆に値するものといえよう。ただし、**公益性**の高い特ダネはともかく、記者の功名心や他紙との競争を意識するあまり、

十分な裏付けや検証のないまま特ダネを狙うのは**誤報**や**虚報**につながるので十分注意を払うべきである。（吉澤健吉）

メディアの内部的自由
Freedom of Workers in Mass Media Organization

マスメディア事業体に所属するジャーナリストをはじめとする労働者が、自己の良心に従った表現活動を行ったり、編集方針決定・人事決定などへの参画を要求する自由のことで、国家に対する**マスメディアの自由**を意味する外部的自由と対比される。新聞経営者と政治権力者との癒着が進行し、権力者の意向に沿った紙面作りが日常化していた20世紀初頭のフランスで生まれた概念で、とくに1960年代末のドイツでは内部的自由の実現を求めるジャーナリストらの運動がさかんに起きた。日本においては、**日本新聞協会**による「新聞編集権の確保に関する声明」（1948年）で示された、経営者が編集方針をはじめとする一切の決定権を有するという「**編集権**」によって、経営者が編集方針に干渉することに対抗するための理論的根拠として、1970年代を中心に提唱された。その結果、「毎日新聞社編集綱領」（1977年制定）において、一定の内部的自由の確保が実現したが、その後は内部的自由を求める運動は低調となり、現在に至っている。しかし、マスメディア事業体の巨大化・寡占化と権力者との癒着が進行するととともに、経営者が「**編集権**」を依然として提唱している現在の日本において、内部的自由は決して過去の問題ではない。さらに言えば、内部的自由と**アクセス権**とを関連づけ、マスメディア労働者だけでなく、視聴者・読者による編集方針決定への参画を求めることを通して、真の意味で権力者から自立・自律したジャーナリズムを実現するための努力が求められているのである。（野原仁）

メディア批評
Media Criticism

メディアに偏向や捏造が溢れているとする批評が勢いをましている。新聞社は自ら「**メディア欄**」を設けてメディア相互の批評や検証に取り組んできたが、『朝日新聞』の慰安婦報道問題を機に批評は批判に傾斜した。とりわけネット空間で激しく、メディアが時の政権に厳しい姿勢を示すと、「ネット右翼」（ネトウヨ）と呼ばれる勢力は「反日」と悪罵を投げつける。一方、リベラル勢力は「権力に迎合した「忖度報道」が目立つ」と批判。また、メディアが**記者クラブ**に取材を依拠していることに対しても、情報の収集と発信ばかりでなくテーマ設定さえ権力や情報をもつ者に握られていると手厳しい。批判は多岐にわたり、一般市民に浸透している。メディアが「**客観報道**」「公平・中立」を名目に両論併記の姿勢でいることが、権力監視の役割の放棄と見做されている。また、メディアが弱者や失墜した権力者には容赦なく攻撃することも見抜かれている。これらによりメディアに対する不信が増幅し、受け入れ難い不都合な事実をメディアから突き付けられても認めたがらない傾向が右派、リベラル双方に顕著だ。

対応策を講じなければメディアへの信頼を著しく損なうとの危機意識から、「現役記者を叱咤激励する」試みが登場した。2011年3月に発足したメールマガ

ジン「メディアウオッチ100」だ。『朝日新聞』や『毎日新聞』,『産経新聞』,共同通信社,時事通信社などの記者OBらが執筆陣で,新聞やテレビ,雑誌,**ネットメディア**など全てのメディアの報道を週3回のペースで分析し,評価している。
(脇正太郎)

メディアフレーム
Media Frame

メディア報道において,情報は必ず何らかの枠組みや視点によって伝えられる。その際に用いられる枠組みをメディアフレームと呼び,メディアフレームを用いて情報を伝えることを**フレーミング**と呼ぶ。メディアフレームは,受け手の解釈の枠組み(受け手フレーム)や争点に対する認識に影響を与える。R・エントマン(1993)は,**フレーミング**とは「知覚された現実のある側面を選択し,その側面を伝達されるテクストのなかでより顕出的にする」ことであり,その結果,問題についての「特定の定義,因果の解釈,道徳的な評価,また対策の提言」が提示され,促されると定義している。フレーミングは,分離したさまざまな事実を総合的に解釈する手法でもあり,報道の際,非意図的に情報源の目的に沿ったフレームによって情報が伝達され,その客観性が低くなることもある。メディアフレームの概念は1980年代から用いられているが,その概念はE・ゴフマン(1974)のフレーム研究の流れを汲み,構築主義に影響を受けた社会学的アプローチによる研究や,トゥベルスキーとカーネマン(1980)の実験研究を始めとした認知心理学的なアプローチによる研究など,さまざまな視点や方法の研究が行われている

る。また研究により用いられるフレームはさまざまであるが,たとえばS・アイエンガー(1991)が用いたテーマ型・エピソード型フレーム,J・カペラとK・ジェイミソン(1997)が用いた戦略型・争点型フレームなどに代表される「汎用型フレーム」,争点ごとに独自な内容を盛り込む「争点特定型フレーム」(たとえばW・ギャムソン,1992)などの分類がある。(川端美樹)

📖 233, 236, 238, 239, 243, 255

メディアミックス
Media Mix

キャラクターや物語を複数のメディアプラットフォームに登場させることで販売促進やファン獲得へとつなげる商法/**広告**戦略のこと。国際的には米国のメディア学者スタインバーグによって知られるようになったが,日本では第15代NHK会長・島桂次が1980年代,放送総局主幹として制作費削減のため,番組とその出版,関連イベント開催等を組み合わせるという多角化路線を打ち出し,関連企業を作り,事業を多角化,それをメディアミックスと称した。メディアフランチャイズとも類似する概念で,スタインバーグによれば,日本は北米に比べてメディアミックス作品数が多いことに加えて,複数のメディアプラットフォームにおいて物語や世界観の一貫性ないし統一性が必ずしも重視されないところにその特徴がある。(阿部康人)　📖 94

メディアリテラシー
Media Literacy

メディアの現状を理解し,その提供する情報を読み解き,メディアを使いこなすための能力のことで,「**情報リテラシ**

ー」と言い換えることもできる。情報の表面的な読み解きだけではなく、メディアの構造・特徴・情報送出の仕組みから、その社会的機能や責任、内包する諸問題に至るまでの理解度の向上を目指した教育が必要となる。それは良質な**市民社会**形成の必須要素であると同時に、需要者＝**市民**の側もまたメディアが直面している困難、メディアの論理と限界、紙面や番組などの制作過程や特徴を知り、その改革活動に従事しなければ、民主主義（民主制）を支えるメディアは育たない。そうした認識に立った社会教育の総体がメディア教育である。情報の読み方には、たとえば、①テレビにおける娯楽番組過剰の危険性、②メディア的事実と社会的真実の違い、さらには③「権力の監視者＝**ウォッチドッグ**」としてのメディアまでの考察が求められ、それが人びとの「**コミュニケーション権**」の保障となる。言い換えれば、メディアリテラシーとはその第一義をメディアの提供する情報を市民利益の立場から読み解き、メディアを有効に使い、社会的プラス価値のある情報＝公益的情報を発信するとともに、国家・自治体・共同事業体・企業などの**メディア政策**の立案と実行への参加を可能にする能力のことである。そうした訓練をメディアトレーニングと呼び、科学現象の説明と理解力＝サイエンスリテラシーなど、またIT機器利用やネット特性の理解＝ネットリテラシー、不祥事へのメディア対策などはその一部にすぎない。（渡辺武達）　📖93, 206, 227

モノのインターネット（IoT）
Internet of Things

　IoTはInternet of Thingsの略で、①モノ＝物理的設備、②それらを相互接続するネット、③送受信データの利用システム、の3つで構成され、人間生活に必要なモノがネットによってつながる状態をいう。生活上の時間・距離・速度などの諸困難が軽減され、利用者は問題解決のためのベストアンサー＝最適解が瞬時に得られ実行できるようになる。たとえば、病院内だけではなく在宅患者にとっての**デジタルヘルスケア**として、あるいは自宅にある洗濯機や冷暖房機器の操作や好きな番組の録画設定を、外からスマートフォンを通して行うことなどはすでに可能になっている。しかし全社会的なその実用化には膨大な予算が必要だし、政治問題や個人の思考過程に起因する問題などについてはこうした手法のみでの解決は困難で、別次元の施策が同時に必要である。逆にこのシステムが悪用され接続した人たちへのコントロールにも使われる危険性もある。（渡辺武達）

〈ヤ〉

やらせ
Media Hoax / *Yarase*

　「ニセ情報の演出とその送信」で受信者・参加者をだます行為の総称。『広辞苑』でも第4版からこの語を採録、「遣らせ　事前に打ち合せて自然な振舞いらしく行わせること。また、その行為」としているが、**日本民間放送連盟**も1992年、放送番組調査会で「事実の伝達が前提とされている番組のなかで、人や物を使って虚偽の事実をつくりだすこと」と定義し、**BPO（放送倫理・番組向上機構）**や放送倫理検証委員会を設置し、防止のための努力をしているが不祥事が絶えな

い。**SNS**上での「フェイク＝ニセ情報」も同種の構造だが検証責任がない。米国では第45代大統領ドナルド・トランプまでが平然とそうした情報を流し，より深刻な情報公害を引き起こした。

日本で戦後最初の大きな事例は1993年2月3日付『朝日新聞』朝刊が報じたNHKスペシャル（「奥ヒマラヤ禁断の王国・ムスタン」，前年秋放映）と，フジ・関西テレビ系2007年1月7日放映「発掘！ あるある大事典Ⅱ」の「納豆」編（第140回「食べてヤセる！！！ 食材Xの新事実」）での虚偽情報発覚である。前者では調査委員会を組織し，謝罪番組を放映せざるをえなくなり，後者では管轄の総務省から厳重注意を受け，検証番組を制作，**民放連**からの除名（1年後に復帰）という騒ぎとなった。また2018年度には『週刊文春』の告発で発覚した「世界の果てまでイッテQ！ 橋祭りinラオス」（日本テレビ・読売系）のやらせはもっとも単純な「でっち上げ」である。それが今でも続いているのは関係論議のすべてが，①部分あるいは全体としての偽情報に基づく「やらせ」と表現技術としての演出の区別がなく，②発覚しても最後に謝罪をして一件落着とされてしまい，③事業者側にもメディアの自律・自立意識が希薄であるからだ。その結果，メディアに対する市民の不信の増大と国家的統制を容認する世論だけが形成されるという深刻な事態になっている。

2018年度に国会で大問題となった安倍晋三首相の「モリカケ（森友・加計学園）問題」における答弁も典型的な「やらせ」隠蔽の対応であった。国際的事例では湾岸戦争時の油にまみれた海鳥は，イラクではなく，米軍（国連多国籍軍）によるイラクの原油基地爆破を直接原因とするものであったこと（1991年2月），日本では，政府が**広告費**を支払いながら一般記事の形で，しかも提供者名（資源エネルギー庁）を隠してのプルトニウム利用促進を図るための座談会掲載（『読売』『毎日』『産経』各紙，93年3月），NHK教育テレビ「視点・論点」が戦争中の日本には人種差別はなかった，在リトアニアの杉原千畝領事が「外務省の方針によってユダヤ人にビザを発給した」，などと主張する番組放映（98年4月29日＝昭和天皇の誕生日）など。その後も同様の構造的「やらせ」が現在まで，より巧妙に続いている。

「やらせ」は意図的に作られており，本来の「演出」＝事実の効果的な情報送出の工夫とは異なり，①メディアの種類と，②シチュエーションによってさまざまであるし，③その程度においても多くの次元がある。渡辺武達はこれまでの放送分野の実際例の分析に立って，「やらせ＝情報送出においてその主題の選択と全体の編集，およびそれに関連する具体的小項目について社会的・科学的真実と異なる形で意図的に番組制作したり，番組を脚色・演出，ないしはレポートする，あるいは番組内で出演者にそのように表現させること，もしくは局外者からそのような番組制作および情報送出をさせられること，の総称」と定義している。

これをテレビ番組に即して述べれば，「やらせ」は①**世論**を誤導（ミスリード）する意図をもった番組の制作と放映，②全編の偏向，③編集上における意図的な

事実の削除，あるいは添加，④番組内の個別事項の間違いや虚偽，⑤番組内容の誇張表現，⑥ないことを作り上げる捏造，⑦事実の脚色と歪曲，⑧事実や真実からの逸脱，⑨迫られる速報性，⑩映像は真実というテレビメディアへの誤信に起因するもの（ネットも同様），などに分類できる。そしてそれらが起きる原因としては，第1．送り手側の意図的なものと，第2．結果としてそうなるものとに分類して考える必要がある。前者には，①国家権力・社会的強者・系列ネットを含む局外部からの工作あるいは局またはディレクター個人の意図的なもの，②制作担当者（局管理者やディレクターなど）の政策・宣伝や個人的野心。後者の，意図的ではないが結果として「やらせ」になるものとしては，③関係者の無知または不注意で放映までにチェックできなかったもの，④ストーリーや断片的事実に対する解釈の逸脱，あるいは間違い，⑤画面にすべての真実が現れていると受信者が誤認して起きるもの，などがある。

「演劇化」（ステージング）が発生し，それが"やらせ"として批判されるのは，「視聴者（受け手）が映像を含めその部分を真実であると捉えているのに〈じつはそうではなかった〉という送り手と受け手のコミュニケーションギャップがある限界を超え，その原因が送り手側にあるとき」だが，番組全体として，たとえば，局側の営業政策として娯楽番組がプライムタイムに多くなり，社会的判断のための基礎情報がほとんど提供されないメディア環境もまた，権力の維持につごうのよい壮大な「やらせ」の一環だと捉える視点が，**メディア学**と**メディア批評**には大切である。（渡辺武達）　📖225，230

UDトーク
UD-Talk

聴覚による情報弱者との意思疎通／コミュニケーションをスマートフォンやPCを使って行うための**アプリ**／ソフトウェアの名称で，日本の会社シャムロック・レコードが開発した。UDはユニバーサルデザイン（Universal Design）の略で，障害をもつ人がそれによる不利益を最少にできるツール／高齢者・障害者配慮設計指針という意味である。ねらいは①音声認識＋音声合成機能を使っての視覚・聴覚障害者間コミュニケーション，②多言語音声認識・翻訳機能を使用した多言語コミュニケーション，③漢字かな変換や手書き機能を使った世代間コミュニケーション等を助けるツール，としての利用で，1対1の会話から多人数の会話や会議，またプロジェクターへの出力やパソコンアプリとの連携でイベントや講演会など用途が広く，障害者の社会的不利益解消活動を行う各種団体，自治体等による購入，利用が多い。（渡辺武達）

ユネスコ・マスメディア基本原則宣言
UNESCO Mass Media Declaration of Fundamental Principles

ユネスコ（国際連合教育科学文化機関，UNESCO）が1978年11月，第20回総会において採択した宣言「マスメディア基本原則宣言」のことで，正式名称は「平和と国際理解を強化し，人権を伸長し，人種差別主義，アパルトヘイトならびに戦争煽動に反対するための，マスメディアの貢献に関する基本原則に関する宣言」（条文は資料編を参照）。ユネスコ設立の目的は「国連憲章に基づき，正義・

法の支配・人権および基本的自由に対する普遍的な尊重を助長するために教育・科学および文化を通じて諸国民の間の協力を促進することによって，平和および安全に貢献すること」であり，本宣言はメディアによるその目的実践を呼びかけている。この宣言は，第1．国連総会が1948年に採択した**世界人権宣言**にある「すべて人は，意見及び**表現の自由**を享有する権利を有する。この権利は，干渉を受けることなく自己の意見をもつ自由並びにあらゆる手段により，また，国境を越えると否とにかかわりなく，情報及び思想を求め，受け，及び伝える自由を含む」，第2．国連総会が1966年に採択した自由権規約にある「戦争扇動，国民的・人種的または宗教的憎悪の唱道，ならびにあらゆる形態の差別，敵意または暴力への非難」，第3．総会決議127における「諸国家間の友好関係を損なうおそれのある，虚偽または歪曲された報道の流布と戦うために，措置をとるよう要請」といった条項を継承し，情報の自由権，人間の平等思想，国家間の戦争防止というグローバル社会の平和理念，反**文化帝国主義**の強化に役立っている。この宣言の基本は強者による情報の独占と支配が南北問題の根幹にあり，その是正が必要だという認識にある。その趣旨に賛同し，メディア研究者たちが立ち上げた**国際メディアコミュニケーション学会（IAMCR）**は現在もっとも活発な世界的規模のメディア関連学会の1つである。
（渡辺武達）　　　📖 68, 228

〈ラ〉

ラップ
Rap

一般的に自己の素朴な考えを自分の好きなリズムと曲調で歌う音楽で楽器を併用することもある。1960～70年代，学生運動の高まりのなかでニューヨークで生まれたとも，アイヌの民俗風習にも似てアフリカングリオ（口伝で歴史や詩を伝える者）の口承法にルーツがあるともいわれ，その訴求性と時代の記録という意味ではジャーナリズムでもある。米国のキング牧師の演説やその影響を受け兵役拒否で米政府に抵抗したモハメド・アリの口調もラップだといえる。日本では制度としての学校になじめず中途退学した若者を受け入れる北星余市高校（北海道）の廃校の危機に，生徒会長がラップでその存続を訴え，テレビ**ドキュメンタリー**にし，廃校をまぬがれた（2017年）。ラップ歌手をラッパー（rapper）というが，IT用語としての「ラッパー」（wrapper）はスペリングを異にし，「包装紙やカバー」から派生して，プログラミングやソフトウェア開発の分野では，「その部品などが提供するクラスや関数，データ型など本来とは異なる環境や方法での利用」のことである。（渡辺武達）　📖 36

リスク社会
Risk Society

科学技術の過剰な発展が生み出した前例のないリスクを抱えた社会のこと。ドイツの社会学者**ウルリッヒ・ベック**が提唱した理論として広く知られる。リスクとは，飢餓や自然災害などのような危難（hazard）や危険（danger）とは異なる

概念であり，科学技術そのものに由来する不確実性（もしくは悪い事象が発生する可能性）を示す。**ベック**や英国の社会学者**A・ギデンズ**らは，科学技術を危難や危険を克服して社会を近代化させた主要因と認める一方で，科学技術の発展それじたいが前例のないリスク（科学技術によって前もって制御できないリスク）を生み出したと指摘した。日本では，2011年3月に起きた東京電力福島第一原子力発電所事故以降，リスク社会論が再び注目を集めた。(阿部康人) 📖172

リーチサイト
Leech Site

　ネット上の各種情報提供サイトへの閲覧案内ページで，日本語では「誘導サイト」。だが，その仕組みが「アクセス有料サイト掲載情報を無断コピーした，無料閲覧サイト」のような虚偽サイトに誘導する仕組みとして悪用され，**著作権**，知的財産法違反として問題になっている。たとえば，『ONE PIECE』などの日本の人気マンガをスキャンし，「サイバーロッカー」と呼ばれるファイル保存サービスにアップ，そのURLが利用されるといったことである。これは紙媒体に限らず，日本の人気テレビ番組が外国で登録された無料動画サイトなどで閲覧可能になっているなどの事例がある。電子データのコピーは匿名で簡単にできるため，実際の運営・送信者の特定が難しく，世界中で，創作者の権利侵害や詐欺犯罪の温床となっている。また同様の方法で，本来は有料の学術論文を無料閲覧できる**「海賊版サイト」**が作られ，2017年度に日本だけでも約130万件のダウンロードがあった（琉球大学等の解析）。後者は有料閲覧代金が高額で，若手研究者や途上国の学者が正規の方法では読めないといった背景事情もある。(渡辺武達)

III　インターネット・情報通信

〈ア〉

IoT テロ
IoT and Terrorism

インターネットにつながるモノであるIoT が急増している。PC やスマートフォンに限らず，冷蔵庫や洗濯機，皿洗い機やウェブカメラや防犯カメラ，さらにはペースメーカーといった医療機器などもインターネットに接続されることが増えてきた。しかし，ID とパスワードが初期設定のままの場合や製作者の設計のミスがある場合もあり，セキュリティの甘い IoT デバイスが大量に乗っ取られる恐れがある。そうした IoT デバイスの乗っ取りが政治的目的の達成のため他者への攻撃となることを IoT テロと呼ぶことができる。インターネットは国境を超えてつながっているゆえ，他国からIoT を介した大量の攻撃が行われた場合，**サイバー戦争**の一種にもなりうる。（河島茂生）

IP 電話
IP Phone

VoIP（Voice over IP）技術を用いて音声データをパケット化してリアルタイム伝送し公衆網と接続した電話を実現した技術である。一般家庭用としては ADSL や FTTH の接続プロバイダからセットで提供され，着発信用の固有の電話番号が付与されることが多い。また**インターネット**を利用し PC やモバイル端末間での通話が行えるものはインターネット電話，もしくはボイスチャットなどと呼ばれており，代表的なサービスとしては Skype があるほか，スマートフォンで利用される **LINE** や WhatsApp のようなインスタントメッセンジャー**アプリ**にも同様の機能が提供されている。これらではカメラも用いた動画による通話や複数人によるグループ通話などが実現されていることも少なくない。（柴内康文）

アプリ
Application Software

アプリケーションソフトウェアの日本特有の略称。英語では App，app と略される。アプリケーションソフトウェアは応用ソフトともいい，パソコンやサーバーなど各種コンピュータの OS（基本ソフト）上で動作するソフトウェアの総称で，一般向けのワープロソフトから特定企業向けの業務用ソフトまで多種多様なものを含む。日本では 2008 年の iPhone 3G 発売以降，スマートフォン，タブレットコンピュータなどのモバイル機器で使うモバイルアプリケーションをアプリと呼ぶことが定着した。その種類は，**電子メール**，**ソーシャルメディア**，音楽再生，映像視聴，ニュース配信，電子ブック，ゲームなど無数にあり，有料／無料，広告表示の有／無がある。一般に Google Play，App Store などの配信**プラットフォーム**からダウンロードして利用する。（海野敏）

インターネット
Internet

インターネットは20世紀後半,最大の発明であり,21世紀の世界を牽引する基幹インフラである。

1960年代後半,東西冷戦下の軍事戦略として構想されたもので,米国防総省の高等研究計画局(ARPA)が全米4大学にノード(拠点)を置いてホストコンピュータの接続実験をしたのが始まりである。つなげられるコンピュータは大型コンピュータからミニコン,オフコンへと小型化,1970年代半ばにはパーソナルコンピュータも登場した。軍事用,学術用に発展したインターネットはしだいに商用利用へと道を開き,1995年にはNSFネットのバックボーンも民間ネットワークプロバイダに移された。

インターネットを誰もが利用できる道具に変えたのが,スイスのCERN(欧州合同原子核研究機関)研究員,T・バーナーズ＝リーが開発したWWW(World Wide Web)であり(1992年公開),イリノイ大学の学生,M・アンドルーセンらが1993年に開発した**ブラウザ**だった。WWWは,まさにクモの巣を張りめぐらせたようにインターネット上の文書を相互に参照できる仕組みであり,**ブラウザ**はそこにビジュアル要素を取り込み,テキストばかりでなく,音も映像も扱えるようにした。WWWと**ブラウザ**は,インターネット普及を促した2大キラーアプリケーションだといってよい。

インターネット発達史は,おおまかに3段階に分けることができる。

①開拓時代から「インターネット元年」まで:インターネット上に成立したサイバー空間は,現実世界とは隔絶した**ハッカー**たちのフロンティアであり,ユートピアだったが,商用化とともに,政治,経済,社会のもろもろの要因がサイバー空間になだれ込み,サイバー空間は地球を覆う薄い雲のように現実世界を覆うようになった。1995年はインターネットが世界的に普及した年で,一般に「インターネット元年」と呼ばれている。

②Web2.0とユーザーの積極的参加:2004年にはインターネットの新しい潮流,Web2.0を唱導する新たな時代が始まった。Web2.0の特徴は,「ユーザーの積極的参加」「専門家の知より集合知」などと言われたが,インターネットの潜在的可能性が花開いたということである。

③**SNS**普及と新たな混沌:2011年の,世界的には「アラブの春」,日本で言えば東日本大震災を契機に**Facebook**,**YouTube**,**Twitter**などのSNSが活況を帯びる。「アラブの春」の頃,一活動家が「我々は抗議行動の計画を立てるために**フェイスブック**を,共同作戦を**ツイッター**で,行動を世界に伝えるために**ユーチューブ**を使う」と言ったのが象徴的である。インターネットにアクセスする端末はPCからスマートフォンへとシフトした。

2013年には米中央情報局元職員が,IT企業を通じて民間人の個人情報が政府に吸い上げられていると暴露した。2016年の米国大統領選挙では,ロシアがフェイスブック,グーグルなどを通じてトランプ陣営が有利になる工作を行ったとする強い疑惑が浮上した。

それらを通じて明らかになったのは,インターネット上の情報が操作されやすいこと,それをユーザーが信じやすいこ

と，ユーザーの**投稿**が少なからぬ収入を生むという事情が情報の信憑性をいよいよ薄れさせているといった，インターネットが生活のすべてに浸透したことの負の側面である。（矢野直明）　209, 210, 221

ウェアラブルデバイス
Wearable Device

着用可能な情報処理装置であり，ウェアラブルコンピュータやウェアラブル端末などを含む。もち運べるノート型PCやスマートフォンなどはモバイルデバイスと呼ばれ区別されるが，初期の頃はヘッドマウントディスプレイ（HMD）のような眼鏡や腕時計，指輪，ペンダントといった身につけるアクセサリ類に超小型PCや簡易な情報処理装置を組み込んだものが多く，期待される役割もモバイルコンピューティング（モバイルデバイスを用いた情報処理）のウェアラブル化か補助的役割が主であった。たとえば，道案内や画像認識を用いた属人情報，属物情報のミックスリアリティ（**MR**）手法によるリアルタイム提示など，情報付加表示的な用途があげられる。

一方，最近，衣服や繊維素材にセンサ等電子回路の役割をもたせ（ウェアラブルエレクトロニクスやプリンテッドエレクトロニクス），**IoT**など簡単な情報処理装置と融合したスマートテキスタイルによる心拍／呼吸センシングウェアをはじめ，Bluetoothでスマートフォンに接続して歩行状態を見守る靴といった，QOLの向上を目指したウェアラブルデバイスが注目されている。こちらは，利用者の行動記録や健康管理などの**ビッグデータ**収集装置的な使い方であり，センサ情報を**インターネット**に無線通信で送ってクラウドに保存し，**AI**を用いてデータの長期的傾向を分析し，結果をユーザや医師等の専門家に返す仕組みで，包含する社会的意味や応用範囲が広く技術トレンドに敏感な，時代を象徴する情報処理装置ともいえる。（才脇直樹）

VR, AR, MR
Virtual Reality, Augmented Reality, Mixed Reality

VRは，仮想現実と訳されるが，Virtualは「実質的」「潜在的」といった意味であり「力」に由来する語である。したがって原義に基づけばVRは，起こりうる時空間を一般化した，実質的な力をもっている現実を意味する。けれども一般的には，より限定して，体験者に室内でヘッドマウントディスプレイを身に着けさせ，その体の動きに合わせて体験者の感覚で捉えられる情報を変化させ臨場感を生む人工的な時空間のことである。ビデオ映像などと違い，圧倒的な没入感があるため体験者の心や身体がまるで本物であるかのように反応する。それゆえゲームだけでなく，スポーツ選手のトレーニングや精神的な病の治療，教育などに効果が高い。消費者向けのVR装置も売りに出されている。暴力的なゲームをVR化すると，利用者に強烈な体験を引き起こすことが危惧されている。

ARは，拡張現実と訳され，現実空間を背景としながら，それに情報を付加したり入れ替えたりするものを指す。2次元・3次元のイメージを浮かび上がらせることによって，分厚い説明書を読まなくとも工場の機器の複雑な操作を行えたり，教育の場では人体や機械の仕組み，惑星の動きを立体的に捉えることができ

るようになったりする。スマートフォンの**アプリ**でも、AR技術を使ったゲームや翻訳がリリースされている。ARよりも機能のレベルが上がったものを**MR**（複合現実）ということもしばしばある。
（河島茂生）　　　　　　　　　📖171

エゴサーチ
Egosearching / Egosurfing

　エゴサーチは、自分（ego）の本名やハンドルネーム（仮名）、サイト名などをサーチエンジンや**SNS**で調べる行為である。自分自身だけでなく、自分が所属している組織の名前を調べることも指す。エゴサーチをすることで、ほかの人からの評価を探ることができ、根拠のない誹謗や**プライバシー**に関することなどが書き込まれていないかを確認することができる。エゴサーチの結果、自分が話題になりうれしく感じられる面もあるが、精神的な苦痛を覚えることも多い。あるいは、過去の自分の情報がいつまでもサーチエンジンで調べられてしまい困惑する声も聞かれる。また、ほかの人が自分と同姓同名の人とを勘違いしてしまうのではないかと恐れてしまうこともある。
（河島茂生）

エコーチェンバー
Echo Chamber

　共感・共鳴する仲間が集まり、相似的意見をやり取りしている**交流サイト**（**SNS**）によるネット空間の特徴のことで、情報がエコー（こだま）のようにチェンバー（部屋）内でやり取りされていることから名づけられた。それらの情報交換の多くは社会全体（**J・デューイ**のいう「大共同社会」）を顧慮せず、さらにはその必要に気づくこともなく、短文による仲間内での共感的議論の繰り返しになりやすい。紙と電波が中心の**マスメディア**社会は少数の送り手と大多数の受け手（実際は「送られ手」）で構成されていたが、ネット時代では発信者が同時に受信者となり、両者の数が限りなく同数に近づく。それは小集団が無数かつ無関係に存在する状態であり、人びとの多くが狭い事項にだけ関心をもった情報行動をし、議論が独善的・断定的になる傾向を生む。「エコーチェンバー化」（集団分極化）と呼ばれるこの現象をさらに加速しているビジネス手法として「**フィルターバブル**」がある。検索エンジンを利用したり、アンケートに答えたりした履歴が自動的に記録され、それを当該人物の好みとして、それ以外の情報／広告等を隠す（泡で見えなくする）技術である。かつて、**M・マクルーハン**は「メディアはメッセージ」（1964年）、続いて「メディアはマッサージ」（1967年）とさえいい、情報が内容よりも利用される媒体＝メディア特性に大きく影響されることに注目すべきだと指摘した。その意味で、このような**SNS**利用者の論は非論理的かつ公共的事実の軽視あるいは誤認となりやすい。それ自体は参加者の自己責任であるとはいえ、トランプ米大統領をはじめ各国の**政経権力**による**世論操作**を容易にしている面がある。（渡辺武達）
　　　　　　　　　📖81, 158, 187

SNS
Social Networking Service

　人と人のつながりである「社会的ネットワーク」を維持また拡大することを目的とした**インターネット**上のサービスを指す。一般的には自分のプロフィール情

報，テキストや写真・動画，URLアドレス等を**投稿**したり，また他者の投稿に対してコメントやボタンによる反応を行う機能をもっている。さらに，友人・知人等とのつながり（フォロー，被フォロー関係）を可視化し，そのつながりのなかで投稿内容について共有（シェア）する機能，自他の投稿を時系列で表示する「タイムライン」機能，グループコミュニケーションあるいは個人間コミュニケーションのためのメッセージング機能なども共通して有することが多い。現在では一般の個人だけではなく，著名人や企業・団体，あるいは各種ニュースメディアもアカウントを有し，多くのフォロワーを集めて宣伝，**広報**を含む情報の発信・共有を行っており，このようなサービスを**プラットフォーム**としたメディア性を意識する場合には，「**ソーシャルメディア**」という用語が使われることがある。

SNSに先行するサービスとしては日常のテキスト投稿を中心として時系列的に記録していく「**ブログ**」が存在し，投稿へのコメントや引用を通知する「トラックバック」など，つながりに関わる機能も実装されていたが，明示的なSNSとしては2003〜04年頃からアメリカでFriendster, orkut, **Facebook**, MySpace，また国内においてもGREE, mixiなどが運営を開始し，利用者を急増させながら激しく競争を行っていった。とりわけ世界最大級のSNSとして成長した**Facebook**は2018年9月時点で月間アクティブ利用者が22億7000万人に至っており，いまでは**Google**，**Apple**，**Amazon**と並んで「**GAFA**」と称される巨大なITプラットフォーム企業群の一翼を担っている。加えて現時点で主要なものとしては写真共有の**Instagram**，ビジネスに特化したLinkedIn，マイクロブロギングの**Twitter**，モバイルメッセージングの**LINE**などがそれぞれに特色あるSNS関連サービスとして普及しており，また中国語圏ではRenRen, Weibo, **WeChat**などのサービスが多くのユーザを集めている。

SNSが日常不可欠なコミュニケーション基盤になっていくと共に，さまざまな社会的問題も発生，また指摘されるようになっている。個人情報の広範囲な公開によって引き起こされるトラブルや，自らの投稿内容が多くの目に触れて「**炎上**」することは一般にもよく知られている。SNSにおける投稿内容の共有が，事件や災害時などに不確実な情報，**デマ**を広めたり，あるいは虚偽情報である「フェイクニュース」を拡散させることにつながることもある。社会的ネットワークという観点からは，それがとりわけ考えの類似した人間同士を結びつけることや，またフィルタリングなど高度にパーソナライズ化された表示**アルゴリズム**のもたらす情報接触内容の偏りによって，全体としてみたときの社会の分極化につながる可能性などが指摘され，実証的研究の対象にもなっている。〈柴内康文〉

オルタナファクト
Alternative Fact

「オルタナ」はalternative（もう1つの）の短縮，「ファクト」は事実のことで，本来なら「もう1つの事実」（異なった視点から見た時の事実）となるが，トランプ米大統領による自己弁護的使用以来，マスコミでは，「でっち上げ＝ウ

ソ」という意味で使われるようになった。同大統領就任式（2017年1月22日）の参加者数に関し、同じ題材、角度からの過去の式典の撮影写真を比較したメディアは、前オバマ大統領の式典との比較を含め、歴代最少であるとした。しかしホワイトハウス報道官S・スパイサーは会見でそれを否定、「過去最高の参加者で、150万人いるように見えた、それが事実」と言い張った。以来、都合の悪いことを否定するためにもち出す架空の数字やデータを呼ぶようになった。トランプ大統領自身はその後もTwitterなどでマスコミ批判を続け、事実とは何かの議論となっている。（渡辺武達）

〈カ〉

仮想通貨
Virtual Currency ／ Cryptocurrency

米ドルや日本円は国家の中央銀行が発行する法定通貨で、物品購入や納税、一般金融機関での貯預金が可能だが、その国際的価値は通貨発行者＝国家の経済信用度によって変動する。対して、この仮想通貨（「暗号通貨」「暗号財産」ともいう）は、最初は「システムとその価値」を信じる者が法定通貨によって購入するが、それ以後は専門の交換業者を通してやり取りする電子通貨＝暗号通貨（crypto currency）で、一部の例外を除き、利用者の期待と信用による価値の連鎖があるのみ。現時点では各種税金の納付などはできない。仕組みだけに注目すれば、一定の地域内で割引き買い物等ができる「地域通貨」や、決まった交通機関での乗り降りができる「カード」と同様の性格をもっている。しかし仮想通貨はデジタル上で地域に関わりなく売り買いできることから若い人たちを中心に投機的な関心をよび、「億り人」（1億円以上稼いだ人）といった言葉さえ生んだ。保管・運用・送金といった金融技術＝**フィンテック（financial technique）**として、**ブロックチェーン**と呼ばれる相互監視と匿名性保障技術を用い国際送金を理論的には安価で高速に可能にする。この利点が逆に、マネーロンダリング（違法資金交換／資金洗浄）のような犯罪に使われやすい。加えて、管理技術の未熟さから日本でも巨額の窃盗事件が起き（コインチェック事件、2018年）、各国とも「仮想通貨交換業者」の登録やビジネス条件をきびしくしている。（渡辺武達）

クラウド
Cloud Computing

クラウドコンピューティングの略称、またはそのために用意されたサーバー群のこと。**インターネット**上にあるハードウェア、ソフトウェア、データベースなど各種コンピュータ資源を、利用者がその所在や内部の仕組みを意識することなくオンラインで利用できる環境の構築を意味している。クラウドコンピューティングによるサービスのことを「**クラウドサービス**」と呼ぶ。「クラウド（雲）」という呼称は、インターネットを地上へ恵みの雨を降らせる雲に喩えたことに由来する。歴史的には、利用者が使用するローカルなコンピュータに**アプリ**（アプリケーションソフトウェア）をインストールせず、サーバー上のアプリをインターネット経由で利用するサービスは、**ASP**（application service provider）、SaaS（software as a service）と呼ばれてい

たが，2006年頃から，これらを含めた包括的な用語としてクラウドが使われるようになった。大量のパソコンを管理する企業・学校などは，個々のパソコンへアプリをインストール，アップグレードする労力・費用を大幅に軽減することができる。さらに2010年代には，利用者が作成した文書，画像，動画などのデータを，ローカルなコンピュータ内ではなく，インターネット上のサーバー群に保存する**クラウドサービス**（オンラインストレージ）が普及した。クラウドはネットワーク利用をいっそう便利にする一方で，Amazon，Google，Microsoft などの大企業が**ビッグデータ**を支配する危険性がある。なお日本語の「クラウド」は，「**クラウドソーシング**」（crowd sourcing），「**クラウドファンディング**」（crowd funding）の略称にも用いられる。（海野敏）　📖 44, 155

コモンキャリアー
Common Carrier

　もともとは一般人が利用できる鉄道などのことであったが，現在では公共通信手段のこと。運営には①公営（国家や自治体），②公社（半官半民），③民営，④それらの折衷型がある。日本ではNTTドコモやauなどの通信会社あるいはソフトバンクや楽天などのネットワーク会社やプロバイダーがこれにあたり，メッセージ／情報そのものの発信ではなくその通信インフラ面を担うため，放送局や新聞社はこれに入らない。社会の安定は信頼できる通信手段によって確保されるため，高い**公共性・公益性**と安定性・確実性が求められ，各国政府とも重要な社会的財産として保護や規制をすることが多い。なおFCC（**連邦通信委員会**［米］）でテレコミュニケーション政策の提言を行う部署は「コモンキャリアー局」と呼ばれ，公共性の高い運輸・航空などのネットワークについてもこの呼称が用いられることがある。（渡辺武達）

コンテンツモデレーター
Content Moderator

　インターネットへの接続サービスを提供する業者＝プロバイダー側に雇用され，外部からの投稿に対し，**児童ポルノ**や人種差別，犯罪そそのかしなど，自社のサービス利用者に不快感を与えるメッセージや，反社会的情報（画像や音声・文字表現など）を含む投稿を見つけ，除去する役割を担当する人のこと。**GAFA**（Google，Apple，Facebook，Amazon）などの巨大**プラットフォーマー**では1日に数億あるいは数十億の投稿があり，各社とも数万人規模でこうしたモデレーター（別名クリーナー／掃除人）が会社の基準で選別，除去作業をしている。該当する**投稿**が多く，コントロールが追いつかない実情にある一方で，そうした「掃除」は，社会にとって必要で公開されるべき情報が国家権力や別の目的をもった団体等にとって「まずい」と判断されると削除されてしまうということでもある。ネット利用者の登録情報から居住地が確定できるため，トルコなどではそうした政治的意図による削除が国内向けに行われているという報告もある（2018年）。**インターネット安全法**（2017年制定）をもち，Googleなどを規制している中国ではBAT（ネット検索のバイドゥとアリババ，SNSのテンセント）の利用が**GAFA**を圧倒し，テンセントの**ウィー**

チャット（WeChat）などが中国国内だけではなく世界各国で影響力を伸ばしている。ロシアでも自国の安全のためと称した各種のマスコミとネットへの規制が厳しい。やり方次第で国家や団体が謀略情報／フェイク情報を組織的に流すことも可能で、**言論・表現の自由**への侵害、政治的自由の抑圧ともなっている。日本でもネット時代に備え、健全なコンテンツ産業を活性化するための法律として「コンテンツの創造、保護及び活用の促進に関する法律」(2004年、略称「コンテンツ促進法」)、「**不正アクセス禁止法**」(2011年)等を制定、それ以後も多くの同目的の法制定がされているが、現実にはネット情報管理のグレーゾーンはビジネスと諜報の戦場となっている。(渡辺武達)

コンピュータ
Computer

　計算を行うことを目的に作られた機械。数値を電圧などに対応させて演算を行うアナログコンピュータと、2進数でデジタル的に表現した数値で演算を行うデジタルコンピュータに分けられるが、現在、我々がコンピュータと呼ぶとき、一般的にはこのデジタルコンピュータを指す。その基本構造は提唱者にちなんでノイマン型と呼ばれ、中央処理装置（CPU）と周辺装置に分けられ、制御、演算、記憶、入力、出力の5大機能から構成される。実行されるプログラムは記憶装置内にデータとして格納されており（プログラム内蔵方式）、その中から1つずつ命令が取り出されて順次実行される（逐次処理方式）のが大きな特徴である。ユーザが実行させるプログラム以外に、コンピュータ自体の操作や運用・管理を担当する常時稼働プログラムをオペレーティングシステム（OS）と呼び、UNIXやWindowsがよく知られている。

　コンピュータは、装置の規模、特性、利用目的などさまざまな視点で分類される。たとえば、宇宙開発や気象予測といった複雑な高速演算を必要とする分野で利用されるスーパーコンピュータや、住民基本台帳、税務、ATM、座席指定といった組織の基幹業務に使われるメインフレーム、家庭や職場等で使われるパーソナルコンピュータ（パソコン）等がある。最近では、マイクロプロセッサ／コントローラ（マイコン）を搭載したスマートフォンやタブレット、**IoT**デバイスの台頭に代表される、家庭用／産業用／医療用組み込みシステムの普及が著しい。
(才脇直樹)

コンピュニケーション
Compunication

　コンピュータ（computer）とコミュニケーション（communication）の合成語で、コンピュータ依存で行われている情報通信のこと。広義には社会的コミュニケーションがコンピュータに依存せざるをえなくなっている状態を指す。コンピュータの発達は技術面としての高速処理化と小型化、記憶容量の巨大化を実現し、簡便化と低廉化によってコンピュータは一般市民にとっても欠かせないものとなった。とりわけ税金・年金・預貯金・株売買といった金融面はコンピュータなしでの運用は不可能だし、政治面でも、国際、国内ともにグローバル化社会の維持に対応できない。半面、**梅棹忠夫**が世界で初めて指摘した「**情報産業社会**」の実現が、同時に、犯罪に利用され

たり個人の想像力・創造力の劣化という負の側面をもたらしていることへの注意が必要になっている。（渡辺武達）　📖28

〈サ〉

サイトブロッキング
Website Denial

　プロバイダや外部機関（政府や敵対組織）などがネット上の情報を監視し，自己に不利益な情報や公序良俗に反する内容を公示しているアクセス先への接続を強制遮断する技術のことで「ブロッキング」ともいう。「漫画村」のような，ネット上で著作者に無断で（無料）公開するサイトなどによる**著作権侵害**，**児童ポルノ**などの反社会的表現，国家間の情報戦＝**サイバー戦争**への対抗などが対象だが，この技術は政府や企業の自己都合による市民間通信遮断や通信内容の操作などにも使われている。発信者・著作者と閲覧者との間には**プラットフォーマー**（配信サイト），**検索サービス**などが介在するため，そうした反社会的なサイトへの広告不掲載など，どのようなチェックが，著作者の利益・**通信の自由**の確保，さらには健全な社会建設への貢献といった情報民主主義への貢献につながるのかという議論とその保障システム確立が求められる。（渡辺武達）

サイバー犯罪
Cybercrime

　情報技術を利用して行われる犯罪行為の総称。ネットワークの匿名性の高さや，物理的痕跡が残りにくいこと，時間・空間的制約が少ないこと等の点から犯罪を生じさせやすい側面がある。国内においては「**不正アクセス禁止法**違反」「コンピュータ・電磁的記録対象犯罪」「ネットワーク利用犯罪」の3類型に区分されている。不正アクセス禁止法違反は他者のユーザーIDやパスワードを不正に使用することやそれを助長する行為を指す。コンピュータ・電磁的記録対象犯罪には金融機関のオンライン端末を不正に利用した預金詐欺やウェブページの改竄などが含まれる。ネットワーク利用犯罪は，犯罪の実行にあたりネットワークを利用した場合にあたり，具体的な事例としては詐欺，児童買春・ポルノ，**出会い系サイト**，**猥褻物**頒布から著作権法違反，**名誉毀損**・脅迫，薬物取引など多様な犯罪行為が含まれる。日常生活に関連した被害としては，磁気カードに記録された情報を装置で盗み取り，カード複製して不正な利用を行う**スキミング**，ウェブページや**電子メール**などを通じて不正にクレジットカード番号やID・パスワード等を入力させ詐欺を行う**フィッシング**，トロイの木馬として実行され利用者のコンピュータをロック・暗号化し解除のための身代金を要求する**ランサムウェア**等がある。また政治的，社会的理由等により大量アクセス攻撃（DoS攻撃）やウェブページ改竄を行う「サイバーテロ」（サイバー攻撃）も見られ，コンピュータネットワークが基盤的インフラとなった現代の問題となっている。（柴内康文）

GPS（衛星利用測位システム）
Global Positioning System

　アメリカが開発した軍事技術の1つで，人工衛星を利用して全地球規模で現在の位置を高精度で測定できるシステムのことで，4個以上の衛星からの距離情報を同時に受信機が受け取り，自分の現在位

置を決定する。民生用としても利用され，近年ではカーナビやスマートフォンの各種**アプリ**（位置情報やオンラインゲームなど）にも広く用いられるようになった。また，スマートフォンなどに送信機能があることを生かして，保護者が子どもの現在位置を知ることができるようになるなど，セキュリティ対策のツールとしても利用されている。（野原仁）

情報処理推進機構（IPA）
Information-technology Promotion Agency, Japan

前身の特別認可法人「情報処理振興事業協会」が1970年に設立された後，IPAは2004年に経済産業省所管の政策実施機関として発足した。IPAでは，ITを取り巻く社会の動向，産業動向，技術動向を把握し，社会課題の解決や産業の発展につながる指針を示すとともに，情報セキュリティ対策の強化，IT人材の育成に取り組んでいる。また，「情報処理の促進に関する法律」に基づき経済産業省が認定する国家試験，「情報処理技術者試験」および「情報処理安全確保支援士（略称：登録セキスペ）試験」を実施する。「情報処理技術者試験」は情報処理技術者としての知識・技能が一定以上の水準であることを，「情報処理安全確保支援士試験」は**情報セキュリティ**に関する知識・技能を有することを認定するものである。（大谷奈緒子）

シンギュラリティ（技術的特異点）
Technological Singularity / Singularity

ビッグデータと呼ばれる膨大かつ多様な情報を大型高速処理コンピュータで一括処理することで，これまで未知であった相互関連性等が多く解明されつつある。そうした情報処理があらゆる分野で人間能力を上回り，2045年頃には，「人間による思考そのものが不要になり得る」と予測する社会的予測点のこと。この予測は人間活動のすべてをコンピュータが代理できるという考え方に基づいており，私たちは人知を超えること（ポストヒューマニズム）の意味を問い直す必要に迫られている。たとえば戦争ゲームは，利用者には娯楽ないしは戦闘訓練，殺人の予行演習にすぎず，そこでは実際の戦争の悲惨さは学習できない。単純なコンピュータの効率的利用だけでは人間社会の健全な運営とのバランスがとれず，社会崩壊につながりかねないという認識が欠落しがちである。（渡辺武達）

ストリーミングコンテンツ
Streaming Contents

ネット上を常に流れている情報のことで，その媒体をストリーミングメディア（streaming media）という。ネット技術の開発が進み，交信の速度と量が飛躍的に進歩，その結果，今では端末利用者＝エンドユーザーがクリックすればいつでもどこでもプロバイダー＝発信者からのコンテンツ＝映像・音声などの情報にアクセスできる。このシステムは台風情報の伝達やその他の災害被害者らの援助だけではなく教育等にも利用され，社会的に大きな役割を果たしている。一方で，このシステムへのアクセスを制限しその解除方法の取得を有料にしていることで成立しているのが現在の**エンタメ産業**（映画・音楽・ゲーム・プロスポーツ等の**娯楽産業**）などのビジネスである。また，情報制限の解除はプロバイダー側の

技術を盗みさえすれば誰にも可能であり，それを実際に行うのが違法アクセスであり，スパイ行為である。（渡辺武達）

送信可能化権
Right to Make Transmittable

著作権（著作財産権）に含まれる権利の1つ。著作物等を送信可能な状態に置く（送信可能化する）ことについての著作者の排他的権利。他人が著作物をネットワーク上のサーバーに自動的に公衆に送信しうる状態に置く（アップロードする）ことを禁ずる権利を指す。**インターネット**が広く普及し始めた1997年の著作権法改正の際に導入された。

具体的には，第1に，インターネットなど公衆用ネットワークに接続されたサーバー（自動公衆送信装置）に情報を記録する（アップロードする）ことを指す。第2に，情報が記録されているサーバーをネットワークに接続することにより，自動公衆送信しうる状態にすることをいう。

ウェブサイト利用において，送信行為は利用者からのアクセスを受けて発生するのであり，実際にアクセスがなければ公衆送信は生じない。また，ウェブサイトには不特定多数がアクセスするケースが多く，これらの個々の送信行為を正確に把握することが困難である。このため，送信行為の前段階である「著作物などを送信可能な状態にする行為」を著作権の対象とすることで，権利者の権利行使を容易にした。

近時，権利者に無断で**マンガ**，**アニメ**，音楽，地図などの著作物をウェブサイトで送信可能な状態に置いたため摘発されるケースが頻発している。（宮武久佳）

〈タ〉

対抗テクノロジー
Countermeasure Technology

「ウォッチガードテクノロジー」（watch guard technology）ともいい，IT＝サイバー技術の悪用防止のために開発される技術のこと。現在，他人のコンピュータに侵入し情報を盗み出すことは比較的簡単で，個人情報の盗み出しや他人に**なりすまし**ての情報の送受信（**フィッシング**）は日常的に起き，他人の銀行口座から預金を抜き取る行為＝詐欺等の事件さえ珍しくない。どのような知識，技術にも使い方によりプラスとマイナスの両面があるが電子技術においてはそれが極端で，**ハッキング**についても，悪意をもって行う者（クラッカー）もある一方，同じ技術を犯罪の取り締まりに用いればホワイトハッカーとして安全社会の維持への貢献者となる。情報探索の技術は国家／国民の安全のための諜報作戦にも欠かせないものである。（渡辺武達）

第4次産業革命
The Fourth Industrial Revolution

AIの飛躍的発展とその広範な応用が，「**モノのインターネット**」（IoT）だけではなく，**ビッグデータ**の高速度の解析を可能にしたことで産業構造の大転換を推進している現象のこと。第1次産業革命は石炭による蒸気機関を動力源とする軽工業中心の発展（イギリスで18世紀に発生），第2次産業革命は石油を動力源とする重工業中心の発展（ドイツとアメリカで19世紀後半に発生），第3次についての定見はないが，原子力発電とコンピュータの発達（1990年代〜）がその特徴。

対して，第4次産業革命は，2011年にドイツ工学アカデミーが初めて命名し，AIやIoTをはじめ個人の生活レベルから国家政策の遂行，科学や学問の方法論や社会観（倫理観・歴史観・世界観）に至るまで，社会全体に起きている巨大変化のこと。2016年の世界経済フォーラム年次総会（ダボス会議）ではこれが議論の主テーマとなった。（渡辺武達）

ダークウェブ
Dark Web

通常のネット通信をクリアネット（clearnet）と呼ぶのに対し，匿名化ソフトを使わないとアクセスできないネット上の情報交換システムのことで，ダークネット（darknet **闇サイト**）ともいう。GoogleやYahoo!などの検索サイトでは表示されず，その通信は相互に承認した構成員間でのみ可能で，しかも多数の中継サーバーを通ることによって各ユーザーのジオロケーション（地理的情報）やIPデータ（接続情報）が部外者から察知されにくくなる。**仮想通貨**窃盗事件などでも悪用され，最後まで犯人が特定できず逮捕に至らなかった（2018年，コインチェック事件など）。そうしたファイル共有の高度の匿名性や秘匿性は軍事関連分野などだけではなく，公的機関による監視を逃れるための脱法行為や隠蔽などにも利用され，その反社会性が同時に問題になっている。（渡辺武達）

ツイッター
Twitter

米ツイッター社が2006年に開始した**SNS**で，鳥のさえずりを意味する「ツイート」（日本語で「つぶやき」とも呼ばれる）という，日本語では全角140字以内の短文メッセージ，また写真・動画やURL等をユーザが**投稿**することを中心としたサービスである。このような短文投稿を主体としていることから「マイクロブロギング」サービスとも呼称される。他者のツイートを講読する「フォロー」，それを自分のフォロワーのために再投稿する「リツイート」などの機能により社会的ネットワーク形成のための機能が実現されている。中国語圏を中心に利用される類似のサービスとして「微博」（Weibo）が知られている。（柴内康文）

通信品位法
Communication Decency Act

米国上下両院は1996年2月，通信の国際的大競争に対応するための規制緩和策の実施を大枠とした新通信法（The Telecommunications Act，通信改革法）を通過させた。その条項の1つが**インターネット**上で**ポルノ**，**猥褻**画像を流した者に罰金および禁固刑を科すことなどを盛り込んだ通信品位法である。この法律はそうした情報を流した個人だけではなく，仲介する**プラットフォーム**／プロバイダーも取り締まりの対象にしたため，**通信の自由**を求める諸団体からは政府による**検閲**であると反発され，事実上の廃止となった。中国の**インターネット安全法**（2017年制定）など，多くの政府は国民に対する情報統制を行い外国政府や国内反社会団体の情報傍受を合法化，日常化している。反倫理的な**ネット情報**が野放しでいいはずもない反面，フィルタリング（閲覧制限）が恣意的に実行されることにも問題が多く，利用者のネットリテラシーの向上が求められる。（渡辺武達）

電子商取引
E-Commerce / Electronic Commerce: EC

インターネット等を介した取引形態のことで，①企業同士，②企業と消費者，③消費者同士の3つに大別される。②はネットショッピングとして近年拡大著しく，2017年のEC市場規模は，16兆5054億円（前年比9.1％増）に増加した。国内では**アマゾン**ジャパンの攻勢が続いており，小売業者は実店舗のサービスとECサイトを連動させるオムニチャネル（Omni-Channel Retailing）化を進めるなど構造転換を迫られている。③の個人間売買の拡大も，店舗販売での売り上げに大きな影響を及ぼしている。従来の代表的なサービスであるヤフオク！（旧Yahoo! オークション）の場合，販売者の個人認証，月額利用料金，オークション競り上げ形式による時間差など，販売に至るまでのハードルが高かったが，2013年にサービスを開始したメルカリに代表されるフリマ（フリーマーケット）**アプリ**は，数分で登録が完了し，月額利用料金無料，即決価格，商品撮影から出品に至るまでスマートフォンのみで完結する手軽さが若い世代を中心に受け入れられ，急速に利用者を拡大させている。その背景には，購入コストを抑えたい消費者と，不用品を手軽に処分したい販売者の思惑があるが，不正商品の出品や，倫理観を欠いたショールーミング（実店舗で品定めをした後，購入はEC）が促進される恐れもある。また「今すぐに現金が必要な人」がクレジット枠で購入できるように，現行紙幣が額面の1割増の価格で出品される（ヤミ金的利用）等，違法取引の温床にもなっている。業者を介さない手軽な売買だからこそ，売り手も買い手も商売上の高い倫理観が求められるということである。（松尾祐樹）

電子マネー
Electronic Money

電子的な手段によって現金と同じように決済ができるサービス，またはそのための装置。デジタルキャッシュともいう。その定義は多様で，クレジットカードや**仮想通貨**を含める場合と含めない場合がある。支払い方式としては，プリペイド（前払い）式（例：Suica, nanaco, 楽天Edy），ポストペイ（後払い）式（例：iD, QUICPay），リアルタイム決済式（例：デビットカード）があり，プリペイド式にはオートチャージ（自動入金）設定ができるものがある。おもな形態には，非接触型ICチップ搭載式とネットワーク式があり，前者はカード，携帯電話，スマートフォンなどに専用ICを内蔵してデータを書き換えるタイプ，後者はパソコンやモバイルコンピュータに専用ソフトをインストールしてデータをサーバー上に記録するタイプである。（海野敏）　　📖 18, 39

電子メールからSNSへ
From Email to SNS

インターネット黎明期から電子メールは最強のツールだった。世界中の誰にでもほぼ瞬時に送れ，相手は自分の都合のいいときにそれを見て返事を書ける電子メールは，車や列車，船や飛行機などで運ばれる郵便とも，双方が同時に電話口に居合わさなければならない電話とも違う新しい通信手段として大きな脚光を浴びた。年配のサラリーマンなら，海外出

張したときに時差の壁をぬって本社と電話連絡するのに悪戦苦闘したつい最近までの出来事を思い起こすだろう。

　日本で電子メールが普及し始めるのは1998年にトム・ハンクスとメグ・ライアンが共演した映画「ユー・ガット・メール」が上映された頃からである。1999年にNTTドコモのケータイ，iモードが登場し，ケータイとインターネットが結びついたが，その後のスマートフォンの普及で，電子メールはもはや当たり前の，日常生活で欠かせぬ道具になった。

　電子メールを使うためには，○○○○@□□□.××といったアドレスを必要とする。アドレスはインターネット上のさまざまなサービスを受けるためにも不可欠だが，Facebook, Twitter, Google＋, LINEなどの**SNS**の普及で，最初にサービスを受けるためには必要でも，いったん入ってしまえば，もはやアドレスは不要，SNS上のハンドル名だけで友人と交流できるようになっている。それらのサービスに常時加入する設定にしていれば，利用のたびにアドレスを入力することもない。（矢野直明）

動画投稿・共有サイト
Movie Posting and Sharing

　ユーザーが自分で撮影した映像や制作した動画などをインターネット上に投稿・公開するとともに，不特定多数のユーザーが，そうした映像や動画を自由に視聴したり，コメントを書き込むなどの機能を提供するサイトのこと。2005年にサービスを開始した米国の**YouTube**がユーザーの支持を受けて急速に普及したが，財政上の理由によってYouTubeはGoogleに買収された。その一方で，YouTubeの成功を契機に，その後は世界各国でさまざまな類似サイトが生まれ，日本でも，視聴ユーザーによるコメント表示機能を特徴とするニコニコ動画など，さまざまなサイトが乱立する状況となっている。その意義としては，既存の映像メディアにおいて視聴者という役割に固定されていた**市民**が，情報の発信者として多彩な内容の映像を不特定多数のユーザーに発信するとともに，視聴ユーザーと相互にコミュニケーションすることが可能になったことが挙げられる。また2010年頃より，継続的にYouTubeに自らが制作した映像を継続的に公開する**Youtuber**と呼ばれる人々も現れ，とくに動画再生によって得られる**広告収入**を主な収入源として生活する人々のなかには年収1億円以上という人物も存在している。社会的なレベルでは，各政党が公式サイトで情報配信を実施するなど，政治の分野を中心に，その影響力を強めている一方で，投稿された動画がサイト運営主体によって恣意的に削除されることが事実上の検閲に当たるなどの問題も抱えている。（野原仁）

〈ナ〉

ネット依存
Internet Addiction

　オンラインゲームや**ソーシャルメディア**などのインターネット利用が過剰になり，日常生活に支障を生じても利用を止められない状態。ネット嗜癖とほぼ同義。ネット依存によって発生する問題としては，視力低下，睡眠不足などの健康被害，学習時間の減少や職場での意業，対人関係の悪化，金銭的トラブルなどがある。

厚生省研究班は2017年度の調査に基づきネット依存の疑いが強い生徒の割合を中学生で12.4％，高校生で16.0％と推計している。日常生活が破綻するほど深刻な場合はネット依存症，それほどでない場合はネット依存傾向と区別することもあるが，どちらも正式な疾患名ではない。2018年，世界保健機関（WHO）は『改訂版国際疾病分類』（ICD-11）最終案でネット依存と重なる「ゲーム依存」を疾患名として採用した。〈海野敏〉　📖38, 45

ネット言論
Freedom of Online Speech

　インターネット空間で展開される言論・表現を一般的に指している。情報の流通が加速度的に増殖・増大しているネット空間で展開される言論は，必ずしも日々の出来事について吟味し，事実（ファクト）を見極めた上で展開されてはいない。むしろ，個人の願い・思いに傾斜する主観的価値観を反映したものが多く，時に作り上げられた「**脱真実**」（ポストトゥルース）に基づく「フェイク」も散見され，ネット空間の言論・情報はすべてにおいて「**事実**」（ファクト）と判断できない。これを受けて，真偽検証を行う「**ファクトチェック**」が注目を集めており，ネット言論だけでなく，一般のマスメディア言説も含め日々のコミュニケーションの営みから生まれる言論コンテンツの真偽チェックの必要性が高まっている。〈金山勉〉

ネット情報の倫理基準
Ethical Standard of Net Communication

　社会がネットで結ばれ，人びとの生活の多くの部分がネットに依存している状態が電脳社会／サイバー社会である。このネット依存社会では従来の生活規範と倫理水準が想定してこなかった事態がつぎつぎと起きている。たとえば，アクセス者が国境を超えているため，その行為者に居住地の法律を適用する属地主義だけで取り締まることが難しい。ドイツではナチスによるホロコーストやユダヤ人など非アーリア人に対する絶滅政策はなかったといった発言は刑法上の「民衆扇動罪」になるが，それを日本に開設されたホームページで主張し，ドイツからアクセスした場合や，欧米諸国では許され，日本では問題になる露骨な性行為画像がネット上で公開され，日本からアクセスした場合の対処法などである。ネット社会では，たとえば，他人のカードの番号とパスワードを取得し使用するといった犯罪が頻発しているが，IDとパスワードによる個人特定は逆に「**なりすまし**」等によって他人の**プライバシー**を覗くことも容易にしている。かつての神戸連続児童殺傷事件（1997年）では容疑者（未成年）の顔写真や名前が香港発信のインターネットで公開され，短時間に数万人の日本在住者がアクセスすることも起きた。ネット社会に適応できる法理と倫理の再構築の必要性が痛感される。〈渡辺武達〉
📖148

ネットセキュリティ
Internet Security

　1990年代後半からのインターネットの普及以降，コンピュータがネットワークに接続されることが通常になり，さまざまな形でのセキュリティ上のリスクが飛躍的に高まることとなった。すなわちコンピュータが単独で存在する場合，そのコンピュータ内の情報の改竄や漏洩，破

壊などのリスクは直接の端末操作，あるいは物理的なメディア接続などを通じて引き起こされることが中心となる。しかしインターネットの普及後は，飛躍的な数のコンピュータがネットワークに接続することとなり，コンピュータ内の情報資源についてネットワーク上の外部のコンピュータとの間で相互にアクセスすることが可能となった。このことはコンピュータの利便性を著しく高めたが，同時に情報上のリスクも増大させることとなった。興味本位のいたずらから，経済的利益を目的とした犯罪，そして政治的，社会的目的を背景とした攻撃などが個人や団体・組織，また国家などさまざまな水準において発生するようになり，これらはサイバー攻撃，さらに大規模なものはサイバーテロや**サイバー戦争**として対策が求められるようになってきている。

情報についてのセキュリティは，一般に機密性・完全性・可用性の3要素に分類して捉えることが多い。機密性とは，権限のない者が情報に対してアクセスできないようにし，情報やプライバシーを保護することである。完全性とは，情報が不正に改竄されたり破壊されたりすることを防ぐことである。可用性とは，情報に対して必要なときにアクセスできる方法が妨害なく保証されていることを指す。クラッカーなどによる悪意をもった人為的な侵入や攻撃，あるいはコンピュータ・ウイルスやワーム，スパイウェアやアドウェアなどの「**マルウェア**」（malware）によってこれらのセキュリティが損なわれることとなる。

これら機密性・完全性・可用性についてのセキュリティ確保の対策としてよく知られたものには，ID・パスワードによるアクセス管理，通信プロセスやファイル本体に対する暗号化や，情報の真正性や同一性を確保するための電子署名，内部のコンピュータへの不正な侵入，攻撃行為を監視，遮断する仕組みであるソフトウェア・ハードウェアによるファイアウォール（防火壁），**マルウェア**対策のためのセキュリティスイートソフトウェアや，オペレーティングシステムをはじめとしたソフトウェアに存在する弱点や欠陥であるセキュリティホールに対する対策のパッチなどが代表的なものとして存在する。ただし，ID・パスワードの管理などに代表されるように，これら対策の運用の形骸化は**不正アクセス**と正規のアクセスの弁別を困難にするなど，むしろセキュリティのリスクを高める危険性もある。このため，ワンタイムパスワードや指紋をはじめとした生体アクセス認証など，新しいセキュリティ対策技術も実用化され運用されている。（柴内康文）

ネティズン
Netizen

インターネット利用者を意味し，net（ネット）と citizen（市民）の合成語。公文俊平はネット利用者を今後の情報化革命の担い手として「智民」と訳すことを提唱したが，地球規模で動く現代社会はコンピュータとエレクトロニクス技術に支えられ，インターネットでつながったすべての相手とのコミュニケーションを原則的に可能にした。それは空間的距離を超える新たな社会関係の構築ではあるが，ネット依存社会は**プライバシー**の侵害，**監視社会化**だけではなく，**キャッ**

シュレス社会の進行に伴う新たな事犯を増大させ，社会の一定層にその行き過ぎへの拒否感も作りだしている。加えてネット通信がスマートフォン中心に展開し，交信が短絡的になりやすく，人間の感情のひだや匂い，温度といったものを伝えにくい電子コミュニケーションへの過度の依存は，IT眼症だけではなくこれまでにない型の依存症など，深刻な社会病理の原因にもなっている。(渡辺武達)

📖 63, 146

〈ハ〉

配信サービス
Internet Distribution Service

インターネットを通じて音楽や動画等を**ストリーミング**配信し，またダウンロード提供をするサービスを指す。1990年代末までにはCD音源から楽曲をMP3などのフォーマットでデジタル化し，デジタル音楽プレーヤーで視聴するスタイルが広まったが，海賊版コピーも発生しやすく，セキュリティ対策も施した上で大手レコード会社も音楽配信事業を展開するようになった。とくにアップル社が携帯プレーヤーiPodと連携して利用するiTunes Music Storeを2003年に立ち上げ広範な利用者を集めたことを契機に音楽流通のあり方に大きな変化がもたらされたほか，「ポッドキャスティング」のような新しい**インターネットラジオ・テレビ配信**の形も生み出されていった。また国内においては，携帯電話を利用した音楽配信が「着信メロディ」(着メロ)，「着うた」として一時広く普及した。その後，**動画共有サイト**の登場に引き続く，通信帯域の拡大や視聴端末としてのスマートフォンの普及も背景として，映画や放送番組，オリジナル作品等を対象としたビデオ**オンデマンド**型の動画配信サービスも国内においては2010年代後半以降に急速に拡大しており，現在世界規模で展開している大手のサービスプロバイダーとしては**Netflix**，Hulu，Amazon Videoなどがある。これらサービスは作品コンテンツごとの課金，あるいは定額制の聴き放題・見放題であるサブスクリプション型といった収益モデルにより運営されている。(柴内康文)

バズフィード
BuzzFeed

新興メディアの代表的存在。2006年に米国で設立され，全世界に展開する。2015年，Yahoo!と合弁でBuzzFeed Japanを設立，翌年からサービスを開始した。幅広いジャンルを扱う総合ニュースサイトで，**調査報道**も手掛け，オバマ米大統領(当時)へのインタビューで注目された。共同創業者・最高責任者(CEO)はJ・ペレッティ。**ソーシャルメディア**でシェアしたくなるニュースや話題を提供する**バイラルメディア**の草分けとも言われる。ミレニアム世代(1980〜2000年頃に生まれた人びと)から支持を受けた。データをリアルタイムで分析するなど，技術力も高く評価されている。バズは口コミで広がるさまを表現する言葉。ネット大手の寡占状態のなかでどうビジネスモデルを構築するかが課題である。(小池洋次)

バズる
Go Viral

TwitterやFacebookなどのSNSで，特定の用語や現象についての話題が爆発

的に盛り上がること。その速度が急激で「ウイルス感染」のようであることから，英語では見出し語のように「ウイルス感染する」と表現するが，日本語の「バズる」は口コミを意味する広告用語バズ（buzz）の動詞化である。これが自然発生する場合には人びとの判断や嗜好がナチュラルに表現されたものになるが，政治思想などへの肩入れから情報操作を目指した工作・操作等の場合は，危険な**世論操作**となる。これまでにも，憲法改正の是非のような国論を二分する問題について，JC（公益社団法人日本青年会議所）がそうした意図によって自民党案賛成に誘導した例があり問題となった。（渡辺武達）

バーティカルメディア
Vertical Media

バーティカルは「垂直の」という意味。特定の領域に特化したコンテンツを選んで掲載，意見交換できるサイトで，特化型メディアとも呼ばれる。一般のインターネット提供情報が多様だが短いといった特徴をもつのに対し，テーマを特定することにより深く掘り下げることができる，つまり同好者，同一関心の所有者が集うことになることから，そのサイトの特性に沿った**広告**を出稿することで高い効果が得られることにもなる。①キャリアアップ，②年金，③金融，④終活（最期の迎え方）などが代表的な題材となっている。一般メディアのニュースなどを集め，再構成して提供する**プラットフォーム**としての**キュレーションメディア**（curation media）やウイルスのように拡散力を利用する**バイラルメディア**（viral media）とは異なる特性をもっている。（渡辺武達）

BBS
Bulletin Board System

電子掲示板。インターネットなどでよく使われる通信処理サービスの1つ。接続先の提供するホストコンピュータ内の掲示板と呼ばれるメッセージボックスを介し，不特定多数のユーザーと情報を提供・交換できるサービスである。**電子メール**がユーザーの指定する1人ないしは複数の相手に対するメッセージの同時伝達を目的とするのに対して，電子掲示板は相手をとくに指定せず，誰にでも閲覧できるようにメッセージを掲示（書き込み）するため，自由な立場で議論を深められる反面，ユーザーのモラルと運営者の管理体制が問われる。

2ちゃんねる（現5ちゃんねる）は匿名BBSの代表例であるが，最近では本名を使うコミュニティ型会員制サービス（**SNS**）である**Facebook**や**LINE**の利用が拡大している。（才脇直樹）

不正アクセス
Illegal Access

正規に利用する資格がないにもかかわらず，不正な手段を用いてコンピュータにアクセスすること。他者のユーザーIDとパスワードを利用してなりすます，あるいはシステムに存在するセキュリティ上の欠陥を衝いて侵入するなどの手法がある。国内においては1999年に公布，翌年施行された「不正アクセス行為の禁止等に関する法律」（**不正アクセス禁止法**）でこのような行為は処罰される。不正アクセスに対する対策としては，ユーザー側のものとしてのID，パスワードの複雑化や定期変更などのほか，技術的側

面からはID・パスワード入力時に電子メール等で別途送信される情報を二段目の入力として求める、乱数カードや生体情報などの別要素を組み合わせるといったものが実施されている。(柴内康文)

ブロックチェーン
Block Chain

　一般の銀行等で使われる中央演算装置（大型高速コンピュータ）による管理システムと違い、穀物や鉱物といった資源の取引などに使われることの多い**仮想通貨**を用い、情報全体を関係者のすべてが閲覧可能な状態で管理する台帳技術のこと。全体に対する他からの侵入が不可能な金融技術（フィンテック、FinTech）であり、安価で高速のドル支配に対抗した国際送金手段として拡大している。反面、その特性が、行為者の特定と全体構図の把握の困難となり、犯罪が起きた場合の検挙が難しく、2018年1月のコインチェック事件（約600億円の窃盗）でも、それがネックとなり未解決のままになっている。反対に、その特徴が履歴の広い範囲での共有を可能にし、国境を超えた契約や送金手続きが簡単、安価である利点と、その悪用として、違法武器取引や北朝鮮等による核開発材料の闇取引など反社会行為にも用いられている。(渡辺武達)

ポータルサイト
Portal Site

　インターネット上に設けられた情報収集の入口となるウェブサイトのこと。検索エンジン、ディレクトリサービス、ショッピングやニュースなどのサービスを提供することで、利便性を高めている。主なポータルサイトにはYahoo! JAPAN、**Google**、livedoor、goo、MSN、Infoseek、はてななどがあり、プロバイダによるポータルサイトの代表的なものには@nifty、BIGLOBE、OCNなどがある。個人利用者数がパソコンを超えたスマートフォンの場合、**Google**はウェブ**ブラウザ**としてのChromeアプリがあるが、アプリとしての「Google」は対話型の音声検索や音声操作を含めた複合的な性格をもつものとなっている。(中谷聡)

〈マ〉

まとめサイト
Curation Website

　ネット上に散らばる情報を、見出しやテーマ、内容ごとに集め、まとめたサイト。ニュースサイト、IT企業サイト、**ブログ**、掲示板、SNSなどを情報源とする。「キュレーションサイト」と呼ばれる場合もある。ものによっては拡散力、影響力が強く、社会的な影響を考える上で軽視できない。同時に、他人の文章や写真、動画に依存することから、**著作権**侵害、肖像権侵害とみられる行為も多い。

　編集作業では人力でまとめるものだけでなく、テーマに沿ってコンピュータによって自動的に収集、編集されるものもある。機械に頼れば、容易に「まとめ」コンテンツを作ることができる上、テーマによっては意図的に読者に迎合する**アフィリエイト**広告も簡単に設置できることが問題視される場合がある。

　閲覧者はネット上の膨大な情報を選択する手間を省ける反面、まとめを担当する編集者の主観や意図的な誘導に影響される危険もある。近年では、AIがウェブ上の情報を取捨選択して、ニュースをまとめる場合もある。(宮武久佳)

マルウェア
Malware

「悪意」(malicious)と「ソフトウェア」を組み合わせた「悪意をもったソフトウェア」を示す造語で，コンピュータ等を不正に動作させる意図をもって作られたソフトウェアを指す。代表的なものとしては以前から「コンピュータウイルス」が問題とされていたが，それ以外のさまざまな形態も含めた類似のソフトウェアの総称としてこの語が使われるようになった。ウイルスは，宿主であるファイルに感染して自分のコードを付け加えそのファイルの起動時に他ファイルへ自身の複製を広げていく，一定の期間条件が満たされるまで潜伏し不正な動作を行うなどの特徴をもち生物学的ウイルスに類似しているので，この名前で呼ばれている。これは電子メール添付ファイルや**ブラウザ**によるページ閲覧，あるいはリムーバブルメディアによるファイル流通を通じて拡散する。ウイルスとは異なり，宿主となるファイルを必要とせず拡散するものを「ワーム」と呼ぶ。また正常なソフトウェアを偽装して利用者に実行させ，システムを乗っ取って不正な動作を起こさせる「トロイの木馬」，ユーザの気づかないうちにインストールされコンピュータ内の情報を外部に送信する「スパイウェア」やキーボード操作等を記録監視しID・パスワード等を奪取することのできる「キーロガー」などがマルウェアに含まれる。防御対策として，従来からのアンチウイルスソフトに加え，各種マルウェアをリアルタイムで常駐監視，検知する総合型のセキュリティソフトが用いられるようになっている。〈柴内康文〉

その他知っておくべき用語

海賊版サイトブロッキング問題：2018年，マンガやアニメの違法コピーを掲載している「**海賊版サイト**」への政府の緊急対策にプロバイダー（民間会社）が応じると表明した。憲法の定める「**通信の秘密**」を侵すとの批判があり，日本インターネットプロバイダー協会（JAIPA）などは，ブロッキングに反対する姿勢を示した。同年8月，NTTグループは海賊版サイトのアクセス激減のため，接続遮断を中止する方針を表明した。

SSD (Solid State Drive)：従来採用されていた磁気ディスク（HDD）に代わり，半導体記憶素子を利用したフラッシュメモリによる外部記憶装置。HDDに比べ，低消費電力，耐衝撃性に優れる。その一方でスマホやタブレットPCなどはフラッシュメモリが主流で，データはオンラインに格納するというライフスタイルが普及の壁となっている。

Blu-ray Disc：DVDの後継として普及した青紫色半導体レーザーを使用する第3世代光ディスク規格である。第4世代光ディスクの行方は未確定だが，**4K**放送に対応したUltra HD Blu-ray対応機器を2016年にパナソニックが，2017年にはソニーが発売した。

Whois：株式会社日本レジストリサービスが提供しているドメイン名登録情報**検索サービス**。IPアドレスやドメイン名の登録者などに関する情報を，インターネットユーザーが誰でも参照でき，ドメインの不正使用や商標権のトラブル，プライバシー侵害といったトラブル発生時などに当事者間での自律的な解決などの目的のために用いられる。〈中谷聡〉

Ⅳ 放送
（テレビ・ラジオ・ネット利用・モバイル送受信）

〈ア〉

英国のコミュニティメディア
The UK Community Media

英国では，**公共放送**である英国放送協会（**BBC**）による独占が長く続き，その後，**広告**を財源とする商業放送（BBCとともに公共サービス放送の一環）が伸長し，受信許可料と**広告費**による「複占」（duopoly）が進行した。この「複占」体制を脱するために，1977年，非営利運営の「第3のメディア」を政策提言する**市民**グループCOMCOM（Community Communications Group）が結成された。ヨーロッパで広がった自由ラジオと同様，「少数の声」による放送の多様性の実現を目指し，地域の社会的利益の創出と問題解決を目指したことは，近年，注目される課題解決模索型（solution）ジャーナリズムを先取りしていたともいえる。2003年コミュニケーション法で権限を与えられた独立規制機関**Ofcom**は「メディアの多様性」が重要なミッションであり，COMCOMの指針を受け継ぐCMA（Community Media Association）と**コミュニティラジオ**制度化実験で協力し，その後もコミュニティラジオ基金の分配など，協働と規制の両立を実現している。CMAは，ラジオの開局支援，**SNS**の利用，地方テレビ局や大学などでのコミュニティテレビ制作をサポートする一方，社会的排除の解消を目指し，**メディアリテラシー**や**デジタルメディア**のトレーニング，**オーディエンス**へのアンケートやボランティア募集，新たな財源開拓のノウハウや経験の交換に寄与している。また，CMAは2006年以後BBCと対等な相互協力のための覚書を交わし，メディア研修や人材交流，コンテンツの交換に柔軟な取り組みを行っている。2017年からOfcomはBBCをも監督するが，地域の創造性を高めるBBCの評価においてコミュニティメディアの貢献は決して小さくない。（松浦さと子）

📖 190

エデュテインメント
Edu-tainment

英語のエデュケイション（教育）とエンターテインメント（娯楽）を組み合わせた造語で，テレビやネットで教育番組を楽しく親しみやすい形式で提供しようとするもの。もともとは「楽しみながら勉強できる」場所としての水族館の設計構想などから使われ始めたが，教養・教育番組に娯楽性をもたせた番組を**インフォテインメント**（**info-tainment**）というのと類似の表現。テレビ映像の速報性と臨場性だけでは視聴者に飽きられることを恐れるメディア企業は，ニュース／報道でも娯楽性を加える工夫をしてきた。その傾向があらゆる分野に及び，「ニュースショー」が登場，今では「**ワイドショー**」と区別できない。楽しく勉強できれば最高だが，現実の制作現場では**放送**

法が規定する娯楽番組比率をオーバーしないようにお笑い的なクイズ番組までが「教養」として区分されるという問題が起きている。（渡辺武達）

NHK 問題
Criticisms re NHK

日本放送協会（NHK）は**放送法**に基づく**公共放送**で，経営委員は内閣が指名し国会が承認する。予算・決算も国会承認が必要であるため，構造的に政権の影響を受けやすい。また電波の許認可など監理権は総務省にあり，ニュースや番組がしばしば政府の意向を反映すると指摘される（ほとんどの自由主義国では，政府から独立した行政委員会が電波監理を行っている）。こうしたなか，NHKのあり方が社会的論議を呼んだ事例や，会長が途中退任・更迭された事件も多い。たとえば1976年には，ロッキード事件の被告・田中角栄元首相との政治的な関係を批判された小野吉郎会長に対し，視聴者からの辞任要求署名が殺到して辞任。また政府の電波政策を批判して独自の政策を進めた島桂次会長が1991年に解任された。2004年，芸能番組ディレクターの巨額の使い込みや多くの受信料着服事件が表面化したことに加え，01年の番組ETV2001「シリーズ 戦争をどう裁くか」第2夜「問われる戦時性暴力」に対して自民党・安倍晋三官房副長官らの政治的介入，番組改編が報道されて受信料不払いが年予算の1割近くになり，海老沢勝二会長が05年に引責辞職した。最近では安倍政権に指名された籾井勝人会長が，著しく公平を欠いた言動で批判を浴び再任されなかったのは記憶に新しい。
（津田正夫） 📖 64, 117

〈カ〉

玉音放送
Jewel Voice Broadcast / Imperial Rescript on Surrender of Japan

1945年8月15日正午，昭和天皇が米・英・中の署名したポツダム宣言（Potsdam Declaration）受諾を，前夜録音した原盤により日本唯一のラジオ放送局であった社団法人日本放送協会（NHK，実質的には国営放送）から国民に語った番組のこと。表現に難しい漢語が多く入っていたため，聴いた人のほとんどが「敗戦宣言」であったことを理解できなかったといわれる。新聞とラジオは，軍部が「大東亜」（現在の東アジア，東南アジア）共栄のためと称した戦争＝「大東亜戦争」（戦後は「太平洋戦争」や「15年戦争」等の呼称が一般的になっている）の宣伝機関であった。当時の日本のメディアは軍部に迎合する形で事実とは反対の勝利報道＝完全なフェイクニュース（虚偽報道）を垂れ流した。そのことを反省した元朝日新聞記者むのたけじ（本名：武野武治，1915〜2016）は地元である東北で週刊新聞『たいまつ』を創刊し，「戦争絶滅」を旗印にジャーナリスト魂を身をもって示した。（渡辺武達）

ケーブルテレビ
Cable Television

光ケーブルなどの有線を用いたテレビ放送のこと。もともと日本におけるCATVとはCommunity Antenna Televisionの略語で，山間部や都市におけるテレビ難視聴解消のための共同受信施設を意味していた。したがって，ケーブルテレビとCATVは必ずしも同一では

ないことに注意する必要がある。ケーブルテレビの仕組みは，放送主体であるケーブルテレビ局が，地上波・**BS・CS**の各放送番組を自社アンテナで受信したのちに，ケーブルを用いて，視聴者に再送信したり，あるいは個別チャンネルを設けて自社制作番組を送信する，というのが概要である。1990年代後半以降は，デジタル化の進展に伴い，インターネット接続や**IP電話**などのサービスを実施する局が急増して現在に至っており，2018年3月現在の世帯普及率は約53％である。その意味で，現在のケーブルテレビ局は，地域社会における情報ネットワークのハブ（拠点）の1つとも言うべき存在である。また，放送エリアが相対的に狭いという特徴を生かして，地上波テレビ局が取り上げない地域情報を自社制作番組で伝えることで，**コミュニティメディア**としての役割を果たしている。さらには，中海テレビ（鳥取県米子市）が日本で唯一の**パブリック・アクセス・チャンネル**を設けるなど，視聴者による情報発信のためのメディアとしての可能性も有している。（野原仁）

公共放送
Public Broadcasting

日本では①**日本放送協会（NHK）**と②一般放送（民間商業放送／**民放**）の二分法で語られることが多いが，世界にはその他に③国営放送（政府直轄，米国のVOAなど），④それらの折衷型の4つの類型がある。加えて，現在では⑤ネットを使った放送（**Jアラート**などを除き多くが民営）と⑥個人的な小規模放送，⑦災害時の臨時FM放送／**コミュニティ放送**などがあり，⑤以外はいずれも**公共性・公益性**の保持が許可条件となっている。

日本では放送行政を管轄する総務省が2006年，大臣の私的懇談会「通信・放送の在り方に関する懇談会」を発足させた。戦前からNHKは英国の**BBC**に似て，ともに「公共放送」と呼ばれることが多い。その第1の意味は「公設」の放送局，第2の意味は，「利益第一主義ではなく，国民全体が知るべきことを国民の利益になる立場から知らせる公益的放送局」が目的ということである。しかしこの考え方には現在，2つの点からの問い直しが必要である。第1は，民放を含め，どの放送局の活動にも「公共性」があると捉えるからこそ，現在の日本には**電波法**や**放送法**があり，それぞれの局には放送法の求める「**放送基準**」遵守が求められ，総務省による監理が両者に対して適用されている点。第2は，これまでのNHKにはその放送の実際と**世論調査**活動に関連し，「政権政党寄り」傾向があり，「**公益性への奉仕**」という面が欠けている点。戦前の日本には日本放送協会（NHKの前身）しかなく，しかも組織的対応として率先して大本営発表をたれ流した。現在のNHKは総務省の特殊法人であり，予算案や会長の人事等には国会の承認が必要であることから，政権政党による多様な干渉があり，森友・加計学園問題で**特ダネ（スクープ）**を連発した大阪局報道記者が左遷され，退社に追い込まれたのもその具体例（2018年）。番組のテーマと扱い方についても政府からの干渉を受けやすい（例：ETV2001「シリーズ戦争をどう裁くか」第2夜「問われる戦時性暴力」2001年1月30日放映）。英

BBCはテレビを視聴するときの「受信許可料」などの法制定において国家の影響を受けるが，サッチャー政権時の政府との激しい対立が示すように，放送人の自律意識についてはBBCの方が高い。現行の日本の放送は①NHKを「公共放送」から「官営放送」に，②民間放送を「商業放送」に言い換えた方が，語感としてはより実態に近い。（渡辺武達）

📖 227, 230

子ども番組と社会的影響
Children's Programs and Their Social Influence

子ども番組は子どもたちが学校以外でみることを想定して制作されたテレビ番組のことで，「小学校理科」等の教科は「学校教育番組」という。内容は健全娯楽と教育補助的なものを含み，親子で楽しめる社会教育・情操教育用も含まれる。しかし**民放**では娯楽性の濃厚な**アニメ**などが多く，刺激的な内容で子どもの興味を引くことが主流となりつつある。また多くの子どもがスマートフォンをもっている今日では帰宅後の児童がゲーム等に興じることも少なくなく深刻な社会問題となってきた。**マンガ**原作で，フジTV系列で映画した『ちびまる子ちゃん』のような**アニメ**はロングシリーズとして好評だが，制作費が高く，インターネットやテレビゲーム，携帯電話利用によるアクセスに押されぎみである。結果，共生・共存の思想と情報教育の軽視となり，**民放連放送基準**が「児童および青少年への配慮」の項で，「人格形成に貢献し，良い習慣，責任感，正しい勇気などの精神を尊重」，「悪徳行為・残忍・陰惨などの場面を取り扱う時は，児童の気持ちを過度に刺激したり傷つけたりしない」などとする条項の順守が心もとない状態にある。（渡辺武達）

📖 61, 90, 141

コミュニティラジオ
Community Radio

不特定多数向けではなく，限られた地域社会や，共通の言語・文化をもつ人たちを対象とするメディアは，活字・電波・ネットを問わず「**コミュニティメディア**」と呼ばれることが多い。似た用語で，特定の地域に向けたものを「地域メディア」，市民・住民が発信するものを「**市民メディア**」と呼ぶこともある。このうち電波を使って音声を送受信するのがコミュニティラジオであり，超短波（FM）を使うことが多い。日本では1992年に，小出力（20W以下）のFM波を使うコミュニティラジオが，「地域のきめ細かな情報を発信することで豊かで安全な街づくりに貢献できる」として**放送法**の対象になった。95年の阪神・淡路大震災をきっかけに一挙に実用化が進み，2001年以降市町村を免許主体とする「臨時災害放送局（臨災局）」が制度化された。2011年の東日本大震災では東北4県に延べ30局，2016年の熊本地震では4局の臨災局が生まれ，さまざまな地域の課題に取り組んだ。コミュニティラジオは319局（2018年7月）に達し，防災機能に限らず地域の多くの課題を提起し，その解決や合意形成に役立つとされる一方，諸外国に比べて総務省の免許条件が厳しく，簡単に開局できない。また行政から「基幹放送局」と位置付けられても，現実には人材や機材，経営予算の不足など多くの面で困難を抱えている。（津田正夫）

📖 57, 191

〈サ〉

サブリミナル
Subliminal

もともと心理学の用語で、人間の認知・知覚を①意識をもって認知できる範囲と②意識的には認知できない範囲の2つに分けた場合、その境界を「閾」（いき、limen）と呼び、それ以下の部分（閾以下）をいう。だがメディアに関する議論、とくに広告やテレビ番組の映像分野ではこれとはやや違う使い方がされ、②の部分にもう1つ、③通常の意識としては明確な認知はできないが無意識的に認知できる（かもしれない）範囲を想定し、その部分への働きかけを行う送出法＝「人間が意識としては認知できないが、無意識のうちに感知し記憶できるやり方、またそう期待して情報を送り込む情報またはその行為」のことである。

日本民間放送連盟放送基準122項には「視聴者に錯誤を起こさせるような表現をしてはならない」とあり、それは「公正とはいえず、放送に適さない……この見解は通常番組・**CM**の双方に適用される」とし、英米でも類似の規程をしている。1995年にTBSの「報道特集」がオウム真理教幹部村井秀夫氏刺殺事件の犯人像を、同教団の他の幹部某の顔写真を使い「指示者」だと受け取れる仕方で瞬間的に写し込んで放映し、サブリミナル的手法だったとして郵政省放送行政局長に謝罪と報告書の提出を求められた。

動画は多くのコマを連続して映し出して動きを作っており、現在の地上波テレビは1秒間に29.97fps（fps: frames per second）、映画は24fpsコマの連続放映である。現在ではノンリニア編集といわれるコンピュータ編集がふつうで、このような技術面の高度化が過剰な**視聴率**競争と表現技巧の開発と合わさってサブリミナル使用をさせ、そのやり方が他メディアにも影響している。メディアの情報は社会善に則した公益に資する情報を前提とすべきだが、この手法には反面、使い方によっては映像表現の幅を広げる可能性もある。たとえば仏像などの映像記録を左右2台のカメラで別々に撮影し、後でコマを交互に入れ替えて合成すれば、その仏像がより立体的に見える。そうした手法は睡眠学習教材や疲れをいやすヒーリング音楽などとしてすでに利用されている。だが、政治宣伝や広告業界では「**やらせ**」や情報歪曲専門の**スピンドクター**たちが視聴者をだます仕掛けをたえず行っている。情報のエンドユーザーである視聴者がサブリミナルとその目的についても学習し、対抗できる**メディアリテラシー**を身につけることが大事である。
（渡辺武達）　　　📖56, 228

CS放送・BS放送
Direct Broadcast Service by CS & BS

いずれも人工衛星を経由して送られてくるテレビなどの放送で、日本では、使用する衛星の送信出力・周波数帯といった規格や法的な位置づけの相違によって、放送衛星（BS: Broadcasting Satellite）による放送と、通信衛星（CS: Communications Satellite）による放送に区分される。NHKが1984年にBSを用いた試験放送を開始したのが最初で、92年にはCS放送も始まった。放送開始当初は、不特定多数を対象としたBS放送に対し

て、CS「放送」は**ケーブルテレビ局**や一般企業など特定の受信者を対象とすることを想定して上記の区分が行われたが、幾度かの**放送法**改正を経て、現在では両放送の相違は、視聴者の立場からみた場合、まったく存在しないといっても過言ではない。両放送の特長としては、多チャンネル化と、それに伴う特定の内容に特化した多彩な内容の番組が放送可能になったことに加えて、放送エリアが非常に広範囲で、全国どこでも同一の番組を視聴できることにある。しかしその表裏一体の問題として、各地域に根ざしたローカル番組が存在しないため、地域の独自性を喪失させる一因となる点が挙げられる。また、CS放送のみならず地上波民放系のBS放送においても、テレビショッピング番組が非常に多いことも問題点として指摘されている。なお、両放送とも開始当初はアナログ放送であったが、CS放送は1996年に、BS放送は2000年に**デジタル放送**を開始し、現在ではすべてが**デジタル放送**となっている。(野原仁)

視聴率
Ratings

特定の番組・チャンネルを見ている世帯もしくは個人の割合のこと。調査の方法には、視聴者が見た番組を自ら記入する日記式と、専用回線を用いて番組の視聴状況を機械が自動的に認識・集計する機械式があり、それぞれの方式とも、「どの家庭が見たのか」を調べる世帯調査と、「誰が見たのか」まで調べる個人調査に区分される。**CM**料金決定の基準を客観的に決める必要性から、アメリカで1950年に始まり、日本にはテレビ開局翌年の54年に導入された。調査方式は、当初の日記式から機械式へと移行するとともに、また97年からは個人調査も本格的に始まったものの、現在でも世帯調査が中心で、国内唯一の専門調査会社であるビデオリサーチが全国27地区で機械式世帯調査を恒常的に行っている(2018年9月現在)。調査の具体的方法に関しては、まず統計学に基づいて調査を行うサンプル世帯を地区ごとに抽出したのち(たとえば関東地区では900世帯)、どの家庭・個人がどの局にチャンネルを合わせているかのデータが各家庭の測定器に1分ごとに記録され、その後調査会社のホストコンピュータに自動的に送信・記録される。そして、世帯視聴率ならば、(テレビをつけていた測定機器数÷サンプル世帯数×100)という計算式によってデータが算出される。また、データの種類は多様であるが、通常は「平均視聴率(ある番組の放送時間内の1分ごとのデータを平均したもの)」が用いられている。また、より正確な**広告効果**測定値を求める**広告主**からの要望などもあり、DVDやHDDにテレビを録画して視聴するケースを対象として、2013年から関東地区の300世帯を対象としたタイムシフト視聴率(放送後7日以内に録画したテレビ番組を視聴した割合)の調査も開始した。視聴率の問題点としては、①ビデオリサーチによるデータのみで、比較対象がないため信憑性に疑問がある、②統計学の観点から、データの誤差が大きい可能性があるため、**広告効果**測定の結果としては信頼性に欠ける、③サンプル数が少ないため、不正操作が行われると、データが大きく変動してしまう、などが指摘されている。また、視聴率の高低に

よって放送局の収入源である**広告料金**が決まるため、ジャーナリズムの倫理や社会的責任よりも**視聴率**獲得を優先する「視聴率至上主義」に放送局が陥りやすい。具体的には、高視聴率が期待できそうなバラエティやドラマがプライムタイムの大半を占め、その逆の**ドキュメンタリー**などは早朝や深夜にしか放送されないなどの弊害として現実に表れている。さらには「世帯視聴率では視聴者構成の質が把握できない」との**広告主**サイドからの要求により導入された個人調査によって、番組編成・内容に対する**広告主**の影響力がますます強まったとの指摘もある。(野原仁)

受信障害
Air Wave Reception Problem

受信障害の主な原因として、高周波電流・無線機器による不法電波・デジタル機器からの不要輻射混信・高層建物の乱反射・航空機離着陸時の環境問題・海外放送局の強力な日本との同一周波数発射等がある。受信障害発生時には、原因者負担の原則に基づき、当事者間協議で解決する方向が定着している。都市では、高層建物の増加で放送受信障害が多発している。その解決策方法として、建造物の向き・高さ・壁面形状の変更、壁面の電波吸収材質使用等がある。抜本的解決策としては、障害建造物所有者が共同アンテナを設置後、光ケーブルで受信障害者へ送信するか、最近は受信障害者が**ケーブルTV**(**CATV**)に加入、その経費は建造物所有者負担で解決を図っている。2011年7月開始の地上波TVデジタル化(UHF波)によりビル障害は減少している。一方「AMラジオ」の受信障害策として、政府補助金で「ワイドFM」(AM補完放送)が2014年4月より開始された。2018年4月には全国で44局が整備された。放送以外の電波障害として携帯電話が発する電波の、医療機器(心臓ペースメーカー)への障害がある。(土田弘)

〈テ〉

デジタル放送
Digital Broadcasting

映像・音声・データをデジタル信号によって伝送する放送のこと。従来のアナログ放送と比べて高画質・高音質であり、その他にも①データの双方向通信が可能である、②放送番組の**著作権**保護が簡易である、③移動体通信に適している、④**インターネット**や**コンピュータ**との親和性が高い、⑤データが劣化しにくい、などの特長がある。日本における実際の放送は、1996年に**CS**の「パーフェクTV！」で初めて開始され、その後2000年には**BS**、2003年には地上波(いわゆる地デジ)と相次いでデジタル放送が始まった。2006年からは携帯端末向けの**ワンセグ**放送が始まり、2011年にはアナログ放送が停止して、すべての地上波はデジタル放送となった。さらには、現在主流のハイビジョン(HDTV)を上回る高画質のウルトラハイビジョン(UHDTV)のうち、一般的に**4K**と呼ばれる放送も2018年末から本放送が始まり、さらに高画質の**8K**放送(NHK独自の呼び方ではスーパーハイビジョン)も2016年からNHKが試験放送を行っている。(野原仁)

テレビ局入社の心得
Instructions for Working for TV Companies

　コンテンツビジネスとしてのテレビ界では国際化が顕著で、外国語の習得は必須だ。そのため、大学3回生時に滞米し、帰国後は複数局のインターンシップに参加した。民放2社に内定し（2018年），現在，キー局の情報番組制作の現場にいる。助けを必要としている弱い人の声を社会に届けたいとの思いがテレビ局への志望動機。テレビの就職選考は回数が多く，他局とも時期的に重なり，体力と精神両面での備えが大事。業界研究はもちろん，①各局の番組をできるだけ多く視聴し，制作意図とその演出の仕方，視聴者の受け取り方とを重ね合わせ，自分なりに検討した。すると，テレビ局のメイン収益源は番組だが，同じ題材でも発出者側（局）の理解の程度と演出によって異なる番組となることがわかり，面接で聞かれる他局番組との比較に役立った。②メディアの役割は情報を通して世の中と対話することだから，日ごろから社会の出来事に関心を持ち，独自の意見を持つこと。テレビ局では多くの情報の中から重要なことを正確かつ迅速に発信せねばならず，そうした伝達能力の有無，的確な対応力の有無を面接官は見ている。面接時間はたいてい5～8分だが，伝える仕事を志す人であれば，その範囲内で面接官を説得できるかどうかがカギになる。それには③自分がテレビ局でやりたいことを簡潔，具体的に説明できる事前の訓練が必要。**情報化社会**の最先端技術への目配りを怠らず，同時に社会のなかで変わらぬ人間の生き方の根底基準を探り，日ごろから視覚，聴覚，判断力を総合して自己啓発しておく姿勢が大事だろう。(長岡里沙)

テレビコメンテーター
TV Commentator

　テレビのニュース，情報番組，**ワイドショー**などでさまざまな見地から専門的な知識を番組中の特定の出来事・事項についてコメントする存在であり，伝達している情報や内容に解説性・詳細性を加え，伝達内容に信頼性を付与することが，本来，期待される。弁護士，学者，作家，ジャーナリストをはじめとするそれぞれの分野のスペシャリストなどがこれにあたるが，とくに**民間放送**では，番組の**視聴率**競争も影響してか，専門性を超えて芸能タレントが起用される番組も増えている。ニュース番組においても視聴者の心を和ませるようなやわらかい項目の増加，「ソフト化傾向」が加速しており，**テレビコメンテーター**の権威づけに劣化現象が起きている。(金山勉)

テレビ作品の顕彰制度
Award Program for TV Productions

　全国規模の代表的な顕彰制度として以下の5つがある。第1．1946年創設の「文化庁芸術祭」。毎年秋に「芸術祭参加」と認定した演劇・音楽・舞踊などの公演とテレビ・ラジオ作品の放送を行い，各部門から芸術祭大賞，優秀賞，新人賞を表彰している。第2．1975年，NHKが東京・渋谷に移転した際，旧放送会館の売却益を「国民に還元する」目的で設立された公益財団法人・放送文化基金による「放送文化基金賞」。毎年夏に，テレビ**ドキュメンタリー**・ドラマ・エンタ

ーテインメントの優秀作品を表彰。対象はNHKだけでなく、民間放送の番組、出演者等にも及ぶ。第3．一般社団法人・**日本民間放送連盟**が1953年から主催する「日本民間放送連盟賞」。民間放送の報道・教養・エンタテインメント・ドラマの優秀番組を表彰するほか"放送と公共性"部門で、放送の社会的活動も表彰している。一時期（2005〜17年）「日本放送文化大賞」が併設されたが、現在は連盟賞に一本化された。第4．批評家、研究者、放送人等が参加する特定非営利活動法人・放送批評懇談会主催の「ギャラクシー賞」。1963年に創設され、現在はテレビ・ラジオ・CM・報道活動の4部門のほか、放送文化に貢献した個人の表彰も行っている。第5．全国規模の映像祭では唯一東京以外で開催される「「地方の時代」映像祭」（**NHK・民放連**・日本ケーブルテレビ連盟・関西大学・吹田市が主催）。1980年に"地域からの発信"を標榜してスタートして以来、地域放送局、ケーブル局、市民・学生・自治体・高校生の映像作品を顕彰し、多様な制作者の交流の場ともなっている。
（市村元）

テレビ・ラジオの技術的発展
Technological Advancement of Radio and Television

テレビ・ラジオは電磁波の周波数帯域（electromagnetic spectrum）における電波を活用したメディア技術に支えられている。ラジオ技術は、無線電信技術発展の延長線上にあり、19世紀半ば英国のマックスウェル（James Clerk Maxwell, 1831〜79）が電波の放射・伝播理論を提示したことを起源とする。世界では米国で1920年にペンシルバニア州ピッツバーグで初の商業ラジオ局KDKAが、英国でも1920年にマルコーニ無線電信会社がラジオ放送を開始した。日本では1925年にNHKが芝浦の東京放送局から仮放送、後に愛宕山に移転してラジオ本放送を開始している。翌26年にはNHKが社団法人**日本放送協会**としてスタートし、1930年には東京都世田谷区砧にNHK放送技術研究所（NHK Science & Technology Research Laboratories: NHK STRL）が設置され日本のテレビ・ラジオ関連技術を牽引している。テレビ開発にあたっては1939年に日本初の電波を使ったテレビ公開実験が東京都内で行われたが、日本でテレビ本放送が始まったのは戦後の1953年2月1日だった。NHK STRLは1960年代には高音質・高画質のアナログHi-Vision方式として、世界に先駆けて打ち出したMUSE（Multiple Sub-Nyquist-Sampling Encoding System）技術の開発に着手し1980年代の直接衛星放送（Direct Broadcast Satellite）として結実させた。放送のデジタル化ではISDB（Integrated Services Digital Broadcasting）を開発し、地上放送はISDB-T、衛星放送はISDB-S、**ケーブルテレビ**にはISDB-Cをあてている。NHKでは放送・通信連携サービスのハイブリッドキャスト（Hybridcast）を2013年から開始。また現行のデジタルハイビジョン（2K）の高位サービス**4K/8K**実用放送が2018年12月から開始された。放送技術は通信・放送のボーダレス化を前提に**インターネット社会**に軸足を移しながら変化・発展している。他方でこれら放送関連技術開発が公共の利益に資するか、ラジオのデジタ

ル化が業界の思惑にそって進展しないことを例として，技術が社会ニーズを喚起するという従来型の一方的な**技術決定論**中心の市場形成に向けた技術政策とも関係させて考えることが望まれる。〈金山勉〉

東南アジア諸国の放送制度
Broadcasting Systems of Southeast Asian Countries

東南アジアは，人口，国土面積，宗教・文化，経済の発展状況等，さまざまな面で異なる11カ国で構成されている。放送も，シンガポールのようにデジタル化への移行を完成させた国もあれば，ミャンマーのようにテレビよりもラジオの利用度の高い国もある。ASEAN（東南アジア諸国連合）は2020年までのデジタル化を目指すが，加盟国のすべてが移行を達成できる見通しはたっていない。

地域の多様性に加えて，東南アジアの国々の多くはヨーロッパによる植民地化の影響で国内に民族的な多様性を保持するようになった。このため初期において放送制度は，基本的に国民統合を主眼として設計されていた。ベトナムやラオスといった社会主義国はもちろんのこと，フィリピンのように商業テレビ放送が先行した国をのぞけば資本主義陣営にある国々にあっても，国営放送を中心とした体制を通して国民文化の醸成が図られた。こうした性格は今日まで残り，折に触れ放送行政に表れてきた。

たとえば，社会的分断をあおる内容の規制があげられる。インドネシアの放送法ではSARA（民族，宗教，人種，階級）の間の対立に結びつく恐れのある内容については規制の対象とされる。スハルト権威主義体制下では厳しく取り締まられていたが，民主化を遂げた今日でもたとえば宗教倫理に照らして好ましくないと判断される内容は自主的に削除ないし修正が行われる。それでもイスラーム系宗教団体の一部による抗議行動に放送局がさらされる事態がひんぱんに起きている。しかしながら，このような規定は当局によって恣意的に運用される危険性を常にはらんでいて，社会秩序の維持の名の下に**権力批判**を封じ込める便法として用いられることがある。

自国の放送が他国の影響下におかれることを制限する外国性排除原則も国民統合の観点から担保される。資本規制はもちろんのこと，外国製コンテンツの比率についても基準が設けられることがある。しかし，完全に自国の資本，国産のコンテンツだけで放送事業を展開することはグローバル化が進むなか容易ではなく，必ずしも厳しい取り締まりが行われるとはかぎらない。とくに衛星放送や**ケーブルテレビ**などでは外国性の排除規定は比較的緩やかである。実際，ラオスのように政府と中国との合弁でケーブルテレビを運営する例もある。もっともこの外国性排除原則も恣意的に運用されることがあり，2016年に登場したドゥテルテ政権（フィリピン）は，自らに批判的報道を繰り返すオンラインニュースを，外国資本が関わっていることを理由に閉局の瀬戸際まで追い詰めた。

放送行政は放送法に基づく国が大半であるが，フィリピンやカンボジアのように放送法自体が存在しない国もある。一般的に，東南アジアの国々では，放送行政はいわゆる情報省が管轄してきた。情報省は政府広報を主管すると同時に，言

論の統制に動く機関でもある。各国の政府は放送と通信との融合に向けた制度構築を急いでいる一方で，以上のように，国民の間の対立を招く危険性のあるコンテンツについては，ネットも含めて規制を強めている。（内藤耕）

ドキュメンタリー制作の心得
How to Make Documentaries

「目から消えるものは，心からも消える」。1960年代に取り壊されかかった原爆ドームを保存するため募金と署名活動を始めた女子高校生による述懐だが，被写体の生きた証を残し，共に生きることはドキュメンタリーの核心でもある。映像に撮るとは日々移ろいゆく人や街・モノや自然の一瞬の姿を留めおくことで，その対象は自分を含め何でもよい。対象物と向かいあった臨場感を記録として定着させることで，観客の心に澱となって積もってゆく。樹齢1300年の「薄墨の桜」を記録映画にした羽田澄子は，「詩人が詩を書くように，絵かきが絵を描くように，私の魂が感動したものを映画にしたい」と語った。制作は①記録する（現場），②関係する（編集），③伝える（上映）という3つの工程から成る。世界に向かって開いているのがドキュメンタリーだから，現場で大事なのはフレーミングによって排除された外側を感じさせる技術と工夫である。撮影した大量の断片素材から必要なものだけを選別し再構成するとき，撮り手と被写体との関係性が始まる。単なる対象に過ぎなかった"彼ら"が，対話相手の"あなた"に変わり，"私"を揺さぶる。「ニッポン国 古屋敷村」の監督小川紳介によれば，「映像は観てもらうことも含めての行為」で

ある。視聴者は見ることで，この関係性に参加することになる。近年，高性能なデジタルカメラの普及や，家庭用のパソコンで編集が可能になり，作品づくりは誰もが1人でできる。しかし制作会社に所属しないディレクター（監督）がドキュメンタリーだけで生計を立てることは困難でもある。（髙城千昭）　📖82, 102

〈ナ〉

日本民間放送連盟（民放連）
The National Association of Commercial Broadcasters in Japan

社団法人日本民間放送連盟の略称で，日本の民間ラジオ・テレビ・両者の兼営局合計207社（正会員：地上放送195社，衛星放送11社，準会員：1社）で構成される業界団体（2018年現在）。サンフランシスコ条約により日本がGHQ（連合国軍総司令部）支配からの独立をすることになった1951年，民間商業局（**民放**）の連合として設立された。その目的は「放送倫理水準の向上をはかり，放送事業を通じて公共の福祉を増進し，その進歩発展を期するとともに，会員共通の問題を処理し，あわせて相互の親ぼくと融和をはかること」（定款第3条）である。戦前の放送が軍国主義政府の代弁機関であったことから，GHQは熱心にメディア，とりわけ放送を利用して日本政治の変革世論誘導に努めるとともに，日本の放送をソ連（現ロシア）とその支援を受けた中国や北朝鮮（朝鮮民主主義人民共和国）の共産主義への防波堤として使おうとした。現在は主として各種規制等による政府と広告等を通した財界による経済的影響を受け，当たりさわりのない娯

楽指向を強くし，同時に**ネットTV**等の進出で体質変革を迫られ，新しいかたちの経営問題に直面している。(渡辺武達)

ニュースキャスターの心得
Important Things Newscasters Should Know

　ニュースキャスターは原稿を読むアナウンサーとしての役割だけでなく，番組の司会・進行に加え，番組で取り上げたニュースの説明や背景解説をする能力も求められる。そのため，放送記者や新聞記者がその役割を果たすことがある。番組によってはキャスターが取材に出て，放送内容の編集や決定に関わる場合もある。

　放送法による免許許可事業である放送事業は「政治的公平性」を求められることから，与党の政策だけではなく，野党の主張を同時に紹介し，多様な意見を反映させることが多い。また，キャスターには映像とスタジオ展開で報道内容に偏りがないかバランスを自らの発言等で取ることも求められる。

　キャスターが自分の意見や考えを述べることができるかについては，番組のスタンスや個人の考え方によって異なる。かつてのTBS系「筑紫哲也News23」で元朝日新聞記者の筑紫哲也は「(マスコミは)力の強いもの，大きな権力に対する監視の役割を果たそうとすること，とかく1つの方向に流れやすい日本社会では少数派であることを恐れないこと，多様な意見や立場をできるだけ登場させることで，この社会に自由の気風を保つこと」が大事だと述べた。その一方，米国の放送局CBSのEvening Newsキャスターであったウォルター・クロンカイトは「キャスターが真先に心がけなくてはならないのは，ニュースを正確に，公正に伝えることであり，そこには個人的な意見をさしはさむ余地はない」と述べている。(神崎博)　　　📖51, 116

ネット時代のラジオ
Radio Programme of the Net Age

　今日のランチ聴取(lunch listening)には一般的な同時放送と**インターネットラジオ**があり，後者には**オンデマンド方式**(アーカイブ放送)，ライブ方式(生放送)，リクエスト方式(選択受信放送)がある。2010年，**NHK**はネットラジオ「らじる★らじる」を開始した。山間地域と高層ビル地域の難聴取解消のためで，配信局は，NHK第1，第2，FMの3局。大規模災害時には被災地局から期間限定での臨時配信もなされる。**民放**の**ネットラジオ**は歯止めが止まらない聴取率低下解消策，難聴取地域解消策，若年層獲得策として2010年に「Radiko.jp」を開始した。開始時は関東7局と関西6局であった。資本は電通(12.4%)とTBS，文化放送，ニッポン放送他で分担され，2016年10月開始の「タイムフリー聴取」(過去1週間以内の放送を選択，3時間以内の聴取可能)を使ったランチ聴取は音楽と適宜の必要情報の提供で，勤労層へのやすらぎ，癒しの提供に努力している。2018年3月には，対象地域以外の民放102ラジオ局のうち86局と放送大学の放送を聞くことができるようにもなった(税別月額350円)。2017年10月の「Radiko.jp」月間ユニークユーザー(UU)数が1千万人，1日ユニークユーザー数が百万人に達した。コミュニティFM局の

自主番組で海外受信可能のネット配信には，日本コミュニティ放送協会運営の「JCBA」とMTI運営の「Listen Radio」他がある。1925年に期待され登場したラジオが今，放送・通信技術の進歩と時代の変化に翻弄されさまざまな紆余曲折を経て，**インターネットラジオ**として通信と放送の融合を果たして社会的役割の復権をするか，緊急災害と各種学習対応，マイナーな娯楽提供の役割で終わるのか，各方面での実験と模索が続いている。
(土田弘)

ネット同時配信
Simultaneous Online Transmission

インターネットのブロードバンド化が急速に進み，高速大容量のデータ通信による映像・音声コンテンツの伝送が可能となっている。このようななか，既存の放送事業者（ラジオやテレビ）が，番組を本来のチャンネルで放送するのと同時に配信・伝送するネット同時配信が行われるようになった。**公共放送NHK**は2015年4月施行の改正**放送法**に基づく「インターネット実施基準」により放送番組を同時にインターネットで提供することに踏み出した。対象は，国内向けラジオ放送を提供する「らじる★らじる」，テレビ**国際放送**やラジオ**国際放送**，災害時の緊急ニュースを含んでいる。また放送を補完する立場から2016年はブラジル・リオデジャネイロ五輪，2018年は韓国・ピョンチャン五輪でテレビ地上放送の同時配信検証実験も行われている。2018年7月13日，総務省の有識者検討会はNHKのインターネット常時同時配信を条件付きで容認する報告書をまとめた。民間では，**コミュニティラジオ**放送が2006年から，大手民放ラジオ局は2010年から着手。他方，テレビ放送については，**日本民間放送連盟**が民業圧迫の懸念から慎重な議論を求めている。(金山勉)

〈ハ〉

パブリックアクセス
Public Access

パブリックアクセスはメディアの提供情報を正しく読み解いて社会参加し，自らが発信する権利と義務と能力の総称であり，**メディアリテラシー**とセットで理解することが望ましい。**マスメディア**へのアクセス権とその概念の社会的実践としてのパブリックアクセスの取り組みは米国社会で公民権運動，消費者運動が社会的高まりをみせた1960年代から1970年代にかけて結実した。これを支えたのが，①**合衆国憲法修正第1条**の積極的な解釈によりこれを保障すべきとの立場をとったJ・バロン(Jerome A. Barron)，②「コミュニティテレビジョン構想」の提唱により具体的なムーブメントとして実践した米国映画製作者G・ストーニー(George Stoney)，それに③**米連邦通信委員会**(FCC)委員だったジョンソン(Nicholas Johnson，在任期間1966〜73)の3人で，ジョンソンは，1972年，**ケーブルテレビ**においてアクセスチャンネル設置義務があることをFCC規制によって準法制化することに貢献した。これにより求めがあればケーブルテレビ事業者は地域コミュニティに対し，①**パブリック・アクセス・チャンネル**(PAC: Public Access Channel)，②教育チャンネル(E＝Educational)，そして③自治体チャンネル(G＝Governmental)の3種類の

アクセスチャンネル（PEGチャンネル）を無償提供することが義務づけられた。日本では堀部政男がバロンの「**アクセス権**」に焦点をあわせ，他者からの批判・要求を受けとめる，より良い**マスメディアへの脱皮**を求めたが，パブリックアクセスが制度として保障されるには至らなかった。21世紀に入りインターネットのブロードバンド化が進み，個人が自由にマルチメディア環境で情報発信するようになると，限られたメディア空間へのアクセスに重心を置く既存のパブリックアクセス概念の見直しが求められることになり，現在では一個人としての市民が発信する能力やメディア倫理をどのように高めるかに重点が置かれるようになった。
（金山勉）　　　　　　　　　📖48

番組審議機関（番審）
Program Councils for Broadcast Programs

「放送番組の適正を図るため」（**放送法**6条），各放送事業者に設置が義務付けられた諮問機関で，通称「番審」。「学識経験を有する者」のなかから放送局が自ら委嘱した委員によって構成される。1950年代後半，大量に放送局の免許が下された際に，放送の質の担保について議論され，**NHK**が設置していた審議会をモデルに各局に義務化された。委員は，放送事業者の諮問に応じて審議，意見を述べ，事業者側はその答申や意見を尊重して措置をとることが求められている。局側は番組基準や編集基本計画の策定や変更，講じた対応や訂正放送の状況，視聴者の苦情や意見などについても審議会での報告が求められ，審議会の議事録は総務省への届け出とウェブなどでの一般公開が義務づけられている。2010年の放送関連4法の1本化と施行規則改正によって，衛星放送や一定規模以上の有線放送，コミュニティFMなどにも番組審議会設置が義務づけられた。

委員や審議番組の選定は通常，局側が行っていること，審議会そのものが放送事業者の内部に置かれていること等からその独立性に疑問も出ている。そのため，第三者機関である**BPO**（**放送倫理・番組向上機構**）のほうが有効だとの評価が多いが，政府や団体から独立した規制監督機関をもたず，放送が総務省の直接監督下に置かれている日本では，番組編集準則とともに，日本型の「規律された**自主規制**」（曽我部 2012）を担う仕組みの1つとして，その意義と活用の再検討が進んでいる。なお，新聞事業にはこうした組織設置の法的義務はないが，外部の有識者に委員を委嘱する「報道審議会」等が2000年代から多く設置されはじめた。
（小川明子）　　　　　　📖40, 41, 100

表現規制
Regulations on TV Language

テレビの表現規制は，**名誉毀損**など，あらゆる表現に関するものに加えて，独自のものとして，①**放送法**によるもの，②行政指導によるもの，が存在している。さらには，テレビに限らず，メディア事業者や業界団体による**自主規制**が存在し，近年ではとくにこうした規制が目立っている。テレビに対する表現規制は，あくまでもその表現内容によって，人権が侵害されたり，平和で民主的な社会の維持・構築が妨げられることがないようにすることなどが目的であり，権力者が自らに対する批判を封殺するために行われ

ることは決して許されないことを忘れてはならない。(野原仁)

米国の放送史初期事情
The Early History of Broadcasting in the US

19世紀後半，米国では無線通信技術が飛躍的な発展を遂げ，多くの大学に通信施設が設置され，天気予報や詩の朗読を放送する通信実験が繰り返された。工業化に伴い労働者の教育レベルの向上が課題となり知識の普及手段としての通信技術に期待が集まったことがその背景にある。この通信施設は後に教育放送局と呼ばれた。また通信機器を自作していたアマチュア無線家らもさまざまな通信実験を試みた。

1920年代に入ると受信機が一般家庭に普及しラジオブームが到来するが，同時に混信問題も浮上した。連邦政府商務・労働省長官であったH・フーバーはその解決を図りつつ，通信に関わる事業者は公共の利益に即した放送をしなければならないと訴えた。彼の主張は The Radio Act of 1927（無線法）の成立に影響を与えた。この無線法に基づき放送通信事業の規制監督を行う連邦無線委員会（Federal Radio Commission）が設立され，希少価値の高い電波を使用する者は「**公益性・利便性・必要性**」に即した放送を行うことが定められた。

1930年代，大恐慌により市場原理主義への批判が強まるものの自由主義経済への信奉は根強く，企業間の競争が激化し放送通信事業の寡占化が進んだ。米国放送の黎明期，大学の教育放送局は影をひそめ，商業放送が**広告費**収入による財源を確立しその存在を確かなものとしていった。同時に，無線法で定められた公益性が放送を巡る議論を規定した。放送は**公益性**がなければならないと明記されたことで，たとえ放送通信業者の目的が私益を追求することにあっても社会全体の利益を優先することが求められることとなった。(志柿浩一郎)

放映権料
Fee for Broadcasting Right

スポーツのイベントや映画などをテレビで放送する際に，イベントの主催者や映画会社に対してテレビ局が「放送する権利」の対価として支払う料金のこと。とくに現代のスポーツイベントにおいては，巨額の放映権料が必要とされ，たとえば2018年の平昌五輪と2020年の東京五輪においてNHKと民放で構成されるJC（Japan Consortium）が主催者であるIOCに支払う放映権料は660億円にも上っている。こうした巨額の放映権料によって，主催者は，イベントの重要な収入源を確保できる反面で，イベントの演出やスケジュールなどの方針に関して，「**スポンサー**」であるテレビ局の意向に逆らえないという状況も生んでいる。また，**視聴率**至上主義のもとで，スポーツイベントおよびその放送番組の「バラエティ化」が進むなど，多くの問題をもたらす要因ともなっている。(野原仁)

放送における情報アクセシビリティ
Information Accessibility in Broadcasting

聴覚に障害のある人等のための**字幕放送・手話放送**，視覚に障害のある人等のための解説放送をいう。**字幕放送**は，テレビの映像信号には使われない余分の周波数で，多重装置を使って情報の送信を

行う。2011年の地上デジタル放送への完全移行以降，リモコンの字幕ボタンを押すだけで利用できるため，聴覚障害者はもちろん高齢者や外国人等に広く利用され，総放送時間における割合は，NHK総合85.3％，NHK教育74.1％，民放キー5局61.4％（総務省「平成29年度の字幕放送等の実績」以下同）である。**字幕放送**は，1997年の放送法の改正を受けて，郵政省（現総務省）が同年「字幕放送普及行政の指針」を策定し，今後10年間で"字幕付与可能な放送番組のすべてに字幕を付与"を普及目標としたことから付与が進んだが，災害時等の大きな情報源となる地方局の独自番組に字幕がほとんど付与されていないことが課題である。なお，1980年代以降，聴覚障害者や高齢者等への情報保障の目的で取り組まれてきた「文字放送・文字多重放送」は，地上**デジタル放送**への完全移行の準備のため，2008年に終了している。

解説放送は，テレビの音声多重放送を使って，視覚に障害のある人等に対して副音声による解説を行い，番組内容を伝える。総放送時間における割合は，NHK総合13.5％，NHK教育16.8％，民放キー5局5.3％であり，2007年度に策定された「視聴覚障害者向け放送普及行政の指針」で，"指針の対象となる放送番組の10％"（2017年度の指針では15％）の普及目標が定められたが，高品質で高い臨場感のある立体音響を実現する5.1サラウンド放送実施時には解説放送を受信できないため，前進は望めない。文字だけのニュース速報や，吹き替えのない外国人の発言等，視覚障害者のアクセシビリティに関する課題は多い。

手話放送は，最初から手話番組として構成されたものと，一般の番組の画面の一部に枠をもうけ，そのなかに手話通訳者をはめ込んだワイプ式のものとがある。総放送時間における割合は，NHK総合0.2％，NHK教育2.7％，民放キー5局0.1％であり，2017年度に策定された「放送分野における情報アクセシビリティに関する指針」で，「週15分」の普及目標が定められたが，ARIB標準規格により手話のON／OFFができないため，進展が期待できず，「目で聴くテレビ」のような補完放送の充実が期待されている。（梅田ひろ子）　　　📖2

放送法，電波法
Japan Broadcasting Law, Japan Airwave Law

日本放送協会NHKは政府が主導した社団法人として始まり（1925年），戦後はGHQに管理され，これら2法が**電波監理委員会設置法**（後に廃止）とともに1950年に制定され，「**電波3法**」と呼ばれた。**NHK**と一般放送（**民間放送**）のあり方を規定し，電波法は各種電波事業者の資格および施設面での整備を中心に免許の付与・更新条件などを規定している。当初は電波監理委員会が独立行政機関的であったため，官僚と政府による放送の直接支配を難しくするということで2年後に廃止されてしまった。

放送法は日本の「放送を公共の福祉に適合するように規律し，その健全な発達を図ることを目的」とし，「放送が国民に最大限に普及されて，その効用をもたらすことを保障すること」「放送の不偏不党，真実及び自律を保障することによって，放送による**表現の自由**を確保する

こと」「政治的に公平であること」「意見が対立している問題については，できるだけ多くの角度から論点を明らかにすること」などと定めている。反面，そうした規定が逆に政財界から政治的偏向批判の理由にされてきたし，放送局側もとりわけ**民放**では大広告主依存と自局の企業利益主義のため，法律的な番組種別である①教養，②教育，③報道，④娯楽という4種のバランスのよい編成を行わず，娯楽主体になっているという問題を起こし，日本の「健全な民主主義の発達に資する」との規定を自ら歪めているという批判が絶えない。

また電波法に規定されていた放送事業免許の付与とその更新（当初は3年に1度，今日では5年に1度）についても，総務省（放送行政局）は1993年のテレビ朝日報道局長（当時）の「椿発言」以降，この免許交付権限を利用し，政権与党と組んで放送への干渉を行ってきた。それにより日本のメディア全体が自律困難になっていると同時に，今日の放送と通信の融合とネット依存が進展する時代にあって，社会の実態に合わせた法整備への要求も生じている。

具体例としては1993年制定の「身体障害者の利便の増進に資する通信・放送身体障害者利用円滑化事業の推進に関する法律」などと連動し，**放送法**も字幕などの併用等，それに対応した改正がなされた（3条の2第4項）。またいったん放映されれば実質的に難しかった放送番組の訂正や局側による保存義務の強化条項による**市民**からの監視の強化，さらにはかつてのポケモン騒動（1997年12月16日，テレビ東京系列で放映されたアニメ「ポケットモンスター」による光過敏症状問題）などを契機として子どもへの身体的悪影響の防止策がとられるなど，機器の発達に応じた好ましい展開もある。（渡辺武達）　　　　　　　　📖 92, 212

放送倫理・番組向上機構（BPO）
Broadcasting Ethics & Program Improvement Organization

放送による人権侵害をなくし，番組の向上を目指す非営利の機関。**NHK，民放連（日本民間放送連盟），**および**民放**各社の負担金によって運営されている。

視聴者からの放送番組に対する批判が高まるなか，放送による人権侵害を防ぐため，1997年，NHKと民放連が第三者機関として「放送と人権等権利に関する委員会機構」（BRO）を作った。BROは，「放送と青少年に関する委員会」と「放送番組委員会」を運営していた「放送番組向上協議会」と2003年に合併して「放送倫理・番組向上機構」（BPO）と名称を変えた。

BPOには，有識者による3つの委員会がある。

1．虚偽の放送などに対応する「放送倫理検証委員会」
2．放送による人権侵害を救済する「放送と人権等権利に関する委員会」
3．青少年番組のあり方を審議する「放送と青少年に関する委員会」

BPOは，番組に対する疑問や苦情を，視聴者からメールや電話によって受けつける。各委員会は，指摘された番組のテープの視聴や，関係者への聞き取り調査をして，その番組が人権を侵害していないか，放送倫理に違反していないかなどを審議し，放送局に勧告・見解・意見を

出し,公表する。番組に問題があると委員会が判断して,放送局に再発防止計画の提出を求めた場合,各放送局は,改善策を委員会に提出する。しかし委員会として放送局に命令や指示など,強制力をもって義務を課す権限はない。

放送において虚偽や人権侵害があった場合,その影響は大きく,それを理由に政府・総務省が放送に干渉する可能性があるため,**BPO**には,権力からの圧力を防ぎ**表現の自由**を守る役割が期待されている。(小山帥人)

〈マ〉

民放
Commercial Broadcast

民間放送の略で,そのほとんどが営利法人によって運営されていることから商業放送ともいわれる。「民間」という用語が使われたのは,放送法の規定によって設立された特殊法人であるNHKと区別するためであると推察される。一般的には,放送設備(ハード)を所有するとともに番組(ソフト)の制作・放送を自ら行う,地上波放送事業者を指すことが多く,本項でもこの事業者を中心に記すこととする。日本における民放の開設は,1951年に名古屋の中部日本放送と大阪の新日本放送(現・毎日放送)がラジオ局として,また1953年には日本テレビ放送網がテレビ局として開局した。その後は大都市圏から順次新たな民放局が設立され,2018年4月現在では207局にまで膨れあがっている。産業規模で見ると,2015年度の205局全体の売上高は2兆5241億円で,10年以上ほぼ横ばいの状態が続いている。主な問題点としては,①**スポンサー**・与党政治家・総務省からの圧力に弱いこと,②**視聴率**至上主義に陥っていること,③バラエティやドラマなど娯楽番組に偏重していること,④実際の番組制作は下請け・孫請けの番組制作会社に行わせるとともに,**スポンサー**から支払われる番組制作費のうち,制作会社にはわずかな制作費しか支払わず,中間搾取を行っているケースが多いこと,などが挙げられ,放送文化向上への貢献やジャーナリズム機関としての存在意義が問われている。(野原仁)

メディアとグローバライゼーション
Media and Globalization

世界3大**通信社**のAFP(仏)の1835年,AP(米)の1846年,ロイター(英)の1851年設立まで遡る,電信技術を軸にした「メディア帝国主義」が展開された。欧米先進国が軸となり経済情勢や国際的な紛争・戦争動向をいち早く伝えることで,ある国にとっての政治経済的リスクを低減し,有利な立場を確保する目的が根底にあった。3大通信社は,第1次世界大戦以降の世界で大きな役割を果たし「文化帝国主義」をも具現化している。電信技術は,20世紀に入りより多くの情報を運ぶラジオやテレビという視聴覚に訴えるメディアへと発展し,1990年代には**インターネット**が情報通信と放送技術を統合するマルチメディアの**プラットフォーム**として台頭した。また,テレビは「国際化」,インターネットは「グローバル化」概念とセットで理解される。概してメディアの国際化は,情報を加工・制作する国を拠点に国境を超えて他国・地域と関わる「相互性」を,グローバル化は多国間の概念を基本に世界を「国境の

ない1つの場」と捉える。今日のグローバル化社会では，多文化・多元化を多言語化したメディア空間で展開しようとする傾向がみられ，より高度な情報・メディア関連技術が求められる。他方，メディアコンテンツおよび資本の流通という観点からはメディアのグローバリゼーションが情報や富の格差を加速させ欧米中心の「メディア帝国主義」構造を転換しきれず，民族および文化的アイデンティティを脅かすという陰の側面を認識することも必要である。(金山勉)

〈ヤ〉

ヨーロッパ（英独仏）の放送法制
Broadcast Regulations in Europe

英独仏共通の放送法制の基本理念は，国家介入の排除と私的独占の禁止である。英独仏が加盟しているEUの**メディア政策**は，メディア多元性の確保を重視している。また，EUは，加盟国間の放送法制を調和させるため「視聴覚メディア・サービス指令」を定めている（2007年制定，2018年改正）。加盟国は，この指令を国内法化する義務を負っている。

英国は，1950年代半ばに公共放送と民間放送の二元体制を確立した。**英国放送協会（BBC）**の業務は，国王の特許状およびBBCと担当相の間の協定書によって規律されている。BBCのガバナンスはこれまで内部設置のBBCトラストと執行役員会が担っていたが，現行特許状（有効期限2017〜27年）では，独立規制機関として2003年に設立された放送通信庁（**Ofcom**）がBBCの監督も行うことになった。執行責任は，BBC内部に新設された理事会が負う。民間放送は，1990年放送法（民間放送免許の入札制，競争原理の導入），1996年放送法（所有規制の緩和），2003年放送通信法などによって規律されている。放送行政はデジタル文化メディア・スポーツ省（DCMS）が所管している。

ドイツでは，ナチスによる放送利用への歴史的反省から，戦後の放送法制は地方分権化され，州ごとに放送法が制定されている。全国的な放送法として，連邦を構成する16州すべての間で「放送とテレメディアに関する州際協定」「青少年メディア保護州際協定」「放送財源州際協定」などが締結されている。統一的な放送政策は州首相会議が決定する。公共放送の独占体制から公共放送と民間放送の二元体制への移行も，1984年以降，各州で行われたが，二元体制のあり方をめぐる意見の対立は連邦憲法裁判所によって解決された。

公共放送の主体は，原則として州ごとに設立された9つの州放送協会からなるドイツ公共放送連盟（ARD）と第2ドイツテレビ（ZDF）である。財源は，2013年より，すべての世帯と事業所が支払う放送負担金である。各公共放送協会の内部に，社会集団の代表からなる放送委員会が監督機関として設置されている。民間放送は，州メディア委員会の監督に服している。同委員会は，州法により州政府から独立した規制機関として設立されている。全部で14の州メディア委員会は，全国的問題に対処するため連合体を組織しており，たとえば，メディア集中排除のためにメディア集中調査委員会（KEK）を設置している。

中央集権的傾向が強いフランスでは，

国家の強い影響のもとで公共放送の独占体制が続いていたが，1982年，政権交代を契機として制定された「視聴覚コミュニケーション法」が民間放送の導入を認めた。現行放送法は，1986年に制定され，1989年と2000年に大幅に改正された「コミュニケーション法」である。同法は，公共放送の設立，独立規制機関である視聴覚高等評議会（CSA）の設立，視聴覚コミュニケーション全般について規律している。2009年，公共放送の5つのチャンネルの株式会社FTV（国が唯一の株主）への統合や，前述したEU指令を国内法化するための法改正が行われた。政策の立案・実施は，文化コミュニケーション省が所管している。（鈴木秀美）📖30

〈ラ〉

リアリティショー／リアリティテレビ
Reality Show / Reality TV

テレビのヒット番組の要素には，①色恋／不倫，②危険・スリル，③話題性・意外性，④競争のプロセスと勝利者，⑤華麗さ／羨望対象，⑥愉快性，⑦現実感／リアリティなどがある。制作者側がとりわけその後半4要素に注目し，実録として提供し，「映像にウソはない」という視聴者の迷信と参加意識を利用して「リアル」を作り上げるショー的演出番組のこと。形式としては1940年代のテレビ放送草創期からあり，英米の放送研究でもそのように位置づけている。英国で制作された「ポップアイドル」は視聴者に勝ち抜き者を選ばせる歌手育成番組であったが，巧妙な演出で人気を博し，同種の番組が世界中に広がった（米国の「アメリカン・アイドル」，中国の「超級女声」など）。日本の例では，1970年代から90年代にかけて放映された「元祖どっきりカメラ」（日本テレビ系列）は英米の同種ヒット番組の後追いだし，現在も，テレビ朝日系列で続いている「探偵！ナイトスクープ」などもその典型である。「勝負事には絶対勝つ」「欲しいものは何でも手に入れる」と豪語，名前を売って大統領にまで登りつめたドナルド・トランプがホスト兼プロデューサーとして仕切り，「お前はクビだ！」（You're fired!）の定番発言で有名になった「アプレンティス」（Apprentice，見習い，2004～）もその典型である。トランプ引退後は俳優のシュワルツェネッガーがスターを選ぶ筋書きで再開されたが，視聴率は低迷している。原因は，彼が日常的な面白さではなく，金を払って劇場で楽しむ映画スターであることと，トランプのようにウソでもごまかし通せる大衆操作の力量に劣るからでもあるのだろう。
（渡辺武達）

ローカル報道の現場
Scenes of Local News

日本のローカル報道は新聞とラジオ・テレビの地上放送を中心に展開されてきた。とくに2003年12月から12年3月までの地上テレビ放送デジタル化によりローカル報道重視の傾向が加速した。

ローカル報道現場の新しいキーワードは「応援」で，東日本大震災後の「復興」とも連動している。過疎化が進む限界集落，シャッター通り化する商店街，親会社の海外移転で取り残された下請け工場など，グローバル化時代の荒波に飲み込まれた地域産業疲弊化を跳ね返そうとする個人・中小企業に焦点をおき県域

ローカル現場の取材・放送を続けることがローカル報道現場の使命として意識される。一例として静岡放送で2012年4月放送開始した「元気！　しずおか人」(日曜午後1時54分〜) があり2018年4月1日で6年300回を超えた。週末に，ローカルニュース中の2分半ニュース企画がミニ番組化されたイメージ。ローカルの新しい話題や人に焦点を合わせることから一般の中立・公正を貫く報道ニュースと異なる。「ニュース価値より志」「成功するまで応援し続ける」という取材者・被取材者の共同性が新たな価値感を生む。製作費は少なくレポーター1人で取材・撮影し，三脚に載せたカメラに向けてワンマンレポートする事例も増えている。類似例に静岡朝日テレビの「静岡のチカラ」(日曜午後4時25分〜) がある。

ローカル報道は東京キー局を中心としメディアジャーナリズムの一般的な価値観 (ニュース選択，優先順位づけ) を基盤としたが，ローカル報道に「応援」を加えることで，「視聴者を含む地域支援の加速」「取材対象者への有名性付与」「志の波及効果」という独自機能が備わり，コミュニティに内在する情熱が他の地域産業へ伝播，相互応援する状況が生まれた。(鈴木俊夫)

〈ワ〉

ワイドショー
Wide-Show / Variety Programme/ Show

　制作が簡単で安価な生放送番組として始まったが**SNS**と**ネットTV**等に視聴者を奪われ，**広告収入**の減少，**パパラッチ**(イタリア語で群がるハチやハエで，「カメラマンたち」のこと) 的な映像が中心で中味も希薄，かつエンタメ的な傾向が強い。歴史的には1964年にNETテレビ (現テレビ朝日) が，「木島則夫モーニングショー」を**民放**で初開始。**NHK**も1965年に「スタジオ102」を開始。初期の対象視聴者は主婦中心であったが，近年は在宅高齢者も対象傾向にされ，ますます長尺化 (時間拡大) しているのも制作経費節減のため。番組内容は，芸能界ゴシップ，前日のスポーツ結果，新聞記事の読み聞かせ，TVショッピング，食と旅レポートの「串ダンゴ情報」にサーバーに蓄積した前日のニュースを「ひな段の芸人タレントと自称評論家・ジャーナリスト」の「井戸端発言」でつないでいる。ゴシップ的な内容が多く「人権侵害」を犯し，放送への信頼性喪失とテレビ離れを加速し，同時に政府の放送規制を生むきっかけにもなっている。しかし，突発事件の発生時には番組途中でも生中継の挿入が簡単にできるという即応性もある。(土田弘)

ワンセグ放送
One Seg

　携帯電話などを受信対象とする地上波**デジタル放送**で，ワンセグメント放送 (正式名称は「携帯電話・移動体端末向けの1セグメント部分受信サービス」) の略。地上波デジタル放送では1つのチャンネルが13のセグメント (部分) に分かれており，そのなかの1セグメントを利用することから命名された。通常のデジタル放送と比べて使用する帯域が狭いため画質は悪いが，移動しながらでも受信が可能という利点がある。2006年4月の放送開始から08年3月までは通常の地

上波デジタル放送と同じ番組を放送するサイマルキャストが義務づけられていたが，同年4月（NHKのみは09年4月）以降は独自の編成による放送も可能になった。（野原仁）

テレビ業界の用語
TV Production Jargon

〔主な職種〕プロデューサー：制作の最高責任者であり，番組の企画立案・出演者や主な制作スタッフの選定・番組全体の統括・予算管理，などを担当

ディレクター：番組全体もしくはその一部の演出（番組およびその一部の構成・シーンごとの画作りなど）を担当

AD：ディレクターの補助としてさまざまな雑事を担当

構成作家：バラエティ番組などでアイディアやアドバイスを担当

リサーチャー：情報収集を担当

TK（タイムキーパー）：シーンやカットごとの時間を記録するとともに，予定時間との誤差を指摘することで，番組を所定時間内に収めるようディレクターを補助

〔施設〕マスター（主調整室）：番組やCMなどをすべてまとめて，最終的に電波で送り出す施設

サブ（副調整室）：スタジオ制作や中継などで，ディレクターが指示を出したり，画面の切り替えや音声の調整など技術的な加工をしながら，番組進行・制作をコントロールする施設

〔その他〕コンテンツ：放送番組およびその2次利用作品

完パケ：VTR番組は，収録後に編集および音声や字幕などが挿入されて1本の完成された作品（＝完全パッケージ）となるが，この完成品の略称

ゴールデンタイム：19～22時の時間帯を意味する和製英語

プライムタイム：19～23時の時間帯

（視聴率）三冠王：全日（全放送時間帯）・ゴールデン・プライム各時間帯の平均視聴率がすべてトップになること

四冠王：三冠王に加えて，全日からプライムタイムを除いたノンプライムでもトップになること

アゴ：食事代

アシ：交通費

バラシ：片付けもしくはキャンセル

（野原仁）

V　新聞（紙媒体・電子媒体）

〈カ〉

記事データベース
Article Database

　デジタル技術を活用して過去の記事を蓄積し，求める記事をキーワードで検索できるシステム。企業，学校，官公庁などを対象に有料で提供されている。新聞社が自社の記事を中心に提供しているほか，複数の新聞社の記事をまとめて展開している事業者がある。体裁は，①切り抜きイメージ，②テキスト，③紙面のイメージ，の3通り。検索できる期間については，創刊号から前日までの全期間を対象にするほか，期間を限定する仕組みがある。いずれも多様なニーズに応える工夫で，利用料金に違いを設けている。また，あらかじめ利用者がキーワードを登録しておいて，約100紙の当日か前日の記事から関心がありそうな記事を抽出し，切り抜きイメージをファックスとインターネットで届けるプッシュ型のサービスに取り組んでいる事業者もある。

　これまでは過去の記事を蓄積して提供する役割を，もっぱら**縮刷版**が担ってきた。新聞全紙の大きさの4分の1ほどに縮刷し，1カ月分の全朝夕刊を1冊にまとめて製本したもので，現在も市販されている。当該月の主な出来事を整理し，テーマごとの目次を設けている。『東京朝日新聞』が1919年7月分を翌月に発行したのが日本初とされる。**全国紙**に加え**地方紙**，専門紙も発行。書籍の体裁と保存に適した紙質が評価され，図書館や学校，企業，官公庁などに普及している。しかし，保管するにはかさばるうえ，年月日を特定しなければ必要な記事を見つけにくいという欠点がある。（脇正太郎）

降版協定
Agreement on the Deadline

　新聞の最終版（朝刊14版，夕刊4版）の締め切り時間に関する新聞各社間の協定。締め切り時間を延長するほど最新の記事を掲載でき，読者の利便性が増すのだが，編集や印刷の要員の確保などに経費がかさむうえ，販売店への新聞の到着と宅配開始が遅くなることから，1960年代半ばに導入された。ただ，重大な出来事が発生した場合などに，ある新聞社が他社に「延長」を通告して離脱しても，罰則規定はない。**インターネット**の普及に伴い，デジタル媒体で降版時間に縛られずに記事を提供することが技術的に可能になり，これに対抗するために降版時間を延長すべきだとの意見が台頭した。だが，経費抑制に加え記者の勤務条件の改善を理由に延長は実現していない。
（脇正太郎）

〈サ〉

災害時相互援助に関する協定
Mutual Assistance Agreements During Disasters

　新聞社や放送局などメディア事業者は，

地震や津波などの自然災害，製作システムの不具合などによってメディア本来の役割を果たせなくなる緊急事態に備えて，相互に援助し合う協定を結んでいる。この種の協定は日本経済新聞社と北海道新聞社の間で初めて締結（1988年）された。1995年1月17日の阪神・淡路大震災で壊滅的被害を受けた神戸新聞社が「災害時相互援助協定」を結んでいた京都新聞社の全面的な支援を受けて新聞発行を継続できたことから注目を集めた。両社は大震災の前年に「いずれかの社において新聞製作，印刷が不能になるか，その恐れがある緊急事態が発生した場合，当該社の新聞発行が継続できるよう全面的に協力し合う」など4項目の協定を交わしていた。これを契機に援助協定の締結社が増え，日本新聞協会加盟の新聞・通信社の締結は2社間と3社間合わせて129件（2018年2月現在）を数える。東日本大震災（2011年）では，河北新報社や岩手日報社など被災地の新聞社が紙面作成システムや印刷機能を失ったが，援助協定に基づく支援によって新聞発行を継続できた。道内全域が停電した北海道胆振東部地震（2018年）でも災害協定が役立った（『新聞協会報』2018年9月11日付）。放送局では，東南海など巨大地震に備えて，近畿エリアに本社機能をもつ大阪湾岸のラジオ大阪，ラジオ関西，和歌山放送，京都放送の4社が「大災害等緊急時の相互援助協定」（2013年）を結び，通常のラジオ放送ができなくなった場合の代替放送のほか，通常時も防災情報の交換などを行っている。テレビ放送でも全国独立放送局協議会13社の相互援助協定などがある。（齊藤修）

署名記事
Byline Article

執筆した記者の個人名が明記されている記事のこと。諸外国では署名記事が原則であるのに対して，戦後の日本では長期連載のルポなどを除き，無署名記事がほとんどであった。理由として「署名記事＝記者の主観が介入する恐れがあり，客観報道原則にそぐわない」との考えがあった。しかし，**客観報道**原則そのものへの疑問・批判が根強いこともあり，署名記事へのシフトも起こっている。『産経新聞』は，現場記者からの反発を受け4年ほどで1978年に始めた署名記事化を断念したが，1995年に『十勝毎日新聞』が原則署名記事化を表明し，『毎日新聞』は，1996年から署名記事の採用を行っている。（新嶋良恵）　　7

新聞記事の顕彰制度
Award Program for Newspaper Reports/Articles

すぐれた報道活動やそれを担うジャーナリストを顕彰する制度としては米国の**ピュリッツア賞**が有名だが，日本では日本新聞協会の「新聞協会賞」（1957年創設）が知られている。「新聞（通信・放送を含む）全体の信用と権威を高める活動を促進する」ため，毎年秋，協会加盟社の個人に贈られ，このうち編集部門を対象とする授賞がそれにあたる。同協会長が任命する選考委員会が「ニュース」「写真・映像」「企画（キャンペーン，連載，解説，コラム，地域報道，紙面作りの工夫など）」の3部門への応募作品を審議して決める（日本新聞協会「「新聞協会賞」に関する規定」2013年1月23日改定）。受賞作品には，写真「浅沼委員

長刺さる」(1961年)、「中国、米卓球チームを招待」(1971年)、「ライシャワー元駐日大使の核持ち込み発言」(1981年)など歴史的スクープ記事が多い。1989年、授賞が確実とみられた「リクルート事件報道」が、同じ社のカメラマンが撮った自らが破壊したサンゴ写真の掲載を理由に見送られ、これを機に「公平な第三者の意見の導入」など、報道界内部だけの選考方法を見直そうとの議論もあった。

坂田記念ジャーナリズム振興財団の「坂田記念ジャーナリズム大賞」(1994年創設)は、関西を拠点にした優れた報道活動に贈られる。長く新聞、テレビの発展に貢献した坂田勝郎の遺族からの基金で運営され「スクープ・企画報道」と「国際交流・貢献報道」の2部門を表彰する。2013年には「東日本大震災支援賞」が新設された。ほかに「ボーン・上田記念国際記者賞」(1950年創設)、「日本ジャーナリスト会議賞」(1958年創設)、「石橋湛山記念 早稲田ジャーナリズム大賞」(2000年創設)などがある。(齊藤修)

新聞記者の心得
Important Things Journalists Should Know

「新聞は歴史の記録者であり、記者の任務は真実の追究である」と、**日本新聞協会**の加盟社が2000年6月に定めた「**新聞倫理綱領**」はうたう。新聞記者は、現代の読者に情報を届けるだけでなく、所属する新聞社が活動する地域の歴史を刻み、その時代を生きる人たちの活動や思い、息づかいを未来の読者に伝える役割を担っている。世の中は、さまざまな境遇、考え方の人たちで成り立っており、新聞記者は多様な声や意見に耳を傾け、むしろ声が小さく、声を上げることのできない人たちに思いを寄せる必要がある。

取材に徹して、ファクト(事実)にこだわる。つまり推測や想像では決して書かない。健全な論評は、事実の報道の上に成り立つ。故意であれ無知であれ、いい加減な取材に基づく報道は、いい加減な論評しか生まない。携帯端末で誰もが発信でき、情報があふれる時代だからこそ、新聞記者は埋もれた事実を発掘するとともに、公開された情報を正確かつ鋭く分析して、社会にわかりやすく提示する責務を負っている。

新聞記者の最大の役目は権力監視である。政治家の言動、警察や行政の発表など、それらが本当に正しいかどうか、常に検証しなければならない。「「すべてをまず疑え」からジャーナリズムは始まる」と共同通信編集局長だった故・原寿雄は「私のジャーナリズム哲学」(21カ条)の最初に挙げた上で、「疑問力を強めるために日常、考える訓練を欠かせない」と強調している。(大西祐資) 📖156

新聞産業
Newspaper Industry

日本新聞協会に加盟している新聞社は2017年段階で92社あり、**全国紙・地方紙**のほかスポーツ紙など総計で約4213万部の新聞を発行している。売上高は約1兆7675億円(16年推計)。世界でもトップレベルの高い普及率だ。だが、発行部数は減少し続け、退潮が鮮明になっている。世帯数を超えていた発行部数は、世帯数を下回った。それでも、新聞社は情報産業の基幹であり、インターネットや携帯電話での記事配信に進出しているうえ、Yahoo!やGoogleなどのニュースサイト

の記事も多くは新聞社が提供している。

　高い普及率を支えているのは、家庭やオフィスに毎日、新聞を届ける戸別配達制度の充実で、日本の新聞業界の大きな特徴だ。**高級紙**と**大衆紙**の厳密な区分がなく、両者の性格を併せもつことで多くの読者を獲得しているのも米国や英国では見られない特徴と言える。

　新聞には多様な形態がある。発行と配布のエリアで分類すると、**全国紙**、**地方紙**に分かれる。紙面の内容別では、一般紙、専門紙・業界紙、スポーツ紙、英字紙、学生紙など。発行スタイルでは朝夕刊セット紙、朝刊単独紙、**夕刊紙**など。

　全国紙は、発行と配布のエリアが全国規模。『朝日』『毎日』『読売』『日本経済』『産経』の各新聞だ。総じて札幌、東京、名古屋、大阪、福岡に本社・支社を置き、全国の県庁所在地や主な都市に総局・支局、通信局などの取材拠点をもち、記者を配置している。報道の基本的な視点を全国共通の関心事に置き、全国的な視野でニュースを分析・評価する。一方、地方単位の情報に対するニーズに応えるため、本社・支社ごとに独自に編集して、当該地方のニュースを重点的に掲載している。また、都道府県単位のほか、さらに細分化した地域ごとに数ページの地域ニュース面を設け、身近な話題を載せている。

　地方紙は、ブロック紙、県紙、地域紙に分類される。ブロック紙はエリアが複数の府県にまたがる。『中日新聞』『西日本新聞』などだ。県紙はエリアがほぼ県内に限られる。ほぼ全都道府県にある。地域紙は県紙よりさらに狭いエリアで発行され、郷土紙とも呼ばれる。地域の話題やニュースを大量に報道するのが特徴。全国と世界のニュースは共同通信社、時事通信社など契約**通信社**から配信を受け、地元の視点や関心を基準に選択する。また、地元関連のニュースが多い中央官庁や国会などを取材するため東京に取材拠点を設け、記者を派遣している地方紙も多い。

　全国紙と**地方紙**は各分野のニュースを網羅していることから、一般紙と言われる。これに対して、特定の分野に特化して詳細な情報を提供する新聞がある。特定の業界の内部情報や動向を主な内容とするのが**業界紙**だ。専門紙は特定の専門分野の最新の情報、知識を網羅する。対象は電機事業や化学、運輸、農業、宗教、パソコン、パチンコなどほぼ全ての業種、分野に及び、100社以上が2000を超える新聞を発行、有力な業界紙、専門紙が「日本専門新聞協会」を組織している。

　特定の分野を対象にしているという意味では、スポーツ紙もその1つだ。**スポーツ**を中心にギャンブル、芸能、娯楽、レジャーなどの記事を掲載する。プロスポーツの興隆やスポーツ人口の拡大、ギャンブル人気とともに販売部数を伸ばしてきた。戸別**宅配制度**に乗っているほか、駅の売店やコンビニなどでの販売の比率も高い。このため、派手でカラフルな見出しとレイアウトが特徴。大衆的な視点から国際、政治、経済、事件などの報道も重視されるようになり、欧米の**大衆紙**のような性格をもつようになってもいる。しかし、プロ野球人気の低迷もあって、一般紙より先に部数減に陥った。

　大衆紙の性格は、**夕刊紙**で鮮明だ。一般ニュースや芸能記事を面白く読ませる

新聞として大都市圏で発行され、新聞社系の『夕刊フジ』、出版社系の『日刊ゲンダイ』が駅売りを中心に定着した。派手な見出しとオーバーな表現、大胆な切り口が特徴だ。ともにタブロイド版。普通の新聞の半分の大きさで、欧米の大衆紙と同じだ。

日本では明確に位置づけられる存在がないのが、**高級紙**だ。一定の教養と知識、判断力をもった読者を対象にし、国家や社会に関する重要なテーマを中心に質の高い記事や評論、資料を掲載する。階層区分が明確に存在する欧州の社会、歴史を背景に成立し、米国でもその流れを汲んでいる。英国の『タイムズ』『ガーディアン』、フランスの『ルモンド』、米国の『ニューヨークタイムズ』『ワシントンポスト』などが知られる。いずれも発行部数は数十万から150万部前後にとどまる。その国の代表的な新聞だが、全国各地に取材網や印刷工場を設けて展開しているわけではない。

経営を概観すると、新聞社はそろって厳しい状況に直面している。発行部数の減少に歯止めがかからないうえ、**広告収入**でも新興の**インターネット**にシェアで逆転され、収入の二本柱が苦境にあえいでいるためだ。一方で、紙面のカラー化に伴う印刷設備の増強を強いられたし、インターネットによる記事配信に挑まなければデジタル化の波から取り残される。カラー化は部数増につながらなかったうえ、**インターネット**部門は経営の柱に育っていない。このため経営の改善を目標にした試みが重ねられている。印刷やニュース配信に関する**全国紙**と**地方紙**の業務提携をはじめ、**全国紙**が地方の取材網を縮小して**通信社**への依存を増したり、全国紙と通信社が提携してスポーツ記録を収集・配信したりするなどだ。しかし、効果が限定的なうえ、すでに撤退した試みもある。

保有する不動産の収入が経営を支えている新聞社が少なくない。今後、人員削減を含む経営の合理化の徹底が避け難い課題だ。だが、これによって情報を収集、発信する能力が損なわれ編集の自律性が失われる事態を招いては、読者の信頼を失い、経営は厳しさをます。（脇正太郎）

新聞製作と技術革新
Newspaper Making and Technological Innovation

新聞は、逐次性と速報性を重視するマスメディアであり、実に多様な作業形態を複合的に組み合わせて製作・販売・配布されている。その流れは「記者による取材・記事の執筆→デスクによるチェック・出稿→編集者による価値判断と見出しの検討・レイアウト→校閲記者によるチェック→製作・版作り→印刷→発送・運搬→配達→読者」のようになる。

新聞製作にかかわる部門としては、記事を製作する編集・論説部門や、紙面としてのレイアウトを決定する制作部門、そしてオフセット印刷機を扱う印刷部門などの他に、取材に伴う車両や航空機を管理運用する部門、新聞広告を集め製作する部門、新聞用紙等の資材を準備する部門などがある。刷り上がった新聞を全国各地の新聞販売店に届ける指揮をとるのは発送部門である。

新聞社という組織の仕組みに話を広げると、以上の新聞作りに携わる部門に加え、経営管理、総務人事などの管理部門、

スポーツ大会や美術展を主宰する事業部門，出版部門，ニューメディア部門などがある。

新聞製作は，**コンピュータ**の導入により大きく変化した。製作の「上流」である記事の作成から，「中流」の紙面編集を経て，「下流」の組版・**印刷**・発送までの全工程において，従来の方式を一新したのである。日本では1970年代以降にCTS（Computerized Typesetting System）と呼ばれるコンピュータによる組版システムが導入されたのを契機に，他の工程にもコンピュータが導入され，①記事の作成における紙と筆記具での「執筆」からPC・携帯端末での「入力」へ，②紙面編集における手作業からコンピュータとディスプレイを用いたレイアウト作業へ，③鉛活字と鉛版による組版からデータベースおよび完成した組版データを直接アルミの刷版に出力するCTP（Computer to Plate）の利用へ，④凸版輪転機からオフセット輪転機による印刷へ，⑤手作業からコンピュータ管理による仕分け・梱包・発送作業へ，と変化したのである。コンピュータの導入は，製作コストの削減・省力化・作業環境の改善・記事情報のデータベース化など多くのメリットをもたらした。その一方で，さまざまな新技術の導入には莫大な金額の設備投資を必要とするため，そのしわ寄せが記者数や取材費の削減などに及ぶことでジャーナリズム機能の低下を招くとともに，どのような情報でも「売る」ことを最大の目的とする情報産業化を進行させる重要な要因になっている点に留意する必要がある。〈新嶋良恵〉　📖212

新聞と放送局の系列化
Cross-Ownership of Media

日本の**全国紙**のすべてと各地方有力紙の多くがその系列としてのテレビ局創設に関わってきた。全国紙では『読売』→日本テレビ，『朝日』→テレビ朝日，『毎日』→TBS，『産経』→フジテレビ，『日経』→テレビ東京。同様の仕組みで，各地の**民放**の多くもそれらの系列下にあるか，**地方紙**主導でできているが，紙媒体の衰退で今日では力関係の逆転さえ起きつつある。異なるメディアの所有は**クロスオーナーシップ**といわれ，**言論・表現の自由**を阻害するものとして禁止する国が多く，日本でも総務省令として「放送局に係る表現の自由享有基準」（2008年）がある。しかし実質的には形骸化しており，その結果，新聞購読代金の値上げ問題などをテレビが報じない，またその仕組みが政財界によるメディア支配を容易にしているともいわれる。ただし旧社会主義国や途上国の多くでは政府による実質的な統制により，紙媒体と電波媒体の発信情報がほとんど同じになっているケースも少なくない。〈渡辺武達〉

生活情報紙（誌）
Life Information Papers / Magazines

生活情報紙は**広告収入**をもとに制作される無料配布の情報紙で，フリーペーパーの一種。主婦向けのものが大半で，地元の街ネタ，流行の食べ物，美容，文化，金融商品，健康，住宅など多岐にわたる情報を扱う。地域密着型の情報紹介媒体として幅広い年齢層の興味を惹き，閲覧率が高い。昨今ウェブサイトとの連携が進んでおり，紙面そのものはもちろん，

地域別の情報，さらには主婦ブロガーの商品紹介や口コミをタイムリーにウェブ発信している企業も多い。生活情報にまつわる記事をパソコンやスマートフォンで気軽に閲覧できる環境が整う一方，知名度は有料配布紙に比べると低いが一定層への影響力は増している。

家庭への戸別投函が大半で，新聞非購読層に届きやすい。たとえばサンケイリビング新聞社の『リビング新聞』では，配るのは近隣の地理を熟知した「リビングレディ」。また，紙面の各種**広告**（記事広告・ディスプレイ広告・スポット広告）は飲食店，習い事，美容・医療関連，求人募集など限られた地域の内容が多くを占め，地元密着型の事業を行う人にとって，比較的低価格で効率的な宣伝が可能なメディアである。ただし，2017年から経営統合などの変革が起こり，大手の「ぱど」は2017年2月，サンケイリビング新聞社は2018年3月にRIZAPグループの子会社となった。これにより日本最大級の生活情報紙制作グループが誕生し，総発行部数は2000万部を超える（2018年現在）。必然的に同グループの製品やサービス関連の広告が増加している。雑誌態様の広報誌が駅や大型店などに置かれ，今後の動向が注目される。（小佐井麻衣子）

📖 137, 139, 173

〈タ〉

宅配制度
Home Delivery System

家庭や職場に新聞が配達される制度。「戸別配達制度」。本社で編集された新聞は各地の工場で印刷され，系列の販売店が配達する。日本では高度に発達し，発行部数と高い新聞普及率の維持に貢献してきた。放送やデジタルメディアが登場して，新聞は速報競争で決定的に劣るが，それでもその存在感を支えてきたのが宅配制度だ。しかし，発行部数の減少を食い止めるのには役立っていない。また，販売店に重い負担を強いてもいる。

宅配制度を維持するためには，新聞社と販売店の良好で安定した関係が不可欠だ。しかし**「押し紙」**が，販売店に理不尽な負担を課すものとして問題視されている。新聞社が名目上の発行部数を維持する目的で，実売部数以上のノルマを販売店ごとに設定して，買い取りを押し付けることをいい，新聞社は販売店からノルマ部数分の代金を得ることができるものの，販売店は売れ残った分の代金も支払わなくてはならないうえ，売れ残った新聞の廃棄も強いられる。背景には，名目上の発行部数に連動して**広告収入**が決まる仕組みがある。また，販売店も**押し紙**分を含めて折り込みチラシに関する料金を請求した時代があった。販売店が拒めないでいるのは，新聞社からの補助金の獲得を望んだり，販売店契約の打ち切りを警戒したりしてのことだ。新聞社は**押し紙**の存在を否定してきたが，販売店からの提訴による裁判の結果，存在が認定された。衆議院の委員会質疑でも2017年に取り上げられ，公正取引委員会が改善に前向きな見解を示した。（脇正太郎）

地方紙の課題と経営
Tasks and Management of Local Papers

地方紙は，住民に近いメディアとして「より良い地域社会をつくる」ことに存在意義をもつ。東日本大震災（2011年）

で多くの犠牲者を出した宮城県内に本社を置く河北新報社は，未曾有の体験を踏まえて「究極の使命は住民のいのちと地域を守ること」という。新聞発行地域にくまなく取材網をめぐらして読者の求める情報をきめ細かく取材・編集し，人びとの日々の暮らしや将来の生活設計に役立つ情報を提供する。祭りなど伝統行事や運動会などの地域に根づくイベントを伝えることで住民の相互理解や交流を促し，地域社会を育てていく。地域の政治や社会の不正を監視する。東京の価値観に基づく一律的な発想や政策が全国に押しつけられがちななか，地域住民の声や願いを背景に地方固有の問題意識を紙面に反映させ，多様な視点と価値観を中央に提示していくことも，大切な役割である。ただ，ネット時代を迎え，ニュースや情報の入手手段が多様化したことから，**全国紙**，**地方紙**を問わず「新聞離れ」が深刻な課題になっている。とくに，ここ10年は総発行部数が毎年約100万部ずつ減っている。購読者数減は，新聞の社会への影響力低下を招き，そして主要財源である販売収入の減少はもちろん**広告収入**の減にもつながって，新聞社の経営を弱体化させている。このままでは地方紙本来の役割もいずれ果たせなくなる。このため，各地方紙はネット分野への進出や新規事業の開拓といった新たな収入源を模索しているが，決め手を見出すまでには至っていない。（齊藤修）

〈ナ〉

日本 ABC 協会（新聞雑誌部数公査機構）
Japan Audit Bureau of Circulations

日本ABC協会は，**広告主**，広告会社，発行者の三者によって構成される会員制の組織で2017年3月31日時点の会員は525社である。1952年10月に設立され，1958年に社団法人，2011年一般社団法人となった。日本における公正な広告取引を目指し発行部数を定期的に公表している。新聞・雑誌の広告料金は部数によって決定されるが，ABC協会が第三者機関として監査・認定した発行部数が基準とされる。新聞社は2年に一度，雑誌・専門雑誌・フリーペーパーは1年に一度，協会公査員による発行者訪問を受けている。2018年2月のABC部数によると，『朝日』，『毎日』，『読売』，『日経』の各全国紙は1年間で17万から30万の幅で部数を大幅減少させ注目されたが，これは新聞販売店への「**押し紙**」を各社が自主的に減らしたためとみられている（『新聞情報』2018年3月17日）。（金山勉）

日本新聞協会
Japan Newspaper Publishers and Editors Association

全国の新聞社・**通信社**・放送局が倫理の向上を目指す自主的な組織として，1946年に設立した一般社団法人の業界団体。加盟社は新聞104，通信4，放送22の計130社（2018年4月現在）。「自由で責任ある新聞」を維持するため，**新聞倫理綱領**や販売綱領，広告倫理綱領を定め，自律に努めている。編集，国際，メディア開発などの各種委員会を設け，発行部数などの調査・研究，新聞に関する定期刊行物の発行，各種セミナーなどを開催している。新聞週間には新聞大会を開催，優れた報道に新聞協会賞を授与している。学校などで新聞を活用してもらうNIE（Newspaper in Education）も推進して

おり，2000年，横浜市に日本新聞博物館（ニュースパーク）を開設した。(吉澤健吉)

ネット新聞，デジタル版
Internet Newspaper, Digital Version

　新聞社はパソコンやスマートフォンなどのデジタル端末に記事を配信するビジネスに乗り出している。これをネット新聞あるいはデジタル版という。自社のホームページ上でニュース速報などを無料で提供していた段階から，大きく飛躍した。放送メディアに比べて遅れをとっていた速報性を備えたうえ，紙幅の制約を受けないことから充実した情報提供が可能だ。先行したのは『日本経済新聞』で2010年3月に有料でスタートした。紙の新聞よりも記事数がはるかに多く，しかも詳しく報じている。続いて『朝日新聞』が11年5月に開始し，**全国紙**，地方紙が次々に参入した。

　紙の新聞の締め切り時間にとらわれずに速報に取り組んでいるほか，話題性の高い記事は紙の新聞に先立って展開している。また，過去の記事を検索できる。ただし，検索対象の期間は短く制限されていることが少なくない。一方で，新聞社はYahoo!などの**ポータルサイト**に記事を提供している。記事提供料の獲得のほか，ポータルサイトを経由してデジタル版への誘導を期待してのことだ。しかし，ポータルサイト内にとどまってしまうケースが少なくなく，記事の提供自体の是非が問われている。

　また，多くの新聞社が主力商品はあくまで紙の新聞であり，デジタル版は従と位置づけている。このため，料金設定に課題を残している。紙とセットの契約には割安感があるものの，デジタル版単独では割高感が伴う。デジタル版の利用者数が伸び悩み収益の柱に育っていない理由の1つに挙げられている。(脇正太郎)

〈ハ〉

パブリックコメント
Public Comment

　「意見公募手続」ともいわれ，中央政府や自治体などの公的機関が**公共性**の高い事案について，影響が及ぶ国民／住民の意見を選出された代表者から聴く制度で，行政手続法として平成5（1993）年法律第88号として定められた。公聴会・パブコメとの呼称も使われ，そこでの発言者は公募が原則，1999年度から全省庁での適用となり，地方自治体では「意見提出制度」という語も用いられている。宮城県南三陸町防災対策庁舎などの東日本大震災被災関連施設を遺構として残すかどうかなどがこの制度によって議論されてきた。2017年度には東京と大阪でIR（統合型リゾート）建設の是非についても適用され，政府／自治体側による健全施設で財政を豊かにするという意見と住民側による「ギャンブルをやらせて金を吐き出させ，依存症等による社会の荒廃が進行するとの危惧」が対立した。(渡辺武達)

貧困ジャーナリズム
Anti-poverty Journalism

　貧困の実態を報告し，その注意喚起とともに全社会的な改善を呼びかけるメディア活動のこと。統計上の経済発展が必ずしも社会全体の豊かさをもたらさず，逆に格差の拡大による相対的貧困層を増やし，家族崩壊や家庭内暴力等の原因になり，結果として子どもの栄養状態の悪

化,給食代の不払いや不登校,外での犯罪巻き込まれなど,もろもろの社会問題の根底になっている。しかしこれまでの報道では自治体等が発表するデータの一部を取り出して生活保護の虚偽申請など,福祉制度の悪用面だけを取り上げ,貧困に追い込まれざるをえない人たちの現状打開をするための視点が弱かった。最近では問題の根本的解決を目指した報道推進を目指し,有志による貧困ジャーナリズム賞なども設置されるようになっている。類似の用語法に,環境保全を訴える**環境ジャーナリズム**がある。(渡辺武達)

編集権
Editorial Rights / Right to Edit

新聞,放送など**マスメディア**の編集方針や内容を決める権限をいう。この権限の「行使者」について,**日本新聞協会**は「編集権声明」(1948年)で「経営管理者と……編集管理者に限られる」とした。さらに,経営管理者らは「あらゆるものに対し編集権を守る義務がある。外部からの侵害に対してはあくまでもこれを拒否する。また内部においても……編集方針に従わぬものは……これを排除する」と「編集権の確保」を強く謳った。マスメディアの大切な役割に,**市民**がその帰属する社会の健全な維持,発展のために必要な判断材料の提供がある。それには,国家や**広告主**などあらゆる権力からの干渉を排し,自らの意思のみによる編集権の行使が求められる。しかし,ネット社会を迎えてマスメディアの経営状態は厳しくなり,外部圧力に抵抗する力は弱まりつつある。時に,政権による露骨な介入と疑うケースもみえる今日,「声明」が力点を置く「編集権の確保」はあらた

めて注目されてよいだろう。ただ「声明」の「編集方針に従わぬものは……排除する」は戦後占領期の混乱の中で生まれたとはいえ,企業内部に向けた管理的な意味合いを感じさせる。2014年に朝日新聞社で「慰安婦報道の検証」について,当時の社長が編集現場の紙面作りに介入する出来事があった。第三者委員会が「「経営と編集の分離」の原則を維持し,記者たちによる自由闊達な言論の場を最大限堅持することの重要性」を指摘している。メディア環境が変化する今,編集権の自立やジャーナリストの編集方針への参加など「編集権」をめぐる議論が求められる。(齊藤修) 📖 163, 169, 196

〈マ〉

メディア欄
Media Review Corner

メディアの報道のあり方について論評することを目的とした新聞の特集面や欄のこと。1ページ全体をメディア関連の評論にあてる特集面と,紙面の一部をあてる欄があり,前者に第三者委員会の特集面,後者に「私の○○新聞評」といったものがある。社によっては,新聞だけでなく,放送,出版,インターネットなど新旧メディアを対象に,仕組みや業界の動き,倫理上の問題などを幅広く扱っている紙面もある。1991年,『朝日新聞』(東京本社版)が設けたのに続き,他の**全国紙**や**地方紙**が続いた。メディア欄開設のきっかけとなった背景に,当時社会の批判を浴びた**集団的過熱取材**への反省や,政府・与党が国会に提出する動きをみせていた**個人情報保護法**(2003年成立),人権擁護法(廃案),青少年有害社

会環境対策基本法（提出断念）の**メディア規制三法**に対する危機感があった。メディア欄の代表例が、2000年代初頭から新聞各社がこぞって設置した第三者委員会の特集面で、年数回、外部の識者や読者代表を招いて自社の報道のあり方や人権侵害の有無を議論し、特集面化している。マスコミ人が自らの倫理を問い、表現の自由を守る組織としては、**マスコミ倫理懇談会全国協議会**があり、新聞、放送、出版、映画、レコード、広告など206社（団体）の会員が、社や業界の壁を超えて毎年、シンポジウムや全国大会を開いて研究・情報交換を行い、ニュースとして紙面化している。しかし、年月の経過とともに、内容が時として自社の報道への自己弁護などマンネリ化もみられるため、メディアの相互批判や自己検証の場としてさらなる深化が期待されるところである。（吉澤健吉）

新聞現場の用語
Jargons of Newspaper Editing

わが国メディア史のなかで最も古い歴史と伝統をもつ新聞業界では、業界人だけにしか通用しない特殊用語が数多く存在する。時代の変化とともに今や死語となった用語もある。ここでは、編集局を中心に取材部門と整理部門の代表的なものをあげる。

〔取材部門〕記事の根拠となる確かな裏づけもないまま、記者の憶測や推測によって書かれる記事を「飛ばし記事」とよぶ。重大事件の容疑者の浮上や逮捕の時期、政界再編の動き、注目されている企業の合併報道などの際にみられる。週刊誌やネット記事にも多く、政治家や芸能人のスキャンダル報道などによくみら

れる。新聞の世界でこうした記事が作成・掲載される原因に、他人より多く**特ダネ**をとって社内での評価を上げたいという記者の功名心や、激しい販売競争の中で**特ダネ**をとって有利な立場に立ちたいという編集幹部の焦りなどがあげられる。ニュースソースの多くは伝聞など不確かなものが多く、**誤報**になる危険性も高いので自重すべきである。

ニュースの出どころの固有名詞（人名、役職、機関・団体名）は明示できないが、記事内容は確実性が高いことを示すため、記事の根拠となった取材源を抽象的に表現する用語に「消息筋」がある。国際報道や政府首脳・省庁の政策の先取りなどで使われ、「大使館筋」「政府筋」「日銀首脳」などと表記する。この種の記事は、権力側が意図的にリークし、**世論操作**に使われることもあるので、報道する側は注意を要する。

新聞の歴史をさかのぼると、パソコンや携帯電話がなかった時代、取材現場から新聞社への連絡手段は、固定加入電話や公衆電話しかなく、電話による原稿送信を「吹き込み」と呼んだ。送稿する際、「いろはの「い」」「弘法大師の「弘」」など独特の符丁があった。現代はパソコンで原稿送信するようになったため、このような符丁は消えつつある。

早朝や深夜、政治記者や事件記者が取材対象者の自宅や最寄り駅で1対1の面談チャンスをつかむ取材手法を「夜討ち、朝駆け」と呼び、今も事件での**特ダネ**取材の必須条件である。近年は警察側の情報統制が厳しくなり、深夜の自宅訪問を拒む取材対象者も増えたため、対象者の個人携帯に直接電話したり、携帯メール

を駆使する記者も増えている。

　歩行中の取材対象者に食いつき、質問する取材スタイルを「ぶら下がり」という。近年の政治取材では、取材対象者を多くの記者が囲んで質問する「囲み取材」もぶら下がりという。対象者の発言はオンレコ（公開可能）扱いとなり、重要な発言内容を正確に記録するために、大半の記者はICレコーダーを相手に向ける。これに対し、オフレコ（公開不可）を前提に政府高官や政党幹部、省庁の幹部職員が行う政治記者とのやりとりを「懇談」と呼ぶ。政治家の本音や政局の展望、政策の背景などについて質問して説明を受ける。重要な発言は「政府高官は」「自民党幹部は」などの形で発言者を特定しないで報道することがある。

〔整理部門〕新聞社では一般的に紙面編集のことを「整理」と呼び、担当部署を整理部、担当部員を整理マンと呼ぶ。社によっては、ニュース編集部など他の名称をつけている社もある。新聞がかつての鉛活字から写植**印刷**、パソコン編集によるオフセット**印刷**へと大きな変貌をとげた今も、新聞紙にマジックインクでレイアウトを描く整理部の手作業は変わらない。限られた時間でニュース価値を考えながら、記事の取捨選択を行い、見出しを付け、レイアウトをして紙面に収める。紙面編集に使う基準寸法を「倍数」と呼ぶ。1倍は約2.2ミリ。かつて1行15字、1ページ15段だった頃は、基本文字のタテの大きさが1倍だった。見出しに使う文字も倍数で表し、2倍活字、3倍活字などがある。整理マンは「倍数尺」と呼ばれる特殊な物差しを使って、記事の分量を測ったり、写真の大きさを決めたりしている。紙面1ページ分の「大組み」のレイアウトをする際には、人間の体の名称をもじった用語が使われる。紙面のトップを「頭」、トップわきを「肩」、紙面の中心を「腹」とよぶ。紙面の最下段に1段見出しで行間を詰めて掲載する記事は「ベタ記事」とよぶ。段をたてるほどではないが、記録として残しておきたい記事で、小さな火災や交通事故、警察官・教員の不祥事などを載せることが多い。

　読者が紙面を読みやすいよう、整理部門にはレイアウト上のさまざまな禁じ手がある。「両降り」（両落ち）は2つの記事が同じように上から下に流れて、どちらがどちらに続くのかわからないレイアウト。「泣き別れ」は改行された部分から後が下段に流れてしまったため、そこで終わってしまっていると錯覚させるようなレイアウト。紙面が真ん中で上下に分断されているのを「はらきれ」（はらきり）、同じ段数の見出しが横に並んでいるのを「門構え」と呼ぶ。いずれも、かつてはタブーとされていたが、現在ではあえて使用する社もみられる。

　かつて記事が最上段から最下段まで流れているのを「天からふんどし」、スポーツ面のように広告がなく全段記事で埋めるページのことを「ノーズロ」と呼んだが、編集局が男性職場だった時代の名残で、現在では死語として使用していない。（吉澤健吉）

Ⅵ 出版(書籍・雑誌)・電子出版,印刷

〈ア〉

ISBN(国際標準図書番号)
International Standard Book Number

　世界の書籍流通の原点となる国際的な書籍番号体系。地域や言語を示すグループ記号+出版者記号+書名記号+チェック数字から成る10桁の数字だったが,2007年1月から冒頭にISBNであることを識別する接頭記号を付与し13桁とした(『13桁ISBN"国際標準ガイドライン"追補版』)。これは英米圏で**電子書籍**にISBNが付与され番号が不足したことへの対応措置であった。**電子書籍**の増加に伴い2005年には「Web上のデジタルコンテンツに対するISBNの基準」が決定された。紙の書籍は1冊につきコードは1種類だが,電子書籍の場合はファイルが異なれば1冊と数えられる。また,電子媒体の雑誌に掲載された記事や論文単位にはそれぞれISBNが付与される。
(吉川幸)　　　　　　　　　📖 140, 215

印刷,DTP
Printing, DTP (desktop publishing)

　文字や図画,写真などの原稿をもとに印刷版を作り,その版面にインキを塗って紙などに転写し,機械的に多量複製すること。または,その技術。版の種類により,大きく凸版,凹版,平版,孔版に分かれる。インクジェット方式や電子写真方式(レーザープリンタ)などのような,版を使用せずインキを直接被印刷物に定着させるデジタル印刷機も普及している。このデジタル印刷機を用いることで1部からの少部数印刷製本も可能となった。これをオンデマンド(on demand)印刷と呼び,**電子書籍**のデータベースと組み合わせた**オンデマンド**出版が注目されている。**インターネット**を使って印刷を注文するネット印刷では,オンデマンド印刷にも対応している。

　印刷の歴史は古いが,近代の誕生やメディア史的な意味合いで,15世紀に**グーテンベルク**が発明した活版印刷に言及されることが多い。この技術は,金属活字による組版(活版)を用いた凸版印刷である。

　オフセット印刷(offset printing)におけるオフセットとは,版から一度インキが離れて(off),ゴムブランケットなどの転写体に移し,それを紙などに転写(set)すること。オフセット印刷は平版が主流なので,平版オフセット印刷の意味で使われることが多い。実際には,凸版オフセット印刷も使われており,理論的には凹版や孔版オフセットもある。そのためオフセット印刷を平版印刷の一種とするのは技術的に誤用である。最近では,電子写真方式やインクジェット方式でオフセット方式を使うデジタル印刷機が実用化されている。

　グラビア(gravure)は,本来,微細な濃淡が表現可能な写真製版技術を用いた凹版印刷の一種であるが,派生的にグ

ラビア印刷された書籍や雑誌の写真ページおよびそのページで使用されている写真そのものを指している。現在では、オフセット印刷を用いることもあるが、写真ページであればグラビアと呼ばれる。さらには、内容について女性アイドルやタレントが被写体であるもののみをグラビアと称する場合が多い。

一方、組版は、原稿から印刷版を作る技法で、長い間、金属活字による植字が行われてきたが、戦後、手動の写真植字が普及したことで印画紙による版下制作に次第に置き換わった。1970年代には、**コンピュータ**活用により電子的に組版を行うシステムとしてCTS（computerized typesetting system、電算写植）が開発された。さらにコンピュータの急速な高機能化とダウンサイジングに伴い、90年代に個人でも利用できるDTP（desktop publishing）に移行した。現在では、Windows PCやMacなどの汎用PCで、ページレイアウトソフトを用いて組版を行うのが主流となっている。

判型とは、本来は印刷用紙のサイズのことで、歴史的には、①美濃紙や半紙を用いた美濃判、半紙判、②明治初期に輸入された洋紙を元にした菊判、四六判、③さらに現在の主流となっている日本工業規格（JIS）におけるA列とB列の2系統がある。このほかにも米国の判型でよく用いられるレターやリーガルがある。これが書籍や雑誌、事務用品などの仕上がりサイズにも援用された。ノートのB5判、横組みの専門書に多いA5判、文芸書の四六判、文庫本のA6判などのサイズは、これらの規格に基づいている。

（植村八潮） 📖164

オンライン書店
Online Bookshop, Online Bookstore

電子書店ともいい、ネット上で、通常の紙媒体書籍だけでなく、電子データ化された書物やレコード／CDなどの商品公開とその販売を行う「書店」のこと。米国ではonline bookshop、英国および英国圏諸国ではonline bookstoreと呼ばれ、PCやスマートフォンの利用で、実物でも電子データだけでも発注、購入でき、自宅での書架が不要になる等の利便性もある。それら電子書店が電子版書籍の発行を行うケースも多く、従来の執筆者→編集者→版元＝出版社→取次店（卸業者）→小売書店、の流通に改革を迫り、紙媒体販売のリアル書店廃業を加速している。またKindle版などを含め、ダイレクトパブリッシング（電子ブックの発行とネット利用の直販）を利用すれば、制作過程全体の省力化だけではなく、パルプ資源消費の削減にもなることから、エコ出版（eco-publishing）として、国際的なエコメディア運動の1つにもなっている。「エコメディア」出版は1980年代半ばに**DTP**（デスクトップパブリッシング）が普及し、CD-ROMによる電子辞典が発売されたことを機に用語化し、今では書籍や雑誌を含む電子データによるあらゆる出版物やオンライン売買の総称となり、世界的には**アマゾン**（Amazon.com）などの**電子書籍**／book部門が有名である。日本でも紀伊國屋や丸善、古書店の団体などが独自および連合組織としてネット上にマーケットプレースを開設、実物の搬送は配送業者に委託され発注者に届く仕組みを作っている。電子情報は制作と送信が容易で科学関連ジャー

ナル等の速やかな発行・頒布の要請に応えられる反面，コピーが容易で**著作権保護**の困難といった別の問題を引き起こしている。（渡辺武達）

〈サ〉

雑誌
Magazine

完結を予定せず，定期的に刊行される冊子形態の出版物のこと。逐次刊行物の一種であるがニュースを中心に扱う新聞は含まない。雑誌を分類すると刊行形態によって，週刊，旬刊，隔週刊，月2回刊，月刊，隔月刊，季刊などがある。『日刊ゲンダイ』は日刊雑誌であり，情報誌などに隔日刊，週2回刊がある。営利を目的に発行される雑誌である商業誌と，学術誌や政党などの機関誌，**同人誌**などの非商業誌に分けることもできる。これらの雑誌の大半が有料誌であるのに対し，PR誌やタウン誌，フリーマガジンといった無料誌もある。

また，対象読者や内容によって，児童誌，女性誌，大衆誌（男性誌），**総合誌**，文芸誌，芸能誌，スポーツ誌，**生活情報誌**といった数多くのジャンルが存在している。このうち，女性向け雑誌は，明治時代から存在し，1885（明治18）年に創刊された『女学雑誌』が女性雑誌の先駆である。以後，『女学世界』『婦人世界』『主婦之友』『婦人倶楽部』などの女性誌が登場し，一大ジャンルが形成された。現在の女性誌は，ヤングファッション，OLファッション，30代・40代ファッション，キャリアウーマン系など，細かくセグメント化されている。このようなセグメント化は雑誌の特徴である。最近では市場の縮小を背景に読者対象を絞る傾向が強まっている。

2010年に付録付き雑誌が話題となり，女性誌を中心に競って大型付録を付けるようになった。人気ブランドと提携してポーチやエコバッグ，ヘアアクセサリー，手帳，ミラーなど単体で買っても結構な値段がする商品を，海外で安価に生産し，通常の雑誌価格に数百円上乗せした価格で販売した。「お買い得感」が強く打ち出されたことで，雑誌購読の副次的な役割ではなく，むしろ主たる目的とすらなった感がある。このような雑誌付録ブームは2001年の「雑誌作成上の留意事項」が大幅に改定されたことを機会に始まったとされている。また，2007年に「不当景品類及び不当表示防止法」が改定され，景品の上限額が引き上げられた。このことで付録作成費用が増額したことも雑誌付録の動きを促進した。

出版流通統計では，コミックス（コミック単行本）やムックなどの不定期刊行物も雑誌として集計されている。ムック（mook）とは雑誌（magazine）と書籍（book）の特性を合わせもった出版物で，日本における合成語である。一般に，出版流通では雑誌扱い（雑誌コード使用）が多いが，内容は単行本としての独立性が高い。分野は料理やファッション，インテリア，旅行ガイドなどの生活実用書に多い。雑誌の増刊号や別冊の形をとるものとシリーズとがある。

雑誌は情報を扱っているが，そのなかでも情報誌とされているのは実益性の高い情報を中心に据えている雑誌群で，就職情報誌，住宅情報誌，旅・グルメ情報誌，イベントチケット情報誌，エリア

(地域)・タウン情報誌，公募情報誌，ブライダル情報誌などがある。雑誌市場規模がピークを迎えた90年代半ばには，大きなジャンルとなっていたが，インターネットの影響を最も受けた分野でもある。急速に部数を落とし，週刊から隔週刊への変更や，紙版を休刊してウェブ情報だけになった情報誌も多い。

　雑誌の一形態として，分冊百科がある。これは百科事典を分冊にして売りやすく，買いやすくすることで始まったとされ，1つのテーマで完結が予定されている定期刊行物である。出版社や取次によってパートワーク，週刊百科などとも呼ばれている。（植村八潮）　　　　　📖55

雑誌コード
Magazine Code

　雑誌コード管理センターが割り当てる出版物の記号。定期・連続刊行物（いわゆる雑誌）を対象とする。通常，雑誌の裏表紙に「雑誌99999-99」と7桁で表示される。6～7桁目は発行月で，週刊誌の場合「99999-9/99」の形式で発行月日を示す。1桁目は発行形態，2～4桁目は雑誌名，5桁目は通常または別冊等を区別する。一般の書籍と同様に，雑誌も流通段階では雑誌コードをもとにして在庫管理等を行う。書籍や雑誌は一定期間内であれば自由に返品できる「**委託制度**」のもとで販売されるが，通常，雑誌は次の号が発行される直前に古い号が**書店**から取次会社に返品される。このような場合に在庫を特定化するものが雑誌コードである。（吉川幸）　　　📖78

週刊誌
Weekly Magazine

　原則として毎週定期的に発行される雑誌。大資本の商業ベースによる最初の週刊誌は，1922年創刊の『週刊朝日』（大阪朝日新聞社，前々月創刊の『旬刊朝日』改題）と『サンデー毎日』（大阪毎日新聞社）である。創刊の背景には，大正デモクラシーによって政治や社会への関心が高まり，文化の大衆化現象が進行するなど，大衆社会状況の成熟があった。戦時中は時局雑誌にスタイル変更を強いられ，『サンデー毎日』は『週刊毎日』と改題させられた。戦後の1946年に誌名を旧名に戻して誌面に自由を取り戻したものの，深刻な用紙不足が続いた。用紙事情の好転は1950年以降のことで，1952年には『週刊読売』『週刊サンケイ』，1955年には『週刊東京』が創刊されるなど，新聞社系週刊誌の競争が始まった。1954年には『週刊朝日』『サンデー毎日』ともに100万部を突破，第1次週刊誌ブームが出来する。この盛況を受けて，1956年には新潮社の『週刊新潮』が創刊され，五味康祐の「柳生武芸帖」や柴田錬三郎の「眠狂四郎無頼控」といった連載小説が人気を博して週刊誌の新しいスタイルを確立した。これに刺激を受け，『週刊明星』『週刊現代』『週刊文春』『週刊平凡』『週刊コウロン』などが創刊され，出版社系週刊誌による第2次ブームが起こった。女性週刊誌のトップは1957年創刊の『週刊女性』で，その後，『女性自身』『ヤングレディ』『女性セブン』と創刊が相次ぎ，戦国時代を迎えた。この女性週刊誌をはじめ，マンガ週刊誌や少年少女向け週刊誌，ヤング路線の男性週刊誌，スポーツ週刊誌などクラス・マガジン化が進行していき，1980年代に入ると『FOCUS』などの写真週刊誌が登

場し、熾烈な取材合戦が社会問題ともなった。

書籍雑誌販売額は1997年を境に低落傾向（出版科学研究所調べ）にある。とくに雑誌の低下率が目立ち、月刊誌も含めて大手出版社の看板雑誌の休・廃刊が相次ぐ状況を迎えた。こうした傾向に拍車をかけているのが電子雑誌の出現で、インターネット経由のパソコンで読む雑誌が急増した。その結果として、読者の出費や時間がそちらに多く費やされることとなり、2014年から始まったインターネットによる雑誌読み放題サービスの影響もあって、雑誌の売れ行きがますます低下するようになった。（清原康正）

出版業界の現在とこれから
Publishing Business

一般に、「出版業界」とは、出版社・取次会社・書店から成る垂直統合を基軸とする業界を指す。それぞれ一般産業でいうところのメーカー・問屋・小売店に該当するが、大きく異なる点がある。

第1に、メーカー（出版社）が小売価格を設定し、取次会社・書店が販売する**再販売価格維持制度（再販制度）**が適用されている点である。一般にメーカーが販売価格を決定することは、独占禁止法によって禁止されている。ただし、新聞、書籍、雑誌、音楽用CDの4品目は、**言論の自由**、文化の保護という見地から、メーカーによる価格設定が認められている。この枠を撤廃すべきではないかという議論が長年にわたり続いていたが、2001年3月、公正取引委員会は再販制度の存置を決定し、現在に至っている。

第2に**委託制度**がある。これは、条件付き返品自由制であり、**書店**は出版社から取次会社を通じて出版物を仕入れて販売し、売れ残った出版物は定まった期間内であれば返品できるという制度である。この委託制度により、書店のリスクが軽減され、より多くの出版物が店頭に並ぶ機会につながっているが、一方で、書店が販売したい本が配本されないといった問題点も指摘されている。一部、買切制をとる出版社も存在し、さらに書店店頭での顧客からの注文品などは、原則的に買切条件である。

出版科学研究所によると、書籍・雑誌の推定販売金額は、1996年の2兆6564億円を境にマイナス成長が続き、2017年では1兆3701億円となり、ほぼ半分の市場となった。2016年に41年ぶりに書籍と雑誌の販売額が逆転して書籍を下回った雑誌は、さらに減少となり6548億円である。その大きな要因がコミックスの減少である。ただし、必ずしも読者に**マンガ**離れが起こっているわけではない。**電子出版**市場が前年比16％増の2215億円となったなかで、全体の8割近くを占める電子コミックは2017年に17.2％増の1711億円と市場を牽引している。紙のコミックスの減少もあって、マンガにおける電子と紙の販売額は逆転した。

販売部数が落ちることで、広告メディアとしての力も落ち、**広告収入**は2005年4842億円に対し、2017年2023億円と42％まで落ちている。このような雑誌の販売・広告収入の不振は、出版産業構造に大きな影響を与えている。書籍に比べ収益性が高く部数の大きい雑誌をビジネスの前提としてきたからである。

読書については、長い間、**電子書籍**を対象とせず、ページをめくりながら読む

紙の本が絶対であるかのようにいわれてきた。しかし、「子供の読書活動の推進に関する基本的な計画（第四次）」（2018年4月閣議決定）では、読書対象として「電子書籍等の情報通信技術を活用した読書も含む」としている。「文字離れ」の要因としてデジタルメディアが取り沙汰されることが多いが、情報流通という視点でみれば、デジタルメディアは文字情報量の爆発的増大を引き起こし、むしろ「文字洪水」とも呼ぶべき現状を招いている。当然、相対的に印刷出版物の役割は低下し、**電子書籍**に代表されるデジタルコンテンツはますます重要なものとなっていく。紙と電子は相互補完関係にあり、印刷書籍ではできない電子書籍の有用性を評価すべき時代となったのである。（植村八潮）　📖55

書店
Bookstore / Bookshop

現在では、紙版の書籍や雑誌を取り扱う小売店のことで本屋と同義である。日本では規模の大小にかかわらず全ジャンルの書籍・雑誌を取り扱っていて、雑誌の売上げ比率が高いことが特徴である。一方、欧米における bookstore は文字通り書籍店であり、原則、雑誌を扱わない書籍中心の品揃えで、出版社との直取引の比率が高い。なお、近代においては、書店が出版物の編集や発行、卸などを行うことや、古本や貸本を扱うこともあり、「書店」を付けた出版社名があるのは、その名残である。

もともとの書店の経営は、紀伊國屋書店、丸善ジュンク堂書店、三省堂書店などのような大手ナショナルチェーン、地方都市で戦前から営む有力中堅書店、個人経営の小規模書店の3タイプに大きく分けられていた。学校や駅前・商店街など繁華街に出店することが多かった。80年代における出版市場の拡大期には、書店の大型化とともに、繁華街から離れた郊外に書店を開業する例が多くなった。

バイパス道路沿いに、量販店と並んだ出店や、大型ショッピングセンターのテナントになる例が相次ぎ、郊外書店として注目された。同時に CD／DVD レンタルや文房具・雑貨を扱う TSUTAYA などの新興勢力に加え、ブックオフといった新古書店がフランチャイズ方式で、主にロードサイドの郊外に積極的に出店し急成長を遂げた。90年代後半からは、インターネットを利用した**オンライン書店**が登場し、紀伊國屋書店や丸善（当時）などの大手書店に加え、TRC が中心となって新規参入した bk 1、ベルテルスマン（Bertelsmann AG）や **Amazon** などの海外企業の参入が相次いだ。離散集合もあって淘汰され、今日では **Amazon** 一強体制を築きつつある。

新古書店という新しい業態をつくりあげたブックオフは、「本の価格破壊」を宣言するリサイクルビジネスとして1990年に創業された。粗利益の高さが喧伝されたことで、多くの他産業からのフランチャイズ加盟があり、万引きや不正返品の元凶という出版業界の非難を浴びながらも急成長し、2004年には店舗数が800店を超え、売上高は260億円に達し、株式上場に至った。その後、創業者が経営から手を引いたことを契機に、ブックオフのビジネスを苦々しく感じていた大手出版社が株主となり、大日本印刷が筆頭株主となって共同で経営に参画している。

日本の書店数を調査している『ブックストア全ガイド』によると，1992年の収録書店数は，2万2465店であったが，10年後の2002年に2万店を切って1万9946店，2017年では1万2526店となって，四半世紀の間にほぼ半減した。なお，この調査は，本部や営業所，外商のみの書店も含んでおり，実店舗数は，1万店以下となっている。一方，書店の大型化の結果，1店舗あたりの平均売り場面積は増加傾向にあるが，書店の売り場総面積では2010年度をピークに減少に転じている。ここにも実店舗の衰退傾向をみることができる。（植村八潮） 📖55

書評紙（誌）
Book Review Paper/Magazine

公刊された書籍についての論評や感想を中心にした読書関連情報を提供する専門新聞は書評紙，冊子形態をとったものを「書評誌」，週1あるいは月1で外部の評論家などに依頼して一般紙が制作するスペースは「書評欄」などと呼ばれる。農業や鉱業などほとんどの業界に専門紙・誌が存在しているが，それらはその業界で起きていることを中心とした内輪向け情報紙・誌で「**業界紙（誌）**」と呼ばれ，通販業界の『通販新聞』，食品業界の『日本食糧新聞』，リフォーム業界の『リフォーム新聞』などまで幅広い分野をカバーしている。

2000年代に入り，書評，書物の読者感想などもネットによる相互交換が多くなったが，気軽に書け読めるがその分，素人の感想の域を出ないから，知的に踏み込んだ書籍ガイドとしては専門紙『週刊読書人』（https://dokushojin.com）などへの需要や必要性は小さくない。また書評そのものは明治時代からあり，これまでの活字メディア（新聞，**週刊誌**，月刊誌など）に発表された書評を再録，無料公開する書評アーカイブ「オール・レビューズ」（https://allreviews.jp）が仏文学者・鹿島茂によって立ち上げられ，新しい角度からの日本思想史資料として役立っている。また2001〜16年の朝日新聞掲載の全書評が『朝日書評大成』として発行されている。（渡辺武達） 📖5

新書
Pocket-Sized Book / 17×11 cm Book Edition

新書判は日本の書籍の判型の1つで，大きさは173×106 mm，もしくはそれに近いものをいい，出版業界や図書館などで「新書」という場合，購入しやすい手ごろな値段，表紙は「ソフトカバー」で，ポケットに入る程度のもののことである。その歴史は戦前にまでさかのぼり，1938年創刊の岩波新書23点に始まる。岩波はその当時すでに，小型の叢書という意味でのシリーズを，古典中心に収録した「岩波文庫」として出していたが，判型・内容とも文庫とは違うものとして「新書」の発行を開始した。内容は書下ろしを中心に，「現代人の現代的教養を目的」（岩波茂雄「岩波新書を刊行するに際して」）とするものであった。この新シリーズ創刊にあたって参考にされたのは，その前年1937年にイギリスで創刊されたペリカン・ブックスで，その判型は174×108 mm（当時）であった。対して，岩波新書は172×112 mm。岩波版発行の翌1939年，「ラヂオ新書」が日本放送出版協会（NHK系列）から刊行され始めた。

新書版は執筆者への依頼から発行まで

の期間が比較的短く,題材も時機に合わせやすく,販売数も見込めるため原価を低く抑えることができた。それらの理由から教養書を中心に現在ではほとんどの大手出版社がこの形での書籍発行に参入している。現在市販されている新書には岩波新書をはじめ,中公新書,講談社現代新書,ちくま新書,文春新書,新潮新書などがある。その一方で,マンガ(コミック)については判型とは関係なく「コミックス」という言い方がされ,「新書」としては扱われていない。

　書籍の販売実績では1997年をピークに市場全体が販売高を落とし,最近ではとりわけ雑誌,週刊誌の落ち込みが激しく,各社とも**電子出版**を手掛けざるを得なくなっている。新書や文庫にもその傾向は見られるが落ち込み度ではコミックは他より小さい。一方,唯一販売高が伸びているのが児童書である(日販営業推進室出版流通学院『出版物販売額の実態2018』)。この傾向はアメリカの書籍市場でも同様で,その理由は電子本流行への親の世代の反発と祖父母世代が孫の誕生日等の贈り物にしているからだとの見方がある。

　なお,新しく出た本を古書と対比して「新書」,その販売店を新書販売店などというのは「新刊書」という意味で,別脈絡での語法である。　　　(渡辺武達)

総合雑誌
Japanese Quality Magazine

　思想・政治・経済・社会・文化など多彩で幅広い分野に関する評論・記事や,エッセイ・小説などを総合的に掲載している月刊誌のことで,同内容の週刊誌のことは「一般(総合)週刊誌」と呼ぶのが通例である。そのルーツは1887年創刊の『国民之友』とされ,その後『太陽』(1895年),『中央公論』(1899年),『改造』(1919年),『文藝春秋』(1923年)などが次々と登場し,知識人による「論壇」を形成する主な舞台となった。戦後には『世界』(1946年)などが創刊され,民主化の流れや学生運動の高揚とともに,戦前のような知識人のみならず幅広い層に読まれるようになり,1950年頃には昭和初期に続く第2次ブームを迎えた。しかし70年代になると,学生運動の衰退による若者の総合雑誌離れが進み,「論壇」としての影響力の低下を招いた。さらに21世紀に入ると,人びとの急速な活字離れや出版業界全体の不況などによって『現代』『論座』『諸君!』などが相次いで休刊し,現在も発行されている主なものは『文藝春秋』『中央公論』『世界』『潮』などのみである。　　　(野原仁)

〈タ〉

第3種郵便物
Special Postage System for Printed Materials

　日本郵便の認可を受けた新聞や雑誌などの定期刊行物のことで,通常よりも安い料金で郵送することができる。郵便法22条において定められ,同条3項および郵便法施行規則6条によれば,認可の条件として,①毎年4回以上で号を追って定期に発行するものであること,②掲載事項の性質上発行の終期を予定し得ないものであること,③政治,経済,文化その他公共的な事項を報道し,又は論議することを目的とし,あまねく発売されるものであること,のすべてを満たさなけ

ればならない。さらに内国郵便約款166条において，上記③の具体的条件として，1回の発行部数が500部以上であることや全体に占める**広告料**の割合が50％未満であることなどが細かく規定されている。
(野原仁)

電子書籍，電子出版
E-book, Electronic Publishing

電子書籍は，従来，印刷物として提供されていた本に代わる電子的著作物で，専用端末やタブレットPC，スマートフォン，パソコンなどの端末上で読めるようにしたものである。技術的には，専用の閲覧ソフト（ビューワー）で読む，なんらかのファイル形式にフォーマット化されたデジタルデータである。これまでは印刷物として刊行した出版物を電子化して製品化した作品が多く，既存出版物の電子版，あるいは電子的なレプリカ商品であった。最近では，デジタルコンテンツとして最初に創作され（デジタルファースト），話題になったのち印刷書籍化された作品や，デジタルコンテンツとしてのみ流通する作品が増えている。

出版物の電子化は1960年代に米国において学術情報分野で始まり，70年代後半には，新聞記事や判例，特許情報などを収録した全文データベースが普及した。一般に電子出版は，CD-ROMによるパッケージ系電子出版が始まった80年代における出版界での動向を指すことが多い。1990年代半ばに，デジタルコンテンツをネットワークで配信するコンテンツ系電子出版（電子書籍）が主流となった。広義の電子出版は，電子辞書，辞書アプリ，カーナビや地図アプリ，学術**電子ジャーナル**などの発行も含まれる。2010年は「電子書籍元年」と称されたほどのブームとなり，ここに至って，ようやく電子書籍の概念が一般化した。

従来の出版分類にならって，書籍の電子化を「電子書籍」，雑誌の電子化を「電子雑誌・デジタル雑誌」と呼び分けることもある。また，電子コミックの売上げは，電子書籍の8割程度を占めていて，紙版のコミックス（マンガ単行本）の売上げを超えている。そこで産業統計では，電子書籍から電子コミックを分離して捉えることもある。(植村八潮) 📖23

電子図書館
Electronic Library / Digital Library

IT（情報通信技術）を活用し，ネットワークによって電子資料や情報を提供するサービスやシステムのこと。電子図書館を冠するシステムやサービスプロジェクトは多いが，実現しようとしている機能に差があり，開発経緯やサービス主体によって，いくつかの類型に分けることができる。インターネットの黎明期においては，日本の「青空文庫」や米国の「プロジェクト・グーテンベルク」のような，**著作権**の消滅した作品をデジタル化し，ウェブサイトで提供するサービスのことを称していた。また，**図書館**独自の所蔵資料や郷土資料などをデジタル化し，デジタルアーカイブズとしてウェブで提供することや，電子書籍の全文データベースなどを指すことも多い。

最近では電子書籍の普及に伴い，**図書館**と契約して館の利用登録者に電子書籍の閲覧を提供する**クラウドサービス**を，電子図書館と称しているが，これも電子図書館の構成要素の1つとしてとらえることが妥当である。(植村八潮) 📖24

〈ナ〉

日本複製権センター（JRRC）
Japan Reproduction Rights Center

　作家や写真家，新聞社など**著作権者**の紙の複写（コピー）などに関わる権利を集中的に管理する公益社団法人。著作権法上，著作物を複製（コピー）する権利は著作権者だけが保有する。しかし，複写機の普及によってコピーに必要な許諾手続きの簡素化が求められてきた。このため，コピーにまつわる**著作権**の一括管理団体として，1991年に設立された。旧称は日本複写権センター（2012年まで）。

　書籍や雑誌，新聞，美術作品，写真などの著作物の紙媒体への複写に関し，集中的な権利処理を行うことにより，許諾に関わる手間や不便を解消し，著作権の保護と著作物の適正な利用を実現する。利用者への窓口として機能し，複写使用料を徴収して著作権者に分配する。たとえば，企業や団体が同センターに複写権の管理委託をしている新聞社の記事をコピーして社内で配布しようとする場合，その企業が同センターと契約していれば，コピーする際にいちいち新聞社に許諾（許可）を求める必要はない。同センターに管理委託していない新聞社の記事をコピーする場合は，新聞社に直接，許諾を求めなければならない。（宮武久佳）

〈ハ〉

文庫本
Bunko-Literature

　一定の装丁で継続して大量刊行される廉価な小型本。かつてはドイツのレクラム文庫などに範をとって，内外の古典や名著を収録するイメージが強かったが，時代とともにそのあり方は様変わりしてきた。明治期の「袖珍名著文庫」「立川文庫」，大正期の「新潮文庫」（第1次），「アカネ叢書」などを経て，本格的な文庫本は1927年発刊の「岩波文庫」に始まる。つづいて「新潮文庫」（第2次），「改造文庫」「春陽堂文庫」が発刊されて，第1次文庫本ブームが起こる。第2次ブームは戦後まもなくの1947年，「岩波文庫」「新潮文庫」の復刊に始まり，「青木文庫」「河出文庫」「創元文庫」「三笠文庫」「アテネ文庫」などのほか，1949年には「角川文庫」，51年には「現代教養文庫」が発刊され，文庫合戦に加わった。第3次ブームの口火は1971年発刊の「講談社文庫」で，「中公文庫」「文春文庫」「集英社文庫」と大手出版社の文庫本が勢揃いしていくにつれて，発行点数や部数が急激に増加し，書店の棚の争奪戦が繰り広げられて，激烈な文庫合戦が展開された。そうしたなかから若い読者にターゲットを絞った「角川文庫」が，"角川商法"の宣伝作戦で文庫本のイメージを一変させた。カバーのイラスト化，映画やテレビとのタイアップ，感性に訴えかける**広告**などで，文庫本は完全にイメージ商品となり，消耗品化していった。その後も「潮文庫」「徳間文庫」「光文社文庫」「ちくま文庫」「小学館文庫」などがつぎつぎに発刊され，文庫戦線は激しさを増していった。これには自社発行の単行本を確保し，作家を取り込む企業防衛の意図がある。**マンガ**や写真などのビジュアル文庫・書き下ろし文庫・オリジナル文庫なども登場して，読者人口の裾野を広げる反面，単行本そのものの売れ

行き低下と回転をよくするための絶版化の増加という深刻な現象をも生み出した。2000年代に入ってからは，時代小説の書き下ろし文庫が隆盛を極め，文庫戦線は新たな状況を呈するに至ったが，2010年以降はネット隆盛のあおりを受けて，売り上げの低下が続いている。(清原康正)

編集プロダクション
Production for Publishing Industry

　出版社・広告会社・一般企業などから，書籍・雑誌の編集等の実務作業を委託される企業のことで，通常は編プロと称されることが多い。編集だけでなく，企画立案・取材・原稿執筆・デザイン・校正・印刷所への入稿など，書籍・雑誌制作業務の一切に関与するが，その度合いは契約内容やプロダクションの規模・能力などによって異なる。また，社員を多く抱えず，仕事ごとにフリーの編集者や記者などと個人請負契約を結んで外注するケースも多い。日本では，出版社の人件費削減や雑誌創刊ブームによる編集の外部委託の必要性などによって，1980年代に急増した。さらに，大規模な初期投資が要らないこともあり，バブル期には多くのプロダクションが乱立するとともに，組織形態も，個人のグループによる「チーム」などに多様化した。しかし，個人経営の零細企業が多数を占めているため，たとえ正社員であっても，薄給・長労働時間を強いられるのが現状である。またプロダクションそのものも，近年の出版不況による受注の減少によって経営が苦しくなり，倒産に追い込まれるケースも目立っている。しかし，編集プロダクション抜きで書籍・雑誌を制作・発行することはもはや不可能であり，業界全体として，プロダクションおよびそこで働く人々の地位向上に取り組むことが急務であろう。なお，正確な統計データがないため，プロダクションに関わる基本事項はすべて不明である。(野原仁)

〈マ〉

ミニコミ誌
Alternative Magazine

　自主制作による少部数の出版物のことで，造語であるミニ・コミュニケーション雑誌の略。1960年の安保反対運動をきっかけに，マスコミが取り上げない言説を表現するための雑誌・パンフレットをミニコミ誌と呼ぶようになった。その後，80年代から90年代前半にかけては特定の地域の多様な情報を掲載するタウン誌が，そして90年代後半以降は同人マンガ誌がミニコミ誌の主流となり現在に至っている。特に1975年に始まった**同人誌**の即売会である**コミックマーケット（コミケ)**は，年を追うごとに大規模化し，2017年8月開催の夏コミ（C92）は約50万人，同年12月開催の冬コミ（C93）は約55万人（いずれも3日間の延べ推定人数）が参加した巨大イベントとなっている。(野原仁)

メディア批評誌
Media Review Journals/Magazines

　メディアやジャーナリズムの動向に焦点をおき，政治や経済，社会，文化などを論じる雑誌。月刊誌『創』（創出版）が，現存するなかで最も歴史が長く1981年の創刊。**表現の自由**，基本的人権の擁護を基調に，新聞社やテレビ局，出版社，広告会社の実情に関する特集を組んでいる。大手メディアの論調とは別の視点を

提起するのが特徴だ。また，1993年創刊の週刊誌『週刊金曜日』（金曜日）は「**スポンサーや広告主におもねらない市民の**ジャーナリズム」を掲げ，メディアの**タブー**に迫っている。大手メディアでは朝日新聞社が月刊誌『Journalism』を発行している。2008年に調査・研究部門の社内向け研究誌をリニューアルする形で創刊。現役の朝日記者をはじめ研究者，ジャーナリストらが執筆にあたっている。

（脇正太郎）

〈ラ〉

ルポ／ルポルタージュ
Report ／ Reportage

社会問題などの報告記事，現地報告，観察・調査記録などをいい，第2次大戦後に生まれた文学の1ジャンルで，**ノンフィクション**の1種。記録文学，報告文学もこれに入る。現代日本における代表的ルポ作家・**新聞記者**は，本多勝一，鎌田慧，立花隆，後藤正治らで，本多にはエスキモーや遊牧民などの生活を記録した『極限の民族』(1967年)，鎌田にはトヨタ自動車の季節工として入社，自動車産業の労働実態を報告した『自動車絶望工場』(1973年)，立花には時の宰相を逮捕，辞職に追い込んだ『田中角栄研究—その金脈と人脈』(1974年)，後藤には自由な生き方を抑圧する国家を描いた『ベラ・チャスラフスカ　最も美しく』(2004年)，などがある。テレビや映画では**ドキュメンタリー**と呼ばれるが，制作費が高いのに**視聴率**が低いことと社会問題に絡んだ内容が多いことから**スポンサー**がつきにくく，テレビでは深夜帯の放映が多くなっている。　　　（渡辺武達）

出版制作校正用語

出版物を制作するにあたって，著者と編集者，制作・校閲担当と印刷会社の間でよく用いられている用語がいくつかある。原稿の入手から出版までの流れに沿って説明をする。

まず，著者から編集者に渡される印刷物のもとになる文章・写真・イラストなどを原稿と呼ぶ。かつては，原稿用紙などに手書きした生原稿が多かったが，現在では，パソコンの普及によって，ワープロ執筆で，インターネット入稿が主流である。著者が出版社に持ち込んだ原稿を「持ち込み原稿」，逆に出版社が著者に企画や内容などを相談・依頼する場合の原稿を「依頼原稿」と呼んでいる。

著者に原稿の執筆を依頼する際に，著作権使用料の支払方法を取り決めする。一般には，印税で支払われる例が多い。印税とは，書籍などの著作物の売り上げに応じて，出版社などが著作者に支払う**著作権**使用料のこと。現在，出版物の場合には，**本体価格×発行部数（もしくは実売部数）×一定割合（10％前後）**が印税となる。税という名前がついているが税金ではなく，また印紙税とも無関係である。印税は，発行部数に基づく発行印税と，実売部数に基づく売上印税に大別されるが，最近では，後者が通例となっている。なお，売り上げに応じて支払われる印税に対して，売り上げの如何にかかわらず，一定額で支払う場合は原稿料という。

執筆依頼の際に，刊行計画に基づいて，最終提出期限として，締め切りを指定する。通常は，印刷物の発行日を起点として，さまざまな工程を考慮して逆算した

期日が締め切り日となる。雑誌などの定期刊行物の場合には，当然のことながら，締め切りを厳格に守ることが編集者・著者の両方に求められる。書籍の場合には，原則的には雑誌と同様であっても，著者が締め切りを守らず，発行が遅れるケースも多い。

　原稿に対して，編集者が整理や校閲結果の指示を赤文字で記入し，印刷会社に入稿する。これを元に組版して試し刷りしたものをゲラと呼ぶ。英語のギャリーがなまったもので，原義は活版印刷で用いる組み上げた版を入れる浅い角盆を指す。

　ゲラと原稿を照合し，誤植や組み体裁などの誤りを正すことを校正と呼ぶ。文字原稿の校正の場合は，所定の校正記号によって行う。1回目の校正を初校，2回目を再校，以下三校，四校と呼ぶ。校正が完了することを校了といい，多少の直しが残っても印刷所の責任において訂正させることを責了，著者が行う校正を著者校正という。

　カラー**印刷**の場合は，色が正しく再現されているかを確認する。この作業と印刷見本が色校正である。従来の校正機を用いる方法から，デジタルカラー出力機を用いる方法に移行しつつある。

　校正作業と並行して，表紙やカバーのデザインをする。さらに見返しや，扉，函なども含め，用紙を選び，さまざまな意匠をこらして体裁を整えることを装丁と呼ぶ。(植村八潮)　　📖164

Ⅶ 広告・広報・パブリックリレーションズ

〈ア〉

アドテクノロジー
Advertising Technology

　主に, **インターネット広告**に関するシステムのことを指し, **広告主**, **広告代理店**, インターネットメディアなど, それぞれが利用するさまざまなシステムを指す。アドテクと略されて呼ばれることも多い。インターネット広告においては, このアドテクノロジーの発達によってさまざまな広告訴求の手法が新たに生み出されている。

　これら手法のなかでもとくに広告業界に影響を及ぼしたものとして, 運用型広告があげられる。運用型広告とは, **広告効果の最大化のためにリアルタイムに入札額やクリエイティブを変化させ, 効果を改善する運用を行いながら, 広告枠をネットワーク上で取引するもの**である。代表的なものとして, Google や Yahoo! 等が提供している検索エンジンに連動して広告を表示する「検索連動型広告」や, インターネットメディアが SSP (Supply-Side Platform) 上に自社の広告枠を連携し, 広告主が DSP (Demand-Side Platform) を利用して広告枠をリアルタイムに入札する RTB (Real-Time Bidding) と言われる取引の仕組みなどがこれに含まれる。これまでのマスメディア広告のように, 事前に広告枠を予約し決められた期間に一定の訴求メッセージが掲出される広告ではなく, ユーザーの閲覧単位で細かく掲出を調整できることによってより効率的に広告を掲出することが可能になっている。

　広告効果の分析や効果を高める技術としても, さまざまなテクノロジーが活用されており, 効果測定のためのウェブサイトのアクセス解析ツールや, 消費者インサイトの分析等に利用する DMP (Data Management Platform) などが活用されている。（北村慶介）

意見広告
Opinion Advertisement

　新聞やテレビ（**伝統メディア**）のスペース（紙面・時間）を買い取り, 自らの意見を「広告」するもので「キャンペーン広告」ともいわれる。ネット時代に入り, 広告概念と実際が変化し, どのような広告もほとんど無原則に流れている。**伝統メディア**の場合も**新聞協会倫理綱領**や**放送法**規程等に違反しないかぎり, 費用負担をすれば原理的には**広告主**になれる。メディア企業にも社内もしくは業界組織としての自主的審査機関があるが, 経費等の関係で**市民**サイドからの意見広告はほとんどなく, 電気事業連合会（電力会社の**業界団体**）や経済団体連合会などによる業界広報的なもの, 内閣府など政府省庁からの世論誘導めいた「公告」等が多い。結果として経済的弱者の声が社会の末端にとどきにくい状況ができているうえに, 選挙活動としての政党や候

補者個人の広告でさえ,大手広告会社が仲介し時間枠を買い取ってしまい,野党側候補者が実質的に不利になっている。若者を中心に受信者が伸びている**ネットTV**の場合は**放送法**等の縛りを受けないことから娯楽番組のなかに組み込まれた**政経権力**によるあからさまなメッセージ広告がより多く,個人での対抗が困難である。メディアの使命という観点からすれば,米国での公共チャンネルの考え方であるP・E・G (public 公共的, educational 教育的, governmental 行政情報周知) としての放送保障や**市民**の意見表明の専門チャンネル (**パブリック・アクセス・チャンネル**) 提供の義務づけが望ましい。だが日本では,加盟社の多くが経営悪化に直面している**民放連**が利益向上のために選挙候補者キャンペーンの制限なき受け入れを承認し (2018年),「正邪の判断は公開の場での組み打ちで…」(ミルトン) という公平原則が保障されにくい危惧が顕在化してきた。(渡辺武達) 📖 84, 201

印象操作
Manipulation Tactic of Impression

あるモノ (企業・団体・人間など) を対象に,その対象物/者の印象を良く見せたり,その反対に悪く感じさせたりする工作のことで,一般的には**広告・広報**関連業界のビジネス効果論だが,最近では政府・自治体等の広報戦略としても使われている。個々人の日常生活でも服装や化粧によって自分の印象を操作している。だが企業・組織による広告や広報は経済効果理論に基づいており,過度になると社会混乱を招く誇大広告や虚偽広告として犯罪になる (不当景品類及び不当表示防止法など)。政界では**広告代理店**の協力を得てイメージ向上活動に使い,その逆に特定人物や組織のイメージ悪化戦略として使うこともある。この語が2018年に話題となったのは森友・加計学園問題等のスキャンダルを野党が事実に基づき国会質問したとき,安倍晋三首相が「印象操作」だと反論したからだが,このケースは,自己正当化のために使った誤用である。(渡辺武達)

インターネット広告
Internet Advertisement

インターネットを活用した広告活動を一般にインターネット広告と呼ぶ。狭義では,インターネット上のメディアの有料広告枠を介した商品やサービスの広告を指し,広義では自社ウェブサイト等の展開を含む。インターネット広告として最も頻繁に活用されるものは,バナー広告と呼ばれるサイトに掲載する旗 (バナー) 状の広告。その他に,テキスト広告 (サイト上に掲載するテキスト=文字だけの広告),メール広告 (希望する情報カテゴリーのメールを受け取ることを事前に許諾=オプトインしたユーザーに対して配信するDM型広告),リスティング広告 (検索サイトでの検索結果画面に関連した広告がテキスト形式で表示される広告=検索連動型広告) など,多くの種類がある。

インターネット広告では,取引形態にも多くの特徴がある。複数の広告主による素材をローテーション掲載するメニューで表示回数を保証される「インプレッション保証型」,ユーザーがその広告をクリックする回数を保証する「クリック保証型」,広告をクリックして企業のマ

ーケティングサイトを訪問したユーザーの一定のアクションに対して対価を支払う「成果報酬型」などである。また，ユーザーのネット上の行動データを収集・活用して，広告配信対象の精度を上げる「**行動ターゲティング**」という手法や，1インプレッションごとに各広告主が希望金額を提示し，広告枠の競売を行う運用型広告も利用が進んでおり，多様な方法での広告出稿が可能となっている。

（北村慶介）

ACジャパン
AC Japan, Advertising Council Japan

大阪万博の翌1971年，社団法人公共広告機構として大阪で発足，2009年にはACジャパンに名称変更。2011年には活動の**公益性**が認められ，公益社団法人となった。活動目的は「公共のための広告活動を通じて国民の公共意識の高揚を図り，もって社会の進歩と公共の福祉に寄与すること」（定款3条）で，会員は広告団体・**広告主**・**広告代理店**・広告メディア・メディア事業者など，1000社を超える（2018年現在）。最初のテレビCMは映画批評家・淀川長治出演の「公共心の喚起」キャンペーン，その後もこの団体のCMには災害被害者などへの温かい語りかけなど弱者に寄り添うものが多い。「学校へは銃やナイフを持って行かないで！」などのCMを流していた1942年発足米国 Advertising Council（広告協議会）に啓発されて発足したが，発信メッセージには彼我の社会環境の違いがみられる。（渡辺武達） 📖227

〈カ〉

既視感／デジャブ
déjà vu

実際には見たことがないのに「以前にこの情景を見たことがある」という感じを抱くことで，デジャブもしくはデジャビュともいい，テレビや広告宣伝の映像効果について使われる心理学用語。たとえば，「沖縄」関連の番組であれば日米政府がからんだ基地問題か観光案内風がほとんどで，本土住民の関心をひかないことが多いことから，別角度からのさまざまな制作工夫が現地メディアでなされている。これと対照的なのが，すでに出会った情景を「見たこともなく不可解」と感ずる未視感（ジャメビュ）で，両ケースともに発信者の意図が伝わりにくい。それらの是正には市民としての主権行使ができる社会の基礎知識獲得が可能な義務教育や，社会教育の実践以外になく，それこそが現代社会で世界的に求められる**メディアリテラシー**である。（渡辺武達）

クチコミ広告
Word of Mouth Advertising

現在，**インターネット**の発達により消費者が自らの意見を発信することが可能となっている。**SNS**や**ブログ**，**動画投稿サイト**，商品やサービスの評価（レビュー）を投稿するレビューサイト等，消費者の情報発信の場は非常に多くなっている。CGM（Consumer Generated Media，消費者発信型メディア）と呼ばれるこれらのメディアから発信された情報や意見は他の消費者の行動に大きな影響を及ぼすようになっている。最近は**オ**

ーディエンスのクチコミを活用したコミュニケーションの一端を担う。それらの一連の活動を「クチコミ広告」と呼ぶ。

米国では，WOM（Word of Mouth）と呼ばれ，WOMを広告活動に活かすための業界団体も結成されている。**バイラル**（Viral＝ウイルスのように人びとに広まることを目指したコミュニケーション活動）や**バズ**（Buzz＝**うわさになる**ことを狙ったコミュニケーション活動）などの用語も一般的である。また，**SNS**を中心に発信力のある人物を**インフルエンサー**と呼び，彼らの力を借りて行うインフルエンサーマーケティングも注目を集めている。

クチコミ広告では，消費者が発信し，流通する情報を企業がコントロールすることは難しく，強引にコントロールしようとし反発を買ってしまった事例も少なくない。**マーケティング**手法として活用しつつ，消費者主導で発信される情報に耳を傾け，消費者とコミュニケーションを行いながら，うまく付き合っていくことが，今後企業に求められる。（北村慶介）

広告効果の測定
Measuring Advertising Effectiveness

広告の目的がどの程度達成されたかの指標を定義し，その目標値に対してどれだけの成果が得られたかを測定することを指す。一般的な広告の目的は生活者に広告が到達し，認知され，興味を持たれ，購買されることにある。一方で企業にとってはその投資対効果（ROI）を正しく把握することが**マーケティング**戦略上非常に重要であり，またデジタル広告においては，行動喚起も重要とされており，バナーなどに対するクリック率が用いられている。一方で近年は広告の複雑性が増しており，これらの指標だけで正しく効果を測定することが難しくなっている。その結果，メディア接触時の生活者の集中度，広告コンテンツ自体の評価，マスメディア広告とオンライン広告との連携した指標が求められる。（三ツ井淳）

広告代理店
Advertising Agency

広告主（クライアント）の依頼に基づいて，商品またはサービスの広告計画を立案し，それを実施する機能をもつ法人を広告会社ともいう。1841年に米国のフィラデルフィアで最初の広告代理店が設立された。その内容は新聞社の代理として広告を集め，報酬として手数料を受け取るものであった。広告代理店と呼ぶ慣行はここに由来する。

広告代理店の業務内容は次の通りである（米国広告業協会・サービス基準）。①**クライアント**の商品やサービスの特徴を知る。②商品やサービスを売る市場を知る。③流通経路や販売方法を知る。④消費者や流通業者に情報を伝えるメディアを探る。⑤広告計画（媒体計画，媒体別広告案）を作成し，クライアントにプレゼンテーションを行う。⑥広告計画の実施：(1)メディアとの契約（タイム，スペースなどの購入），(2)広告の制作（コピー，デザイン，イラスト，CF（Commercial Film）・**CM**（Commercial Message）など），(3)完成した広告物のメディアへの出稿，(4)実施メディアのチェック，(5)**広告料金**の支払い，請求。⑦クライアントの販売を助ける。このほかに，市場調査，需要予測調査，消費者行動調査，広告のコピーテスト，広告効果の測定などのリサーチ業務，冠イベントの企

画や実施，カタログやパッケージのデザイン，プレミアムの企画なども行う。**パブリシティ**やPR活動の援助などを手がけることもある。さらには，スポーツ・イベントや文化事業にも手を広げているほかに，近年急速に広告全体におけるシェアを拡大している**インターネット広告**も取り扱っている。

日本の大手広告代理店である電通や博報堂は上記の業務サービスすべてを行っており，これをフルサービスエージェンシー（full-service agency：総合広告代理店）という。このほかに特定のメディアを専門とするスペシャリストエージェンシー（specialist agency），広告主が所有する総合広告代理店のハウスエージェンシー（house agency），米国で多い制作専門代理店のクリエイティブエージェンシー（creative agency）などがある。またインタラクティブ広告を中心に実施するインタラクティブエージェンシーも登場した。

1980年代後半に英国の新興広告会社が，広告会社の買収・合併（M&A）を米国で立て続けに行った。米国の広告代理店は，**クライアント**の機密保持の建て前から「一業種一社制」を採用している。広告会社が合併すれば，同じ業種の広告主が競合することになり，広告主は広告会社を変えなければならない。この混乱を避けるために，会社同士を合併せず，各社を独立させたまま企業グループとして運営するようになった。世界ランキングが「グループ」と「個別」になっているのは，このためである。日本の場合，「一業種一社制」はハウスエージェンシー以外では採用されていないが，クライアントの機密保持は代理店の死命を制するため，部門別にこれはしっかりと保持されている。

近年ではコンサルティング会社がクリエイティブ制作などの広告代理店の一部機能を買収する傾向が強まっており，広告の観点からの広告主の課題解決を求められる広告代理店と経営課題の解決における**広告・マーケティング**戦略の観点でのコンサルティング会社との境目が重複する領域が生まれている。（三ツ井淳）

広告の種類
Category of Advertisement

新聞・雑誌・ラジオ・テレビを使ったマスメディア広告やセールスプロモーション（SP）広告，**インターネット広告**等があり，**広告媒体**と密接な関係がある。

〔新聞広告〕中央紙，**地方紙**，スポーツ紙，**夕刊紙**等で区分されるとともに，紙面形態に応じて記事下広告，雑報広告，名刺広告等の種類がある。セールス形態に応じて，営業もの（通常の商品広告や企業広告）と臨時もの（死亡広告や火事見舞広告，決算公告等）に区別される。

〔雑誌広告〕大きくは純広告（制作した広告をそのまま掲載する）と編集タイアップ広告に区分される。掲載形態としては，単ページに加え，数ページにわたるマルチ広告やページを折りたたんだ観音開き広告等がある。

〔ラジオ広告〕タイム広告とスポット広告の2種類に区分される。前者は放送番組の時間枠を提供するもので，後者は，番組と番組の間に設けられた間隔（ステーションブレーク）に挿入する広告で，20秒が基本となっている。

〔テレビ広告〕ラジオ同様，放送番組

の時間枠を提供するタイム広告と，番組と番組の間のCM枠を中心としたスポット広告に大別される。スポット広告は15秒と30秒が基本となる。

〔SP広告〕新聞折り込みやダイレクトメール，中吊り・駅貼り等の交通広告に広告塔・看板・ネオンサイン等屋外広告，店頭デモンストレーションやPOP。デジタル，モバイルをあわせたものも拡大している。

〔インターネット広告〕ウェブサイトに掲出されるバナー広告や検索連動広告等があり，急速な成長を遂げている。近年はSNS広告や動画広告の伸びも大きい。(三ツ井淳)

広告の制作過程
Production Process of Advertisement

昨今のデジタル時代の制作においてはオフラインのクリエイティブとオンラインのクリエイティブによりメッセージは共通でありながらも作成プロセスは大きく異なる。

基本の共通な要素はメッセージであるが，**クライアント**から求められている訴求要素に応じて作り手と**クライアント**との間で同意された時より，その商品もしくはサービスのマーケットおよびターゲットにとって共有でき，かつ，態度変容すると思われるコピーの開発を先行する。中心はコピーライターとなり，グラフィックを担務するAD（アートディレクター）はビジュアルの世界観・トンマナ（トーン&マナー）を全体コンセプトに応じて進行させていく。常にコピーライターと意見交換をしながら進捗，クライアント提出前はレビューとしてクリエイティブディレクターと共有し指示を受ける。

メッセージが決定した後は，展開タッチポイントに応じて個別ツールに落とし込んでいく。一方でタッチポイントごとにメディア特性が異なることよりコピー開発はさらに詳細を詰めていくことになる。昨今は，TVCM，ウェブ動画他，グラフィックポスター，ウェブサイト，ターゲットが接触すると思われるタイミング，時間帯などの広告による態度変容，購買もしくはサービスの受容への体験接点をストーリーで組み立てることが主流になりつつあるため，これまでの認知促進のための広告と異なり，クロージングまでの展開が，コピー開発にもグラフィック開発にも同時に必要となっている。これらメッセージの全体が構築できると，接点ごとの仕上げ（具体的制作）に入る。ウェブに関してはウェブディレクターが引き継ぎ，制作の管理進行を図るプロダクト作業となる。すべての品質管理はクリエイティブディレクターであり，常にクライアントと向き合い個別接点の状況把握と追加・変更点などの修正指示を行い納品までのすべての責任を持つ。(関良樹)

広告の表現と法規制
Advertising Regulations

広告表現の規制には，**広告主・広告代理店**・広告メディア・事業者団体などが行っている「**自主規制**」と，法律や条例に基づいた「**法規制**」の2つがあり，広告規制の対象となる表現は，「誇大」「虚偽」「誤認」「中傷」「誹謗」「不公正な取引」などがある。わが国の「**自主規制**」に関する審査を行う主な機関に**日本広告審査機構**（Japan Advertising Review

Organization: JARO）がある。広告主・**広告代理店**・広告メディアを主体とする会員と学識経験者で構成された広告の審査機関で，1974年10月に設立された。審査を行う審査部門には業務委員会と審査委員会が存在し，消費者などからの問い合わせや苦情に対して問題のレベルや段階に応じて審査し処理を行う。審査の結果，不適正となれば広告主に広告の修正・停止を求めるとともに，これに従わない場合は公表し，メディアに対して広告掲載の差し止め処理を要請することもある。

またこれ以前の「**自主規制**」として，広告団体・**広告主**・**広告代理店**・広告メディア・事業者団体が定めた「**倫理綱領**」「自主規制規約」と，メディアの「掲載・放送基準」がある。倫理綱領は日本広告主協会・全日本広告連盟や，新聞・雑誌・放送・屋外広告などのメディア団体など，それぞれが設けていて，広告の真実性，品位，広告の社会的責任を訴えている。自主規制規約は，事業者団体が作る業界別の規制で，広告表現の内容だけにとどまらず，広告量，広告方法などを取り決めたものもある。とくに医薬品業界は規制が厳しく，広告表現やその量について詳細に規制している。またタバコ業界も現在では個別銘柄のCMを全面的に自粛している。広告メディアの掲載・放送基準は，新聞社，出版社・雑誌社が独自基準を設け，テレビ，ラジオには日本民間放送連盟が定める「**日本民間放送連盟放送基準**」がある。

「法規制」は国の法律や条例，通達に基づく規制で，公正取引委員会や各産業の監督官庁，地方公共団体が行っている。

その中心となるのは，公正取引委員会が管轄する「独占禁止法」（私的独占の禁止及び公正取引の確保に関する法律）である。1960年秋，鯨肉が牛肉ロース大和煮と表示された「にせ牛缶事件」がきっかけで，1962年に「景表法」が独禁法の特別法として制定された。いずれの法規も，競争を促進し公正な取り引きと消費者保護を進めることを目的としている。このほかに関連する法規は，「消費者基本法」「国民生活センター法」「屋外広告物法」「観光立国推進基本法」「**著作権法**」「**放送法**」「不正競争防止法」「軽犯罪法」など100以上の多くにわたるが，なかでも厳しいのは医薬品で，「薬機法」や「医薬品等適正広告基準」には，広告方法や表現が細かく規定されるとともに，「医療法」では広告だけでなく，医療関連のウェブメディア等にも表現の規制の対象を広げている。

また，**自主規制**と法規制の中間には「公正競争規約」があり，景表法の11条に基づき，事業者が作成した表示や景品に関する規約を認める制度がある。（北村慶介）

広告媒体
Advertising Media

広告メッセージを受け手に伝達するために使用される媒介物または手段をいう。大きく「マス媒体」「SP（sales promotion）媒体」「インターネット媒体」の3つがある。

〔マス媒体〕ATL（above the line）と呼ばれ，多数の人に情報を届けることができる媒体である。知名度向上や情報の伝達を目的とした場合に効果が高い。日本の**広告費**の過半数を占め，新聞，雑誌，

TV，ラジオといったメディアへの掲載をする広告が該当し，マス4媒体とも呼ばれている。

〔SP媒体〕ATLに対しBTL（below the Line）と呼ばれ，製品の情報を個人に向けて直接届けることができる。交通広告，ダイレクトメール，チラシ，店舗などにあるPOPやキャンペーン，イベントなども含む。

〔インターネット媒体〕最大の特徴は情報の発信において配信先をセグメンテーション／ターゲティングすることができることにある。ウェブサイト，検索エンジンなどに掲載される各種広告や，メールマガジンなどを指す。近年は特にモバイル機器向けに配信されるモバイル広告の伸長が大きい。スマートフォンの普及率が高まり，モバイル機器によるインターネット接続の利用者も非常に多くなった結果，生活者に対する密着度が高くなり，モバイルは広告媒体としての価値が高まっている。（三ツ井淳）

行動ターゲティング広告
Behavioral Targeting Advertising

ネットユーザーの閲覧履歴が自動記録され，それらを基にその人が興味をもちそうな広告を直接配信する手法。ターゲットの絞りこみが可能なことから「追跡型広告」「リターゲティング広告」とも呼ばれる。ネット利用のアンケートや旅行予約でもデータが蓄積され，行動や嗜好をつかむことができるし，年収や貯蓄関連情報さえ，住宅探しや就活中の学生の親に関するデータなどから収集され，あらゆる販売関連，サービス事業社・者が訴求効果の高い広告を送り込めるデータとなる。大手情報事業者のサイトにはそのサイトを訪問した人の行動を記録し保存するクッキーという仕組みが用意されているほか，無料配信のニュースなどだけではなく，新聞社の有料の情報提供などにまでその仕組みが利用されている。（渡辺武達）

購買行動モデル
Purchasing Behavior Model

消費者が広告に接触してから商品の購入にまで至る際の行動や意識変化をモデルとして表現したものを購買行動モデルと呼ぶ。基本形として，広告に注目（Attention）し，興味（Interest）を抱いたのち商品に対する欲求（Desire）が喚起され，その商品を記憶（Memory）した上で，購買行動（Action）に至るという「AIDMA」（アイドマ）モデルが存在するが，消費者の生活の変化等に伴いさまざまなモデルが開発された。代表的なものに，インターネットの利用を意識し，興味喚起（Interest）のあとに，検索（Search），共有（Share）の行動を取り入れた「**AISAS**」（アイサス）モデルや，ソーシャルメディアの影響を意識し，共感（Sympathize），確認（Identify），参加（Participate），共有・拡散（Share & Spread）の行動からなる「**SIPS**」モデルなどがある。（北村慶介）

〈サ〉

CI, VI, BI

CI（Corporate Identity）：企業の商品やサービスを共通したイメージを魅せるシンボル。企業がブランドのアイデンティティの表現として，ビジョンを統一したイメージで展開することで社会に対し企業のブランドイメージの認知と理解浸

透を図ることを目的に展開する。ブランドを体現したシンボルやロゴをデザインすることで消費者や取引先など，すべてのステークホルダーに対して企業のビジョンを伝える。これらを体現するためには企業の戦略を基本とし，成長トレンドを踏まえた開発がもっとも重要であり，これらにより，社会に対して還元できる人材の育成，企業成長を促す原動力となる位置づけとなる。代表交代，M&A後などのタイミングで実施することが多い。

VI（Visual Identity）：統一的に視覚展開で共通イメージを浸透させるもの。CIの傘下で，視覚的に共通のコミュニケーションデザインを構築する。これらを規定することで社外に発信する書類・各ツール類の見え方の共通化を促し，生活者からの見え方の統一を図る。

BI（Brand Identity）：ブランドが保持するブランド自身のコンセプトを体現するもの。企業の性格を360度から見た視点で企業の今後のロードマップに対してキーメッセージを開発する。主としては顧客からどのように見られているかを定義し自社にとって最も見られたいと思われる姿になるために社員との共通見解から発するコンセプトをいう。（関良樹）

CM
Commercial Message

テレビCM，ウェブ上の動画CM，映画館のなかで上映される劇場CM，またOOH（out of home media, 家の外）のCM，などがある。TVCM，劇場CM，OOHについては日本では15秒，30秒が標準となる。一方でウェブ上の動画CMは尺の縛りが存在しないためクリエーターとしては伝えたい要素が制限なく発揮できること，またTVスポットおよびTVタイムの媒体料金が比較的低コストであることから，昨今制作本数が伸びている。また動画配信サイトの**YouTube**や，大手**ポータルサイト**の広告枠の動画についてはTVCMと同様の尺以外に5秒枠といったものも存在する。CMの制作は広告の，制作過程と同様のプロセスで進行することが大半であるが，短期的なキャンペーンであるか否かにより制作の進行と作り方が異なる。CMにはブランドロイヤリティを向上させたいもの，または短期的に商品もしくはサービスを訴求するものに大別される。後者の短期的キャンペーンに該当するものはTVCMでもTVスポットに展開されるものが多く，15秒の素材が使用される（TVタイムCFは30秒）。15秒の場合は訴求できる要素に限界があり尺が短いため制作に制約を受けるが，そのなかで接触したターゲットが商品もしくはサービスに理解を示し，態度変容させることがクリエイティブディレクター，CMプランナーの腕の見せどころとなる。

TVCMの30秒にはブランドロイヤリティを向上させるものが含まれる。これらは2クール，年間を通じて露出される企業CMといわれるものも多い。

さて，日本においては**広告代理店**が自社のもつ制作会社もしくは外部の制作会社で制作するものがほとんどであるが，**クライアント**によっては自社に制作部をもつ。近年はF1，F2，M1，M2層においてデジタル接触が高くなってきたことよりウェブ上の動画CMが増えつつあることを上述したが，動画サイトである**YouTube**などでは企業がチャンネルを

もち，尺の制約がない動画の放映なども見られるようになった。また，キャンペーンプランナーは，YouTube などに複数の素材を一部変更した動画を配信し，アクセスの状況に応じて TV の CM 素材を選択する，逆に TV で CM を流した後にウェブで TVCM で流し，ウェブ上の動画で CM の答えを露出するなど自社サイトに誘引するストーリーをもった展開も増えている。（関良樹）

ステルスマーケティング
Stealth Marketing / Undercover Marketing

マーケティングメッセージを制作する企業や**広告主**と関係していることを明かさず，不正にマーケティング手法を用いること（Martin and Smith 2008）。日本ではステマとも呼ばれる。客になりすましたサクラが商品を推奨する「やらせ」は古くから存在した。しかし，インターネットの発達に伴い SNS が普及すると，**口コミ**（word-of-mouth / buzz）を誘発する影響力をもつ消費者（**インフルエンサー**）が，企業から金品を受け取った事実を隠して商品を推奨することが社会問題化した。倫理的な側面があるため，各国で該当する事象は異なる。（薗部靖史） 📖245

〈タ〉

デジタルサイネージ
Digital Signage

デジタルサイネージは，屋外・屋内を問わず，交通機関や公共施設，商業施設などでディスプレイなどの電子機器を使いサインを表示する仕組みである。紙のポスターとは違い，デジタル形式で，**広告**や天気予報，ニュース，行政情報などを発信する。導入コストはかかるが，静止画や動画を組み合わせて**インタラクティブ**な動きも出せる利点があり，普及が進んでいる。電車内のドアの上，駅通路の柱，ビルの外壁など，いろいろな場所ごとにビジネスモデルも違い，また設置目的・設置方法も違う。法規制も違い，屋外では屋外広告物法等を守ってディスプレイ配置やコンテンツ配信をしなければならない。コンテンツの制作にあたっては**著作権法**も遵守しなければならない。
（河島茂生） 📖120

電子広告
Electronic Advertisement

インターネットや IT を利用した広告のことで，SNS 利用からメール，**デジタルサイネージ**と呼ばれる大型表示まで多種多様で，スーパーやショッピングセンター，家電量販店などが特売をするときなどに発行するものは**電子チラシ** e-flyers ともいう。新聞折り込みやスーパーなどの出入り口で顧客に手渡しする広告ビラを「チラシ」というが，そうした広告を専用アプリを使ってアップし，タブレット（携帯端末）利用者に提供する宣伝手法を含む。紙のチラシに比べ，①印刷が不要で制作費用が安く，②アプリで公開すればすぐに外から閲覧でき，③店舗側も昼間の在宅者や勤め帰りや主婦層の夕食準備用など，的をしぼった販売促進ができる，④地域や生活階層に応じた情報提供が可能，さらには⑤閲覧データから店側は顧客情報がつかめる，といった利点がある。代表的な**電子チラシアプリ**「Shufoo!」（シュフー）（凸版印刷）をはじめ，年々利用者数が伸び，タブレ

ット／スマートフォン時代の消費情報提供手段としての価値が高まっている。また広告そのものの態様がネット時代には大きな変容をみせ、俳優・芸能人等の著名人が、裏で金銭的見返りを得ながら**インフルエンサー**として**ブログ**などで発信するといった実質的な広告行為については**JARO**（**日本広告審査機構**）等が是非の検討を始めている。

なお、電子公告（Public Notice, Public Announcement）は、読み方は同じだが字と意味が違い、「電子公告制度の導入のための商法等の一部を改正する法律」（平成16年法律第87号，2004年）により、それまで求められていた官報や新聞等での報告が関係自社のホームページでの掲載でも可能になったものである。（渡辺武達）

〈ニ〉

ニッチマーケット
Niche Market

ニッチ（仏語読みではニッシェ）とは人口構成の特定層や全体のうちの特定部分のことで、マーケットをそうして絞り込むビジネス戦略をニッチマーケティング（略して「ニッチ」）という。人びとの欲求が多様化し、少量多品種商品の販売には特定層への働きかけが重要になってきた。テレビ中心時代には視聴者の年齢層である20歳から34歳までの女性がF1といわれ、購買者層の最大ターゲットであったが、現在では**ネットTV**を含む多チャンネル化と、ネット販売の消費者データ分析等により、個人の嗜好までが細かくデータ化され（**ビッグデータ**）、それに照準を合わせたビジネス展開となっている。そのことは販売者側のニーズに応えているとともに、同じ技術が広告会社との連携で政治宣伝や投票関連でも使われ、社会理解と政治判断の基礎となる**公共性**（**社会性**と**公益性**）の視点からの情報提供の希薄化の危惧が現実化している。（渡辺武達）

〈ハ〉

パブリックディプロマシー
Public Diplomacy

武力を中心としたハードパワーの支えだけでは国家間の関係は脆弱であり、文化・経済・言論などソフト面での発信による相手国民への働きかけと相互信頼の醸成が大切となる。そのため、政府の直接、間接の支援を受けながら、市民や企業等を加えた相手国民からの理解向上を目的に、自国の社会的価値としての**ソフトパワー**によって働きかける戦略が必要となる。そうした活動の手段として映画（**ハリウッド映画**など）やテレビドラマ（韓流ドラマなど）、**スポーツ**（五輪を筆頭に各種国際大会）などが使われてきた。第2次大戦後に米国政府の国際活動の一環として奨励されたペンパル（文通）活動や姉妹都市間交流、各地にできたアメリカ文化センター、交換留学、ホームステイ、外国人観光客誘致なども原理的にはその例である。（渡辺武達）　📖50

フェムバタイジング
Femvertisin

米国のデジタルメディア企業SheKnows Mediaが2014年、男性中心社会を変革し、全年齢の女性を勇気づけ、男女の平等思想を広告界にも根づかせることを意図して提案した、「フェミニズ

ム」(feminism) と「広告する」(advertising) を合成した「かばん語」(portmanteau) 型の造語。女性はかわいらしく,結婚して子育て,家庭内で貢献すべきといった固定イメージは性差別だとし,抑圧されてきた女性の権利を拡張しようとする広告界からの改革運動の一環である。現実の**CM**はメディア界の経済力学上の強者である**スポンサー**利益の拡声器になっている場合が多い。その結果,男女間の社会的強者である男性側からの視点が優位となる。そうした性差別の社会構造を批判し,広告の制作者側から実践するメディアによる社会改善活動の呼称である。(渡辺武達)

フローチャート
Flowchart

作業過程を絵や記号で示した「流れ図」のことで,効率と正確さだけではなく職場での疲労軽減実現のため,1920年代にアメリカのギルブレス夫妻(フランク,リリアン)によって提案された作業**アルゴリズム**「見える化」手段の1つ。コンピュータの普及以前は手書きのものが多かったが,今日では専門の**アプリ**も多数あり,職場だけではなく,役所による住民向け広報やPowerPointなどを使っての集会,会議などでも多用されている。なお,妻のリリアンは,高度なマネージメント技術の発案者としてだけではなく,仕事と家庭を両立させた最初の女性科学者としても高く評価され,「暮らし技術向上の天才」とも称された。夫の死後も各地の大学から名誉博士号やアメリカ土木学会フーバー賞などを授与されている。(渡辺武達)

〈マ〉

マーケティング
Marketing

業界団体や学術団体によってさまざまな定義がされているものの,著名なマーケティングの権威者であるP・コトラーの定義では「マーケティングとは,個人や集団が製品及び価値の創造と交換を通じて,そのニーズや欲求を満たす社会的・管理的プロセスである」(コトラー1983)とされる。また,米国の学者,E・J・マッカーシーはマーケティングの基本要因として,製品(product),価格(price),場所(place),プロモーション(promotion)の4つを挙げており,これを「4Pの理論」と呼んでいる。この場合のプロモーションは広義の「販売促進活動」全体を指し,**広告**,人的販売,SP (sales promotion), **PR** (public relations), **パブリシティ**活動を含み,マーケティングコミュニケーションともいう。

この概念を基に,4つのPの要素の組合せであるマーケティングミックスを,企業が行うマーケティング活動と定義したのがコトラーである。マーケティングミックスという概念を中心に据えて,STP(セグメンテーション,ターゲティング,ポジショニング)という概念と合わせることで,マーケティング理論の骨格を形成した。さらにコトラーはマーケティングの理論を時代に合わせて進化させている。マーケティング1.0は製品中心のマーケティングであり,1970年代のモノが少なかった時代でのマーケティングに該当する。マーケティング2.0は消

費者志向のマーケティングとされ，1.0の時代と比較して市場や顧客に選択肢が増えたことを移行の要因としている。さらに2010年ごろから提唱されているマーケティング3.0は価値創造のマーケティングとされ，同じような商品やサービスが飽和状態の時代に，会社が掲げるミッションやビジョン，その会社が関係している取引先，そして社内の人々もその価値の1つと考えるマーケティングの考え方にまとめられている。

　これらの考え方は単純な理論の進化だけでなく，時代の変遷に伴うテクノロジーの進化が影響している。つまり，マーケティング1.0の時代には実現不可能であった個人のニーズや欲求を幅広く収集できる仕組みによってマーケティング2.0の概念が実現され，さらには社会のデジタル化の進展によって様々な利害関係者が連携することが可能になったことが大きく影響していると考えられる。

（三ツ井淳）　　　📖76

広告現場の用語

RTB（Real-Time Bidding）：主にインターネットのディスプレイ広告において，1インプレッションごとに広告枠の入札競争を行い，配信する広告を決定する仕組み。

アクセシビリティ：ウェブサイトや**アプリ**などが，どの程度広汎な人々に利用可能かを表す指標。一般に，高齢者や障害者などハンディをもつ人にとっての利用しやすさの意味で使われる。

アクティブユーザー：会員制ウェブサイトやスマホアプリなどで，ある一定期間に1度以上サービスを利用したユーザーのこと。

アトリビューション：主にネット広告などで，直接成果につながった流入経路や広告表現だけでなく，成果に至るまでのすべての接触履歴を解析し，成果への関与を計測する手法。

インプレッション：ウェブ広告における広告の表示回数。ページビュー（PV）は広告などが掲載されるページの表示回数を指す。

ウェブマーケティング：**インターネット**上で行うマーケティング活動の総称。ウェブ技術を活用して**広報**・宣伝・販促を行うだけでなく，それらの結果，収集したユーザーデータベースをもとに，消費者と双方向のコミュニケーションをとることが可能になる。

A/Bテスト：ネット広告で，ウェブページやバナーなどを2種類以上同時に配信してCTRやCPAを計測し，より効果の高い案に配信を判断していく手法のこと。

SEO（Search Engine Optimization）：Google，Yahoo！などの自然検索結果でより上位に表示されるようにウェブページを調整すること。

SSP（Supply-Side Platform）：ネット上のディスプレイ広告において，広告枠をもつ媒体側が配信を最適化できるシステム。RTBによるオークション方式で，DSPに広告枠を販売する。

LPO（Landing Page Optimization）：広告や検索結果などから最初に訪問者が訪れるページを最適化して，成果（コンバージョン）に結びつける施策のこと。

エンゲージメント：企業やブランドと，その利用者との「つながり」。利用者が企業やブランドに感じる愛着の度合い。

O2O（オーツーオー，Online to Off-line）：ネット上（オンライン）から実店舗（オフライン）などへ誘導するための施策全般のこと。

カスタマージャーニー／カスタマージャーニーマップ：顧客が自社の商品やブランドを認知してから購入に至るまでに，どのようなメディアに接触してどのように行動するのか，そのプロセスを可視化したもの。

記事体広告：一見，広告らしくない，記事のような体裁の広告。記事と混同されないように「広告」もしくは「PR」と表示しなければならない。アドバトリアル（advertorial）広告ともいう。

サーキュレーション：広告に接触する機会のある人数のこと。新聞・雑誌では発行部数，テレビ・ラジオでは受像機や受信機の台数，交通広告では乗客数などで表す。

CSR（Corporate Social Responsibility）：利益を求めるだけでなく，顧客や株主，従業員，取引先，地域社会といったステイクホルダーとの関係を重視しながら果たす企業の社会的責任。

CTR（Click Through Rate）：広告がクリックされた割合。「クリックレート」ともいう。

CPA（Cost Per Acquisition）：ネット広告で，コンバージョン1件あたりのコスト。顧客獲得単価。

CPC（Cost Per Click）：インターネット広告で，クリック1回当たりのコスト。

CVR（Conversion Rate）：サイトへの訪問者のうち，購入や資料請求など最終成果に結びついた割合。コンバージョン率。

ソーシャルマーケティング：企業が，社会的責任や社会貢献を考えて行うマーケティングの手法。単に製品やサービスを消費者に買ってもらうためのマーケティングではなく，社会が求めている倫理や理念を認知・理解させ，社会に浸透させるためのマーケティング。

ソーシャルメディア：企業体ではなく，個々のユーザーが情報を発信でき，ユーザー同士のコミュニケーションが主目的となるメディアのこと。具体的にはYouTube，Twitter，Facebookやブログなどのインターネットメディアを指す。

ダイレクトマーケティング：販売者が直接，消費者に商品を売ること。売り手と買い手が直接的なコミュニケーションをとること。

DSP（Demand-Side Platform）：ネット上のディスプレイ広告において，**広告主側が主導権を握って配信できるサービスの総称**。RTBによるオークション方式で最適な広告枠を自動で買い付ける。

DMP（Data Management Platform）：広告配信データ，販売データ，顧客データなど，自社のマーケティングデータを統合し，分析して活用するための仕組み。

バイラルマーケティング：商品やサービスに関する**口コミ**を意図的に広げて話題づくりをねらう手法。成功すれば効果は大きいが，「**炎上**」など失敗時のリスクにも注意が必要。

パブリシティ：企業や団体が，商品・サービスなどについての情報をメディアに取り上げられることを意図して情報提供する広報活動手法。

ブランドエクイティ：あるブランドが，顧客や取引先に対してもつ，イメージや印象などの無形の資産価値のこと。

ブランドロイヤルティ：あるブランドへの消費者の忠誠度のこと。

フリクエンシー：広告を見た人が，その広告を何回見たかという接触頻度。**広告効果**の重要な指標ではあるが，その数値を実測することは少なく，多くは GRP（フリクエンシー×リーチ）から予測する手法をとる。

マーケティングオートメーション（MA）／MA ツール：マーケティングの各プロセスを自動化するシステムや仕組みのこと。狭義ではウェブと連携して運用するセールスフォース Hubspot, Marketo, SATORI などの**クラウド型サービス**を指す。

UI／UX：UI はユーザーインターフェース（User Interface）の略で，ウェブサイトやアプリなどでの表示画面や操作方法のこと。UX はユーザーエクスペリエンス（User Experience）の略で，サービスを通じて得られるユーザー体験のこと。

USP（Unique Selling Proposition）：他社や他社製品と明確に区別できる，自社や自社製品のみがもつ独自の強みのこと。

ユーザビリティ：ウェブサイトやアプリなどの使いやすさのこと。ユーザビリティが高い＝使いやすい。

ユニークユーザー：ウェブサイトを訪問した人の数。同じ人が同じページを3回見た場合，ページビュー（PV）は3だが，ユニークユーザー（UU）は1となる。

ランディングページ：バナー広告や検索結果などからのリンク先となるウェブページのこと。とくに，トップページとは別に目的に合わせて意図的に設置されたページを指す。

リスティング広告：インターネットにおける検索連動型広告のこと。検索エンジン上で，サイト閲覧者が入力したキーワードにマッチする広告が自動的に表示される。（関良樹）

VIII ポピュラーカルチャー／大衆文化・社会風俗

〈ア〉

アイドル
Idol

広辞苑第7版によると「アイドル」は，「①偶像」「②あこがれの対象者。特に，人気のある若手タレント」で，すなわち，多くの人からの崇拝やあこがれ，好意を寄せられる対象のことを指す語である。アイドルには男性も女性もおり，その単位には個人とグループがある。独自のファン文化も発達している。

アイドルはメディアとのつながりが密な存在だ。アイドル黎明期とされる1970年代，活躍の場は，主に映画，レコード，「スター誕生！」などのテレビのオーディション番組，雑誌などだった。その後，メディアのデジタル化，ネットワーク化，モバイル化，パーソナル化や，観光・地域振興の取組みが盛んになったことで，アイドルのあり方は多様化する。「初音ミク」やヴァーチャル**ユーチューバー**「キズナアイ」などの「ヴァーチャルアイドル」，ライブや握手会などを中心に活動する「地下アイドル」，地域を**PR**する「ご当地アイドル」などだ。

グローバルな展開も見られる。海外のアイドル，たとえば韓国のアイドルが日本で人気を得る一方で，日本のアイドルが海外で公演を行うケースも増えた。声優やスポーツ選手など，アイドルに近似する活動や扱いを受ける「アイドル的存在」も拡大している。

ファン文化も含めたアイドル文化そのものが**アニメ**や**マンガ**，ゲームなどのコンテンツのモチーフとして用いられる場合もある。2013年のNHKの連続テレビ小説「あまちゃん」にはご当地アイドルが登場した。性別役割を強化するような振る舞いの問題，過度の労働や搾取などの負の側面などが焦点化されることもある。（岡本健） 108, 134

アニメーション
Animation

本来的には自立的に動かないものを，1コマ1コマ撮影したり描いたりして，それを連続的に提示することで，あたかもその対象が動いているように見せる技術，および，それを用いた表現のこと。

アニメーションの表現形式は多様だ。「鉄腕アトム」（1963年，虫プロダクション）や「ドラえもん」（1973年，日本テレビ動画）などは平面的な絵によるアニメーションである一方，「トイ・ストーリー」（1995年，ピクサー・アニメーション・スタジオ）や，人気キャラクターのミニオンが登場する「怪盗グルーの月泥棒」（2010年，イルミネーション・エンターテインメント），「アナと雪の女王」（2013年，ウォルト・ディズニー・アニメーション・スタジオ）などは**CG**を用いた立体的な表現だ。さらに，物体を少しずつ動かしながら撮影するストップモーションアニメーションもある。素

材に粘土を用いるものをとくにクレイアニメーションと呼び、代表的な作品として「ピングー」（トリック・フィルム・スタジオ）や「ウォレスとグルミット」（アードマン・アニメーションズ）などがある。

省略してアニメ（Anime）と呼ばれることもあるが、その際には、日本で制作されたテレビアニメや劇場用アニメ、OVAなどの娯楽目的の商業的アニメーションを限定的に指す場合がある。アニメ文化は、**メディアミックス**戦略により**マンガ**やゲーム、映画、音楽、ライブエンターテインメント、イベント、各種グッズ等と結びついている。また、アニメファンによって担われている**同人誌**や**コスプレ**、痛車、聖地巡礼など、幅広い同人文化が見られる。（岡本健）📖113, 214, 216

アメリカンヒーロー
American Hero

第40代米国大統領ロナルド・レーガンはカウボーイのイメージを積極的に取り入れたが、現代では好まれるアメリカン・ヒーローイメージは、スーパーヒーローのそれに移行してきているように思われる。それは、**ハリウッド映画**におけるスーパーヒーロー映画の増加に顕著であり、とくに2001年の9.11以降は、その傾向に拍車がかかっている。

政治経済におけるグローバル化、流動化が著しく、突発的かつ大規模なテロ活動が増加している現代社会においては、問題が大きすぎるために、自らを仮託する対象として、人間を超えたヒーローがより強く要請されるようになっているのだとも考えられる。

第44代の大統領となったB・オバマも、その後を継いだD・トランプもともに選挙戦において「スーパーマン」のイメージを利用した。

この2人が民主党と共和党という性格を異にする党の候補であったことを考えると、「スーパーマン」のイメージの利用は革新、保守といった立場の違いを問わないことがわかる。

H・ブライズ（Hal Blythe）とC・スイート（Charlie Sweet）はスーパーヒーローの「6段階の進化」として次の6つの要素を挙げている。「スーパーパワーをもつ」「人間である」「秘密のアイデンティティをもつ」「成人した白人男性で、隠れ蓑のアイデンティティではホワイトカラーの仕事についている」「全能ではなく力が制限されている」「道徳的に優れているので、違法な活動をしても読者は誰も彼が違法な行為をしているとは思わない」といったものである。ここには、きわめて特異な偏りがあることがわかるだろう。

1938年に誕生したスーパーマンを例に考えてみよう。まず、なんといっても印象的なのは、あの特徴的な胸にSの字のついた衣装や、背中のマントではないだろうか。この点について、ガヴァラー（Chris Gavalar）は、そのコスチュームのアイディアが、一見対極的な存在とみえるクー・クラックス・クランに由来していたことを指摘している。

また、スーパーマンの「正義」は、法で禁じられた暴力によって行われるわけだが、これは自警主義と呼ばれ、社会契約によって成立した法治国家とは矛盾する行為である。けれども、時代をさかのぼってみると、19世紀の開拓時代が自警

の時代であったこと，さらにさかのぼればアメリカの独立革命そのものが宗主国であったイギリスに対する自警行為であったことが想起される。つまり，スーパーマンの自警主義は，アメリカという国家の根幹にあるイデオロギーをなぞったものなのである。

さらに，スーパーマンが誕生した1930年代当時は，よりすぐれた白人種を生み出すために，劣等人種の追放や断種を実行した優生学と呼ばれる偽科学が流行していたという背景もある。優れた白人種としてのスーパーマンは，そうした優生学の理想像とも重なっていたのである。

つまり，スーパーマンは，アメリカの保守的な暴力や不寛容をその根底にはらみつつ，それらをすべて裏返した結果として誕生したのだということがわかる。わかりやすくいえば，根底には保守主義があり，それを革新主義によってひっくり返した存在だということになるのである。保革両方の大統領候補がスーパーマンのイメージを利用しようとする背景はここにあるといえる。（遠藤徹）　📖 32，234

e-スポーツ
E-sports / Electronic Sports

各種端末やPC／パソコン上で行うスポーツ競技のことで，IT／ITC（情報通信技術）の発達とその応用がこれを可能にした。e-はe-コマース（**電子商取引**）と同様の用法である。「**スポーツ**」（sports）の原意は「楽しみ」「陽気な」だから，自宅での個人的楽しみだけではなく大観衆が集まり楽しむe-スポーツ大会は原意に近い。現実に，若者を中心に多くの国々で参加者が増え，各種の国際大会が開催され，「体育」としてのオリンピック競技種目にするかどうかの議論さえなされるようになってきた。しかしそうなれば，「心身の健全な発達，健康及び体力の保持増進，精神的な充足感の獲得，自律心その他の精神の涵養等のために個人又は集団で行われる運動競技その他の身体活動であり，今日，国民が生涯にわたり心身ともに健康で文化的な生活を営む上で不可欠のもの」（スポーツ基本法）という定義そのものの再検討が必要となる。一方，障害者スポーツ，パラリンピック等が国際的に正式認知され実施されていることを考えると，障害をもつ人たちにとってその社会的有用性も考えられよう。多くの人たちにとってスポーツは観戦して楽しむモノであることを考えると，e-スポーツは「参加して楽しむ」対決型娯楽の新しい形態として注目される。韓国などではe-スポーツ大会のテレビ放送があり，日本でも専門の雑誌や電子新聞などの発行やネット配信が行われている。反面，大会で用意される賞金や有名参加チームの移動費用などはIT機器製造やネット関連企業による提供がほとんどで，営利を背景としたビジネス面も強く，利用者のあいだに依存症さえ生み出している。（渡辺武達）

インディーズ
Indies

映像作品，とくに商業**映画**のほとんどは，企画→制作→上映／公開を既存の商業流通によって行っている。そのため，事前に経済的利益が見込めない場合は，企画した個人または小集団が資金を集めて制作し，公開もまた少数愛好者向けルートに頼って行わざるをえない。その過程や流通の仕方もしくはそうしてできた

作品を，英語で独立を意味するIndependentの派生語であるインディーズindiesと呼ぶ。しかし最近では，ネットによる課金方式の公開が利用できるようになり，少数者向け作品を愛好者に届けることも比較的容易になってきた。この呼称はロック音楽販売や特殊なファッション，アダルトビデオ等の流通などにも使われることがある。この反対語がメジャーで，それら大手も創意工夫を重ね，現代の**情報化社会**により多く受け入れられるように商業施設に併設して複数スクリーンをもつ**シネマコンプレックス**などを建設している。（渡辺武達）

映像の技術
Video Technology

近年の映像技術は急速に変化しており，とくに**CG**をベースとした新たな映像技術が登場している。第1に，**CG**などを使って実際には存在しない空間を創り出す技術である**VR**（仮想現実）を用いたVR映像がある。具体的には，実写映像に**CG**加工を施したものや，すべて**CG**で制作した（もしくは実写と**CG**を組み合わせた）映像を，ヘッドマウントディスプレイなどと呼ばれる「メガネ」を装着して視聴するものなどである。第2に，実写映像や実際の景色に**CG**で作成した文字や画像を重ね合わせることで，現実の世界を拡張・補完する**AR**（拡張現実）映像も，ゲームの「Pokemon GO」や写真加工**アプリ**「SNOW」などで実現している。第3に，現実空間と仮想空間がリアルタイムで混合することを意味し，実写映像に**CG**などで作られた仮想の物体が出現しているような現象を描く**MR**（複合現実）映像も登場している。ただし，日本の**アニメ**などでは，細部にわたる緻密な表現を重視することや，デフォルメによる動作や力の方向表現および重力や空気の表現が**MR**や**CG**では困難なこともあって，**CG**と手書きとのミックスというスタイルが現在でも主流である。（野原仁）

演劇現場の用語
Terminology/Jargons of Dramatic Art

演劇における台本は「戯曲もしくは脚本」（略称「ホン」）と呼ばれ，この台本を執筆するのが「劇作家」である。公演前には「演出家」の指示を受けながら俳優が稽古を行うが，通常はセリフの読み合わせから始まって，立ち稽古に進んでいく。初日前に，劇場の舞台を使って本番通りに行う最終段階の稽古が「舞台稽古」（dress rehearsal）であるが，舞台稽古のドイツ語（Generalprobe）を略してゲネプロということもある。演出の意図通りに舞台を進行させる裏方の責任者が「舞台監督」であり，「表方」は観客の接待や誘導を担当する。「大道具」は，建物・背景・階段など大きめの舞台装置であり，「小道具」は舞台上の器具類や俳優が手にする物などを指す。さらに，大道具のうち，吊り物や照明装置が観客の目に触れないよう舞台上部に吊られている細長い黒布を「一文字」という。また，小道具の中でも，上演のたびに消える物や壊される物などを「消え物」という。舞台を暗くして場面転換するやり方が「暗転」であり，逆に舞台が明るいまま転換するのが「明転」である。近代的な劇場では額縁型の舞台と客席で空間がはっきりと二分されていることが多い

が，こうした舞台を「プロセニアムアーチ」(proscenium arch) という。一方で，シェイクスピア時代の劇場のように，舞台前方を客席に張り出して客席との一体感を強める「張り出し舞台」(thrust stage) という形式もあり，近年は，このスタイルの上演が増えている。(野原仁)

大阪のお笑い文化
Comedy Culture and Stages of Osaka, Japan

大阪のお笑い文化は，漫才においてはエンタツ・アチャコに端を発し，ミスワカナ，ミヤコ蝶々などに引き継がれていくが，お笑いのマネジメントから興行までを一手に束ねた吉本せい創立の吉本興業の力が大きい。1980年代のバブル期に，全国的に若手漫才ブームが起き，東京キー局の「オレたちひょうきん族」などで，大阪の漫才コンビたちがブレイクし，現在では若手漫才の登竜門であるM-1グランプリも全国的な年末の風物詩となっている。漫才ブームに伴い，吉本興業東京本社ができた結果，上方のお笑いが，全国区になったといえる。また，大学と協力してのお笑いによるコミュニケーション力アップや，病院と連携してのガン患者の心身ケアを目指す「日本笑い学会」(関西大学教授・森下伸也，ユーモア学)・「吉本お笑い総合研究所」などにも派生する関西のお笑い文化は社会貢献としての側面ももつ。しかし上方のお笑いの普遍化により「ねき」(「近く」の意) などの大阪ことば独特の表現が失われつつあり，またTV放送する場合，**落語**の枕にさえ反社会的勢力・違法薬物・不倫等に関するきわどいネタは使えないなど，大阪の小屋でのライブの面白味は薄まりつつある。さらに昨今では関西のお笑い芸人が報道番組に出演したり，小説家と兼業したりするなど，中央色・政治色が強化されている。一方，上方落語では2006年に大阪に長らく欠如していた定席（落語専門の小屋）が「天満天神繁昌亭」として復活し，2018年には神戸・新開地にも定席の「喜楽館」が誕生した。若手落語家の活躍の場とはなるも，東京の定席と違い，地元自治体から町おこしの側面も期待される上に，コンスタントな集客も難しく資金面でも苦しい。また，口演中，合間に上演される落語以外の切り紙・音楽漫才・手品等の「色物」と呼ばれる独特の出し物文化は，定席以外では認知されにくい文化となっている。(永井るり子) 📖 16, 205

〈カ〉

キャラクタービジネス
Character Business

キャラクターの図像，および，それに付随するイメージやブランドを活用したビジネスのこと。キャラクターの見た目や名称は知的財産となり，グッズ等が制作，販売されると権利者に**著作権**使用料が支払われる。一方，「初音ミク」が広く認知された原因の1つは，利用に関するガイドラインを公表し，条件を満たす二次創作活動を自由にした点にある。

地域や国家のブランディングへの活用も見られる。地域を表象するご当地キャラクターには「ひこにゃん」や「くまモン」などがある。2016年に開催されたリオデジャネイロ・オリンピックの閉会式では次の開催国である日本の宣伝動画が流れ「ドラえもん」や「スーパーマリ

オ」などが登場し，動画終了後には「マリオ」の**コスプレ**をした安倍晋三首相が登場する演出がなされた。(岡本健) 📖4, 37

携帯電話・スマートフォンの文化
Culture of Mobile Telephone

スマートフォンは，多様な**アプリケーション**によって，あらゆるメディアを統合し，人々の生活の中心的な位置を占めるようになった。なかでもよく使われる機能は，**SNS**によるコミュニケーション機能，動画視聴・音楽聴取・ゲームなどのエンターテインメント機能，検索やフォローなどによる情報獲得機能である。

SNSでは，既知の間柄でのクローズドなやり取りも盛んだが，個人が社会に情報発信することもなされる。その利用動機には，共感(いいね！)を求める心理があり，共感を得られる(**インスタ映えする**)映像を撮影するために話題の場所を訪れたり，規範に反する行為を**投稿**する「バカッター」なども出現した。投稿された動画の一部は，多くの人に視聴され，**ユーチューバー**を生んだり，テレビで使用されるなど，社会的な意味ももつようになった。

投稿は多様な情報の提供や討論の場となったが，フェイクニュースや敵対的コメントによる**炎上**など負の側面もあった。SNSの表現ではスタンプ・写真・動画を使ったビジュアル化が進み，検索機能である**ハッシュタグ**(#)を感情表出のために使うなど，新たな利用文化も生まれた。その一方で，スマートフォンの使用を制限しようとする社会的な動きもみられた。公共の場・学校や職場・運転中の使用は様々な理由から制限されるようになったし，「ながらスマホ」「スマホ依存」など，使用過剰による弊害も社会的な問題となった。(中村功)

現代の映画
Contemporary Films/Movies

現代の映画を一言で述べるならば，抽象的ではあるが，「グローバルな視点から見て，**ハリウッド映画**(≒アメリカ映画)が圧倒的に強い」ということである。ハリウッド映画とは，米ロサンゼルス市のハリウッド地区に本拠を置く，メジャー(あるいはビッグ6＝ウォルト・ディズニー，ユニバーサル，ワーナー・ブラザース，パラマウント，20世紀フォックス，ソニー・ピクチャーズの6事業体)と呼ばれる大手総合映画会社を中心とする諸企業・諸個人によって製作・配給される映画のことであり，その「圧倒的な強さ」の第1は，商業的側面におけるものである。米 Box Office Mojo によれば，全世界の歴代興行収入上位100作品すべてがハリウッド映画であり，また2018年9月10日現在で同年度の全世界興行収入1位である「Avengers: Infinity War」の海外収入比率は66.8％と，米国内のみならず世界的な人気を得ている。第2は，潤沢な製作資金などによる最先端のデジタル技術を用いた映像表現を実現していることであり，「これまで誰も見たことのない」「現実ではないが現実に見える」映像により観客を魅了するのである。その反面，質的側面については，娯楽性の偏重・米国中心主義・白人優位主義といった問題点を指摘されることも多く，さらには映画という形で米国の主流文化や価値観などを他国に「伝導」する役割を担っていることから，その文化帝国主義に対する批判もある。(野原仁)

現代の演劇
Contemporary Dramatic Art

第2次世界大戦後の演劇界では,1950年代にフランスを中心に起こったベケトやイヨネスコらの不条理演劇が大きな影響を与えた。ベケトの「ゴドーを待ちながら」に代表されるこの系統の演劇は,世界のなかでの人間の状況を不合理でこっけいなものとして捉え,古典的な劇の構造を否定したため,アンチテアトル(反演劇)とも呼ばれた。1960年代には,既成の演劇への反抗と,アントナン・アルトーが30年代に唱えた残酷演劇の影響から,演劇における身体・肉体を強調する傾向が世界的に広まり,代表的なものとして,ポーランドの演出家イェジュイ・グロトフスキの秘儀的な演劇がある。日本でも,実験的な小劇場運動を展開した唐十郎・鈴木忠志・寺山修司・太田省吾らの「アングラ劇」が演劇の流れを大きく変えた。同時に,演出家の役割が大きくなり,「演出家の時代」といわれるようになった。欧米では,パリを拠点に実験的な活動を続けるピーター・ブルックをはじめとして,ペーター・シュタイン(独),アリアーヌ・ムヌーシュキン(仏),ロバート・ウィルソン(米),ヨン・フォッセ(ノルウェー),イヴォ・ヴァン・ホーヴェ(ベルギー)らが精力的な活動を展開しており,日本の鈴木忠志も国際的な注目を集めている。その一方で,スタニスラフスキー・システムに基づくリアリズム系の演劇も健在である。(野原仁)

コスプレ文化
Costume Play Culture

「コスプレ」は元来,時代劇のように歴史的な衣装をまとう芝居「コスチュームプレイ」の略だったが,1990年代以降,特定の**キャラクター**や音楽バンドのメンバーの衣装や化粧を真似する仮装,とくに**マンガ**や**アニメ**,ゲームの**キャラクター**になりきる行為を指すようになる。ハロウィンの仮装やサッカーの応援時のフェイスペイントのような,祭りのための一過性の行為よりファンカルチャーとしての継続性がある。主なコスプレの場が**コミックマーケット**やライブであり,真似されている**キャラクター**がファン以外には見当がつきにくいため,**サブカルチャー**の要素が強い。愛好者は海外でも増え,2003年より名古屋で開催されている「世界コスプレサミット」には多くの国から参加者が集まる。(小泉恭子)　📖132

子ども文化とメディア
Children's Culture and Media

古田足日によれば「子どもと文化」という概念は「1960年代後半から姿を見せはじめ70年代にある程度ひろがった」とされる。それ以前に一般的だったのが「児童文化」である。大正末期から文献やタイトルに登場し,1930年代以降広く用いられるようになった。「児童文化」「子ども文化」の例として,絵本や雑誌,紙芝居など文学・出版に関するもの,遊びや童謡,玩具,マンガ,ゲームなど生活・文化に関わるものなどがある。1950年代後半以降,TVを中心としたマスコミの子どもへの影響が児童文化論における主要テーマの1つとなった。

1970年代に誕生したテレビゲームは,80年代家庭へ普及しヒットした。**インターネット**を通じたオンラインゲームやチャットに没入する人々が「**ネット依存**」

として社会問題化したのが90年代。2000年代には，**SNS**上で配信されるソーシャルゲームが携帯やスマートフォンを中心に広がった。同ゲームを巡っては，子どもによる高額課金や返済トラブルの事案も発生している。2018年6月，世界保健機関（WHO）は国際的に初めて「ゲーム障害」（Gaming Disorder）を疾患として認定した。日常生活に支障をきたしてもなおゲームを優先する状態が12カ月以上続く場合をさす。総務省HP『情報通信白書for Kids』では，小学生と教師・保護者向けに情報通信メディアの仕組みやリテラシーについて理解を深めてもらうためのサイトを公開している。現代を生きる子どもにとって様々な情報通信メディアの特徴を理解し，正しい知識をもちながら使いこなせる能力は必要不可欠である。(大島十二愛) 📖97, 99, 105, 145

コミックマーケット（コミケ）
Comic Market

毎年，夏と冬に開催される日本最大級の**同人誌**即売会。略称はコミケ，コミケット。複数の「サークル」が机を並べ，「一般参加者」がそこを訪ねて同人誌を求める。主催する有限会社コミケットによると，2018年の冬に開催された平成最後のコミックマーケット95の参加サークル数は3万5000，参加者総数は57万人，東京国際展示場（東京ビッグサイト）全館を会場とし，著名人のサークル参加や，企業によるブース出展もある。**アニメ**や**マンガ**，ゲームの**キャラクター**等の扮装をしたコスプレイヤーも見られる。初回の「コミックマーケット1」は1975年12月21日に虎ノ門日本消防会館会議室で開催。参加サークル数は32，参加者は推定700人とされている。**著作権**侵害等の問題もはらむが，クリエイターを育てる場にもなっている。(岡本健) 📖77, 85

〈サ〉

サブカルチャー
Subculture

マンガや**アニメ**，ロックやアート，ことばや衣食住など，さまざまなものが，サブカルチャーとして語られる。同定のポイントは，排除されたマイノリティ（女性や子ども，若者や有色人種など）の営みであった／あることである。文化として認知されたのは，20世紀初頭までの工業化に大量動員された人々が，不可欠の存在として権利を獲得し，無視できない存在になったことと関わる。当初は，文化といっても，高級文化が劣化拡散＝トリクルダウン（G・ジンメル）したものと見なされた。アメリカのメディア文化，消費社会は，そんなサブカルチャーをメジャー化，メイン化した。たとえば，W・ディズニーは，斬新な**キャラクター**と高い技術により**アニメーション**の作品性を定礎し，E・プレスリーの「黒人なみ」の歌と踊りは，マイノリティの音楽を公に認めさせる一歩となった。60年代の公民権運動，ウーマンリブ，反戦平和運動は，あらゆる垣根を取りさり，自由な参加と共生の表現文化を実現した。**カルチュラルスタディーズ**はこうした運動の沈滞後も，路上の若者，エスニシティやセクシャリティ，メディアの受け手，障害者などの営み，息づく文化の萌芽を検討した。自由主義の徹底は中流化幻想の裂け目をあらわにしたが，情報社会の新しい大衆化は，サブカルチャーに力動

を与えていたメジャーとマイナー，メインとサブの境界を融解させる。今日，創造的なせめぎあいの同定が難しくなっている。それどころか，切り捨てられた者，降りた者たちの犯罪，自殺，ネット右翼化などが問題になっている。（伊奈正人）

スポーツジャーナリズム
Sports Journalism

スポーツジャーナリズムは，その報道がスポーツファンに対する「娯楽」の提供である点でも，メディアが競技会を主催することが多い点でも，政治，経済，社会等の分野のジャーナリズムとは異なる特徴をもつ。

英国では18世紀，支配階級を中心にスポーツ愛好者の増大に伴い，新聞社が競馬やゴルフの大会**スポンサー**になることでスポーツ報道は発展した。また米国においても，19世紀半ばから野球報道を中心に発展した。

日本においては，19世紀末から，相撲や陸上競技，自転車，そして野球など，新聞社主催のスポーツ大会が開催されるようになると本格化する。さらに，1920年代，競技団体の全国組織の設立が活発になると，新聞社が各種競技の全国大会を主催するようになり，新聞事業と報道が渾然一体となって発展した。30年代にはラジオ放送の普及と新聞の販売競争が相まって，野球，相撲，そしてオリンピックなどの人気に拍車をかけた。

第2次大戦後，スポーツ新聞や各種競技雑誌が続々と発行され，競技の評論等のジャーナリズムが次第に拡大する。テレビ放送の開始（1953年）以降，野球，相撲，ボクシングなどを中心に中継放送が人気を呼び，とりわけプロ野球の中継と報道が飛躍的に増大した。

90年代には，Jリーグの開始や，衛星放送の普及により世界のスポーツへの関心が高まり，一般紙や地上波テレビでの中継，報道の増加に加え，スポーツ専門チャンネルや専門雑誌，**インターネット**を通じた報道も増大し，それに伴い，サッカーを中心に各種競技を専門的に取材する**フリーランス**の記者，評論家も増加した。（黒田勇）

〈タ〉

同人誌
Fanzine

『広辞苑』第7版によると，同人誌とは同人雑誌と同じ意味で，「主義・傾向・趣味などを同じくする人たちが共同で編集発行する雑誌」を指す。同人誌は，尾崎紅葉らの硯友社が1885年に創刊した『我楽多文庫』に端を発する。その後，1893年に『文學界』，1910年に『白樺』が創刊，小説や戯曲，詩歌，評論などの文芸作品が掲載され，こうした同人誌から文豪が多数輩出された。

同人誌の制作や発行のあり方にはメディアの発展が大きな影響を与えてきた。手書きからワープロ，パソコンへの変化，印刷技術の向上，印刷コストの低廉化などである。また，家庭用プリンターと紙面作成用のソフトウェアの普及によって**DTP**が可能になるとともに，デジタルカメラやカメラ付き携帯，スマートフォンなどが普及する一方，イラスト描画や画像の処理が比較的簡単になったことも大きい。

近年，**マンガ**同人誌の存在感が増してきており，同人誌と言えばアニメやマン

ガ，ゲームに登場する**キャラクター**の成人向け同人誌を指す場合もある。**コミックマーケット**や，オンリーイベントと呼ばれる特定のテーマや作品に特化した同人誌即売会で頒布される。発表媒体は必ずしも冊子に限定されず，ゲームやCD-ROM写真集，携帯ストラップやキーホルダーといったグッズなど様々である。

現在の同人誌は，マンガやアニメ，ゲームの二次創作が目立つが，それだけではなく，様々なテーマの小説，評論，研究書，ガイドブックなどもある。また，地域の**ミニコミ誌**的なものや**ZINE**なども含まれ，**クラウドファンディング**を活用して資金を集めて製作されるものもある。(岡本健) 📖8, 162

〈ナ〉

日本の伝統芸能
Japanese Traditional Public Entertainment

日本の伝統芸能には，「能」「狂言」「歌舞伎」「浪曲」「講談」「落語」などが挙げられる。

「能」は，「田楽」「猿楽」などの，豊作祈願・神事から発祥した演劇だが，室町時代には観阿弥・世阿弥親子が芸術性を高め，世阿弥は芸術論『風姿花伝』も著した。能の美は「幽玄」を旨とし，故人を現世に戻して心情を語らせるという世界の演劇に類を見ない表現法をもつ。「謡曲」に合わせて，「シテ」(主役)は，「面(おもて)」を着けて舞う。観世をはじめ5流派が現存する。「狂言」も「猿楽」から発祥したが，能の上演の合間に挿入された笑劇である。能に比べて，世俗的でわかりやすい。大蔵流，和泉流などが現存する。

「歌舞伎」は，江戸初期に出雲の阿国が京都の鴨川で踊りを演じたのが始まりだが，遊廓とも連動しつつ，野郎歌舞伎を経て元禄期に隆盛となる。人気作家，近松門左衛門らが書いた脚本(浄瑠璃本)は，「歌舞伎」化されると同時に「人形浄瑠璃」(のち「文楽」と呼称)としても上演された。歌舞伎役者は東に市川団十郎，西に坂田藤十郎などが出現するが，関東は「荒事」=男性的な芸風であるのに対し，関西は「和事」=女性的な芸風で，歌舞伎の特徴である男性が女性を演ずる「女形(おやま)」も得意とする。歌舞伎座・南座・松竹座のほか，地方にも金丸座などの古い芝居小屋が現存する。演目は「時代物」=武士の歴史話と，「世話物」=庶民の恋愛物に分類される。歌舞伎役者の主役級は世襲制であり，テレビや映画などへの露出も多い。

「浪曲」(「浪花節」)は，祝詞から転化した「祭文」に端を発する語り芸で，戦争物から人情に訴えるものまで幅広く，明治時代には寄席に進出，人気が上昇しラジオ放送も盛んに行われたが，戦後は衰退している。

日本の伝統芸能には今でいうワイドショー的役割もあり，歌舞伎では当時の心中事件の実録本『心中大鑑』収録のスキャンダルを脚本化したものなどが好まれた。「狂言」においては，太郎冠者・次郎冠者による滑稽な掛け合いが娯楽的で，能の上演中のCMともいうべき息抜きとして機能した。そうした一方，日本の伝統芸能は国家行事や政局に合わせて為政者が利用してきた点でも今日のメディアと類似している。伎楽・舞楽などは，

神前で，天子たる為政者の威信を人びとに認知させる祭儀上の必須アイテムだった。足利氏に庇護を受けた世阿弥にしても，のちに将軍の勘気に触れ流刑となった。「浪曲」の武芸物は日清・日露戦争の戦意高揚に利用され，もてはやされた。娯楽性の高い「歌舞伎」の脚本にすら江戸幕府の統制基盤となる儒教思想が流れている。そして，中近東由来の「散楽」を祖とする「能」や，明代末の「笑話」を真似た「落語」なども歌舞伎の儒教思想と同様に中国渡来であることに鑑みると，日中文化交流をたどるうえでも日本の伝統芸能は重要な素材である。また，語り芸としての「落語」は，新作落語も含めフィクションを扱うがゆえに現代にマッチして映画・ドラマの素材にもなる一方で，時代物・軍記物などの歴史・ノンフィクションを語る「講談」は「浪曲」と同様に廃れつつある。（永井るり子）

📖 16, 152

〈ハ〉

ブロードウェイ
Broadway

　本来は，ニューヨークのマンハッタン島を南北に縦断する通りの名前だが，この通りに沿って，タイムズスクエア周辺に40近くの商業劇場が密集しているため，ブロードウェイはニューヨークの劇場街とショービジネスの総称としても使われる。ここで人気を集め，ロングランしたミュージカルや演劇は，ヨーロッパや日本などで上演されることが多い。毎年，ブロードウェイで上演された優れた作品とそのスタッフ，キャストに与えられるのがトニー賞（Tony Award）で，これは**ハリウッド映画**におけるアカデミー賞に相当する。商業劇場地区のブロードウェイに対して，ニューヨークのそれ以外の地区の小劇場で上演されるのがオフブロードウェイ（Off-Broadway）の演劇。それよりもさらに実験的で非商業的な演劇をオフ・オフ・ブロードウェイ（Off-off-Broadway）と呼ぶ。（野原仁）

米国映画におけるアジア系の人びと
Asians in American Movies

　ハリウッドをはじめとする米国の映画には，さまざまな人種が描かれている。しかし，アジア系の人びと（アジア人，アジア系アメリカ人）が映画に登場すること，とくに主演を務めることは稀であり，その役柄には**ステレオタイプ**が付与される傾向にある。

　アジア系女性ならば，蝶々夫人のように従順で男性の言いなりになる女性，もしくは狡猾で冷酷な「ドラゴンレディ」という**ステレオタイプ**がある。アジア系男性の場合は，「ティファニーで朝食を」（1961年）のユニオシのように，間抜けで魅力のないコミックリリーフとしての男性像や，悪事や世界征服を企むイエローペリル像がある。医師や科学者などの頭脳明晰な人物として描かれることもあるが，冷たく非人間的な性格を付け加えられることが多い。

　近年ではこうした描写に抗議が寄せられ，変革の動きもあるが，非白人の役を白人が演じる，ホワイトウォッシング（white washing）と呼ばれる現象が根強く残っている。たとえば，日本のマンガを原作とする映画「ゴースト・イン・ザ・シェル」（2017年）では，白人の女優が主人公の草薙素子を演じて，非難の

声が上がった。メディアに日本人の表象があふれている日本ではこのような状況が問題視されることは少ないが、アジア系の表象に乏しい米国では、マイノリティたちから多くの批判が起こっている。

韓流ドラマの流行が日本人の韓国人に対するイメージを変えた側面があるように、メディア上の人種表象を軽視することはできない。表象がやがて**ヘイトクライム**へとつながる可能性もある。(俣野裕美)

📖248

米国のメディアとスポーツ
American Media and Sports

米国におけるスポーツの社会的位置は大きく、その理解にはメディアが果たしてきた役割に注目する必要がある。初期の新聞や雑誌報道で活躍した伝説的な記者たち、1921年のラジオ最初の野球生中継、初のワールドシリーズの全米テレビ放送、今日の電子メディア、それらがどれほどスポーツイベントを楽しむファンの体験を支えてきたことか。ESPN（ディズニー系）やゴルフチャンネルなどのスポーツ中心の**ケーブルTV**や衛星放送、**ストリーミング**契約や**SNS**等によるスポーツ観戦の増加は、平均で1億人以上の視聴者がいた2018年のスーパーボウル（全米アメリカンフットボールリーグ優勝決定戦）放送（そこではわずか30秒のCM放映代金が500万ドル／5.5億円）が現代のメディアスポーツの特性をあますところなく示している。ビジネスとしては1985年のNFL（プロアメフトリーグ）のテレビ**放映権料**が1シーズンで4.2億ドル（462億円）、2018年にはテレビ、ケーブルTV、衛星放送の合計で70億ドル弱（7700億円）にも達した。その結果、トップ選手たちは大金持ちになり、大学や連盟への莫大な資金援助となり、その影響は国外にも及んでいる。2016年、NBCスポーツはオリンピック放映権取得に推定12億2400万ドル（1346億4000万円）を支払い、国際オリンピック委員会（IOC）はこれを基準にその他のメディア企業との交渉をしている。反面、媒体間の関係変化も大きく、長い間大きな役割を担ってきた印刷メディアが後退し、新聞では1990〜2017年、平日印刷部数が6200万からその半分以下に減少した。その象徴が2018年1月の『スポーツイラストレーテッド』誌の週刊から隔週刊への移行である。反面、従来の活字出版社のウェブサイトを含め、その他多くのオンラインサービスがスポーツについての有力情報源になっていることが注目される。(ウィリアム・M・クンツ〔William M. Kunz〕、渡辺武達訳)

ポピュラー音楽
Popular Music

大衆向けの音楽、とくに20世紀以降の商業的な性格をもつ音楽の総称。広義の「ポピュラー音楽」には、クラシック音楽と呼ばれる芸術音楽や、民謡のような民俗音楽を除くほぼすべての音楽が当てはまり、下位ジャンルも際限なく多い。狭義の「ポピュラー音楽」は20世紀の主流であった英米のポップスやロック、そしてその影響を受けた世界各国の音楽を指し、日本の歌謡曲やJポップも含まれる。プロの作詞家・作曲家が手がけたヒット曲だけでなく、歌手の自作自演も含まれるが、誰もが口ずさめ、ラジオやレコード、テレビの歌謡番組で1度聴くだけで旋律を覚えられるような単純な形式

のものが大半で、ジャズのなかでも複雑な形式のものはこれに該当しないと考えられる。20世紀には**マスメディア**を通じて流通する商業的な音楽として、ヒット曲の指標である米国のビルボードのような音楽チャートの上位にランクインすることが目標となっていた。複製芸術としてのレコードやCDがどれだけ売れるかの競争はポピュラー音楽の主戦場で、クラシック音楽や民俗音楽が売れ筋商品として期待されていないこととは対照的である。21世紀に入り、ポピュラー音楽がヒットしたか否かは、マスメディアでの流通量やパッケージメディアの売れ行きだけではなく、オンライン上での音楽配信や動画の再生回数でも測られるようになりつつある。このように、メディアの変遷によってその意味や価値、評価が左右されることも、ポピュラー音楽ならではの特徴である。(小泉恭子) 188, 203

ポピュラーカルチャー
Popular Culture

2016年のリオデジャネイロ・オリンピックの閉会式を思い起こしてみよう。この時、一国の首相が、「スーパーマリオブラザーズ」というゲームのキャラクターに扮して登場したのではなかっただろうか。そんな時代であるがゆえに、誰もがポピュラーカルチャーを身近に感じており、それを享受していると感じている。

ところが、ひとたび「ではポピュラーカルチャーとは何なのか」と問うてみたとき、意外なことにそれに答えるのは容易ではないことがわかる。*Cultural Theory and Popular Culture: An Introduction*(『文化理論とポピュラー・カルチャー』)の著者であるストーレイ(John Storey)は、ポピュラーカルチャーというのは「空っぽの概念範疇」であると述べている。使用される文脈に応じてさまざまな、そしてしばしば対立する内容で満たされる概念だというのである。また、社会学者のベネット(Tony Bennett)も、ポピュラーカルチャーという概念は「混乱と矛盾した意味の坩堝」であって、実質的には役に立たないものであると述べている。

歴史的に振り返るならば、17世紀まで「カルチャー」(culture)という言葉は、家畜や作物の成長を意味する農業用語であった。これが文化的な意味で使われるようになるのは、18世紀後半の産業化と都市化を待たねばならない。この時代になって、近代国家を統合する要素としての文学、音楽、芸術などのエリートカルチャーが出現する。ポピュラーカルチャーはそもそも、このエリートカルチャーの対語として登場したものであり、教養のない人間の文化を意味し、くだらないもの、克服されるべきものを意味していた。

ところが、その後の資本主義の発達、通信手段の発達などに伴い、くだらないものであったはずの文化が、「商品」となって広く普及するようになる。ジャズやブルースのレコード、**ハリウッド**の映画、コミック雑誌、ラジオやテレビの番組などを思い浮かべていただければ良いだろう。さらに、20世紀後半以降のグローバル化の進展と、インターネット環境の拡充によって、それまで「地域色」の強いものであったポピュラーカルチャーは一気に世界標準の文化へと成長していった。つまり、気がつけばエリートカルチャーは隅に追いやられ、世界はポピュ

ラーカルチャーに侵されていたということになる。

そんなポピュラーカルチャーを定義づける試みはこれまで幾度もなされてきた。たとえば、先に挙げたストーレイは、6つの定義の可能性を示唆している。①単純に多くの人に広く好まれる文化、②ハイカルチャーを決定した後の残余物、③大量消費のために大量生産される文化、④人々から自生的に発生してくる文化、⑤支配的集団のヘゲモニー的文化と、従属集団の抵抗的文化の戦いの場、⑥もはやハイカルチャーとポピュラーカルチャーの区別が失われたポストモダンの文化、といったものである。とはいえ、ストーレイは、いずれの定義にも反論の余地があり十分な定義たり得ないとしている。

これに対し、歴史学者のH・N・パーカー（Holt N. Parker）は、ストーレイらの試みは経済、階級、生産を基軸にマルクス主義的な立場からなされたものであるとし、これに代わるものとして社会、地位、消費を基軸とした**ウェーバー**的な視点からの暫定的な定義を試みている。①P・ブルデューには「文化資本」という概念があるが、これを最小限しか持たないものがポピュラーカルチャーである（例 楽器の練習という身体的文化資本も、高価な楽器という物質的文化資本も、音楽学校という制度的な文化資本ももたない人たちが作った音楽であるパンクミュージック）、②生産にも消費にも小さな文化資本しか必要としない文化（例 クラブで踊ること、映画を見ること、スポーツをすること）、③たとえば、M・デュシャンが便器に署名して「泉」とタイトルをつけただけのモノが「芸術」と認められたのはなぜか。それは美術館という制度の内側に展示されたから、つまり「制度化された文化資本」と認知されたからだというダント（Arthur C. Danto）やディッキー（George Dickie）の考え方がある。この考え方を応用するならば、文化として承認されないものがポピュラーカルチャーだということになる。（例 ヒッチコックの映画はかつてはポピュラーカルチャーだったが、いまは制度化された文化となった）。

このように、ポピュラーカルチャーの定義はさまざまに試みられているものの、その鵺(ぬえ)的な性格ゆえに、誰もが賛同するような定義はいまだに得られていないというのが現状である。ただ、それでも現代社会において現象的にいえることとしては、まずは、それが現代社会において、商品であるがゆえに「経済」構造の中心にあるということであろう。また、どの商品を選ぶかによって他者との差異化をはかるというのが現代人の消費行動の特徴だとすれば、それはすなわちポピュラーカルチャーのなかから何を選び何を購入するかが、個々人の「アイデンティティの拠りどころ」となっているという事実ではないだろうか。

これに関しても、たとえばそうしたポピュラーカルチャーが「偽りの必要」（false need）であり、資本主義に対する革命の芽を摘む一種の阿片であるというアドルノやホルクハイマーらの**フランクフルト学派**的な考え方が一方にはある。象徴的には「テレビがなければ革命が起こる」といったフレーズということになるだろう。それに対し、他方には、人を馴致し従属させる教育とマスメディアに

対し，ポピュラーカルチャーこそが「別の文化」たりうるのであり，労働者階級に人間的作用を回復させる抵抗の場となりうると考えるグラムシの立場もある。ことほど左様に，ポピュラーカルチャーの意味は捉えがたいのである。（遠藤徹）

📖 242, 253

〈マ〉

メディアと現代文学
Media and Contemporary Literature

　映像メディアの視聴環境が劇的に向上した影響もあり，文学のメディアとしての影響力は低下傾向にある。若い世代を中心として，雑誌や書籍の購買額は減少しており，**電子書籍**も普及しているとは言いがたい。ウェブ上に無料のコンテンツがあふれ，**SNS**上のコミュニケーションが日常化している時代，人びとが文学に触れる時間は減少傾向にある。ただその一方で，1954年に長崎で生まれたカズオ・イシグロが2017年にノーベル文学賞を受賞し，1949年生まれの村上春樹が2006年にフランツ・カフカ賞を，2009年にエルサレム賞を受賞して世界的な人気作家となるなど，現代日本の文学の国際化は著しい。フランス語圏でも，五大文学賞の1つであるフェミナ賞の外国小説賞を，1999年に辻仁成が『白仏』で受賞している。

　日本国内に目を向けると，文藝春秋の直木賞や新潮社の山本周五郎賞の受賞作に，純文学と大衆文学の境界を超える優れた作品が多く選ばれている。これらの作品のなかには，映画化されて人気を博し，海外の人びとに広く知られている作品も少なくない。たとえば推理小説を対象とした米国のエドガー賞の最優秀長編賞には，2004年に桐野夏生の『OUT』が，2012年に東野圭吾の『容疑者Xの献身』が，英語圏で人気を博す作家たちと共に候補作にノミネートされており，いずれも映画化されて広く国内外で鑑賞されている。

　また近年，現実空間のコミュニケーションの希薄化と生活空間の均質化が進行するにつれて，喪失感を伴う現実感を通して，土地と人間の関わりを再考するような現代文学が多く記されている。たとえば佐藤泰志が『海炭市叙景』で描いた函館の風景や，桜木紫乃が『ラブレス』で描いた釧路や標茶，弟子屈の生活，青来有一が『聖水』で描いた「潜伏キリシタン」を巡る加害・被害関係や，辻村深月が『朝が来る』で描いた超高層マンションで子育てを共にする若い家族の友愛的な連帯感は，現代的でありながら，近代文学の名作に通じる価値観ないしは社会秩序に対する存在論的な問いを内包している。

　このような現代文学は，生活空間の標準化と均質化が進行する時代に，土地の固有性や訛りをすくい取ることで，「再帰的に見出された風土」や，そこに住む人々の生活や価値観に根ざした「記憶」を伝達するメディアとして，重要な価値を有していると考えることができる。現代文学は，訛りや方言を取り込み，「風土」や「記憶」を伝承することで，標準語を基盤とした教育や価値観から逸脱した，多様な人間のコミュニケーションのあり様を後世に伝達する可能性を有している。

Media Studiesの国際的な文脈でいえば、このような現代文学は、Collective Memories（集合的記憶）を後世に伝達するメディアとして、映像表現と異なる、人間の心情や心象を中心に記録・伝達する役割をもっていると考えることができる。集合的記憶を後世に伝達し、「風土」や「記憶」と結び付いた社会理解を育む現代文学の役割は重要であり、映像メディアが記録することが難しい心情・心象を伝承するメディアとして、現代文学が再評価されることが期待される。（酒井信）

〈ラ〉

リーヴィズム／反商業文化主義
Leavism / Anti-commercialism

英国の学者・文芸批評家リーヴィス夫妻（F・R・リーヴィス：1895〜1978、Q・D・リーヴィス：1906〜81）が中心となり、大衆好みの大量生産的メディア文化が社会を劣化させるという危惧から生まれた教養主義の復権を求める反商業文化主義のこと。第1次世界大戦は新聞や出版の**プロパガンダ**（宣撫工作）使用を拡大させ、新しいコミュニケーション技術としての電信やラジオ、映画を発展させ、戦後は人びとへの娯楽提供面で大きな役割を果たした反面、伝統的文化の破壊を促進した。リーヴィス夫妻はT・S・エリオットの影響を受け、1932年、季刊誌『**スクルーティニー**』（*SCRUTINY*）を創刊（1953年終刊）、文芸作品は人生をまじめに考察したものであるべきだと主張した。当時人気のあった作品の多くがスリラー、空想的な恋愛、男性中心の冒険物語などであったことを取り上げ、それらが人びとに「みせかけの欲求充足」をさせているにすぎないと批判した。

英国の**公共放送**、とくに**BBC**（**英国放送協会**）はこのような教養主義を基本としてスタートしたが大衆が受け入れるコンテンツの導入こそ公共放送の使命であるという考え方との葛藤がしだいに大きくなってきた。この対立は商業主義の結果としての娯楽偏重と、そうしたマスメディアが主導する文化への批判の根底にある文化認識の違いに起因している。マルクスとエンゲルスは「いかなる時代にあっても、支配的な思想とは支配階級の思想である。支配的な物質的勢力である階級は同時に支配的な知的勢力でもある」（『ドイツイデオロギー』）と主張し、イタリアの思想家の**A・グラムシ**（1891〜1937）は「政治権力は知識人と知識産業を使って、人びとにその社会体制を肯定的に捉えさせる」と主張、それを執権層による「**ヘゲモニー**」とし、民衆による政治的・文化的奪権を提唱した。それはマルクス主義による文化認識とは別の視点からの産業界主導の娯楽主体のメディア文化への批判だが、その一方で、古典的マルクス主義による政治と文化の理解には限界があるとして、**J・カラン**のように、現在の欧米メディアが提供する情報や娯楽を**ソフトジャーナリズム**、**インフォテインメント**としてそれらを社会教育的側面から再評価する論者や、M・シュドソンのように、ふつうの生活者は**マスメディア**による娯楽作品から生き方の哲学や癒しを得ているとの肯定的評価をする学者も出てきている。（渡辺武達）

📖 20, 52

IX　メディア・コミュニケーション研究, 情報サイエンス

〈ア〉

アクセスジャーナリズム
Access Journalism

　ニュース報道の取材にあたり，根源的な情報源に直接アクセスした上で，たとえば，他者の追随を許さない独占の「**特ダネ**」記事を世の中に送り出すことを目指す一連の取材・記事執筆のプロセス全体のこと。情報源と取材者との間の関係はギーバーとジョンソンの「情報源―記者の関係に関するモデル」で特徴的に示されている。それによれば①分離した情報源と送り手の役割，②情報源と送り手の役割が部分的に同化，そして③情報源―送り手の役割同化の3つのパターンがあるが，アクセスジャーナリズムは，大なり小なり「役割の同化」がみられる状況で展開される。日本のジャーナリズムにおいて，取材対象に「食い込む」という表現がされることがあるが，これがまさにアクセスジャーナリズムの一側面である。（金山勉）

アメリカ合衆国憲法修正第1条
First Amendment of the US Constitution

　ミルトンが『**アレオパジティカ**』（1644年11月24日発行のパンフレット）で英国議会による**検閲**に抗議したのが検閲の禁止，**表現の自由**について文書に残る最初。今日的な意味での「**言論・表現の自由**」は北欧諸国で初めて法的に概念化され，憲法条項としては合衆国憲法（1791年）修正第1条がその最初で，「連邦議会は，国教を樹立し，あるいは信教上の自由な行為を禁止する法律，または言論あるいはプレスの自由を制限する，または人びとが平穏に集会し，また苦痛の救済を求めるため政府に請願する権利を侵す法律を制定してはならない」と規定した。ここには，民主政治の遂行にはメディアによる自由な政府批判が不可欠だという認識がある。具体的には①メディアは真実を正しく報道することによって，人びとが自分たちの社会を治めるための事実をくみ取ることができるようにすること，②権力に対する監視。**言論・表現の自由**とは**権力批判**の自由を前提としたメディア活動の保障のことであり，意味のない**プライバシー**侵害などは含まれていない。

　この条項は『ニューヨークタイムズ』が国防総省の秘密文書「ベトナム政策についての合衆国の意志決定過程の歴史」を掲載し（1971年6月13日付），政府から差し止め訴訟を起こされたとき，「自由で拘束されない新聞のみが，政府の欺瞞を効果的にあばくことができる」とした最高裁判断にも生きている。日本国憲法第21条の**言論・表現の自由**と**検閲**の禁止規定もその踏襲だが，「出版の自由」は「**プレスの自由**」もしくは「公表行為の自由」と訳すべきであった。（渡辺武達）

📖143

安全神話
Safety Myth

　道具，作業工程等に欠陥が存在するのに，対策が十分ではないことを隠した説明を前面に出した虚偽文言のこと。この言葉が使われるようになったのはとりわけ原子力発電に関し，業界やその管轄にあたる旧原子力安全・保安院（経済産業省），関係学者の発表資料に意図的改竄や虚偽が含まれ，東日本大震災時の東京電力福島第一原発の事故（2011年3月）でも汚染データのごまかしなどが多く，公聴会等への参加者に謝礼を支払う「やらせ」動員さえあったからである。そうした連続不祥事が放射能流出量公式発表への不信感や農産・畜産業界への**風評被害**につながった原因でもある。だがその根本には放射性廃棄物処理や廃炉過程についての政府や電力業界による説明に虚偽や資料改竄が指摘され，**市民**が不信感をもたざるを得なくなっていることがある。（渡辺武達）

越境するメディア
Transnational Media

　現代の放送メディアの起源となる有線や無線の通信は，そもそも国際的な情報コミュニケーションの手段として発達した。帝国主義的な拡張や自国民の海外進出に伴い，欧米列強のラジオは初期から対外放送に力を入れた。戦時には**プロパガンダ**のために活用される。放送は本来的に越境性を有するのである。

　こうしたラジオやテレビが国境の内部を流通範囲とするのは，国民国家の統合の手段としてナショナルメディア化したことによる。国民に向けて情報・娯楽を提供し，文化の向上と民主主義の発展に資する，もしくは社会秩序を守ることを使命とする放送は，国内の聴取者・視聴者に向けて最適化される。

　高度な制作技術を必要とするテレビドラマや**アニメーション**は，途上国ではコンテンツ制作能力に勝る先進国から輸入して放映した。さらに国際情勢のニュースもグローバルな取材力や流通網を擁する欧米の**通信社**によって掌握された。隣国の電波が国内の辺境地域で受信されるスピルオーバーは，異質な文化が流入する窓口にもなった。

　放送を通じて欧米のライフスタイルや価値観が浸透すると，第一世界から第三世界への一方的な情報の流通に異議を唱える動きがあらわれる。1970年代，国連を舞台にして，南北の**情報格差**や不均衡の是正を志向する概念として**新国際情報秩序**（**NIICO**）が提唱された。

　先進諸国の生産する知識や文化商品が世界のメディア市場の大部分を占める事態は，**文化帝国主義**として批判される。それは第三世界に限らず，たとえばフランスは1980年代以降，文化は市場経済に全面的に委ねるものでないとする「文化的例外」の概念を広め，米国のテレビや映画など音響映像サービス分野の開放圧力に対抗してきた。

　文化帝国主義論は，メディアコンテンツの流通が先進国から途上国への一方通行ではなく，リージョナルな文化圏・言語圏内にはトランスナショナルな情報構造も見られることから挑戦を受けた。日本の文化産業に経済的・文化的脅威を抱いた韓国の大衆文化が「韓流」として日本で受け入れられるようになったことが象徴的だ。すると大衆文化は「**ソフトパ**

ワー」として対外発信する文化政策・国家戦略の現場となる。

一方,1990年代に普及する衛星放送や**インターネット**など情報テクノロジーは多メディア化・多チャンネル化を促進し,メディアと文化の地政学に構造転換をもたらした。**アルジャジーラ**はアラブ諸国独自の超国家的な情報網を構築し,欧州連合(EU)域内の多言語衛星放送ユーロニュースは「ヨーロッパ人」としてのアイデンティティを標榜する。エスニックマイノリティ向けの放送サービスは商業的にも定着し,移民や移住者が居住国にいながら出身国のテレビ番組を楽しむことは日常の風景である。

情報が同期化する現代社会において,メディアの越境は,他者との共同性の支えがなければ差別を助長したり,対話を阻害したりする緊張関係として表れる。国家が独占して市場が加担すると国益増進の手段にもなりうる。脱中心化の力学が越境するメディアに作動するとき,多層的なコミュニケーションの空間を作り上げる創造と受容の可能性は開かれる。
(玄武岩) 19

〈カ〉

勝ち馬効果
Bandwagon Effect

選挙の際に,候補者や政党への支持が,優勢と報じられた方に集まる現象を「勝ち馬(バンドワゴン)効果」という。苦戦を報じられた方に同情が集まる「負け犬(アンダードッグ)効果」と併せてアナウンス効果と呼ぶが,こうした効果は存在しないとする学説もある。2017年10月の衆議院総選挙で,自民党284議席,公明党29議席,合わせて衆議院の3分の2を超える313議席を獲得し与党が大勝した。森友・加計学園問題で安倍晋三首相の政権運営手法に批判が高まり,直前7月の東京都議会議員選挙で自民党が大敗を喫したにもかかわらず,野党は好機を生かせなかった。希望の党・小池百合子代表の「排除発言」に象徴される野党勢力の分断のなかで,与党の安定感が評価された「勝ち馬効果」と見る向きもあるが,見解は一致しない。(野山智章)

カルチュラルスタディーズ
Cultural Studies(CS)

英国で始まった文化研究。マルクス主義の影響を受けた研究だが,文化の相対的な独立性を主張し,一方的な支配装置としての文化ではなく,文化領域を支配,被支配の闘争の場としてとらえる一連の研究の流れをいう。1960年代のR・ウィリアムズ,**S・ホール**らがマスメディア文化,とりわけメディアの表現するテクストの政治性と権力作用,テクストをめぐる送り手と受け手の闘争を明らかにするアプローチでスタートした。そして,構造主義,記号論などの研究を取り入れることで発展していく。とりわけ,**ホール**の「批判的パラダイム」モデルを応用したD・モーレイ,I・アン,J・フィスク,R・シルバーストーンらのテレビ番組分析と**オーディエンス**研究が日本でも注目を集めた。さらに,90年代以降,ヨーロッパにおける移民の増大,EU統合の動きのなかで,一国内の社会階級の問題を超えた,民族,人種,**ジェンダー**,地域といったさまざまな権力関係の中に文化を位置づける研究として発展する。

日本においても,戦後,**鶴見俊輔**,加

藤秀俊らのメディア文化研究についての蓄積があったが，80年代やや閉塞気味であったマスコミ研究に対して，アメリカのマスコミュニケーション研究への批判と，「能動的な受け手」像の構築の試みは，大きな刺激をもたらした。

そして，90年代後半以降の音楽や**スポーツ**文化の越境とともに，中心から周縁へ，コンテンツの生産と流通の中心にいる「送り手」と，周縁にいて消費する「受け手」との，一方向ではないにしろ非対称の関係への関心など，ポピュラー文化のグローバル化によってますます研究対象を広げることとなった。（黒田勇）

韓国人メディア接触の特徴と日本イメージ

The Way Koreans Access Media and Its Japanese Image

韓国人のメディア接触は多メディア・分散化の傾向が顕著である。そのため各自の嗜好によってセグメント化され，関心の内と外では情報共有の落差が激しい。最大の情報共有メディアであるテレビでも多チャンネル型**ケーブルテレビ**を契約し，200チャンネル以上から選択視聴が可能かつ一般的だ。**ケーブルテレビ・衛星放送**の普及率が全世帯の9割に達しているだけでなく，**インターネットマルチメディア放送**（IPTV）加入者数も急速に増加，科学技術情報通信部の発表では2017年11月末に初めてケーブルテレビ加入者数を超え，コンテンツの個別視聴化も進んでいる。この現象は韓国における日本のイメージ形成に影響を与え，歴史問題を中心に教育現場や新聞・地上波放送で認識されて来た**ステレオタイプ**的な悪印象を解体しつつある（第6回日韓共同世論調査）。94.3％の韓国人が日本の情報を韓国のニュースメディアから得ていると回答しているため，たとえば歴史認識に関する日本のイメージ形成にニュースメディアの影響は依然として大きい。しかしその一方で，韓国製作のドラマ・映画などのフィクション作品や情報番組，あるいはSNSを含めた家族・友人・知人ネットワークを情報源とする比率が日本よりも4倍近く高いという特徴がある。そのためとくにスマートフォンの普及や個別視聴化が進んでいる20〜40代（2017年放送媒体行態調査）では，属する周辺環境によって個人の意見に大きな違いが見られ，日本に対する統一的なイメージを持つことは過去の歴史イメージにおいてさえ困難になりつつある。（張朋美）

📖 126, 174

韓国メディアの国際発信

Internationalization of South Korean Media

韓国メディアの国際発信は1990年代後半から活発化した。それ以前はメディアの国際化の動向にはむしろ警戒的であり，とりわけアメリカや日本といった「西側」諸国からの文化の流入に対し，保護主義的な議論が強かったが，90年代を分水嶺として積極的な姿勢への転換が著しくなった。なかには，政府が中心となる国際発信戦略による動きもあるものの，民間の**エンターテインメント産業**による展開も活発に行われている。テレビなどの映像メディアによる海外向けのサービスや番組コンテンツの輸出のみならず，新聞や通信社の報道機関による外国語（主に英語，日本語，中国語）によるニュースサービスなども積極的に展開され

ている。

　国際発信の代表的なチャンネルとしては，*Arirang TV*，*KBS World*，*TvN Asia*などがある。*Arirang TV*は韓国国際放送交流財団が運営するテレビ放送局である。1997年に韓国内の**ケーブルTV**チャンネルとして開局し，1999年から海外放送を開始した。2017年現在，全世界に1.4億視聴世帯を確保している。衛星チャンネルとして「World 1」と「World 2」があり，使用言語は，英語，中国語，スペイン語，韓国語，アラビア語，ロシア語，ベトナム語，インドネシア語である。編成方針として韓国に関する情報の発信，文化広報，国際親善交流などを挙げている。また，多文化専門チャンネルとしての国内向けの放送も行なっている。*KBS World*は公共放送局である韓国放送公社（KBS）による総合放送チャンネルである。2003年7月に放送開始しており，基本的にKBSのオリジナル番組で編成が行われているため，韓国語放送に英語，中国語，マレーシア語，日本語，スペイン語などによる字幕が提供されている。2017年現在，117カ国の5400万世帯，そして46カ国の1700ホテルで視聴可能である。*TvN Asia*は，韓国の総合エンターテインメント事業者であるCJ E&M（CJグループの主要子会社）の所有・運営するチェンネルであり，アジア地域を中心に展開されている。2009年にサービスを開始し，2017年現在，視聴世帯数が900万を突破するほどの急成長ぶりである。

　上記のいずれのチャンネルにおいても，**インターネット**によるコンテンツ配信（Over-The-Top: OTT）にも積極的で，YouTubeを始め，さまざまなインターネット経由で見られるサービスが展開されている。

　番組コンテンツの輸出の増加も著しい。1990年代後半からアジア地域を中心に活発化し，2000年以降も順調に伸びてきた。日本と中国への輸出が60％以上を占めており，台湾，香港，ベトナム，タイなどが続き，アジア地域全体で90％以上である。ジャンル別には，ドラマが80％以上を占めているが，近年は「芸能」と呼ばれるバラエティー系の番組もアジア地域を中心に人気を集めている。

　ニュース通信社である「聯合ニュース」（Yonhap News）も海外向けの発信に積極的である。**通信社**としての世界のニュース機関への配信のみならず，ウェブサイトにおいても6つの言語（英語，中国語，日本語，アラビア語，スペイン語，フランス語）のサービスがある。主要な新聞社も外国語によるニュース発信には積極的で，3大新聞と呼ばれている『朝鮮日報』『中央日報』『東亜日報』が，それぞれ2000年前後からウェブサイトで英語，日本語，中国語によるニュース提供を始めており，「進歩」または「革新」色の強い新聞社として知られる『ハンギョレ新聞』も，2004年から社説の英語訳を提供し始めており，現在は英語，日本語，中国語によるニュースを提供している。（黄盛彬）

議題設定機能
Agenda Setting

　議題設定機能は，議題設定効果の仮説とも言われており，1970年代初頭に米国のコミュニケーション研究者M・E・マコームズとD・ショウの2人によって提起

された。マスコミュニケーション研究の系譜において1970年代は1つの転換点であり，議題設定機能は，1960年代までの**マスメディア**による「直接効果論」から「限定効果論」へと研究の視点を移す大きな起点となる存在となった。マスメディアからの情報が大衆説得において直接影響を及ぼし，メディア情報に沿った態度・行動を喚起するという見方から転じ，メディアが伝える知識を学ぶ大衆に注目した認知レベル研究に基づき，必ずしも大衆の態度・行動を変えるものではないが，メディアがある論点に注意を向け，また他のものへの関心を示さないことで**世論**に影響を与え得るという説として**議題設定機能**が生まれてきたのである。マコームズとショウは，人びとは，公共的な論点やさまざまな問題をメディアから学習するだけでなく，マスメディアが論点や話題をどの程度強調して扱うかによってその重要度を理解するとしている。具体的には，1968年の米大統領選挙の調査研究で，メディア報道が1つの論点において「何を考えるのか」を伝えることはできないかもしれないが，複数論点がある場合に「何について考えるのか」を人びとに伝えることにおいて影響を与える可能性があるとの知見を示した。議題設定機能では，マスコミからの情報により発生する受け手に対する効果は，情報内容に左右されると考える。メディア情報の受け手である大衆は，受け取った情報をもとに学習するとの前提があり，人びとはメディアから受け取る情報の論点や重要性の順位がどうかを学ぶこととともなる。近年，マスメディアが設定する情報の重要性順位には，むしろ大衆からの決定圧力も強くなっており，**インターネット社会**での情報受信発信のあり方が議題設定機能の問い直しを求めている。（金山勉）

📖 106, 180, 246, 247

キラーコンテンツ
Killer Content

テレビや**映画**，**アニメ**やゲームなどのメディア産業において，圧倒的な集客力をもつ情報・サービス・製品等のことで，英語ではkiller contentと単数形で表記。家庭用ゲーム機の人気ソフトや，2016年に発売され，世界中で評判となったニンテンドー「ポケモンGO」，テレビでは人気**スポーツ**がそうで，その放映権の争奪に札束が飛び交う。2018年2月のピョンチャン冬季五輪では，フィギュアスケート男子フリー2連覇の羽生結弦選手が金メダルを取った日の視聴率は平均で，関東地区33.9％，関西地区31.7％，羽生選手の出身地の仙台地区では41.2％（NHK総合，ビデオリサーチ調べ）であった。しかしそうした現象の裏には，それによってはじき飛ばされる社会派番組があり，視聴者の社会像の歪みの原因ともなっている。（渡辺武達）

ゲートキーパー理論
Gatekeeping Theory

ゲートキーパー理論とは，ニュースの取捨選択にかかわる情報の送り手に注目したもので，世の中の出来事がジャーナリズム機関を通じてニュースとして成立する際，そこでは取捨選択の行為が常に行われているというものである。この理論の原点は1950年にD・M・ホワイトが提唱したもので，ニュース選択行為には**ニュースバリュー**が存在するかどうかをめぐり，編集者の価値観が反映されると

される。この理論は多くの場合，ニュース選択者のみに焦点を合わせただけのものとの批判がある。現代のデジタル社会では，受動的なニュースの受け手ではなく能動的に協働してニュースに反応する受容者（**オーディエンス**）の存在を意識した，より流動性の高い**ネットワークジャーナリズム**（networked journalism）が**ソーシャルメディア**空間で展開されていることを意識すべき状況にある。（金山勉）

公文書管理法
Public Records Management Act of Japan

国民の**知る権利**を保障し，政府・官公庁の活動記録を国家の歴史的財産として保持することを目的として2009年に衆参両院の全会一致で成立した法律。正式には「公文書等の管理に関する法律」といい，冒頭に「この法律は……健全な民主主義の根幹を支える国民共有の知的資源として……国民主権の理念にのっとり，公文書等の管理に関する基本的事項を定めること等により……国及び独立行政法人等の……諸活動を現在及び将来の国民に説明する責務が全うされるようにすることを目的とする」とある。そうした記録の作成から廃棄までの統一基準も各省庁共通規則として定めている（詳細は資料編参照）。

この法律成立の背景には，保険庁がコンピュータ入力した年金記録に誤りや不備が多くあり，それが個人の生活に直結していたことから大きな社会問題となり，政府機関の情報管理が国民から批判されたことがある。国民主権の健全な行使には投票権だけではなく，政府の活動実態の透明性保証が重要だが，2017年度に発覚した森友学園国有地取得問題でも財務省による記録文書の書き換えがあり，官僚による政治家への**忖度**と主権者軽視，モラルの低下がその原因だとされた。公文書は「健全な民主主義の根幹を支える国民共有の知的資源」であり，国民が官公庁などの公的機関の活動を知るためには，実質的効力をもち，かつ使いやすい情報公開法との連携運用が求められる。しかし今も隠蔽など不祥事が少なくない原因として，虚偽公文書作成罪（刑法156条），公用文書等毀棄罪（刑法258条）の適用条件が厳しすぎることが指摘されている。（渡辺武達）

合理的無知
Rational Ignorance

A・ダウンズがその著『民主政治の経済理論』（*An Economic Theory of Democracy*, 1957年）で提唱した理論で，「デモクラシー社会」における政策について勉強をしてから投票するのは費用対効果としては無駄に近いとした理論。しかし有権者の政治行動の準備を費用対効果をベースに考えることには無理がある。たとえば2016年の米国大統領選では，実際の投票ではH・クリントンがトランプより多かったが有権者が各州の投票人を選ぶ間接選挙制度の矛盾からトランプ候補当選の結果を招いた。各政党が専門家を雇い作為的な質問項目を並べた**世論調査**をしてその結果を基にさらに次の意図的政治キャンペーン活動に利用する「有権者だまし」が日米ともに常態化している。政治には①理念，②税収の範囲内での予算配分，③政治家の倫理，④国際協調，など多様な力学的相克があり，

それらの客観的見取り図が示される必要がある。その主役こそ**マスメディア**とジャーナリズムである。「マスコミュニケーション研究」とは情報に関する「社会病理学」であり，ジャーナリストは「社会の医者」であるとのメディア哲学がなければ，メディアリアリティ（メディアの作る現実）は民衆の幸福増大に貢献できない。メディア研究者やジャーナリストが専門知識もしくは社会事象の信頼できる総合的なデータバンク作りに協力し，**AI** 技術・ネット通信によって市民が自ら関心をもった事項の判断の基礎になる情報を容易に入手できるシステム，加えてエセ情報＝フェイク判別のシステムが社会的に構築されれば，「合理的無知」の現実は回避できる可能性が大きくなる。
（渡辺武達） 📖101

コミュニケーション権
Communication Right

世界人権宣言（1948年制定）は世界平和と社会の安定，繁栄の基底になる重要な権利の1つとして「**通信の自由**」を挙げている。それは「干渉を受けることなく自己の意見を享有する自由をもつ権利」であり，国境を超えて「情報および思想を求め，受け，伝える自由」のことだとする。2度の世界大戦を経て，個々人が自由に意見を交換でき，それを補助する社会ができて初めて，**市民主権**による平和で安定した社会運営が実現できるという考え方に至り，人びとの自由で責任あるコミュニケーションの保障こそが世界の平和と繁栄の基礎であることの宣言であった。

このコミュニケーション権の享受にはそうした健全な社会観（倫理観・歴史観・世界観）を共有した個人を結ぶ「民主的に運営される」メディアが必須である。しかしその安定的な保障には，そうした発想を可能にする教育制度の拡充，グローバルにつながったコミュニケーション機器とそれらを購入できる生活レベルの向上が求められる。だが，現実には貧困や独裁政治が人びとのコミュニケーションする権利を奪っていることを国連ラジオ／映像部門が1969年に指摘した。ユネスコと連携した**国際メディアコミュニケーション学会（IAMCR）** もそうした指摘をしているが現実世界では最新情報機器を購入，操作，利用できるのは経済的優位にある諸国民・層に偏りがちである。その反面で，豊かな地域の人びとの多くは過剰な娯楽関連情報に翻弄され，各国とも憲法は**言論・表現の自由**を認めているが，その実態的空文化は著しく，メディアへの正当な**アクセス権**を行使しにくい状態にある。（渡辺武達）

コミュニケーションモデル
Communication Models

コミュニケーションには，①個人内，②対人，③グループ・集団，④組織，⑤マスの5形態がある。コミュニケーションの過程においては，常に情報が行き交っており，これをモデル化して理解しようとするのがコミュニケーションモデルである。モデルは断片的な知見や社会の現実を図表の形態で意識的に単純化して示しており，コミュニケーションの構造・過程にかかわる中心的な諸要素や要因間の関係性を視覚化することでコミュニケーション関連諸状況の説明・理解を促進する。マスコミュニケーションをモデルで紐解く際，一番に参照されるのが

C・シャノンとW・ウィーバーの『コミュニケーションの数学的理論』(1949年)に基づき示された数学的モデルであり,これは米国ベル研究所において電話システムを基本としてデザインされた。コミュニケーションを直線的片方向の過程として描く情報理論(Information Theory)の原点となるこのモデルは,①情報源(information source)から発信されたメッセージ(message)が,②発信器(transmitter)で③信号(signal)に変換され,その途上で④ノイズ源(noise)の干渉を受けながら,⑤受信信号(received signal)として⑥受話器(received)に届き,これがメッセージ(message)として変換され,⑦目的地(destination)に届くまでの過程を描いている。これとの関連で,D・M・ホワイトは,**ゲートキーパーモデル**を示し,マスメディアを通じてニュースが伝達される際,何を伝えるかについて,ルールかまたは個人的な判断のいずれかによって決定が行われること,つまり**ニュースバリュー**が影響を与えることを指摘して,情報の送り手研究の礎を築いた。初期のコミュニケーション過程のモデルは直線的で,刺激(stimulus)と反応(response)の原則にもとづき,メディアから大衆に向けた1段階の直接効果の流れを前提にしておりメディアが**世論**形成に影響力をもつことを前提としていたが,E・カッツとP・F・ラザースフェルドは,コミュニケーションの2段階の流れ仮説を示して見せた。メディアと人々の間を媒介する存在として第1段階に**オピニオンリーダー**があり,第2段階として**オピニオンリーダー**が**対人コミュニケーション**によって集団メンバーに伝えられることを示し,とくに,**オピニオンリーダー**が果たす役割の重要性を指摘した。これが**マスメディア**理論研究の限定効果の流れにつながり,また情報の受け手である**オーディエンス**が能動的なメディアメッセージの利用者として重要な存在であることが意識されるようになった。〈金山勉〉 📖 181, 244

〈サ〉

初期の出版印刷文化
Print Revolution

木版印刷は中国において8世紀までに発明され,その後,陶活字や金属活字を使った活字印刷が中国・朝鮮で行われた。西洋の木版印刷は14世紀になってはじめて免罪符の印刷などに利用された。その直後の15世紀中期に,現代につながる技術としての活字印刷術が,ドイツのマインツで生まれた**グーテンベルク**(Johannes Gutenberg, 1394/99~1468年)によって発明された。彼はまずラテン語の文法書,暦,免罪符の活字印刷を試み,フスト(Johann Fust)の投資をもとに1454~55年の間に『42行聖書』を印刷したといわれているが,完成させたのは彼の事業を引き継いだシェッファー(Peter Schöffer)だとの見方も有力である。当時の本はタイトルがないため,1ページの行数が42行であることから,『42行聖書』と呼ばれ,実質的な世界最初の活字本であるとみなされている。ベラム刷,紙刷合わせて180部程度印刷されたと推定されるが,具体的な印刷術については,残された『42行聖書』そのものから推測する以外には詳細はわからない。彼の発明は,鉛活字の発明,油性インクの工夫,

印刷機の発明がセットになっており，印刷機はブドウ搾り機からヒントを得たといわれている。また，彼の発明は文化史上の「大躍進」と称せられるが，字体には当時の写本に広く使われていたゴシック体を用い，同時に彩色文字のスタイルや印刷欄のサイズ，余白の取り方など，あらゆる点で写本に似せる努力をしている。そのため，長い間，写本と考えられていた『42行聖書』も存在するほどである。

活字印刷術はまたたくまにヨーロッパ各地に広がり，15世紀中に刊行された図書は「揺りかご本」の意味でインキュナビュラ（Incunabula）と総称され，書誌学者の研究対象となってきた。インキュナビュラで最も多いのは，写本でも製作されていた聖書をはじめとする宗教関係の書物である。豊富な木版画の挿絵も当時の特色で，年代記などに添えられた挿絵は，読み書き能力の低い読者には大きな魅力となったと考えられる。

「新しいメディアはその独自の影響力を行使する前に，旧い様式でなされたことをしばしば行う」といわれているが，活字印刷術の場合もこれが当てはまり，形態・内容ともにそれ以前の最有力なメディアであった写本を模倣していたのである。このような模倣の理由として，「印刷本と写本の外見が同一であることが，商業的成功の保証と同時に，技術的勝利の証としても映った」（アンリ゠ジャン・マルタン）ことが挙げられる。

こうした視点から，活字印刷術の発明は，メディア史における「革命」なのか，あるいは「連続性」をもつものなのかの議論がある。活字印刷が写本文化を短時間ですべて駆逐したわけではないという点では革命とはいえないが，それが長い年月をかけて知識と社会に大きな変化をもたらした点から「印刷革命」と呼びうる内容をもっている。とりわけ，マスメディアが登場する前に，新しい出版印刷文化が，黙読の普及に典型的に見られるように，古代・中世の聴覚中心の社会から視覚中心の社会へと決定的に変化させた事実が重要である。（芝田正夫）　📖167

世界のメディア・コミュニケーション研究関連学会
Media and Communication Research Organizations of the World

IAMCR（International Association for Media and Communication Research：**国際メディアコミュニケーション学会**）は，1946年に世界規模でのジャーナリストの養成とメディアの諸問題の研究推進を目的として，UNESCOの提案で作られた組織を母体とした国際学会である。全体として欧州の大学の研究者が多いが，UNESCOの支援を受けていることもあり，国際色が強い。1957年に現在の組織として設立され，2018年の時点で，アクティブメンバーは約2000人と公表されている。年に1度の大会が，さまざまな国々の有名な大学で開催されるのが大きな特徴。ICA（International Communication Association）は，1950年に設立されたジャーナリズムやメディア研究を含むコミュニケーション研究に関する国際学会である。2003年より，国際連合と公式にNGOとして連携している。会員数は約4700人で，メディア・コミュニケーション研究に関する学会としては世界最大規模である。大会への参加者も

増加傾向にあり、2016年には日本の福岡で開催されている。全体として米国の大学・大学院の出身者が多いが、シンガポールの南洋理工大学のように、アジアの名門大学のグループでの参加も目立つ。大学主催のレセプションも大会中に開催されており、卒業生や所属教員以外でも招待があれば参加できる。AEJMC（Association for Education in Journalism and Mass Communication）は、1912年にジャーナリズム教育に携わる米国の大学教員が作った民間団体を母体とした国際学会である。名称はたびたび変更されているが、歴史は古く、現在の会員数は約3700人と公表されている。上記3つがメディア・コミュニケーション研究に関する国際学会として世界的に有名であるが、その他にも大小さまざまな学会や団体が存在する。(酒井信)

〈タ〉

中国人メディア接触の特徴と日本イメージ
Media Access of Chinese and Its Japanese Image

近年の中国人のメディア接触は多様化し、テレビだけでも①**ケーブルテレビ**、②**衛星テレビ**、③**インターネットマルチメディア放送**（IPTV）の3つがある。都市に住む市民はケーブルによるデジタルテレビ視聴が主で、地上波デジタルテレビは、ネットカバーのない町、農村などで利用されている。IPTVは視聴者個人のニーズに応えられるため、近年急速に人気の高まりがある。『中国インターネット発展状況統計報告書』によると、2017年12月までで、中国におけるネットユーザー数は7億7200万人、普及率は55.8％となっている。新聞は紙新聞の購読者数が減少し、ネットサイトによる電子情報発信が一般的である。広告についても**ネットメディア**による広告収入がテレビ、新聞、ラジオ、雑誌の**広告収入**の合計を上回っている。

日本と日本人のイメージについては接触するメディアの種類（伝播経路）、つまり①**マスメディア**によるニュース、②映画やテレビドラマ、③**インターネット**情報など、によって異なっている。ニュースでは日本での出来事、歴史教育のイベント、中日両国政府のハイレベル交流などが主要テーマとなっている。ネット利用の若者たちは日本情報を提供するサイトによってそのイメージを形成し、日本観光をした一般市民はネットに自らの訪日体験を見聞や感想として書き込み、それにアクセスする人も多い。ニュース報道、歴史教育、日本社会と文化などの情報もこうして送受信され、多様な日本イメージを構成している。中央政府の発信する情報は強いが、それが必ずしも市民の固定した日本イメージとなっているわけではなく、実際には多様なイメージが混在している。(韓景芳)

都市伝説
Urban Myths / Legends

否定的なニュアンスを強くもった用語で、辞書によっては「都市化の進んだ現代に真偽があやふやなまま、多くの人に信じられている噂話」としている。ネットによる送受信があたりまえの今日では、①都市に限らず、②発信責任がなく、③内容の真偽も確認できないのに、④飛びかう情報およびそうした状況のこと。ま

たそれと同一事項を異なる視点から同様のやり方で説明するものを「対抗伝説」というが，こうした言葉が日常語化した背景には，ネット一般，とりわけ**交流サイト＝SNS**等により，誰もが簡単に発信でき，正しさよりも面白さが優先されてしまいやすい社会情報環境がある。実際に日本でもネット上の不確かな「情報」が，銀行の取り付け騒ぎ（佐賀銀行，2003年）として「風評被害」の元となった例がある。（渡辺武達）

トリックスター
Trickster

詐欺師，ペテン師，奇術師など人をだます者。民話・神話のいたずら好きの妖精や神など。文化人類学者による米国先住民の民話研究では，社会の道徳・秩序を乱す一方で，活性化の役割を担う存在として類型化された。後に，心理学者のユングは，人類に共通する普遍的無意識の象徴を「元型」と呼び，伝統的権威や権力者を風刺・冷笑したり，狡知や策略で人々を惑わすキャラクターを「トリックスター」元型と名づけた。2016年の米大統領選挙で，本命視されたクリントンを破り第45代大統領に就任したトランプを「トリックスター」に見立てる向きもある。トランプ旋風を，米国社会の基底部にマグマ溜まりのように実在する，普遍的無意識としての混沌の産物と解釈するからである。（野山智章）

〈ナ〉

日本の新聞学研究
Japanese Journalism and Mass Communication Studies

新聞ということばそのものは，本来「あらたにきく。耳あたらしい話」（諸橋轍次『大漢和辞典』）という意味である。新聞学は「あらたにきく」ことについて研究する学問なのである。「あらたにきく」という行為は，いうまでもなく近代の現象ではなく，人類がその発生から行っていることであるから研究の時間軸は無限に長い。また，「きく」ということは，「人の言葉をうけいれて意義を認識する」（『広辞苑』）ということであるから，聞く行為，読む行為，見る行為，聴取者，読者，視聴者などと対象領域は広範である。

これは，現在のコミュニケーション研究の枠組みでは受け手の研究ということになろうが，そもそも送り手―受け手などという枠組みに立たずに「あらたにきく」行為そのものを研究するのが新聞学なのである。無論，「あらたにきく」行為の個人の内部過程の研究は心理学がもっぱら担当しているから，新聞学は社会的行為としての「あらたにきく」ことを受け持つのが適当だろう。

しかし，これまでの新聞学は，このような学としては発達してこなかった。その序において「本邦未た這般の書を見す」と日本最初の「新聞学」の書であることを誇る松本君平講述『新聞学―欧米新聞事業』（1899年，博文館）は，松本の経営する政治学校の講義から生まれた新聞記者志望者への教科書である。一種の職業案内といってもよいだろう。

ここで取り扱われているのは，新聞社と**新聞記者**という職業の説明である。「耳あたらしい話」を生産する者に対象が絞られているのである。「耳あたらしい話」の生産への関心は「あらたにき

く」という行為への関心から派生する1つの問題であるのだが，それが新聞学を僭称するところから日本の新聞学が成立してしまったのである。そこに起きているのは視座の顛倒である。またもう1つの問題は，人びとは生活のなかで「耳あたらしい話」（＝新聞）をさまざまな媒体できくのがふつうだが，「耳あたらしい話」を伝える媒体として紙に印刷され商品に加工されたものが唯一，新聞であるかのように論じられていることである。本来の「耳あたらしい話」（＝新聞）は新聞紙に記載され商品化された新聞（＝ニュース）の意味に縮小してしまった。

このように本来の新聞の意味からすれば，視座を顛倒させ，意味を縮小した形，いわば二重に矮小化された新聞を作る側の学として以後の新聞学は進んでいくことになった。それは，新聞社が思想結社・政治結社の性格をしだいに失い，企業として成立し，**新聞記者**が職業として形成されてくる過程と重なっていく。杉村楚人冠『最近新聞紙学』（1915年）は，意見（オピニオン）本位の新聞から新事実（ニュース）本位の新聞に変わりつつあるアメリカの新聞界の動向を紹介し，そこでの**新聞記者**が習得すべき「新聞価値」（**ニュースバリュー**）を見抜く「新聞眼」を解説しようとした著作である。折しも日本の新聞社も企業的新聞として形成途上にあったから，時代の要請に応えていたのである。

新聞社の企業化は，新聞の生産を対象化する契機となった。1918年大阪朝日新聞社白虹事件で企業的新聞社が自らの言論を放棄して権力に屈服するのを体験した長谷川如是閑は「資本主義社会に於ける新聞紙の変質―新聞紙の商品化その奪還」（『我等』1929年1月）など一連の新聞論を発表し，新聞を「対立群意識の表現」とし，その「対立群意識」が失われていく過程を「新聞紙の商品化」とみなしたのである。さまざまな社会群の「対立意識」にまで遡った彼の新聞論は，当然「近代の新聞と同じ機能をもった「新聞的」性質のもの」についても注目し，神話，お伽噺，童謡，落首，風聞書，物語本などを視野に入れている。

また如是閑とはまったく別な観点から新聞社の企業化を対象化しようとしたのが，小野秀雄である。小野秀雄は企業的新聞社の形成を新聞の発達と肯定的に捉え，日本における最初の新聞通史である『日本新聞発達史』（1922年）を著した。さらに彼は欧州留学を経て，ドイツ新聞学を日本に導入するなど新聞学の体系化に努め，「新聞本質論」と「新聞機能論」を骨格とする新聞学を構想した。その「本質論」では，「新聞の元素的形態」を「談話」に見いだそうとしている。

1920～30年代，長谷川如是閑にしろ小野秀雄にしろ，新聞紙の研究から出発しながら，それを作り出す人間の活動そのものに遡及し，「あらたにきく」という新聞の原義の研究に至る契機をもっていたのである。しかし，残念ながらそれは十分開花しないまま終わった。

第2次世界大戦後，アメリカ産のマスコミュニケーション研究が輸入され学界を席巻すると新聞学は新聞紙の学にふたたび収縮してしまう。しかし，マスコミュニケーション研究は基本的に送り手側からみた影響，効果の研究である。その枠組みのなかに受け手を位置づけている。

仮に受け手であるとしても、それはわれわれの生活のなかの一断面にすぎず、その一断面の意味も生活全体のなかで考えることによって初めて明らかにできるはずである。視座をわれわれの生活に置き、そのなかでの新聞の原義である「あらたにきく」体験を研究する新聞学を再構築することが必要であろう。(有山輝雄)

日本のメディア・情報学関係学会
Media and Information Research Organizations of Japan

日本学術会議に指定されているメディア・情報学関係の各学会の概要は下記の通りである。「社会情報学会」は、情報現象の過程・構造や、**情報技術**の進展と社会との関係等を、理論実証の両面から解明することを目指す。「情報処理学会」は、**コンピュータ**とコミュニケーションを中心とした情報処理に関する学術、技術の進歩発展と普及啓蒙を図る。「情報通信学会」は、情報およびコミュニケーションに関する総合的、学際的な研究などを通して、コミュニケーションの発展に貢献する。「**日本アニメーション学会**」は、アニメーションに関する社会的諸問題への公正中立的対応や国際的アニメーション研究活動への連携などを目指す。「**日本広報学会**」は、経営体の広報およびコミュニケーション活動全般について、学術的および実践的な研究を行う。「日本広告学会」は、広告に関する理論的・実証的研究を行う。「**日本マス・コミュニケーション学会**」は、情報化社会が到来した今日におけるさまざまなニューメディアの登場をはじめ、さらに複雑化しつつあるマスコミュニケーション現象の多角的研究に寄与する。(大谷奈緒子)

〈ハ〉

風評被害
Harmful Rumor / Damage Caused by Rumor

根拠がなく、事実でもない情報の流通によって起きる社会的被害のこと。2011年の東日本大震災時に起こった東京電力福島第一原子力発電所事故によって、福島産農産物・海産物について、放射能汚染されており、その摂取は身体に悪影響があるとの**うわさ**がながれ、関係者が損失を受けたことで広く使われ始めた。「**都市伝説**」に似ている面があるが、原発事故の場合、政府と東電双方の流した情報にも、科学的根拠のうすいもの(**安全神話**、風評"加害")が少なからず見られた。福島県の海から規制値の1250倍もの放射性ヨウ素が検出された際に、政府や保安院が「ただちに健康への影響はない」「この程度の放射線であれば大丈夫」とのコメントを出したのがその例である。特定の店舗や企業が対象となったケースとしては、2003年の佐賀銀行倒産デマによる取り付け騒ぎなどがある。(渡辺武達)

プレスの自由の5類型
Five Theories of Press Freedom

米国のメディア研究者のF・シーバートや**W・シュラム**らは1956年、世界の言論・表現・情報の自由を①権威主義理論、②自由解放主義理論、③社会的責任理論、④ソビエト共産主義理論の4つの型に分類して提示した。**J・カラン**らはその見方は西欧の視点にすぎないと批判した。2004年、同志社メディア・コミュ

ニケーション研究センターの渡辺武達らは世界各国の憲法の**言論の自由**項目を比較検討し，プレスの自由法理の実態は次の5つの型に分類できると発表した。

第1　思想の自由市場型：米国や日本，独仏といった先進資本主義諸国，あるいは民主化に熱心な諸国では，**言論・表現の自由**は民主的社会構築のため個人のもつ基本的な人権として規定されている。しかしこれらの国々でも国益や政権維持に関わるさまざまな理由から憲法条項が形骸化しがちである。とくに米国では9.11以降，愛国者法などを成立させ，言論・表現の自由や信教の自由という憲法上の権利規定よりも国家の安全保障を優先させるという論理が優勢である。またタイではタクシン首相の就任（2001年）以降，国家が首相個人の利害関係で運営されているとして，クーデターによって追放された（2006年）。だが，それ以降も言論・表現・情報の自由への抑圧が続いており，「自由」と「責任ある」メディアとの相克が続いている。

第2　国家統制型：中国などでは，個人の言論・表現の自由を認める条項の後で「祖国の安全や名誉，もしくは利益の擁護」や「国家機密の擁護」をうたい，それは国家の安定と利益をまず守ってから認められる権利であると位置づけている。中国の場合，4つの基本原則として「共産党の指導，マルクス・レーニン主義と毛沢東思想，人民民主独裁，社会主義の道」が現行憲法の序文にあり，これと言論・表現の自由との整合は至難である。この種の規定は旧ソ連の「プロレタリア独裁」の関連規定にもあった。成文化してはいないが，日本でも天皇制批判は**主流メディア**では**タブー**になっている。それらのことを考えると世界のどの政権，社会にも何らかの**タブー**があると理解した方が実態に近い。社会変革を急速にしようとすれば他の面での犠牲が出ることは確かだが，またそのように主張して進歩を抑圧することもしばしば起きているのがこの型の特徴である。

第3　国家発展優先型：アジア・アフリカ・ラテンアメリカ地域の途上国の多くやヨルダン・モロッコ・イランといったイスラム圏諸国の多くでは，言論・表現の自由規定はあるものの，メディアが国家発展の道具として位置づけられ，「国家の定める法律の範囲内において」といった限定がなされているとともに，メディアの教育的，経済発展的利用が優先される。日本の明治憲法（1889／明治22年制定，大日本帝国憲法）でも，第29条が「日本臣民ハ法律ノ範囲内ニ於テ言論著作印行集会及結社ノ自由ヲ有ス」，第31条が「本章ニ掲ケタル条規ハ戦時又ハ国家事変ノ場合ニ於テ天皇大権ノ施行ヲ妨クルコトナシ」と書き，治安維持法によって違反者は，最高刑は死刑とされた。韓国でも建国から1986年実施の民主的選挙まではこのような状態にあった。この種の法律の文言には意図的に不明瞭な表現が使用されており，規制対象の判断については当局が絶対的な裁量権をもっていたし，2001年，ヨルダンでは王制を批判した者に対する最高3年の懲役刑が復活している。

第4　宗教・文化優先型：サウジアラビアのような，王族独裁に近く，宗教の影響も絶大で，事実上コーランが憲法の役割を果たしている地域，イスラム教が

国是となっているマレーシアのような国で，メディアがまず宗教的教えを侮辱せず，国家のそうした文化・道徳的制約のもとに機能すべきだとしている状態をいう。また，モロッコでは，新報道法41条でイスラム教，君主制，領土保全に関して批判的報道をした者には〈3年から5年〉の懲役刑が科されることになっているように，この第4の型は第3の型と分かちがたい関係にある。その点では中国の言論・表現の自由における共産党の一党独裁という政治的風土とこの第4の型とは共通する部分が多い（2018年現在）。

第5　**積極的公正中立主義**型：これは各国の憲法や各メディアが**編集・倫理綱領**等でうたっている理想としてのメディア活動を実践しようとするものである。渡辺武達などは，現代のようなグローバル化した社会では地理的・社会イデオロギー的な多様性があるのは当然だとしても，**市民**主権で豊かな生き方と能力の十全たる開発とその希求が保障される社会の運営には，人類社会が確認してきた普遍的原理に従った情報の収集と議論が行われることを基底にメディア・ジャーナリズム活動を保障せよと主張する。複数の意見があれば，その中間を採るのではなく，両者を仔細に検証したうえで，どちらのどの要素の実現に取り組めば，市民主権への方向性が強化され，まともな情報を十分に提供された市民（well-informed citizens）の社会参加を確保できるのかといった視点で情報の取捨選択を行うものである。（渡辺武達）　📖54, 182, 229

ヘゲモニー理論
Hegemony Theory

社会の支配的思想と政治の現実的連携のことで，イタリアの思想家で政治活動家のA・グラムシ（1891～1937年）がその著『獄中書簡』などで提起した，国家がメディアや知識人を利用するときの思考基盤。人民中心の政治・道徳思想が社会の主流となるにはどうしたらよいのかという哲学的思索のなかで，ファシズムからの批判を避けるために採用した用語で，「支配階級の優越は政治的支配力と知的道徳的指導という形で示される」ことから，前者は国家による強制装置として，後者は広い意味で教育によって実現されるとし，その実現のために社会的強者は知識人を「代弁者」としてメディアを利用した情報操作を行っていると主張，戦後政治の実践思想としても，硬直したマルクス主義を人間的に改革する思想としても大きな影響を与えた。**カルチュラルスタディーズ**を提起したS・ホールらの考え方もこのヘゲモニー理論に影響を受けている。（渡辺武達）　📖65, 66

ペンタゴンペーパーズ
Pentagon Papers

元米国防総省次官補付としてベトナム戦争の実態記録文書作成に関わったシンクタンク，ランド研究所（Rand Corporation）の研究員であった経済学者D・エルズバーグが，国防総省保管の極秘文書全7000ページをコピーしてもち出し，その肝要部分を『ニューヨークタイムズ』と『ワシントンポスト』の両紙にリークした文書のこと（1971年）。1960年代初めアメリカによるベトナム戦争への介入が激しさを増し，**鶴見俊輔**や小田実らが組織したべ平連（ベトナムに平和を！　市民連合）に，北ベトナム攻撃に加わった米国空母からの脱走兵が援助を

求めたことが大きく報道されるなど，全世界的に戦争の正当性への疑問が大きな市民運動のうねりとして影響力をもつようになった。米国内でも『ニューヨークタイムズ』記者，**D・ハルバースタム**は『ベスト&ブライテスト』を書き，この戦争を「もっとも聡明な者がその能力を悪用し，もっとも恥ずべき軍事作戦として実行した」と批判した（1969年）。

リークされた文書にはトルーマン，アイゼンハワー，ケネディ，ジョンソンと4人の大統領のもと，政府が公式発表とは違うインドシナ戦争作戦を行っていたことが記されていた。それを最初に渡され「国民だまし」として批判的に報道した『ニューヨークタイムズ』は政府から告発され（後に無罪として結審），続いて『ワシントンポスト』が同一文書を入手して報じ，国内だけではなく世界中から米国批判がいっそう高まった。この文書が両新聞社に渡った経緯については，2017年，ワシントンポスト紙の経営とジャーナリズムのあり方の葛藤を主題としてスピルバーグ監督によって映画化され，翌18年には日本でも公開され（The Post, 主演：メリル・ストリープ，トム・ハンクス。日本版題名は『ペンタゴン・ペーパーズ／最高機密文書』)，メディア企業のあり方，ジャーナリズムの社会的責任を問う内容が話題となった。

英国の歴史家アクトン卿は「権力は腐敗する，絶対的権力は絶対に腐敗する」（1887年）と言った。ベトナム戦争時のアメリカだけではなく，権力をもった者は例外なくその悪用の誘惑にかられ，メディアを操り自己に有利な報道をさせようとする。こうした政府と報道機関の不健全な関係は世界中にあるが，その代表例が米中央情報局（CIA）による秘密工作「**モッキンバード作戦**」である。これはダレス長官が主導して冷戦期の1950年代に始まり，メディア所有者と主要ジャーナリストを操り**広報**（**PR**）機関としようとした秘密のメディア工作である。その協力者／社には，『ワシントンポスト』や『ニューヨークタイムズ』といった新聞，『ニューズウィーク』などの雑誌，CBS放送，個人ジャーナリストも400名以上含まれることなどが一連の報道で告発された。日本でもイラク派遣のPKO（国連平和維持活動）における防衛省／陸上自衛隊による1万頁以上の日報記録の隠蔽，その後の森友学園問題記録の公文書改竄などが発覚している（2017〜18年）。権力によるこうした「知られたくない情報」の隠蔽工作やメディア関係者／社に対する宣撫工作は，ほとんどの国に存在し，情報入手のためと称して接近し結果としてメディアや記者が権力側に取り込まれていくことは日本でも珍しくはない。（渡辺武達）　📖159

〈マ〉

マスゴミ
Junk Media

マスコミ，マスメディアの反公益性・有害性を批判，揶揄して「ゴミ」情報の伝達機関だとする「かばん語」で，蔑称。ネットで使われ始めたがマスメディア従事者が自虐的に使うこともある。メディアには，①社会の公器としての**公共性・公益性**と，②情報の販売業者としての面の両方があり，後者が優先された場合，広告提供者や政権への迎合，意図的な誤

情報の送出，取材不十分や過度の思い入れから結果として誤りをおかすことなどが起きる。しかし，それを指摘されても元の誤情報を訂正しないことも多く，栄養バランスの悪い食品＝ジャンクフードのようなものだとする評言もある。そう批判するネット情報もまた検証できない「ゴミ情報」＝フェイクの拡散をしている面が多々あり，有益な公共情報の流通を助けるメディア責任制度作りへの全社会的努力が求められている。（渡辺武達）

メタジャーナリズム
Meta-journalism

ジャーナリズム／報道についての研究や教育，論評，真偽の検証やメディアの責任論などのジャーナリズム論一般の総括的な呼称で，一般に，新聞やテレビ，ネット等による情報提供活動の検証を主たる活動としている。米国では1976年，ソノマ州立大学（カリフォルニア州）で企業メディア（corporate media）が日々流す情報を検証するプロジェクト（Project Censored）が始まった。コロンビア大学（Columbia Journalism Review），ハーバード大学（Nieman Reports）なども各種財団の補助によって同趣旨の活動をしている。日本にも優秀なジャーナリズム活動の顕彰組織やペンクラブなどがあるが，その活動範囲と効果は限定的。報道機関の自主的な刊行物としては月刊『Journalism』（朝日新聞社），単独のものでは『創』（創出版）などで，多くは放送文化研究所（NHK）や日本民間放送連盟，日本新聞協会などの自主刊行物に依存している。（渡辺武達）

メディア研究の課題
Present Tasks of Media Studies

メディアと情報への関心は紀元前7世紀の古代ギリシャの哲学者の諸著作，前1世紀の古代ローマの『ガリア戦記』などにも見られる。だがそれが学問的研究対象となったのは意外と新しく，まだ100年ばかりにしかならない。欧米の大学で社会科学と人文科学の一分野として大学の教科になったのは第1次世界大戦の経験とマスメディアの発達で，諜報・宣伝工作の社会的効果が認識されてからのことである。

コミュニケーションがしだいに経済・社会生活の中心になり，人びとがますます情報システムとプロセスに依存するようになった社会を「**情報化社会**」といい，この現象研究の縦軸がメディア史，横軸が社会情報論であり，コミュニケーション現象の総過程を取り扱う研究・学問としてのメディア学・コミュニケーション研究である。その全体的目的は，他の社会科学と同じように，研究対象である「コミュニケーション革命の進展」と情報化社会の行く末について分析を加え，説明することによる社会貢献で，それには人間個々人の「私」的（private）なコミュニケーション，職場や組織内における「公」的（public）コミュニケーションとともに，マスメディアとPC・スマートフォン等に支えられた新しいネットコミュニケーションを含む。加えて現在のコミュニケーションは「私」と「公」の混合コミュニケーションとなっており，社会はそれぞれが混合した技術に依存しながら動いている。しかもネットの社会的浸透は両者の領域区分を困難

にしており，**公益性**という観点から両者に橋を架けることも研究者の役割である。

メディア学の対象についていえば，社会学における「社会諸力」，経済学における「需要・供給の概念」，行動心理学における「条件づけ」に比肩しうるような支配的な考え方として，社会におけるあらゆるレベルの人間関係がシンボルと記号によって媒介されている事実とそのことの重要性への着目を挙げておきたい。コミュニケーションによる他人との関係形成，私たちが発し，共有し，交換することばの意味は私たちの社会生活の現場を左右し，私たちの思想と人格の形成に決定的な影響力をもっているからである。社会科学と人文科学の出会いの場であり，規制や政策立案が問題になれば，それは政治学・行政学の領域に関連し，工学，とりわけテクノロジー研究との重要な接点（インターフェース）でもある。社会問題に関心のある人びとは，現在のコミュニケーションシステムのアカウンタビリティ（社会的責任の自覚と責務の履行）の必要性を強く求める。それに応え，この学問はコミュニケーションに関わるあらゆる問題を人間行動・文化的経験・社会的現実の新しい枠組みのなかに置いて提示する。

反面，**情報化社会**の進展は情報享受の不平等を拡大させ，コミュニケーション技術へのアクセスおよびそれに必要な技能修得の非均一性の結果としての「**情報格差**」の自己増殖を促進している。メディア学・コミュニケーション研究は，独自の論理と倫理で，こうしたプラスとマイナスの両面を見つめるべきであろう。その点，**マスメディア**の提供する情報の文化的制約あるいはマスコミュニケーションという手段への権力の集中についての政治的危険性に焦点を合わせてきたコミュニケーションの批判的研究には意味がある。しかし同時に，なされる批判には確固とした証拠が必要であり，メディア事業と公共政策の双方の関係者に対し現実的で適切なメッセージを伝えるものでなければならない。

以上のことから今後のメディア研究の重要課題として以下を挙げておきたい。社会と文化に対し，現在進行中の情報とテクノロジーはいかなる影響を与えるのか。それらは現在，一点に向かって収斂しつつあるのか。もしそうなら，そこから出てくるものは何なのか。**インターネット**を中心とする情報環境の革新はどこまで社会的脈絡のなかで，人間の「意味体系」と「経験知」を変革するものなのか。第2にネット依存コミュニケーションと伝統的な伝達手段との間に橋を架けるこうした作業はデモクラシーの進化・深化にどのように貢献すべきか。第3に新旧のコミュニケーションシステムの規制とコントロールを求める社会事象とは何か。現在のようなグローバルな社会環境とリベラルな風潮のなかで，このような問題群はどのような政策によって取り扱うことができるのか。**ネットメディア**の多くは社会的に有害な出来事や過誤について「現実逃避」的だが，それらの**アカウンタビリティ**とは何か。換言すれば，私たちはこうしたメディアを「**公共善**」（public good）に貢献させるにはどうしたらよいのか。第4に従来からなされてきている影響・学習・交換という，コミュニケーションプロセスに関する基本的

研究態度のネット時代状況への適用。だが、この分野で蓄積された私たちの知識は限られており、さまざまに応用されるコミュニケーションの実践の多くは理論的裏づけが不十分なまま進行している。これらのことへの注意喚起はあるものの、市場経済運営における強者の論理とそれらへの追随がメディア研究の傾向としても見られるのが現実である。（デニス・マクウェール〔Denis McQuail〕／渡辺武達訳）

📖 182, 183

メディア効果研究の諸理論
Media Effects Theories

メディア効果研究の諸理論は、メディアが、利用する人間に対し、どのような行動・心理に影響を与えるかに関連して生じる事象の原因と結果について、その法則性を示そうとするものであり、メディア効果研究で積み上げた実証研究の上に成り立っている。その際、**準拠枠**（frame of reference）というメディア効果にかかわる事象を認識、評価、判断、解釈する際の基準となる枠組み、加えて**先有傾向**（predisposition）という、人々の情報への折衝や選択に影響する知識や態度、具体的には**マスメディア**からの情報に接する際、自分が好む情報を優先して受け入れる選択的接触（selective exposure）など、心理的要因が重視される。メディア効果の理論にかかわる研究は、第2次大戦中の政治的**プロパガンダ**の理論を軸に発展してきた。アメリカの政治学者、H・D・ラスウェル（Harold Dwight Lasswell, 1948年）は、①who（誰が＝送り手），②says what（何をいうか＝メッセージ），③in which channel（どのようなチャンネルで＝メディア），④to whom（誰に向かって＝受け手），⑤with what effect？（どんな効果を伴って＝効果）というコミュニケーション研究で有名な、言語による**コミュニケーションモデル**を示し、その後、関連するさまざまなタイプの研究として、順番に①情報の送り手を起点とする統制研究、②内容分析、③メディア分析、④**受け手分析**、そして⑤効果分析を振り分けている。メディア効果研究は、歴史的な時間軸の中でいくつかのフェーズに区分されることがあるが、その背景にはテレビ・ラジオの**技術的発展**を含むメディア技術の発展、社会文化的環境、量的・質的を軸とする調査方法、調査研究事象に対する見方・考え方やイデオロギーとそれぞれのフェーズで理論研究に従事した研究者の指向との関連がある。第2ステージは、1920〜30年代で、これは**弾丸理論**（magic bullet）または**皮下注射効果**（hypodermic needle model）に象徴される直接的な大衆説得を前提とする時期である。この時期は新聞、映画、ラジオが人びとの日常生活の中に大きな位置付けを占め、世論形成、態度・行動に大きな影響を及ぼしており、第1次大戦以降この流れが加速した。また、**リップマン**が『世論』（1922年）の中で、**疑似環境**（pseudo-environment）を作り出すマスメディアのなかでは固定された**ステレオタイプ**（stereotype）によって人びとが物事をみるというマスメディアによる直接効果は大いに注目された。**リップマン**とラスウェルは第1ステージの中心的な存在であり、社会と人間集団は社会的エリートにより**プロパガンダ**を通じて効果的にコントロール可能との立場に立っていた。

その後1940年には，メディアの直接効果にかかわる疑問が出始めた。メディアの影響は直接的ではなく，限定的との研究視座の上で効果理論研究が展開された第2ステージである。この時期はカッツとラザースフェルドが『パーソナル・インフルエンス』(1955年)で示したように，メディアからの直接的な効果には限りがあるとして，**オピニオンリーダー**の概念を導入し，コミュニケーションの2段階の流れ仮説を持ち込んだ。**マスメディア**からの報道は事実を認知する段階では個人に直接的な影響を及ぼすが，評価の段階に入ると特定の個人と近い小集団でのコミュニケーションが重要になるとの知見を示したのである。これと関連してマスメディア情報の受け手は**先有傾向**により情報を取捨選択するため，一方的にマスコミの影響を受けているわけではないとしている。この時期は，第3ステージで，マスメディアの巨大な効果理論を再検討するフェーズである。1960年代の社会ではベトナム戦争にかかわるメディア・ジャーナリズムの報道が大きなインパクトを与え，またメディア情報の受け手である市民の社会的力も強まってきた。メディアの累積的変化に焦点が置かれ，ノエル＝ノイマンは，「沈黙の螺旋理論」により，社会的な議論・争点を通じて世論が形成されてゆく過程において，優勢または優勢になりつつある意見は一層力を増し，他方で少数派意見は沈黙状態となり，結果として優勢な意見がますます増加してゆくとの知見を示した。これに加えて，Ｍ・Ｅ・マコームズとＤ・Ｌ・ショウ（1972年）による**議題設定機能**などが強力な効果論研究への関心・取組み

を再喚起することとなった。その際，研究者らは，第1期の直接効果研究が，当時の心理学に依拠した方法論を採用しており，長期的かつ累積的な効果研究にそった方法論を採用するべきだとの考えを示している。1990年代以降，新たな効果理論研究のトレンドがみられる。それによると，メディアの日々の営みは社会的現実の構築の一部となっており，メディアが描き出す世界を採用するかどうかは受け手である大衆に委ねられているとの視点を重視している。これは**受け手分析**（audience research）にかかわる研究の取り組みとして反映されており，メッセージの受け手を研究対象とするなかで，受け手によるメッセージの受容の仕方や受け手の満足や解釈にかかわる仕組みに焦点をおいたものがある。1つは社会心理学に位置づけられる「利用と満足」研究，もう1つは，受け手による主体的なメッセージの読みに焦点をおいたもので「**カルチュラルスタディーズ**」に軸足を置き，階級や**ジェンダー**など国家・社会と権力との間の政治的関係性に軸足を置く受け手のメッセージ研究を促している。

(金山勉) 　📖 80, 144, 180, 181

モッキンバード作戦
Operation Mockingbird

1950年代当時のダレスCIA長官主導で，メディア関係社／者をその宣伝に利用した作戦のコードネーム。「モッキンバード」は北米産の鳥の名前で，他の鳥の鳴き声をまねることがうまいことにちなんで名づけられた。政府が進行中の重要事項について一定の期間，国民に公開しないことは倫理的には許される。しかし権力側に都合が悪いことを永久に隠す

のは許されることではない。この作戦を暴露した元ワシントンポスト紙記者C・バーンスタイン（**ウォーターゲート事件**報道でも活躍）によれば、多くの新聞や放送局、個人記者400人以上がそれに協力していた。1953年のイランのクーデターなど、CIA関与の事件での国内世論工作に効果を発揮し、ベトナム戦争拡大の秘密文書「**ペンタゴンペーパーズ**」の隠蔽とその暴露（1971年）にもつながった。（渡辺武達）

〈ラ〉

リップマン-デューイ論争
Lippmann-Dewey Debate

「人は見るべきものよりも見たいものを見て考える」とした『世論』*Public Opinion*, 1922年）の著作で知られ、「哲人ジャーナリスト」とも呼ばれた**リップマン**（Walter Lippmann, 1889～1974年）と『学校と社会』（*The School and Society*, 1915年）などを著した「プラグマティズム教育哲学者」**デューイ**（John Dewey, 1859～1952年）を対比し、アメリカで続いているジャーナリズムの社会的責任をめぐる論争のこと。前者は政治家や社会の指導層を啓蒙すべきだとする機能論、後者は民衆（people）を覚醒させ、社会改革を志向する公衆（public）の育成を目指す社会教育論であり、グローバルに展開する今日の社会状況においてもメディア・ジャーナリズムのあり方を根底から問う出発点である。

両者ともに報道機関の教育機能に着目していることでは共通するが、前者は1925年に『幻の公衆』（*The Phantom Public*）を書き、社会改革に必要な構成員としての良質の「公衆」が「実際には期待できるほど存在しておらず、指導層を啓蒙していくことしかない」とし、まじめに働きながら積極的に社会参加する**市民**に大きな期待を寄せることはせず、第2次大戦後もソ連のフルシチョフ首相へのインタビューなど、現実政治の地政学的動向に基づいた発信を続けた（『来るべきロシアとの試練』（*The Coming Tests with Russia*, 1961年）など）。

対してデューイはリップマンの主張に抗し、『公衆とその諸問題』（*The Public and Its Problems*, 1927年）を書き、改革には社会を底辺から支えている民衆（people）の意識を教育によって高め、その人たちが実際の社会（大きな社会、great society）を支えていくことが大事だとし、そうした民衆を「まともな判断力をもち行動できる人たち」=「公衆」（public）に育てていくことこそ、公益情報の伝達機関であるメディアの役割であるとした。このデューイの主張は、第2次大戦中に議論を重ね、R・ハッチンスがまとめ、終戦直後に発行された米国**プレスの自由委員会**による『自由で責任あるメディア』（*Free and Responsible Press*, 1946年）につながっている。

リップマンは第2次大戦前後も多くの世界の指導者層にとって頼れる「政治」ジャーナリストであり、実際、多くの執権者が彼を招きその意見に耳を傾けた。アメリカの世界的位置の変化についてもリップマンは1960年代から、①米ソ両国はすでに「超大国」ではなく、「大国」の1つにすぎず、アメリカは太平洋のアジア側から手を引かねばならない（つまりベトナムから手を引け）、②社会主義

国との信頼関係の構築が軍事的緊張緩和とアメリカの軍事＝経済的負担を軽減する（つまり，中ソと対立するな），とさとしていた。社会の規模は情報の到達範囲とその影響の大きさにほぼ比例し，構成員がどのような情報に基づき社会的判断と行動をするかによってその質が決まってくる。そうしたコミュニケーション過程における情報の質と人びとの受け取り方，認識の枠組みが大事だということだが，2人とも，第1次世界大戦の惨禍を経験し，その原因が，執権者たちの思惑とそれに踊らされた民衆の存在にあり，そこには誤った社会認識を全体に伝えたメディアと教育があったという認識では共通している。違うのは，社会を「黙して支えざるを得ない人びと」を「能動的改革者＝公衆」（public）に覚醒させていく努力をメディアに期待するかどうか，である。(渡辺武達)　📖17, 123, 222

連邦通信委員会（FCC）
Federal Communications Commission: FCC

米国の通信・放送行政を監理する独立行政委員会で，連邦議会に対して直接責任を負う。1934年通信法に基づき設置され，組織は，議決部門である委員会と実際の運営を担うスタッフ部門に分かれている。議決部門のメンバーである5名の委員は，連邦議会上下院の議員や閣僚などによって推薦された候補者のなかから大統領が指名し，上院の承認を得た後に大統領が任命（委員長は委員のなかから大統領が指名）する。その監督・規制範囲は，放送・通信（インターネットを含む）全般に及び，免許の付与・規制や規格の策定など多様な権限を有している。

とくに，周波数割当てや放送事業免許に関するオークション制度は連邦政府の収入源となっており，たとえば2016〜17年の携帯電話用周波数のオークションでは，175の放送局から101億ドルで買い上げた電波を通信会社50社に198億ドルで売却した結果，差額のうちの70億ドルが連邦政府の収入となった。また規制面では，たとえば2014年に携帯電話会社3位のスプリントが同業4位のTモバイルUS社を買収しようとした際には，合併を認めない姿勢を示したため，買収交渉が決裂する結果となった。FCCをめぐる問題点としては，独立行政委員会でありながらも，委員候補ならびに委員長を大統領が指名するため，時の政権の意向に従った規則制定や業務運営が行われる傾向が強い点が指摘されている。(野原仁)

〈ワ〉

惑星的カルチュラルスタディーズ
Planetary Cultural Studies

虫プロ，ジブリなどのテレビ**アニメーション**に興味をもっている研究者は，戦後日本の大衆文化という枠組みから始めるのが一般的なやり方である。しかし，そのような大量生産・分配にかかるヴィジュアルカルチャーはグローバルな規模で生み出されている。そこでは日本関連の諸事が，歴史的発展とは無関係に変化を続けるローカルおよびグローバルな歴史の文脈のなかで，場所・空間を超えて増殖してゆくという現象がみられる。

それをさらに横断的視点で広げてみると，そこには環境保護主義に連なる人類・動植物とそれを抱く全地球とのかかわりに対する問いが生まれてくる。惑星

的カルチュラルスタディーズとは，変化とその過程，固定や無変化を前提としない地史，そして世界規模で流動的に流れ漂う権力が「私」の周辺にどのように埋め込まれているかについて理解しようとするものである。惑星的カルチュラルスタディーズは，既存のカルチュラルスタディーズの文脈で国家や国境と併設する国の歴史との関連でそれをどのように適用するかを考えるよりも，それがどのようにして力を得て生起したかを重視するため，それが西洋的か，東洋的であるかなどにこだわらない。また国内やグローバルな状況が基本的な経験領域であると規定もしない。ましてやナショナルカルチャー，グローバルカルチャー，アジアンカルチャーなどの均質的な表現に依拠もしないことから，変わっていく惑星的な日々の体験のなかに位置づけられるものである。気候変動や環境破壊などにさらされる日常生活のなかで，私たちのありようを再定義するもので，他者と私，技術，動植物，「もの」とこれらを取り巻く宇宙空間にまで及ぶ。全地球的現実と全地球的**公共圏**をすべての生きとし生けるものの間でローカルにとらえようとする，カルチュラルスタディーズの最前線の概念である。惑星的カルチュラルスタディーズは国（国家と民衆）の歴史を基点とする吉見俊哉のようなカルチュラルスタディーズとは異なり，上野俊哉が開拓した**ポピュラーカルチャー**の研究に近い。いわば「国」というグローバル世界の閉じている基準ユニットや人間社会そのものに還元しないで，横断的に響きあう非人間的な「現場」の生成過程の研究である。(トゥニ，クリストフ)

📖 21, 22, 217, 254

忘れられる権利
Right to Be Forgotten

ウェブ上に存在する文章や写真，検索連想語などの個人情報を，データの管理者や検索事業者に対して，削除させる権利。近年 EU では「消去する権利」(right to erasure) と呼ばれ，過去に撮影した写真や動画，破産歴，犯罪歴などの削除要求が認められている。EU では一般データ保護規制という購買履歴などの個人情報の利用や転売に際しても個人の同意を必要とする厳しい規制も導入されており，消去を要請できる情報の範囲は拡がっている。日本でも，検索結果に約5年前の逮捕歴が表示されることを不服として，削除を求めた男性の訴訟が注目を集め，2015年にさいたま地裁で勝訴したものの，2017年に最高裁で敗訴した。忘れられる権利は，**知る権利** (right to know) や**表現の自由** (freedom of speech) とのバランスを有した適用が求められる。
(酒井信)

X　メディアのキーパーソンたち

〈ア〉

アメリカ情報産業の先駆者たち
Pioneers of American Information Industries

　IT化の波を牽引したのが主として米国のベンチャー企業家であった（他国からはその種の起業家が出なかった）ことはやはり特筆に値する。パーソナルコンピュータ黎明期に活躍したのがマイクロソフトの**ビル・ゲイツ**であり，**アップル**の**スティーブ・ジョブズ**だった。またインターネット時代をリードしたのはグーグルの**ラリー・ペイジ**と**セルゲイ・ブリン**であり，SNS時代の雄となったのが**フェイスブック**のマーク・ザッカーバーグである。そして**アマゾン**の**ジェフ・ベゾス**はオンラインショップ隆盛の道を開いた。

　ビル・ゲイツことウィリアム・ゲイツ（William Henry Gates, 1955〜）は，パーソナルコンピュータ黎明期の1975年にマイクロソフト（Microsoft）社を創業以来，その最高経営責任者（CEO）として，大型コンピュータからパーソナルコンピュータへ，ハードウェアからソフトウェアへというデジタル情報社会の波に乗り，同時にその流れを強力にリードしながら，同社をIT業界最大の，というより世界有数の企業に育て上げた。

　ハーバード大学の学生だったゲイツは，友人のポール・アレンとともに「初めてのパソコン」アルテア8800を見て驚くとともに，大型コンピュータの基本プログラムBASICをアルテア用に書き換えることを思いついた。そのための会社，マイクロソフトを設立したのは19歳のときである。

　当時の大型コンピュータの雄，IBMは1981年，パソコンIBM-PCを市場に投じるが，そのオペレーティングシステム開発をマイクロソフトに依頼した。ゲイツらはマイクロソフト・ディスクオペレーティング・システム，MS-DOSを作り上げ，それをIBM-PC以外のパソコンにも提供，その戦略が功を奏し，MS-DOSはほとんどすべてのパソコンに搭載されることになる。MS-DOSはその後，グラフィカルインターフェースを備えたウインドウズ（Windows）へと発展，1995年に発売したWindows95は全世界で圧倒的シェアを誇った。

　奇しくもゲイツと同じ歳の**スティーブ・ジョブズ**（Steven Paul Jobs, 1955〜2011）もまたアルテアに大きな刺激を受け，友人の天才プログラマー，スティーブ・ウォズニアックとともに，パソコン，**アップル**を開発，アップル社（Apple）を設立した。それはほどなく名機，マッキントッシュ（Macintosh）を生む。

　米スタンフォード大学の大学院生，**ラリー・ペイジ**（Lawrence Edward Page, 1973〜）と**セルゲイ・ブリン**（Sergey Mikhaylovich Brin, 1973〜）はインター

ネット上の「膨大なデータの集合から関連した情報を検索するシステム」を開発，1998年に**グーグル**（**Google**）を設立した。「ページランク」（PageRank）と呼ばれる独特の技術ですべてのページの重要度を判定，ランク付けして表示できるようにしたもので，グーグルはまたたくまに検索サービス最大手にのし上がった。

2002年から検索結果のページに「検索連動型広告」あるいは「キーワード広告」と言われる〈新しい広告〉を掲載するようになり，グーグルは巨大IT企業へと躍進する。そればかりか，時代はパソコンからネットワーク，マイクロソフトからグーグルへと大きく転換する（ゲイツは2000年にCEOを退き，その後は慈善事業団体，ビル・アンド・メリンダ・ゲイツ財団で活動している）。

グーグルはその後，検索連動型広告で得た収入をストリートビュー，グーグルマップ，グーグルアース，Gメールといった便利なアプリケーション開発につぎ込み，その画期的技術をユーザーに無料で開放した。そしてユーザーが作り出すページを新たな**広告媒体**として利用，グーグルはさらに飛躍した。グーグルは長い間，**ペイジ**，**ブリン**にエリック・シュミットを加えた三頭体制で運営された。

全世界で12億人以上のユーザーを要するSNS，**フェイスブック**（**Facebook**）は2004年，ハーバード大学の学生，**マーク・ザッカーバーグ**（Mark Elliot Zuckerberg, 1984〜）によって設立された。フェイスブックとは，アメリカ合衆国の一部の大学が学生間の交流を促すために提供している本の通称である。日本でも多数の人が利用し，「いいね！」ボタンを押しあっているフェイスブックについては，もはや多言を要しないだろう。

ジョブズは2007年にパソコンに代わる情報端末アイパッドを，2010年にスマートフォンのアイフォンを世に送り出し，インターネットにアクセスする端末をパソコンからスマートフォンへと大きく転換させた。2度にわたりIT開発史に大きな足跡を残したが，2011年に世を去った。

アマゾン（**Amazon**）は，グーグル設立より早い1995年，**ジェフ・ベゾス**（Jeffrey Preston Bezos, 1964〜）によって，本をより早く，簡単に購入できるサイトとして開設された。ウェブページなら膨大な目録を収容できるし，求める書物の検索も容易である。注文を受けてから発送すればいいから，店頭に実物を並べる必要がない。読者との**双方向性**を利用すれば，読後感を募集できるし，顧客の気に入る新刊紹介もできる，といったオンラインならではの利点をうまく利用して評判となり，いまでは書物ばかりでなく，CD，おもちゃ，コンピュータから，衣類，スポーツ用品，電気器具，日常雑貨など，ほとんどの品物を扱う世界最大のオンラインストアになった。オンラインショッピングの分析を通して「ロングテール」という言葉も生まれた。

既存メディア企業だけがメディアではなく，多くのIT企業もまた社会に大きな影響を与えるメディアだというのが私の考えだが（総メディア社会），アマゾンもその巨大な一角を占める。現在は**GAFA**支配（Google, Amazon, Face Book, Appleなどのグローバル企業の支配）とも言われている。

ちなみに，ゲイツは36歳で米誌『フォーブス』の世界長者番付1位となって以来ほぼ毎年，その地位を占め続けたが，同誌は2018年，その地位をベゾスが奪ったと報じた。(矢野直明)

📖 1, 11, 46, 70, 89, 151

大宅壮一
Oya, Soichi: 1900～70

大阪府生まれ。東大社会学科中退，大正・昭和期の評論家。若い頃社会主義に傾倒し，治安維持専門の特別高等警察（通称，特高）に検挙され転向。戦後は「マスコミの神様」といわれ，鋭い洞察を大衆的視点で表現する力量，さらには機を見て敏なる点でも傑出していた。だが，現実の**主流メディア**は社会体制の一部であり，社会体制そのものを批判するメディアやジャーナリストが主流になることはできないことを知悉した戦後の大宅の主張は是々非々論で，日本の基本体制である天皇制資本主義の批判はしなかった。その点では門弟の草柳大蔵（1924～2002）にも通じるところがある。

彼を有名にした「テレビ一億総白痴化論」（1957年）はその典型で，テレビ放送開始3年後，日本テレビの人気視聴者参加番組「何でもやりまショー」が神宮球場大学野球で，早稲田の応援席から立ち上がって慶応の旗を振り，周りの観客がどう反応するかをテーマにした時（1956年11月3日），そのあまりのばかばかしさに各処から批判が出た。大宅は3カ月後，そうしたテレビの過剰な娯楽化傾向を「一億総白痴化論」（『週刊東京』1957年2月2日号）として告発した。たとえ娯楽であっても「健全な娯楽」としての価値がなければならないというのがいつの時代にも「良識」であるが，大宅はその「常識」に支持されることを見越して「テレビが大衆娯楽を低質化」していることに怒ってみせたわけである。

大宅の卓越した造語能力はこのほかに「恐妻」や「駅弁大学」などにも見られるが，それらが評判となるのは体制批判とならない分野での的確な社会診断，新聞・雑誌という活字の論理を中心とした当時のマスコミ事情，初任給が7000円ほどで1台50万円もするテレビなど買えるはずのない庶民に支持されたこと，加えてテレビ時代の予見とそのはらむ問題点を見通す眼力によって可能になった。

大宅は若い頃の政治活動からイデオロギーで動く人たちの言動の不一致を知悉していたから，事実に基づいてものを見ようとした。ジャーナリストにとって不可欠なこの姿勢は1955年，『中央公論』5月号に発表した「〈無思想人〉宣言」となり，そこで展開した「ソ連的マルクス・レーニン主義もアメリカ的デモクラシーも，現実の権力と結び，これによって組織化されつつあるという点では同じ」という主張は，文化大革命のさなかに中国を訪れたとき，永久革命を叫ぶ紅衛兵の背後に一部権力によるその利用を感じ，「社会的に幼稚なガキの革命」と喝破したことにつながる。それはまた，戦時中特高につかまったことのある大宅の，ジャーナリストは権力の本質をつかめという体験の警告でもあった。

大宅はチーム作業の指揮にも優れ，戦前から翻訳をパートに分けて機械的に行い，最後に自分が文章を整え完成させるといったことをやっていたし，その他多くの分野で才能を発揮した。見せかけの

権威をきらい，大衆の本能的動向にこそより大きな真実が存在すると信じ，週刊誌，雑誌の時代記録としての価値を高く評価，大宅の名を冠した**大宅壮一文庫**を残し（1971年），日本の大衆文化を研究する雑誌の宝庫として多くの研究者やジャーナリストらに利用されてきた。評論家として活躍している大宅映子は三女で同文庫の理事長でもある。（渡辺武達）

📖 33, 35, 192

〈カ〉

黒澤明
Kurosawa, Akira: 1910～98

戦後の日本映画史における代表的な監督であると同時に，世界各国の映画および映画関係者に影響を与えた存在である。

1910年に陸軍体育教官である父・勇と母・シマの4男4女の末っ子として東京に生まれた。28年に京華中学校を卒業後は画家をめざして東京美術学校を受験するも失敗し，その後は二科展に入選するなどしたものの，さまざまな経緯を経て画家の道を断念した。そして，兄の丙午（須田貞明）が映画の活動弁士だったこともあり，36年にP.C.L.映画製作所（東宝の前身の1つ）に助監督として入社し，映画の道を進むことになった。主に山本嘉次郎監督の助監督を務めた後に，「姿三四郎」（43年）で監督としてデビューし，作品のヒットもあり，将来を嘱望される存在となる。

戦後になると，「羅生門」（50年）が翌年のベネチア国際映画祭でグランプリを受賞し，「世界のクロサワ」と呼称される契機となった。この作品は，人間のエゴイズムなどをテーマとする難解な内容のため，日本国内では評価されなかったものの，光と影を強調した斬新な映像などが評価されたのである。その後は，ヒューマンドラマ「生きる」（52年）や大型時代劇「七人の侍」（54年）をヒットさせ，さらには，原水爆の恐怖を描いた「生きものの記録」（55年），ゴーリキーの戯曲を翻案した「どん底」（57年），娯楽時代劇「隠し砦の三悪人」（58年）と多彩なジャンルの作品を発表し，日本を代表する監督としての地位を築くと同時に，世界的にも注目される存在となった。

その一方で，製作をめぐるトラブルも多く，「白痴」（51年）では上映時間をめぐって会社ともめ，**ハリウッド**から作品製作の依頼を受けた「トラ・トラ・トラ！」（68年）では，契約の不備や現場でのトラブルによる製作の遅れなどが原因で，製作途中で監督を解任された（公式の説明では健康上の理由による降板）。そして，71年には自殺を図った（原因は不明）ものの一命をとりとめた。

現場復帰後は，黒澤を敬愛するF・F・コッポラとG・ルーカスというアメリカを代表する映画監督が海外版のプロデューサーを務めた時代劇「影武者」（80年）を製作し，カンヌ国際映画祭パルムドール（最高賞）を受賞した。85年には映画界では初の文化勲章を受章し，晩年になっても「夢」（90年）や「八月の狂詩曲ラプソディー」（91年）を製作するなど精力的に活動した。しかし，遺作となった「まぁだだよ」（93年）製作後に療養生活に入り，98年に88歳で死去した。

黒澤作品の特色を一概に言うことはできないものの，底流にヒューマニズムの

精神が流れていることは多くの論者が指摘するところである。また, セットやメイクなどの細部にまでこだわった緻密さや, 世界初の複数のカメラによる撮影を行うなど,「シーンの意味を考え, 動きで表現」した独自の映像美も評価が高い。さらに言えば, 多くの作品において, 企画・脚本・俳優や音楽の選定・撮影・編集など製作の全過程に直接的に携わり, 自己の意思を反映させたことから, その映画作品は「黒澤明という一個の個人の自己表現作品」とも言えよう。(野原仁)

📖118

〈サ〉

ストーン, オリバー／ムーア, マイケル
Stone, Oliver: 1946〜
Moore, Michael: 1954〜

　ストーンとムーアはともにアメリカを代表する社会派の映画・テレビの**ドキュメンタリー**監督, プロデューサーとして世界的に知られ, 後続の若い映像作家たちにも大きな影響を与えている。その作品の多くはアメリカ政府や社会への強い批判や風刺にあふれ, いずれも世界問題群(国境を超えて共通する社会問題)に通じ, 現代を生きる多くの人たちの内面的苦悩から国際問題の根幹に関わる巨大な圧力に押しつぶされそうになった人たちが置かれた社会の構造的見取り図を示し, ジャーナリズムの基底としての圧倒的な訴求力を持っている。

　ストーンの代表作「プラトーン」(Platoon, 1986年, アカデミー作品賞)は, ベトナム戦争は意図的に敵を作り軍事産業に奉仕する「権力悪」の策謀の1つであったとし, 自らの従軍体験に基づいた理不尽な戦争の実態と兵士が現場で人格破壊されていく仕組みをあざやかに描いた。対して, ムーアは紙が燃え始める温度が華氏451度(摂氏233度)であることから, 政治に関する書物を読むことが禁止され, 人間が記録を失い, 社会が独裁者に牛耳られることを描いたレイ・ブラッドベリのSF小説『華氏451度』(Fahrenheit 451, 後に映画化)をもじった映画「華氏911」(Fahrenheit 9/11, 2004年, カンヌ映画祭パルムドール賞)を制作, ブッシュ政権誕生に始まり, 9・11同時多発テロ(2001年), それを発端としたイラク戦争の実態を, 退役軍人や我が子を戦争で失った母親らの取材を交え, アメリカ政治がいかに民衆の犠牲の上に成立しているかを描ききった。その続編として, 今度はトランプが2016年11月9日に当選したことから「華氏119」(Fahrenheit 11/9)を2018年に発表, トランプ政治の内実をえぐり出した。

　両監督に共通するのは**政経権力**が軍部と組んで行う悪辣な民衆支配の告発であり, ムーアはアメリカの全世界的な情報監視網の実体を暴露した**J・アサンジ**による**ウィキリークス**についても「税を使い実行された犯罪をあばく仕事」だと絶賛しその活動応援のため, 彼の保釈金として2万ドルの提供もした。一方のストーンはアメリカ史を映像シリーズ化した「語られない米国史」の制作, 世界政治のトップリーダーの1人であるロシアのプーチンへの忌憚のないインタビューを行い映像化するなど, 社会と権力の実相あぶり出しに卓越した手腕を発揮している。

　日本ではこうした社会性とジャーナリ

ズム性を持った**ドキュメンタリー**作品は多くの観客を呼び込めないこと，政府や**スポンサー**への配慮などにより，多くのメディア企業が作品制作に消極的である。その一因が日本語というマーケットの限界や日本特有の村社会的な非寛容性にあるとの指摘がされているが，ストーンやムーアの作品を見れば，その集客力が，人間が生きるときの基本的問題へのアプローチの明示にあり，それを描ききれば必ず普遍的な共感となることはムーア自身がドキュメンタリー映画「ゆきゆきて，神軍」（原一男監督）を「生涯観た映画の中でも最高のドキュメンタリー」と評価していることからもわかる。ムーアは「シッコ」（Sicko, 2007年）で医療問題をテーマにし，米国民の2割近くが低所得のために保険にも入れず，深刻な病気になっても治療が受けられずに死んでいかざるをえない状況を描いた（その後，大統領に当選したB・オバマが従来の保険制度についてオバマケアと呼ばれる改革を行った。が，後を継いだトランプがその反動的な再見直しを行いつつある）。なお，sickoとは，「狂人」「変人」などを意味するスラングで，「病気の」を意味するシック（sick）とのことば遊びになっている。（渡辺武達）

〈タ〉

田原総一朗，池上彰，津田大介
Tahara, Soichiro: 1934〜
Ikegami, Akira: 1950〜
Tsuda, Daisuke: 1973〜

　広義のジャーナリズムには芸能人のゴシップ報道などの**ソフトジャーナリズム**も含まれるが，時事問題関連で活躍中の「ジャーナリスト」を検索すると，多くのサイトで**田原総一朗**と**池上彰**の名前が出てくる（2018年現在）。2人とも**フリーランス**で，世評，実力ともに日本を代表するジャーナリストといってよい。田原総一朗は岩波映画を出発点に東京12チャンネルを経て独立，それまでテレビが題材として避けてきた天皇制や原発問題，電通の広告支配等に切り込み，深夜の長時間の放送枠を確保した「朝まで生テレビ」（テレビ朝日）で売り出した。対立した意見をもった招待論者を討論させ，司会者が自分の主張する方向にまとめる手法で，「猛獣使い」との異名を与えられた。池上彰はNHK報道局の社会部取材記者出身，のちに「週刊こどもニュース」で売り出した。主婦層やシニア層からも人気で，「ニュースの神様」とさえ呼ばれ，各局総なめ状態になった。選挙報道でも個人の意見を入れずに問題点に切り込み，実際には論題を決定した時点ですでに「意見が入っている」のに中立性を装う技術にもすぐれている。2人ほどの一般的知名度はないが，**デジタルジャーナリズム**の分野では「ツダル」という言葉があるほど有名なのが**津田大介**。学生時代からツイッターを駆使して現場から実況，沖縄の基地問題や東日本大震災では現地の人たちに寄り添う手法での発信が注目を集め，支持されている。3人の共通点は，①紙媒体著作も多いこと，②政経権力に迎合しないこと，③メディアを通して社会改革思想を実践するアクティビスト＝社会活動家であること，である。（渡辺武達）

手塚治虫
Tezuka, Osamu: 1928～89

本名・治。戦後のストーリー**マンガ**とテレビ**アニメーション**の創始者。小学生の頃から漫画と昆虫採集に熱中し、大阪大学付属医学専門部在学中の1946年1月、『少国民新聞(大阪版)』(後の『毎日小学生新聞』)において、4コマ連載漫画『マアチャンの日記帳』でデビュー。翌47年、長編漫画単行本『新宝島』(原作:酒井七馬)が40万部のベストセラーとなる。この作品は映画的手法と呼ばれる連続したコマの流れと自在に変化するアングルがそれまでの漫画に類を見ないスピード感を作り出し、藤子不二雄や石ノ森章太郎など、後続の漫画家に多大な影響を与えた。なお、『新宝島』の絵的な革新性については、近年再検討の動きが見られる。

1950年代初頭まで主に赤本と呼ばれた書き下ろし単行本で、初期SF三部作『ロスト・ワールド』『メトロポリス』『来るべき世界』や古典文学作品を大胆にアレンジした『ファウスト』『罪と罰』を発表。ビジュアル的な手法だけでなく、物語の面においても雄大な構想を注ぎ、悲劇的な物語展開の導入など、革新的な作風を築いた。手塚によってマンガは風刺と滑稽を主体とするひとときの娯楽から、あらゆる知識や思想を語り、伝えるメディアへと成長したのである。

その後、発展途上期にあったマンガ雑誌に活躍の場を移し、『ジャングル大帝』、『鉄腕アトム』、少女漫画の原型である『リボンの騎士』などを連載するかたわら、1962年に**アニメーション**制作のため虫プロダクションを設立。『ある街角の物語』で第1回大藤賞を受賞し、翌63年1月、国産初の連続30分テレビ**アニメ**『鉄腕アトム』の放映を開始する。テレビアニメについては、手塚が『鉄腕アトム』を安すぎる制作費で請け負ったため、過酷な労働環境という弊害を生み、ディズニーのような膨大な動画枚数を使うフルアニメーションとはほど遠い、「電気紙芝居」と揶揄される粗雑なリミテッドアニメーションの乱造を招いた。一方でキャラクターグッズ販売等による版権収入というビジネスモデルを確立。『鉄腕アトム』は世界約40カ国で放映され、後に日本製アニメが日本の現代文化として海外で認知される礎を築いた。

1967年、商業主義に妥協しない作品を発表する場として雑誌『COM』を創刊し、ライフワークとなる『火の鳥』を連載。その他の代表作はマンガでは『ブラック・ジャック』『三つ目がとおる』『アドルフに告ぐ』、**アニメ**では『千夜一夜物語』『ジャンピング』『森の伝説』など。未完の絶筆として『グリンゴ』『ルードウィヒ・B』『ネオ・ファウスト』が残った。

手塚治虫は"**マンガ**の神様"と呼ばれているが、それは創始者としての功績を讃えるだけの称号ではない。40年以上の長期間にわたり常に第一線の現役作家であり続けたこと、その作品が没後30年を迎えてなお鑑賞に耐える完成度と、"生命の尊厳"という一貫したメッセージ性を持ち続けていることが、彼を"神"とならしめたのである。(山下憲子) 📖121

〈ナ〉

日本のジャーナリストの先導者たち
Pioneering Japanese Journalists

　日本のジャーナリストの第1世代といえるのは，1837年生まれの成島柳北，1832年生まれの柳河春三，1841年生まれの福地源一郎などである。なかでも福地源一郎は幕末から明治期まで長く新聞に携わった典型的な第1世代のジャーナリストである。長崎の医師の家に生まれた彼は少年期蘭学を学び，稽古通詞を務めている際，オランダ人が提出する「風説書」を見た。その情報源を不審に思い師に尋ねたところ，西洋諸国には「新聞紙」というものがあって毎日時事を報じていると教えられ，アムステルダム刊行の新聞紙の反古を与えられたという。この世代は，まずモノとしての新聞紙に接したのである。

　その後，江戸に出て幕府の外国方となって外国の新聞紙を見る機会があったが，その機能を実感しえたのは幕府使節に随行して欧州に赴いてからである。使節団の行動を直ちに報道する現地の新聞に驚嘆し，新聞社を訪ね記者にも面会し，「欣羨の情」を覚えた。2回目に欧州に滞在した際には，英仏の識者に新聞のことを聞き「内外の政治に関して輿論を左右するものは即ち新聞の力」であることを教えられ，「時機を得て新聞記者と成り，時事を痛快に論ぜんものと思ひ初めた」という（「新聞紙実歴」）。

　福地が実際に新聞発行を試みたのは，1868年閏4月『江湖新聞』の刊行をもってである。薩長中心の新政府に不満をもった彼は佐幕的記事を掲げたところ，新政府の詮議を受け，新聞は発行禁止となった。「時事を痛快に論」ずるのは決して容易ではないことを手痛く学んだのである。

　その後福地は新政府の大蔵省に職を得て，岩倉使節団にも加わり欧米を広く巡遊したが，征韓論争など政府の分裂に官途をあきらめ，新聞紙を機関として「余が意見を世に行ふ事」を志望し，1874年に東京日日新聞社に入社した。『東京日日新聞』はかつて『江湖新聞』に関係した条野伝平らが1872年に創刊したものである。折しも民撰議院設立問題をめぐり新聞紙上で激しい論争が交わされたことを契機に新聞界は政論ジャーナリズムの時代に入っていた。福地の基本的な立場は，早期の立憲制・国会開設を主張する自由民権派新聞と対立し，漸進的に立憲制に進むことを主張する漸進主義であった。

　『東京日日新聞』は「太政官記事御用」を称し，政府の官報的役割を果たそうとした。そのために自由民権派からは政府御用新聞の蔑称を受けたが，政府はさまざまな便宜を供与したものの公式に同紙を政府の機関紙と認めたことはなく，福地源一郎の立場はきわめて微妙なものであった。それにしても，モノとしての新聞を見て驚いた世代が「輿論を左右する」ジャーナリズム活動を形成するに至ったのである。

　それに続く第2世代ともいうべき末広鉄腸（1849年生），馬場辰猪（1850年生）になると，すでに新聞社は形あるものとして存在し，そこに招かれることによって新聞記者となった。伊予国宇和島藩士の家に生まれた末広鉄腸は藩校に学んだ

後に上京し、官吏を経て、1875年に『東京曙新聞』に招かれ、新聞の世界に入った。さらに成島柳北の『朝野新聞』に招かれ、編集長を務めた。

この時期の新聞は政治運動の重要な機関であり、新聞記者は政治活動の一環として新聞紙上に政論を発表していたのである。末広鉄腸は、当初自由民権派の結社である嚶鳴社に所属し、後に国友会の有力メンバーとなり演説会などでも活躍した。1881年、板垣退助によって自由党が結成されると、それに加入し常議員に選出され、自由党機関紙として創刊された『自由新聞』の社説掛を務めた。しかし、党首板垣退助の外遊問題から自由党幹部を批判し、自由新聞社も退社した。このように新聞記者の言論と行動とは一体のものであり、新聞記者が実際政治を第三者的に評論し報道することはなかった。むしろ、言行一致こそ記者の規範であり、中立的立場などは軽蔑すべきものとみなされていたのである。

新聞記者の第3世代は、陸羯南（1857年生）、徳富蘇峰（1863年生）などである。彼らは「明治の青年」を自負し、第1世代第2世代を乗り越えた新たな新聞記者像として「独立的記者」を提示しようとした。「独立」とは形式的に政党政派から独立しているということではない。自らの信ずる主義をいかんなく発揮することこそ「独立」であって、その主義発揮を制約する自らのうちの営利心、党派心を厳しく排除したのである。

陸羯南の主宰した新聞『日本』（1889年創刊）、**徳富蘇峰**の『国民新聞』（1890年創刊）は、自由民権運動の衰退とともに不振に陥った新聞界に新風を吹き込み、国会開設による新たな言論の時代をリードしたのである。彼らの標榜する「独立」理念によって新聞記者は政治社会において独自の使命を帯びた職能として成立した。党派性・営利性を厳しく否定して主義の発揮を目指すところに「新聞紙の職分」を見いだす新聞記者論は、それ以前のジャーナリストたちへの批判であるだけではなく、その後のジャーナリストたちをも衝迫する峻厳なジャーナリスト像として今もある。（有山輝雄）

〈ハ〉

ハルバースタム，デーヴィド
Halberstam, David：1934〜2007

アメリカのジャーナリストで、1960年代からアメリカ発の**ニュージャーナリズム**をリードした。代表作に、ピュリッツァ賞を得た、ニューヨークタイムズ紙特派員時代のベトナム報道を基本に、優秀な官僚が政治家と組んでどのような国民だましの政策決定をしているかを克明に描いた『ベスト＆ブライテスト』（1969年）やアメリカの新聞・テレビの勃興と発展、富や権力との癒着の過程を描いた『メディアの権力』（1979年）など、さらには日米の自動車産業の特質を取材し産業の盛衰を描いた『覇者の驕り』（1986年）などがある。

ハルバースタムはハーバード大学を卒業したあと、通常のアメリカのジャーナリストがそうであるように、ミシシッピ州の小さな新聞社に就職、その後、南部テネシー州の地方紙『ナッシュビルテネシアン』に移ったとき、1957年に成立した公民権法案をめぐる人種対立の取材のチャンスを得た。その報道で認められ

1960年,『ニューヨークタイムズ』に移り,コンゴ,ベトナム,ポーランドなどで特派員生活を送り,1969年,ハーパーズ社に移籍,1971年からフリーのジャーナリストになった。とくにアジアの小国に莫大な金と50万の軍隊を送り込み,結果としてその国と人びとを腐敗させたアメリカとは何かを思い悩みながら政府批判のレポートを送り続けたベトナム報道でその名を不動のものとした。

彼には,社会的弱者へのやさしさがあり,徹底的な現場取材と関係者へのインタビューによって実相をつかみ,そしてたとえそれが権力の不興をかおうとも,あますところなく紙にきざみつける勇気がある。記者生活をやめてからも1作ごとに500人以上にインタビュー,精選した資料とともに臨場感をもって再現する**ニュージャーナリズム**の手法により作品を完成させている。ベトナム戦争中,そのレポートはケネディ大統領,ニクソン大統領から酷評され,新聞経営者にまで解雇の圧力がかけられたが,「それによって私はジャーナリストとしての名声だけではなく人間として生きる多くのものを得た。失ったのは大統領とホワイトハウスで一緒にする夕食だけである」との名言を残している。

その精神はベトナム取材での盟友,**ピーター・アーネット**記者が湾岸戦争時,CNN特派員としてバグダッドからただ1人米軍の爆撃開始の情報発信をした行為への米国内からの批判に対して,「エアポケット地域からの報道があってこそ正しいことがわかるのだ」という論陣をはったこと,さらには「この戦争において犠牲になったのは〈真実〉であった」(筑紫哲也訳『戦争ゲーム』,1991年)と喝破したことにも表れている。しかし現在,日米ともに,少なからぬジャーナリストや学者が政治家や財界人たちへの迎合(金銭)のために権力の実相を暴くというメディアの重大使命を放擲している。『ザ・コールデスト・ウインター』(2009年)が遺作となった。(渡辺武達) 📖160

〈マ〉

マクルーハン,マーシャル
McLuhan, Marshall:1911～80

マクルーハンは,1960年代初めにメディア論の領域に彗星のごとく登場し,メディアと人間の知覚様式の関係についてのユニークな考察によって日本で「マクルーハン・ブーム」を巻き起こしながらも,学問的貢献をほとんど認められることなく消え去ったカナダの思想家かつ英文学者である。彼は,「技術」を人間の知覚器官が「拡張」(extension)されたものとして捉えた上で,われわれの周りに存在するさまざまな技術が,相互にどのような関係を築きあげているかによって人間の知覚様式が左右され,その結果,人間関係のあり方や人間が行動する際の基準やパターンが作り出されると考えた。そして,技術的環境が人間の知覚様式をどのように統制しているのかを考察する際,それぞれの技術を「メディア」と呼んだ。よって,彼にとっては文字も自動車も電球が発する光もすべて「メディア」となる。こうした観点から,彼は「われわれの技術が車とか文字とか貨幣とかのように移動速度の遅いものであるかぎりは,それぞれの技術が独立した閉じた系であっても,社会もわれわれの身

体もそれを許容でき」たのだが，電子メディアが発達した時代においては「視覚，聴覚，運動などが瞬間的に伝達されてしまい，それが世界的規模で行われる」ため，「人類の歴史において未だかつてなかったような危機を作り出している」と指摘し，メディアと人間の知覚様式の関わりについて，文学作品，芸術作品，思想家の著作などを題材に考察を行った。

マクルーハンの理論的立場は，彼の有名なフレーズ「メディアはメッセージである」に集約されている。このフレーズの意味は「どんなメディアでもその「内容」はつねに別のメディアである」ということであり，たとえば「書きことばの内容は話しことばであり，印刷されたことばの内容は書かれたことばであり，印刷は電信の内容である」。彼が問題としているのは，メディアが何を伝えているかではなく，あるメディアが「既存のプロセスを拡充したり加速したりするときの，デザインあるいはパターンが，心理的および社会的にどのような結果を生むか」ということであり，「メディアの内容がメディアの性格にたいしてわれわれを盲目にするということが，あまりにもしばしばありすぎる」と主張した。

また，彼はメディアを分類するのに「ホット・メディアとクール・メディア」というフレーズを用いている。「ホット・メディア」は提供する情報の精細度が高く，受け手の姿勢が受動的になるメディアのことで，ラジオや映画がその範疇に入る。「クール・メディア」は情報の精細度が低く，受け手が想像力を働かせて情報を補う必要があるメディアのことで，電話やテレビがその例として挙げられている。（飯塚浩一）　📖 184, 185, 186

マードック，ルパート
Murdoch, Keith Rupert：1931〜

メディア業界の大物経営者。オーストラリア出身で，現在は米国籍。しばしば「メディア王」と呼ばれ，率いるグループは「マードック帝国」と称される。若くして父親から新聞事業を受け継いだあとオーストラリアの新聞を次々と買収，英国でも地盤を築き，米国に移ってからも新聞等の買収戦略を続行した。やがてテレビや映画業界に進出，一代で文字通りのコングロマリットを築き上げた。

1931年，オーストラリアのメルボルン近郊で生まれた。祖父の代で英国からオーストラリアに移住。初中等教育を受けたあと，英国でオクスフォード大学を卒業，新聞事業で成功しオーストラリアの英雄となった父のあとを追いかけた。1953年，父の『ニューズリミテッド』を引き継いだ後，1964年，同国初の全国紙『オーストラリアン』を創刊。英国では1969年，**大衆紙**の『ニューズ・オブ・ザ・ワールド』や『サン』を買収し，1981年には念願の**高級紙**『タイムズ』を手に入れた。米国ではまずテキサスに進出し，1976年には『ニューヨークポスト』を買収。1984年には，経営不振に陥っていた20世紀フォックスの株式50％を取得し共同経営者に。さらにテレビ業界に進出した。米国を拠点に世界戦略を遂行すべく，1985年米国籍を取得。映画とテレビを合わせた新会社フォックスを設立，1996年にはニュースチャンネルの「フォックス・ニュース」を始めた。2007年，ウォール・ストリート・ジャーナル紙を擁するダウ・ジョーンズ（DJ）

を買収し，世界的な複合メディア企業グループを作り上げた。

ただ，逆風も吹いている。2011年，ニュース・オブ・ザ・ワールド紙による盗聴事件が起こり，同紙が廃刊に追い込まれた。2012年，ニューズ・コーポレーションをテレビや映画の娯楽部門と新聞・書籍の出版部門に分割することを決定。その後，娯楽部門は21世紀フォックスとなり，出版部門はニューズ・コーポレーションを引き継いだ。昨今のネットの時代への対応の遅れが指摘されている。特に，ネットの巨人，**FANG**（Facebook, Amazon.com, Netflix, Google）の台頭は大きな問題で，これにどう対抗するかが問われている。2018年，21世紀フォックスをウォルト・ディズニーに売却することで最終合意，「マードック帝国の衰え」「帝国解体」とも言われた。高齢のマードックがいつまでビジネスに専念できるか，後継を誰にするのかがメディア業界の関心事だ。

豪胆なギャンブラーの面と，生真面目なピューリタン（清教徒）の面を併せ持つとの評がある。本人を突き動かしてきたのは，祖国オーストラリアへの思い，父を超えようとする意思，そして英国の支配階級や伝統への嫌悪感であった。「**インフォテインメント**」との言葉で現代のメディアを表現した。インフォメーションとエンターテインメントを合わせた造語である。単なる情報伝達ではなく，そこに娯楽性がなければならない。根っからの新聞人。記者活動から始め，印刷のインクの臭いを嗅いできた。新聞事業を軸に豊富な資金でネットの時代にどう勝負に出るのか，次の一手が注目される。

（小池洋次） 📖 15, 91

宮崎駿，新海誠
Miyazaki, Hayao：1941～
Sinkai, Makoto：1973～

宮崎駿は日本の**アニメーション**監督。1941（昭16）年1月5日，東京都文京区に生まれる。伯父が宮崎飛行機という会社を経営，父もその役員であり，幼い頃より飛行機に親しんだ経験がのちの作風に示される。『新宝島』（原作・構成酒井七馬，作画**手塚治虫**，育英出版，1947年）を読んで大きな刺激を受け，高校3年生のときには，東映の長編「白蛇伝」（1958年）を観て，アニメーションにも興味をいだく。学習院大学政治経済学部卒業後東映に入社，劇場アニメーションの制作に関わった。

1965年より東映動画「太陽の王子ホルスの大冒険」の制作に参加後，1971年に東映動画を退社，その後，ズイヨー映像，テレコムなどを経てフリーに。1979年「ルパン三世カリオストロの城」を監督し，幅広いファンを得る。その後1982年より，アニメ雑誌に**マンガ**「風の谷のナウシカ」を連載開始，東京ムービー新社退社後，同作品をアニメーション化，監督・脚本・絵コンテを務めた。1984年に同作品の公開とともに，制作スタジオ二馬力を設立。1985年には制作スタジオ・スタジオジブリの設立に参加。以降，自らが監督・脚本・絵コンテを担当する作品をつぎつぎと制作，とりわけ1986年公開の「天空の城ラピュタ」，1988年の「となりのトトロ」が大きな話題を呼んだ。

つづけて，「魔女の宅急便」（89年），「紅の豚」（92年），「千と千尋の神隠し」

(2001年),「ハウルの動く城」(2004年),「崖の上のポニョ」(2008年),「風立ちぬ」(2013年)などを制作公開。宮崎駿は現代に疲弊する子どもたちに,生きるというメッセージを直接伝えたいと願い作品制作を行ってきたという。アニメ畑のクリエーターでありながら,児童文学に近しいテーマ性や世界観を前面に打ちだしてきた監督である。

新海誠は,日本の**アニメーション**監督。本名,新津誠。1973(昭和48)年2月9日,長野県南佐久郡小海町に生まれる。少年時代からSF小説に親しみ,のちの作風に影響を受ける。中央大学文学部卒業後,ゲーム会社に就職する傍らアニメーションを自主制作,短編がコンテストで受賞をはたす。2001年には同社を退社して,本格的に作品づくりに没頭。緻密な風景描写に微妙な光の表現を巧みに取り入れ,美しいビジュアルな世界が構築されている。少年少女の揺れ動く内面を丁寧に描くことにも定評があり,新世代のアニメクリエーターとして多くの期待が寄せられている。

作品としては,会社勤めをやめた直後の短編「ほしのこえ」(2002年)で,第1回新世紀東京国際アニメフェア21公募部門の優秀賞等を受賞。つづく長編の「雲のむこう,約束の場所」も第59回毎日映画コンクールアニメーション映画賞を受賞。こうした作品以上に新海の名を知らしめたのが,「秒速5センチメートル」(2007年)なる連作である。都会暮しをする青年の切ない内面をリリカルな風景とともに点描し,多くの若者に支持された。その他の作品に,「星を追う子ども」「言の葉の庭」など。さらに,2016年「君の名は。」が大ヒットし,さまざまな賞を総なめにしたが,これまでの新海作品とは持ち味が異なると批判的な意見が一方にある。宮崎駿作品は子ども向けのものが多いが,新海の作品は一貫して青年に向けて作品づくりがなされている。(竹内オサム)

〈ラ〉

リップマン,ウォルター
Lippmann, Walter:1889〜1974

ユダヤ系アメリカ人3世で,各界への影響力において20世紀最高のジャーナリストといわれる。透徹した社会を見る目にはその家族環境が色濃く反映し,高校時代から学校新聞の編集長を務め,ハーバード大学への入学後は実際の有効性を重視するプラグマティズムのウイリアム・ジェームズなどの教えを受けた。社会主義者クラブの会長になり,バーナード・ショーやH・G・ウエルズなどと社会主義について議論し,G・サンタヤナの助手になり,修士号をとる直前にボストンコモン紙の記者になった。1967年半ばに文筆活動から引退するまでアメリカだけではなくヨーロッパや日本に至るまでの各国に大統領・首相を含む多くの読者をもち,現在も**デューイ**と並びジャーナリズム学界でその主張が議論される大きな存在である。

およそ30冊の著書を残し,「記事・情報への取り組み方はどの場合も,深く掘り下げ,真実を究明すること」「ジャーナリズムの最も大事なことは,読者に希望を与える記事を書くということで,それはジャーナリスト自身の問題でもある」と語り,メディアとジャーナリズム

の社会的教育機能に期待していた。とりわけ今日までメディア研究・社会心理学の古典として高く評価されているのがニューリパブリック誌をやめてまで執筆に専念した『世論』(1922年) である。

彼はそこで，メディア (当時はまだテレビがなく紙媒体の新聞を検討材料とした) が与える影響を「**世論形成**」として捉え，今日，社会心理学や広報学，あるいはメディア学・コミュニケーション論でいわれるところの「メディアの社会的影響」について考察した。①メディアが読者に与えられる事実は「メディアに刺激されて読者の作るイメージ」だとし，そうした関係づけを「**疑似環境**」(pseudo environment) と名づけた。しかも②その疑似環境の形成そのものがある人の社会的・民族的・文化的環境によって作られている心理・思惟構造 (「**先有傾向**」と命名) および理念枠としての「**ステレオタイプ**」(思い込み) に影響されて形成される傾向があると主張した。

リップマンが近代メディア研究で傑出しているのは「新聞が伝えられるのはせいぜい事実だけでとても真実を伝えることは無理だ」と考え，その理由を読者が接する情報がその世界観となる前には読者の事前の考え方の枠組みが決定的に重要であり，「メディアの産業的制約と発信者 (ジャーナリスト) の資質や名誉毀損などの人権問題，経済問題など多様な前提がある」ことを見抜き，「世論とはメディアの誘導する情報と受け手・読者の事前観念とが合体してつくりあげる仮想現実のことである」ことを知悉していたからである。また彼は公衆を「得体の知れないもの」(*The Phantom Public* 『幻の公衆』1925年) と捉え，メディアはその教育手段であるべきだとも考えたが，「御用文化人」にならなかったのは「公人に要求されるのは，華麗さや怜悧さ，独創性，人気，雄弁ではない。必要なものは，ただ1つ，誠実である。誠実さが欠けたら，すべてが無である」(1935年) といい，「ペンによって民衆を幸せにしたい」という「公人」(責任の取れる人間) の"公共哲学"(『公共の哲学』*The Public Philosophy*) をもっていたからである。イェール大学図書館にリップマン文庫があり，生原稿などの関連資料が保管されている。(渡辺武達)

📖220, 222

XI　カレントトピックス

〈ア〉

IT眼症
Computer Vision Syndrome

　パソコンやスマートフォンなどの端末表示機器VDT（Visual Display Terminal）を見続けて起きる症状のことで，広くは**VDT症候群**（VDT Syndrome）ともいい，公益社団法人日本眼科医会（https://www.gankaikai.or.jp）ではIT機器の普及とその使用で起きている長時間労働や子どものスマートフォン利用等が原因となった眼精疲労と定義している。経済性と効率化優先によりIT（ICT／情報通信技術）が社会生活の中核として娯楽分野にまで入り込み，思考法・発想法だけではなく，理解の深浅にまで影響し，私たちの生活の全局面を変えつつあるにもかかわらず，それに対応できる処方開発がビジネスの論理で軽視されがちであることがその根本原因となっている。（渡辺武達）

エコメディア
Eco Media

　メディア（原意は「仲介者」）を，①持続可能社会，②健全な社会発展を展望し，③個人の善意を相互に活かせる形で活用しようという考え方で，日常的なエコバッグ利用運動などもその実践例である。広告活動の場合，紙や板，金属，プラスチックなどに文字や画像を記し，使用後は廃棄され，素材のすべてが公害源になる。その極小化を目指して，何回も同じ素材で再生できるIT利用を含む技術開発が進められ，ユネスコ（国際連合教育科学文化機関）との関係が強い**国際メディアコミュニケーション学会**（IAMCR）の2018年オレゴン大学大会は，そのメインテーマを「持続可能社会の堅持：変転する世界のコミュニケーション・メディア研究」とした。会期中はエコメディアの展覧ブースを開設，そのキーワードは，エコと物質的豊かさ実現の同時追求・道徳性の堅持・ハイブリッド性の展開等であった。（渡辺武達）

NG社会
NG Society

　NGはno goodの略で，撮影現場で「俳優の演技がうまくいかないこと」から転じて「都合の悪いこと」という意味。都会では「迷惑行為」として集会やデモの許可が下りない地域が増えてきているが，デモは憲法で保障された**表現の自由**であり，一定の条件のもとで許可されるのがふつうである。だが実際にはさまざまな場所で**検閲**や規制，監視や自粛要請等が増えている。最近では住宅街での保育所や幼稚園，老人ホームなど普通に暮らせば誰もがいつかはお世話になる施設開設への反対運動さえ地域住民から出始め，さらには生活保護受給者への地域的な監視などまでみられる。そうした社会をアライヒロユキはNG社会と名づけ，自治とはなにか，暮らしやすい共同体の

あり方の再考を求めている。(渡辺武達)

📖10

AV 人権倫理機構
AV Human Rights Ethics Organization

　警察や政府・自治体関係者の動きに法学者や弁護士などが協力し、人権侵害や労働被害を「排し」、公序良俗を乱さない「適正AV」の製作・流通ができるよう、関係業界が中心となり2017年に設立した組織の名称。その背景には2015年ごろから、タレント事務所などの名刺を見せて街中で女性に声をかけ契約書にサインさせ、AV(アダルトビデオ)への出演を強要したり、契約書にはない内容の撮影を拒否すると違約金を請求されるといった事件・被害が頻発し、特定非営利活動法人ヒューマンライツ・ナウ(HRN)の指摘を受けるなど社会問題となったことがある。機構の規約は会員200社以上の制作社、モデルプロダクション、出演者などに共有され、非合法かつ出演者の同意のない製作とその流通、公開を禁止し、業界の健全化を図ることを目的としている。(渡辺武達)

お祈りメール
A Rejection Letter / Rejection Slip

　就職応募者に対して出される筆記や面接試験の不合格通知。日本ではその末尾に相手を傷つけない配慮からの決まり文句「末筆ながら、貴殿の今後のご活躍、ご健闘をお祈り申し上げます」などと記すことから、就職活動中の学生たちのあいだでこう呼ぶようになった。通常はメールによる連絡だが、これは日本だけのやり方ではなく、英語でも不採用通知の末尾に We wish you the best of luck with your employment search！(貴方の今後の就職活動のご成功を)などと書き、今回の希望には応じられなかったが、今後の「がんばりに期待する」表現として一般的になっている。ただし、中国や韓国などでは採用者側によるそのような習慣はない。人気企業への応募が数百倍に達し、採用側がそうした配慮をする必要がないことを社会全体が是認しているからだと思われる。(渡辺武達)

〈カ〉

顔認証
Face Recognition

　パスポート掲載など、本人であることがほぼ確実な写真を所定の認証機器に示し、もしくは事前登録しておき、自らがそれと連動したカメラの前に立てば、ただちにそれが本人であるかどうかの認証が可能な証明技術で、日本でも国際便到着時の帰国許可証明法として利用が始まっている。ノード(node)と呼ばれる顔の特徴(目や鼻の形、位置、顔の輪郭＝結節・中心点・集合点・膨らみなど)によって総合的に確認する生体認証技術の一種で、バイオメトリック認証、画像検索、シーン解析などの手法が用いられる。この技術の開発で、空港等だけではなく一般企業の出入り者の認証・特定等が可能になり、高度かつ迅速な安全保障効果を発揮している。これは指紋認証と同様、全体として他人との混同が起きにくい程度に高度化され、**電子鑑識**メソッドとして利便性と信頼性が高まっている。(渡辺武達)

科学計量学
Scientometrics

　科学研究論文と他者によるその引用数などを一定の計量モデルによって分析し，その学問的評価をすること。その作業は膨大なデータ（**ビッグデータ**）を処理して解を導くもので，とくに自然科学分野での論文評価法として多用されているが人文系にも「合理的評価法」だとして利用され，特定研究者によるプロジェクト遂行費用補助（グラント）などの判断資料などに使われている。その際の指標／インデックスとして使われるのは著者名，内容をよく表すと思われる用語，発表された学術誌の信頼度などだが，世界的には英語圏で英語によって専門誌に発表される論文が有利となる。ノーベル賞審査では世界中にいる専門委員から推薦された対象者の著作物や活動内容を担当委員会での直接議論や投票で決定しており信頼度が高い。しかし計量だけでは誤りが結果として出るケースも多く，「世界大学ランキング」を含め，批判の対象になっているものも多い。（渡辺民達）

環境コミュニケーション
Environmental Communication

　個人を取り巻く環境だけではなく地球社会を超えて宇宙空間にまで拡がる持続可能性を展望し，個人生活レベルから気候変動や海洋汚染，宇宙ゴミ等の世界的問題群までを市民益倫理に基づき情報交換することで，**環境ジャーナリズム**ともいい，学校教育現場もこれに相当する。沖縄の辺野古基地拡大と造成問題（2018年～）でも，埋め立てによるサンゴの絶滅危機や軟化地盤批判だけではなく，土砂採掘とその積み出し（名護市安和桟橋利用），その施工業者が安倍晋三首相と関係の深い山口県の(株)宇部興産系列の(株)琉球セメントという利権がらみがあることまでが記述されなければならない。だが報道ではサンゴや海底地盤，飛行機の騒音や防衛問題が主たる話題となり，そこに組み込まれた利権関係者（住民・自治体・国家）の実相が**マスメディア**にも可視化（見える化）できていない。そのため問題の背後にある政治と経済の結びつきを含む問題群への根本的対処がその批判者側からもなされない。一国内の低所得者層や地域，国際的には発展途上国や居住が難しい極地や砂漠，海中等での環境悪化がより深刻になるのは提供情報の欠陥もその背後にある。

　最近では大国による宇宙空間の支配競争（ロケットやハイテク武器開発競争）の結果としての宇宙ゴミ（使用済みロケットとその関連廃棄物）や電子ゴミ（電子機器廃棄物等）など，ハイテク利用とその秘密主義から深々度地中や高々度宇宙空間という日常生活からは見えないところでの環境悪化が進行し放置すれば近い将来，予期せぬ深刻な汚染となって現実化することになる。つまり環境破壊の被害者の多くは，社会構造の下部に位置し，知識や正確な情報が得にくく声を挙げられないか，挙げても無視されやすい者や動植物である。日本の水俣病は今では世界的によく知られる公害病の典型だが，その直接の起因企業は(株)チッソ水俣工場と(株)昭和電工鹿瀬工場である。だが，その製品が高度経済成長期を支え，地元住民の雇用を促進し自治体への大きな納税先となり，加害原因の公表が企業だけではなく自治体や利益相反関係に組

み込まれた学者・研究者たちの言動により手遅れになり，同種の被害が新潟などの国内他所だけではなく外国にも広がった。作家石牟礼道子，医師原田正純らの継続的努力，写真家ユージーン・スミスらの地道な活動が地元メディアを覚醒させ全体の加害構造が明らかになった今も被害者救済に向けた起因企業と政治側の責任回避の姿勢は変わっていない。

国連や地域国家連合などの環境保全の連携があるにもかかわらず，原子力発電問題をはじめ，企業利益の最大化と秘密主義を背景とした**広報**活動が世界的に展開され，とりわけ告発型公害防止活動（原子力資料情報室 Citizens' Nuclear Information Center: CNIC 等）には運営資金の不足が恒常化している。反対に原発推進や軍事関連産業側によるバラ色社会の広報戦略が豊富な資金力に支えられ，伝統的マスメディアだけでなくネット空間にもあふれ，誤った情報の跋扈がある。なお信頼できる国際的な学術誌としては *Environmental Communication* の評価が高いが，最近ではネットをベースにした環境保全活動による紹介やそれを支える発信も国内外で活発化している。（渡辺武達）　📖 13, 104, 157

韓国大統領弾劾とメディア
Impeachment of the Korean President and Media

大韓民国の憲政史上初の大統領弾劾・罷免事件が勃発した。2016年12月9日に国会で弾劾訴追された朴槿恵大統領に対して，憲法裁判所は2017年3月10日に罷免を宣告した。そのような法律的決定の背後には2016年の冬を通して続けられてきたロウソクデモがあった。10月29日に開かれた第1次集会から12月3日の第6次集会まで，数百万人の市民がロウソクをもって町に出て民意を示したことが，この法律的決定を作り出したと評される。世界のメディアもまた，韓国における平和デモや，市民革命，政権交代などを大きく取り上げた。ところが，実際にロウソクデモに火を付けたのが，メディア自身であったことを指摘したものは少なかった。

ケーブルチャンネルの JTBC は2016年10月24日，朴槿恵大統領の演説文を古馴染みの崔順実が事前校正してきたと報道した。校正した演説文の中には国防，外交，南北統一に関連する重要な内容も含まれていた。この報道がロウソクデモに火を付けた。報道の翌日，大統領は，国民に対するお詫び放送で，遺憾を表明する程度にとどめたものの，報道内容の一部を認めた。普段は政治権力の顔色を窺う検察も，報道を受けて本格的な捜査に乗り出した。第1次ロウソクデモが開かれたのは報道から5日後だった。まさに1本のニュースが，大統領のお詫びと検察の捜査，そして市民の抵抗まで呼び起こしたといえるであろう。

JTBC は，2011年3月に設立された**ケーブルテレビ**の総合編成放送局で，保守的な新聞と評価されている『中央日報』の姉妹会社である。同局の洪錫炫会長は，2013年5月，公営放送である MBC でキャリアを積んできたニュースアンカー孫石熙を JTBC 報道部門社長として迎え入れると発表した。これに際して孫石熙は，報道部門について「すべてを信頼して任せる」との約束を得て，迎え入れの提案を受諾したと述べた。JTBC は，

2014年に発生したフェリー・セウォル号沈没事故をきっかけに市民から信頼を得はじめた。単に議題を設定することにとどまらず、主要議題を入念に追跡するアジェンダキーピングで視聴者の注目を集めた。当時、地上波公営放送が、政権の統制を受けるなか、市民がJTBCに送る支援の声はより大きくなっていた。

JTBCは、大統領弾劾報道でも抜群の実力を発揮した。第1に、深層取材（**調査報道**）のために特別取材チームを組んだ。そのチームが、大統領弾劾のスモーキングガンと呼ばれる物的証拠を突き止めたのである。その物的証拠に基づいて大統領の不貞行為と国政壟断(ろうだん)を報道し、市民の共感を取り付けた。第2に、報道に対する大統領周辺の反論に再反論するなど、論理的な展開で視聴者の共感を得た。既存の放送ニュースの伝達形式を破って、記者とアンカーが対談する報道形式を取り入れたり、長い報道時間やシリーズ報道などを通じて、韓国のニュース報道に新たな道を示した。第3に、ロウソクデモの真ん中に現場スタジオを設営し、市民の中に入り込む報道を行った。市民からの信頼を失い、背を向けられた公営放送のKBSとMBCとは対照的に、JTBCの中継車の前は、記念写真を撮るロウソク市民で込み合うほどだった。

JTBCは2018年現在、一連の大統領弾劾報道により、最も信頼を得るメディアとなり、孫石熙社長兼アンカーは、最も影響のある言論人に選ばれた。政権交代以降、変化の努力を見せている公営放送もJTBCに追いつくために総力を挙げている。このように大統領弾劾期間中に示されたJTBCの飛躍は、視聴者が深層的で正確な報道を求め、信頼できる報道を続けることを普遍的な価値とする放送ジャーナリズムの基本を確認させてくれた。そして、言論・メディアが社会のためにいかに重要な仕事ができるのかをみせてくれた最も模範的な事例であったといえよう。（元容鎭著，白承赫訳）

QRコード利用の拡大と社会的効果
The Social Effects of Using QR Codes

QRコード（2次元コード）は縦横2方向に情報をもつため、バーコードよりも記録できる情報量が多い。QRコードは当初、商品管理などに使われ、2002年にQRコード読み取り機能を搭載した携帯電話が発売されると、ウェブサイトに容易にアクセスできる便利さなどから、急速に人びとの生活に浸透していった。そして今では名刺、電子チケット、出席システムなど多様なところで使用されている。今後、防災マップや災害時の医療現場での利用、キャッシュレス決済などでの汎用が期待されている。（大谷奈緒子）

共謀罪
Conspiracy Law

2017年夏に成立した「組織的な犯罪共謀を罰する法律」で、従来あった罪の構成要件を改めた「テロ等準備罪を創設する改正組織犯罪処罰法」（組織的な犯罪の処罰及び犯罪収益の規制等に関する法律等の一部を改正する法律案）の略称。2003年以来、国会で提案、否決、再提案が繰り返され、提案者の自民党などは「社会的安全とテロ等の組織的な犯罪の防止の国際的協力にとって必要」だと主張。だが、憲法学者、マスコミ、弁護士

会，人権擁護団体等からは「新しい治安維持法」との批判が多く，国連関係機関からも**言論の自由**権に抵触する可能性が指摘された。団体としての労働組合や野党による社会改革のための相談なども取り締まりの対象になりかねない（実際，2016年に別府署員が野党支援団体等の事務所敷地内に隠しカメラを設置していたことが明らかになった）。人権との両立を基本とする「公共の福祉」を「公の秩序」＝「国家の安全や社会秩序」と言い換えて制限することが可能だからである。旧社会主義国だけではなく，自由の国を標榜する国々でも安全保障や国内治安を理由に，自国民だけではなく他国政府・団体等への情報侵入や傍受がなされ，**監視社会化**が進行していることが**ウィキリークス**や**スノーデン**事件，世界各地のジャーナリストの協力による**調査報道**によって明らかになってきている。さらには米大統領選で**フェイスブック**などを利用したニセ情報戦略をトランプ陣営が利用したり（2016年），ロシアがトランプ陣営を国益のために応援した疑惑など，何が市民主権社会の確立を妨げる共謀罪に相当するかの議論そのものが混沌状態にある。（渡辺武達）　　　　　📖6, 74

原発事故報道
Reporting Nuclear Disasters

2011年に起きた福島第一原子力発電所事故（以下，福島原発事故）は，**インターネット**が広く一般に普及してから初めて起きたとされる大規模原子力発電所事故となった。新聞（**全国紙**や**地域紙**）やテレビ・ラジオ・雑誌などの**マスメディア**に所属するジャーナリストに加えて，さまざまな専門家や**市民**がブログやソーシャルメディアなどを用いて個人発の情報を発信し，原発事故の直接情報の伝え手となった。とりわけ，市民が研究者の協力を得て自らの手で放射線を測定し，その測定データをインターネット上に公開・共有したセーフキャスト（Safecast）やみんなのデータサイトなどの放射線データ発信活動は特筆に値する。「草の根測定ネットワーク」と称されるこれらの活動は，これまでマスメディアによって伝えられなかった身の回りの放射データを市民がネットを用いて発信・共有する**データアクティビズム**である。チェルノブイリ原発事故後も，日本国内でR-DAN（Radiation Alert Network）などが測定したデータを共有していた事例があるので，これらの動きは福島原発事故以前からあったものの，福島原発事故後に生まれた草の根測定ネットワークの活動により，今後の原発事故の伝え手はいっそう多元化かつ非マスメディア化したと言える。福島原発事故は「原発事故報道の担い手＝マスメディア」という概念を自明のものとしてもはや考えることのできない現状を我々につきつけた世界初の大規模原発事故となったのである。

また原発事故の情報の伝え手が多元化かつ複雑化したことに加えて，不幸にも事実に基づかない情報や心ないデマなどがブログや**ソーシャルメディア**などを通して広範に拡散されたことにより，従来の原発事故報道の課題とは異なる次元の問題も出てきた。事故発生以降，国内外のメディア・コミュニケーション学研究者はこの新しい原発事故報道のあり方や課題について議論を重ねてきた。加えて，

福島原発事故を実際に伝えたジャーナリストが自己批判的な立場から自身の体験を検証して記録として残したことも注目に値する。変容するメディア環境の中で，研究者や報道の現場に置かれたジャーナリストの残した記録は，歴史的資料にとどまらず，今後の原発事故報道のあり方を考えるうえでも極めて貴重な資料となろう。

　メディア環境が変容したことによって新たな課題や可能性が浮上したとはいえ，従来の原発事故報道の課題が解決されたわけではない。大切なのは，情報の伝え手が多元化かつ複雑化するなかで，市民の健康と安全を保障するための基礎情報を提供することが原発事故の伝え手の使命であるという規範的立場をどのように広く共有していくかということである。同様に，原発事故報道の研究者や原発事故情報の伝え手は，厳しい時間的・物理的制約のなかにあっても，未だ収束をみない原発事故に対峙し続ける姿勢が求められよう。（阿部康人）　📖232

高プロ
Advanced Professional System

　「**高度プロフェッショナル制度**」の略で，2018年度の労働基準法改正条項に含まれた。急速な情報化の進行で1日8時間，週休2日という一般会社員の基本労働条件では専門職のニーズに応えられず，現場の実態にもそぐわないことを理由に議題となった。そうして高収入が保障された**コンピュータ・AI・IoT**関連職場を中心に従来とは違う条件で働かせる，通称「働き方改革」を法的に認めようとする議論がある反面，会社利益の優先で労働者が犠牲になるという危惧から「残業代ゼロ法案」「過労死の合法化」とも批判された。経済団体が推進しようとする利益の最大化策と労働組合による労働条件の悪化防止策の対立など，人間社会の健全なライフワークバランスという根本問題が問われている。（渡辺武達）

国際放送
International Broadcasting

　国境を超えた視聴者を想定した放送形態で，①発信する国家の政策宣伝・**広報**を目的としたもの，②電波の特性から結果として国境を越える放送として機能しているもの，③国家に縛られず，公海上から発信し国家悪を告発し，**市民**が情報共有する市民運営モデル，通称「海賊放送」，④国の規制に縛られない商業利益目的の放送，の4つがある。①は米国のVOA（ボイス・オブ・アメリカ）やモスクワ放送（ロシア）が代表例で，前者は1941年，日独による戦争準備を非難する謀略放送局，政府直営の海外向け宣伝機関として創設され，現在も40カ国語以上で実施されている。日本語放送は1970年から中止になっているが，それは日本への宣伝の必要性がなくなったからだと考えられる。中国の場合は現在，CGTN（China Global TV Network）と呼ばれ，国営CCTV（中国中央テレビ）の国際部門として存在し報道と文化番組中心だが，とりわけアフリカ諸国で人気がある。同じく国際放送部門をもつ英国の**BBC**は英語を学びたい人に愛好者が多く，英国の文化戦略としても有効に機能している。日本の国際放送「NHKインターナショナル」は日本関連のニュースや文化番組を流し，韓国からはドラマやポップカルチャー／Kポップ（K-POP）などが

流され文化的認知向上戦略となっている。

主要言語がポルトガル語のブラジルを除いた多くの南米諸国のスペイン語，アラブ諸国を中心としたアラビア語放送局などが②である。とりわけ，後者はアラビア半島やその周辺，サハラ砂漠以北のアフリカ北部を中心に27カ国で公用語とされており，カタールの**アルジャジーラ**を始め世界的な影響力も大きい。③はシリアなど内戦中の国／地域の民衆救援のため，外国の市民団体が必要情報を現地避難民などに届けるものである。放送は発信国の法律に左右されるため，それらの放送局は多くの寄金と奉仕者により地中海の公海上の船を拠点にし，イラン・イラク・シリア，アフリカ難民などへの人道的救援活動の一環として高く評価されてきた。これらの他にもロシアなどでは，政治的対立・混乱から，支援団体やときには対立国の援助を受けた「**地下放送**」もある。（渡辺武達）

ご飯論法
Sophistry

詭弁，ゴマカシ論法のことで，安倍晋三内閣の加藤勝信厚生労働相による働き方改革関連法にある**高度プロフェッショナル制度**についての回答を，「それは労働基準法にある労働時間規制を適用しない制度で，経営者が好きなだけ労働者を働かせることができる過労死の合法化だ，説明データも間違っている」として野党議員が質問への与党議員と官僚によるはぐらかし回答への批判をした。政府回答は言葉の意図的な誤用にあたるとして法政大学上西充子教授がTwitterでこう名づけて批判した（2018年5月）。「朝ご飯は食べたの？」という質問に「いいえ」と答えた，つまり質問者が「朝ご飯」を食事の意味で使ったのに，回答者は「米飯ではなく，パンを食べたから」との意で否定したようなものだとの指摘である。以来，森友・加計学園問題における安倍晋三首相の答弁などもその典型だとして話題となった。（渡辺武達）

〈サ〉

在京大手メディアの沖縄報道
Reports on Okinawa by Major Media of Japan

1995年に米海兵隊員3人による少女暴行事件が起きた。犯行後，容疑者らは基地内に逃げ込んだことから，沖縄県警は容疑者らが起訴されるまで，その身柄を確保することができなかった。**日米地位協定**（日米安全保障条約に基づき，基地の使用方法や軍人軍属の権利等を定めている）の壁が立ちはだかったのである。また米軍機が墜落した場合，墜落現場が民間地域であっても日本の警察には捜査権がないなど，日米地位協定では，さまざまな特権が米軍に与えられている。「日米地位協定は不公平不平等」として，沖縄のメディアはその改正を訴え続けている。一方，在京大手メディア（**全国紙**および地上波の全国ネット放送局と衛星放送局）は，この問題に対しあまり関心を示さない。日米安全保障条約に対する問題意識が低く，沖縄の基地問題を日本全体の問題として捉えていないため，と一部の研究者は指摘している。

少女暴行事件によって沖縄県民の怒りは頂点に達し，保守リベラルの枠を超えて米軍基地の整理縮小を求める声が広がった。これに危機感を覚えた日米両政府

は県民の怒りを鎮めることを名目に，1996年，住宅地の中心にあり世界一危険とされる普天間基地の返還を発表する。だがその実態は県民の望む全面撤去ではなく，沖縄本島北部，名護市辺野古の海を埋め立てて滑走路を建設する県内移設だった。しかも滑走路を2本もち，揚陸艦が接岸できる港湾も整備されることから，「移設に名を借りた新基地建設だ」として県民が強く抵抗。工事は海底ボーリング調査の段階で中断に追い込まれた。

在京大手メディアのうち，保守系メディアは「中国や北朝鮮に対する沖縄海兵隊の抑止力」と「普天間基地の危険性の除去」を掲げ，新基地建設計画を支持している。一方リベラル系メディアは，政府の強硬な姿勢を批判しながらも，当初は「新基地建設止むなし」の論調だった。

朝鮮戦争時に岐阜や山梨に駐留していた海兵隊は，休戦後の1955年から56年にかけ沖縄に移駐する。沖縄では核装備が可能だった（NHK「沖縄と核」2017年9月放送）ことや，事件事故に対する地元の反発が移駐の理由とされている。日本本土の米軍基地（専用施設）は，その後も大幅に縮小され，2018年3月現在で，1956年当時の14分の1（防衛ハンドブック2011・18）にまで面積が減少している。一方，沖縄では施政権返還が合意された1969年から，72年の返還直前までの間，日本本土の米軍基地の駆け込み移駐があった。駐留米軍基地のうち，沖縄が負担する割合は，海兵隊基地拡充前の1956年に13％（琉球要覧1957年版）だったのが，73年には64％（沖縄県ホームページ）に増加。日本本土と沖縄で，基地負担割合が逆転した。その後幾分かは縮小されたが，沖縄の負担割合は74年以降70％台の高い数字で推移している。

米軍基地の減少で日本本土では基地から派生する事件事故や軍用機の騒音，環境汚染など，いわば日米安全保障条約の負の部分も減少した。ある研究者は「沖縄に基地を押し付ける"安保隠し"によって，日本本土では日米安全保障条約に対する問題意識が社会全体から失われた。それが沖縄と本土の間の"基地報道での温度差"につながっている」と指摘する。安倍政権が新基地建設工事を再開させる中，2014年の沖縄県知事選で，元自民党沖縄県連幹事長でありながら新基地建設反対を訴えた翁長雄志が当選。これ以降リベラル系の在京大手メディアが"新基地建設計画見直し"に言及し始めている。
（具志堅勝也）

シェアリングエコノミー
Sharing Economy

モノではなく，「IoT」や「キャッシュレス」など，システムを動かすソフトを借りその条件に応じて支払いをする「サブスクリプション方式」等による経済的な「つながり」を基盤にモノが動く社会のことで，デジタル化社会に顕著な特徴の1つ。個人所有よりもあらゆるものの共用・共有指向をベースにした経済の仕組みで，そうした変化に対応できそれを利用できる組織や企業がまず対応するサービス主体のビジネススタイル。製造業は劣位に置かれることになり，自動車産業でさえシェアリング（共用）化を模索し始めた。つまり自社製品を市場に出すシステムいかんで成否が決まり，対応できなければ主体性を保てない。人材登用，雇用については同じことがすでに

起きており,いったん職を得ても現場の変化に対応できなければ退職をせまられる。資本と技術の国境が限りなく低くなり,「流動性」「柔軟性」と表現されるグローバル化ビジネスが促進される。(渡辺武達)

小説投稿サイト
Story Posting/Sharing Website

インターネット上で小説を投稿できるサイト。そこで発表され,読まれている作品はウェブ小説,ネット小説などと呼ばれる。2007年にブームになった「ケータイ小説」の系譜を引くもので,題材は恋愛,異世界,ファンタジー,魔界転生,ゲーム,宇宙など特有の傾向をもっている。読むのも投稿も無料だが,人気のある作品は,書籍化,ゲーム化,ドラマ化への道も開かれており,一部で有名になったものもある。

投稿サイトの代表が「小説家になろう」で,運営開始は2004年。小説掲載数60万点を超え,小説を読みたい人,アマチュア作家,プロ作家,出版社の編集者など登録者数は137万人に及ぶという(「なろう小説」という言葉もある)。ほかにも大手出版社が運営しているものなど数多い。**YouTube** などの**動画投稿**,**Instagram** などの写真投稿とならぶ,いわゆる投稿サイトとして新しい潮流を作っているが,将来,ここから大作,名作が生まれるのかは未知数である。(矢野直明)

情報通信法制
Information and Communication Laws

情報の内容や発信・送受信の仕組みなどを規定する法律で,憲法21条(**表現の自由**)をはじめ,刑法(**名誉毀損罪**など)・民法(**プライバシー**侵害など)・**個人情報保護法**・**情報公開法**・**放送法**・**電波法**など多数のものが存在している。このことは,情報内容の多様性や情報に関する諸問題への個別対応の必要性などから,やむを得ない側面があることは否定できない。しかし,こうした現状は,これまでの政府や国会が,憲法21条に抵触しない範囲において,「どのような情報を,誰が,どのようにコントロールするのか」という情報通信法制の全体像を描くことなく,「場当たり」的に関連する法律を制定してきたことの結果でもあり,この全体像不在の政策が,当該関連法制の非一貫性・複雑性の最大の要因であるといえよう。さらに,このことを助長したのは,情報通信のあり方を,経済的効果や情報通信業界の経済的利益の視点のみから論じてきた産業界や研究者を含む代弁者たちであることも指摘されるべきある。また,情報が「敵情報告」の短縮語で,戦前においては敵・反対者を探るものであるとともに,権力による民衆支配の手段であるとされていたことが,「民主社会における情報通信法制のあり方」の構想を難しくしてきたことも忘れてはならない。以上のことを踏まえて,いま私たちが考えなくてはならないことは,**コミュニケーション権**の実現を最終目的として,その目的を達成するために必要な法制度の全体構想と具体策を真摯に検討することであろう。(野原仁)

政治ジャーナリズム
Political Journalism

「政治」が人びとの社会生活における資源の配分やルールの策定などに関する

意思決定全般にかかわるものであるとすれば，民主主義社会においては，およそ「ジャーナリズム」と呼ぶに値するものは，全て「政治ジャーナリズム」ということになる。

しかし，日本の文脈における「政治ジャーナリズム」とは，主要報道機関の政治記者が行う報道を指すことが一般的であろう。日本の主要報道機関においては，社会問題や事件，あるいは経済などの諸分野から切り離されたものとして「政治」を報道する慣行がつくられてきた。主要報道機関の「政治部」に所属する「政治記者」にとっての「政治」とは，有力な政治家間で争われる権力闘争である。そこでは「政策」以上に「政局」が注目される。政治記者の取材現場に「市民」は存在しない。このため，「民意」をつかむために，報道機関は**世論調査**を繰り返すことになる。

このような「政治ジャーナリズム」は「市民不在の政治」というイメージをつくりだし，また，政治家と記者たちとの親密で独特な関係に基づいた癒着の問題を生み出してきた。自民党内で派閥が強い力をもっていたときは，派閥間での情報を流通させる政治記者が強い影響力をもっていたといわれる。しかし，1990年代に小選挙区制度が導入され，権力が官邸に集中するにつれて，政治家の周辺で暗躍する政治記者の影響力も弱まった。政治が派閥間ではなく，政党間の力関係によって決まるようになったため，政治ジャーナリズムは党派性を強く帯びる傾向にある。(伊藤高史)

性の多様性／セクシャルダイバーシティ／ジェンダーダイバーシティ
Sexual and Gender Diversity

性の多様性とはセクシャリティと性別の多様性をいい，すべての人に関連している。セクシュアルマイノリティ（性的少数者）に関して，lesbian（レズビアン，女性同性愛者），gay（ゲイ，男性同性愛者），bisexual（バイセクシュアル，両性愛者），transgender（トランスジェンダー，出生時の性と自認する性の不一致）の頭文字をとり **LGBT** と表記されることが多いが，すべての性的少数者を指す言葉ではない。性的指向（sexual orientation），性自認（gender identity）の頭文字をとって，SOGI（ソギ，ソジ）と表記することもある。性的指向とは恋愛や性愛の対象のことで，異性愛，同性愛，両性愛，非性愛（他者に性的欲求を抱かない），無性愛（他者に性的欲求・恋愛感情を抱かない）ほか無数の性的指向が存在する。性自認とは自分の性別をどのように認識しているかで，性別に違和感をもち異なる性別で生きることを選ぶ人もいる。また染色体や性腺など体の発達が先天的に非定型的な DSDs（differences of sex development，体の性のさまざまな発達）と呼ばれる人々も存在する。性の多様性に関連する法律としては，2003年に「性同一性障害者の性別の取扱いの特例に関する法律」，15年に東京都渋谷区が「渋谷区男女平等及び多様性を尊重する社会を推進する条例」以降，伊賀市，那覇市，大阪市など全国で8つの区や市が同性カップルに結婚に相当する関係と認める証明書を発行している。17年には雇用機会均等法の**セクシ**

ャルハラスメント指針に「性的指向，性自認」にかかわらず対象となると明記されるなど，性の多様性を認め人権を守るための法整備は少しずつだが進んでいる。
（小川真知子）

ソフトパワー
Soft Power

　米国の外交官，政治学者J・ナイ（1937年〜）が提唱した政治哲学理論で，ハードパワー（軍事力や経済支配）依存ではなく，①魅力的な文化，②民主制や人権擁護などの政治的価値，③他者に配慮した謙虚な政策等による共感，等を通してグローバルな国家関係を向上させる政治力・外交力。20世紀に入った世界は数千万人の命と膨大な社会財産の破壊をもたらした2度の大戦を経験し，地球的規模の恒久平和を目指して国際連合を創設した。しかしなお，大国間の対立による戦争や各地の権力闘争に起因する内戦などが止むことはない。そうしたことから，米国の外交官G・ケナン（1904〜2005年）が相手国民からの尊敬を得ることをめざした外交展開を提唱した（『アメリカ外交50年』1951年）。その延長として提唱されたソフトパワーに根ざした外交は，物理的強制ではなく，健全なメディアと相互の社会教育が対立陣営間の融和と信頼に至る道を用意すると主張，そうした公正な社会の建設活動が世界平和構築への基盤形成に貢献するとした。ナイは，虚偽の理由でイラク戦争を始めたブッシュJr.や，軍事力と経済制裁で相手を脅してアメリカファーストを叫ぶトランプ型政治を批判し，核廃絶や貧困層の向上を目指したオバマ大統領らを評価する。前者は社会を分断して貧困層に全体的な社会構図と実態を教えないことで維持される。それに対し，後者を支持するナイの思想は，ハードパワーを極力抑制し実相を正しく理解して未来に向けた社会の底上げを図ることを基本理念とする。グローバル化や情報革命の進む国際社会において真の国力を発揮し得ることを説き，賛同する人たちが米国外にも多く，**ユネスコ・マスメディア基本原則宣言**にある社会的責任論ともつながっている。（渡辺武達）　📖71, 129

忖度(そんたく)
Conjecture, Reading Between the Lines

　辞典類には「相手の心をおしはかり配慮すること，斟酌(しんしゃく)と同義語」などとあるが，2017年度の国会議論で多用されるまでは日常語ではなかった。「**インスタ映え**」と並び，これが「現代用語の基礎知識」主催の新語・流行語大賞に選ばれたのは，安倍晋三首相の友人が理事長を務める学校法人加計学園グループが申請した岡山理科大学獣医学部新設（愛媛県今治市）の認可と，首相夫人の口添えにより首相夫妻と政治イデオロギーを共有していた人物が理事長を務める森友学園に国有地が，校舎建設用地（大阪市）として破格の低価格で払い下げられた不正（「モリカケ問題」）およびその背景に，首相夫妻の意向に逆らえない関係省庁役人がいたからである。

　加えて首相本人が国会で「自分や妻が直接に関わりそうした便宜を図ったことがあれば，自ら首相も議員も辞める」と公言，野党からの批判には**印象操作**だと反論，記者会見等での追及もあったが，財務官僚を中心とした「関連記録の廃

棄」や「改竄」により首相関与を示す直接証拠は出ず，関係者が首相の「心のうちを推しはかった」つまり「部下が権力者の意向を推測して行動する手法」という意味がこの語に加わることになった。この婉曲表現が外国人特派員たちを混乱させ，市民にも不満を残したのは，公文書の書き換え（**公文書管理法**違反）までなされ，「政官界上層部では違法行為がまかり通っている」という疑惑が解消されず，国会でそれを否定した財務官僚が国税庁長官に栄転し，高級官僚もまた「国民全体への奉仕者」ではなく，権力におののく**パノプティコン**構造の一部であることが明らかになったからである。（渡辺武達）

ゾンビ
Zombie

死者が生き返って活動する状態のことで，ホラーやファンタジー作品での表現手法であったが，最近ではその転用として，かつての著名人の生き写しのような言動をする政財界人や古い社会制度改革案等再提出についても用いられるようになった。「動く死体」ともいわれ，安倍晋三首相による憲法改正論がその母方祖父の岸信介による二段階憲法改正論（第1は占領下の米国主導憲法案受け入れ，第2は1960年の日米安保条約改訂を境にした独自軍備から攻撃可能化への現在の改正論）に関連し，安倍が岸のゾンビだという意味である。この日米安保と新たな憲法改正に関わる外交機密文書や付属文書の存在が最近相次いで明らかになっている（2018年）。同時期に高額報酬で問題になった官民ファンド制度に関わる財務省の動きと今後の再登場の可能性の議論でも使われている。（渡辺武達）

〈タ〉

ツイッター政治
Twitter Politics

交流サイト（**SNS**），とりわけ短文表現をその特徴とするTwitterを中心とした政治活動が2016年のアメリカ大統領選挙をきっかけに話題となった。発信者が中間チェックを受けることなく**フォロワー**と直接やりとりでき，さらにリツイートされることで最初の発言がそのまま拡散される。それは類似情報への「共感」のやり取りになりがちで，その空間が「**エコーチェンバー**」と呼ばれることもある。そのことは事実の積み上げによるジャーナリズム的アプローチの軽視となり，**マスメディア**の影響力衰退にもつながっている。トランプ大統領の場合，国内外に5000万を超えるフォロワーを持ち，就任1年間で2500回以上を個人アカウントから発信（2018年8月現在），「**熟議民主主義**」とは何かという問題の再検討の必要性も指摘されている。（三井愛子）

デザインシンキング
Design Thinking

これまでの経験から成功例を選び出し，新しい構想のなかにそれらの組み合わせにより最善解＝ベストな解決法を導き，繰り返していく実利的構想の手法で，日本語で「デザイン思考」ともいう。創造性を重視しながら失敗の可能性を極小にすることが可能になるとされ，とりわけ損失を出してはならないビジネス展開の現場でのプラス思考法だとされている。イノベーション（革新）と実利的展開を両立させる手法だとの評価が高い。宇宙

工学,とりわけロケット開発などの巨大科学への挑戦において確立した,既知の条件を組み合わせ,全体としての危険度をゼロに近づけるやり方がこれまでも実践されている。複雑に入り組んだ現代の経済効率追求活動において損失の極小化を実現する手法として期待され,ある種の流行語になったともいえる。(渡辺武達)

図書館の変容
Transformation of Libraries

公的財源によって運営され,無料でコミュニティのすべての人に開かれるという近代の公立の公共図書館の制度的確立は,1854年のボストン公立図書館の開館によるとされる。その初めは,公教育の延長として,「民衆の大学」(people's university)としての役割が求められていた。しかし20世紀に入って,電話,ラジオ,テレビ等が人びとの生活に浸透すると,図書館はあらゆるメディアを扱った多元的な情報サービスを行うようになり,自由主義的コミュニケーション論と結びついた多元主義の視座に立って,人びとの情報利用と自主学習とを促す,民主主義の実現のための文化装置としての理念を掲げるようになった。

そのような図書館観が,占領期に日本に伝えられ,図書館改革が大規模に取り組まれた。1948年に成立した国立国会図書館法の前文には,「国立国会図書館は,真理がわれらを自由にするという確信に立つて,憲法の誓約する日本の民主化と世界平和とに寄与することを使命として,ここに設立される」と定められている。1950年には公立,私立の公共図書館について定めた図書館法が成立した。同法は,「図書館」を,「一般公衆」の「その教養,調査研究,レクリエーション等に資することを目的とする施設」と定めた。また,1953年には学校図書館法が成立し,学校図書館がすべての学校に設けられるべきことが定められた。

『日本の図書館2017』によれば,2017年4月1日時点で,日本には3280館の公共図書館(公立・私立)がある。設置率は,都道府県では100%,そして市区は約99%,町村は約56%となっている。単館で人類のあらゆる記録を収集することはできないため,図書館はネットワークを形成し,また諸外国の図書館とも協力関係を結んで,利用者に対してあらゆる資料・情報へのアクセスを保証している。人びとはどの図書館を訪れても,そこをアクセスポイントとして,必要な資料や情報を入手できることになっている。

1990年代以降,図書館の使命が**情報リテラシー**の育成と絡めて語られることが増えた。それは,かねてより図書や図書館の利用法の指導を行っていた学校図書館や大学図書館において初めは注目されたが,近年はさらに広く,図書館の教育的な役割が見直されつつある。情報の信憑性や正当性,価値に対する判断は容易ではないことが広く実感されるようになった昨今,図書館がその判断に関わる情報や学習機会を提供しようとする動きが広がっている。また,社会構成主義の学習観の広まりなどもあって,コミュニティにおいて多様な人びとが集まる場所としての図書館の価値が見直され,人びとの情報の交換や発信,さらにはものづくりを積極的に促す活動がトレンドとなっている。多くの図書館が,さらなる新しいメディア,情報機器の導入を進め,イ

ンターネットへのアクセスの提供はもとより，3Dプリンタ等を備えたファブ／メイカー・スペースをもつ図書館も国内外に生まれてきている。日本においても，図書の貸出のみが期待される図書館は過去のものとなり，新たな価値が見出されつつある。(中村百合子)

トランプ型選挙と政治
Trump-Style US Election and Politics

2016年のアメリカ大統領選挙の結果，第45代アメリカ合衆国大統領にトランプ候補（Donald John Trump）が当選した。就任時の年齢で70歳7カ月は史上最高齢であり，2000年のジョージ・W・ブッシュ以来，得票数で他の候補者を下回った大統領となった。総得票数ではヒラリー・クリントンがトランプを約286万票上回ったが，フロリダ州，オハイオ州，ペンシルベニア州など選挙人の数の多いSwing States（激戦区）で接戦の末に敗れ，選挙人の獲得数でトランプは306人，クリントンは232人と差が開いた。概して世論調査や出口調査による予測の多くが外れ，「隠れトランプ支持者」や「隠れヒラリー不支持者」の投票が，選挙に影響を与えたとされる。新しい**世論調査**のあり方が問われる選挙戦で，メディア研究上の課題を多く残した。**メディアイベント**としては，トランプとクリントンの最初のテレビ討論会は，ニールセンの調査によると視聴者数で約8400万人と，1980年のJ・カーター対R・レーガンの8060万人を抜き，史上最多を記録している。日本でテレビ中継のなかった2回目のテレビ討論会も，視聴者数で約6650万人を記録しており，この討論会でトランプはビル・クリントンをハラスメントで訴えている女性たちに討論会を見学させることで，討論内容とは関係のない文脈でクリントンの印象を悪化させた。

スーパーボウルに匹敵するテレビ討論会の視聴者数は，トランプのテレビタレントとしての知名度の高さと，マスメディアでの露出の多さ，Twitterを使った挑発的な選挙戦略に拠るところが大きい。予備選挙前の2015年の4月の時点で約280万人だったトランプの**フォロワー**数は，大統領選挙の投票前の2016年9月末の時点で約1200万人，大統領就任後の2018年8月の時点で5377万人に達している。投票前の時点でトランプは「オンラインで私の得票数は天井なしだ」（2016年9月26日）とウェブ上の選挙戦での勝利宣言を行っているが，トランプの予想は現実のものとなった。トランプは共和党の予備選挙の時から，Twitter上でライバルに不名誉なあだ名を付け，罵倒することで注目を集めてきた。たとえばキューバ系の2世のマルコ・ルビオに対しては，「リトル・マルコ」，カナダ生まれのテッド・クルーズに対しては「カナダ・テッド」，クリントンに対しては「Crooked（いんちき，年老いて腰の曲がったという意味）ヒラリー」というあだ名を付け，自己の支持者たちの中傷的な発言を誘発してきた。このような自己の誹謗中傷を支持者に模倣させる選挙戦略は，トランプ個人の思い付きのものではなく，ケンブリッジ・アナリティカなど，**ビッグデータ**や個人情報の解析を専門とする会社の助言を受けて計画的に実施されたものである。選挙期間中には「ローマ法王がトランプ支持を公式に表

明」,「クリントンはISに武器を売った」などトランプにとって有利なフェイクニュースがウェブ上で大量に拡散されており, このような拡散を許容したIT企業の責任も問われている。一部のウェブ上の**政治マーケティング**やサイバー攻撃については, 既にロシア政府の関与がCIAによって確認されており, 民主主義の将来に大きな禍根を残す大統領選挙となった。(酒井信)

トリセツ
Instruction Manual

取扱説明書 (とりあつかいせつめいしょ) の省略表現「取説」のことで,「トリセツ」とカタカナで書くことが多い。分野によりその説明の仕方が異なることから, マニュアル (manual) とかガイドブック (guidebook) とも呼ばれ, 英語では User's Manual とか Handling Instructions などという。また商品がパソコンや医療機器などの機械類の場合には「操作マニュアル」(Operation Manual) とも表記する。このトリセツが魅力的だと商品がよく売れるので各社とも表現に工夫をこらし, わかりやすく, 絵表現, マンガなどをまじえて制作することが多い。図解やマンガ入り表現は文字だけの表示に慣れていない若者を顧客対象とする企業や, 輸出入に関わる製品の説明にはとくに求められる技術であり, それ専門のイラストレーター (illustrator) を社内に抱えている企業も多い。(渡辺武達)

ドローン
Drone

遠隔操作や自動制御で無人飛行できる航空機の総称。一般的な形状は回転翼を4〜8枚備えた小型マルチコプターであるが, 無人機であれば固定翼型や大型のものを含めることもある。偵察, 空爆などの軍事目的で開発が始まり, 農薬散布, 災害監視, 気象観測などで利用されていた。21世紀に入り, 高性能・低価格化して個人利用が進むと同時に, 宅配など物流への活用が期待されている。メディア機器としては, **GPS**機能やプログラミングによる自律飛行によって, 人間が通常は立ち入れない場所の撮影や, 有人飛行では不可能な視角からの空撮が可能になるため, 映像制作の新しい道具となった。一方で**プライバシー**を脅かす新しい道具となる危険もある。日本では改正航空法 (2015年12月施行) 等で飛行を規制している。(海野敏) 　　　88, 96

〈ナ〉

日米地位協定と情報公開
Status of Force Agreement (SOFA) and Information Disclosure

日米地位協定 (Status of Force Agreement : SOFA) は, 日本国内における米軍駐留を容認した日米安全保障条約6条に基づき, 在日米軍関係者の日本における地位を定めた二国間協定。1960年1月19日に調印され, 同年6月23日に発効したが, 米軍関係者に対して日本国内法を適用できないことが問題視されている。地位協定17条は日米双方の刑事裁判権を認めているが, 実際に起きた米軍関係者の事件では, 公務以外の場合でも警察が容疑者を逮捕できない事例, 警察が容疑者を確保しても日本側が裁判権を行使せず, 基地内で軍事裁判が実施される事例があった。2004年, 米海兵隊ヘリコプターが沖縄国際大学に墜落した事件では,

一時的に米軍が現場を封鎖し、警察が現場検証できない事態が起きた。米側は地位協定23条の米軍財産の安全確保の権利を根拠にしたとされるが、大学が米軍に占領される異常な事態となった。そのため、市民団体・報道関係者らが地位協定の運用に関する資料公開を求めていた。琉球新報社が入手した外務省文書「日米地位協定の考え方・増補版」（1973年原本作成，1983年増補版作成）を紙面で公開、運用に関するマニュアルの内容が明らかになっていたが、後に地位協定の運用を協議する日米合同委員会の議事録が外務省HPで一部公開された。これらの資料公開で日本政府が米軍関係者に特権的地位を認めてきた実態が少しずつ明らかになっている。2018年7月27日、全国知事会は、翁長雄志沖縄県知事の提案で設置された地位協定研究会の検討結果をまとめ、地位協定改正を日本政府に求めた。（吉本秀子）

日本の国際放送
Internationalization of Japanese Broadcasting

　放送通信技術の革新は、情報や番組コンテンツをグローバルに流通させることに貢献している。日本における国境を越える情報発信は1935年、社団法人日本放送協会の短波によるラジオ国際放送で始まった。そして戦後の**放送法**によって、特殊法人**日本放送協会（NHK）**が1952年に「ラジオ・ジャパン」として再開し、外国人向けと在外邦人向けの2つのサービスを行っている。NHKは2018年現在、海外の日本人向けの国際放送の名称を「NHKワールド　JAPAN」に刷新し、英語でテレビ、インターネット、ラジオでサービスを提供している。こうした国際放送は、インテルサット衛星3機を主軸に、ユーテルサット、アストラ、インサットなどの各衛星を使用してほぼ全世界をカバーし、直接あるいは現地の衛星放送や**ケーブルテレビ**、IPTVの**プラットフォーム**で再送信され、約3億人が受信可能となっている。日本において、国際理解の増進と在外邦人への情報と娯楽の提供を制度上義務づけられている放送事業者は**NHK**だけであり、その運営には受信料収入から年間242億円（2017年度実績）が支出されている。また、政府から毎年40億円弱の交付金が与えられているが、これは放送事項や放送区域について政府が要請でき、その資金を負担することが**放送法**（65条、67条）で規定されているためである。こうした国際放送はニュースや**ドキュメンタリー**などの報道事実番組が中心であるが、ブロードバンドの普及に伴い、ドラマや**スポーツ**など娯楽性の高いテレビ番組の国境を越えた流通・販売が拡大している。**Netflix**やAmazon Primeなど本拠地をアメリカに置き、グローバルに展開する企業だけなく、マレーシアのiflixなど自国のコンテンツを中心に**インターネット**配信する事業者が出現している。配信のグローバル化に対し、各国の政府がコンテンツ制作へさまざまな支援策を講じている。日本政府も、日本のコンテンツの海外展開を後押しするため、総務省、外務省、農林水産省、経済産業省がそれぞれ政策支援しているが、放送を所管する総務省では、アジア諸国を対象に日本への観光誘致を期待するテレビ番組や事業への支援策が行われている。（中村美子）

日本パッシング
Japan-Passing

パッシング（passing）は「無視すること」で，日本を介在させずに国際問題の交渉が進行してしまうこと。1970年代，日本の経済発展にしたがい，欧米諸国から日本製品の不当廉売輸出だという批判がなされた。そうした日本ワルモノ論を欧米による不当な「日本たたき」（日本バッシング，Japan-bashing）だとして日本関係者が反論したことをもじり，「日本抜き」をこう呼ぶようになった。外交交渉に関連して使われることが多く，2018年のピョンチャン冬季五輪への南北合同チームの結成参加とその後の米朝直接交渉過程において日本が蚊帳の外に置かれたときにも使われた。もともとは，欧米諸国が日本の経済面・政治面での発言力増大を恐れ，利己的な政策を覆い隠すためのスケープゴート（代替攻撃対象）にした構図に関係している。（渡辺武達）

ネット時代の米国メディア
American Media in the Internet Era

デジタル化などの**技術革新**で先行してきた米国で，メディアの担い手を巻き込んだ大再編成が起きており，さながら実験場のような趣である。最大の特徴は，新興ネット企業の台頭と既存メディア企業の不振である。ネット企業は，通信・放送などのインフラ企業やコンテンツを提供する狭義のメディア企業に対して**「プラットフォーマー」**（情報基盤の提供者）と分類され，その代表がフェイスブック，アマゾン・ドット・コム，ネットフリックス，グーグルの4社。その頭文字をとって**FANG**とも呼ばれる。ネットフリックスは動画配信の雄ともいえる存在。21世紀フォックスの映画・テレビ部門売却も大再編を象徴する。新旧の明暗を象徴するのはアマゾンの創業者**ジェフ・ベゾス**によるワシントンポスト紙の買収（2013年）やメレディスによる老舗雑誌『タイム』の買収（2018年）である。ネット時代は，個人の誰しもが情報の受け手だけでなく，出し手になるという点でそれ以前とは大きく違う。もちろん，よい面もあるのだが，フェイクニュースがあっという間に世界に拡散し，政治を歪めてしまう。現に2016年米大統領選や翌年のフランス大統領選で大きな問題になった。既存メディアの不振は，それまで新聞やテレビが担ってきたとされる権力監視機能を弱め，そのための**調査報道**がおろそかになるという問題を生じさせ，民主主義が揺らぐと懸念する声も少なくない。商業ジャーナリズムが限界を迎え，NPOジャーナリズムなどの新しいビジネスモデルが登場し始めた。その多くはネットだけで情報を発信している。（小池洋次）

ネーミングライツ
Naming Rights

大学などの**公共性**の高い施設や人気**キャラクター**などに名前をつけることができる権利で，企業や個人が合意した金額を支払って成立する。日本語で「命名権」といい，最近では野球やサッカーなどの競技場名をはじめ多分野でビジネスとして成立している。当該大学を卒業した財界人が寄付をして講堂や図書館等に「〇〇ホール」などと名づけている例が，首都圏だけではなく各地に広がり新しい形の広告ビジネスともなっている。なお，

スポーツ大会を含む各種イベントにそのメイン**スポンサー**名をつけるものを冠（かんむり crowning）大会といい，卓球の国際試合では1990年代から実行されてきた。最近では著名なテニスやサッカーの試合でウエア業界だけではなく，名前を売り込みたい他業界からの参入も多い。（渡辺武達）

〈ハ〉

ハゲタカジャーナル
Predatory Journal

どんなレベルの「論文」でも，所定の費用さえ出せば，まやかしの査読（peer review，専門家による審査）済みという形式だけ整えて掲載してくれる自称「学術雑誌」のこと。欧米主要国，アジアではインドや中国／香港などで，ネット版発行スタイルで横行し，日本の著名大学や研究機関の若手研究者の参加が問題化している。「ジャーナル」の一般的意味は「社会的記録」ということだが，学問の業績発表の場であるべき専門研究誌に「ハゲタカ」（predatory，略奪的，搾取的）の名が冠せられたのは，論文の内容検証が不十分かつ執筆者個人およびその所属機関の弱みに付け込んだ悪徳商法だからである。近年，若手研究者の雇用の不安定，博士号授与数の多寡が科研費等の政府からの補助金算定基礎になるなどの現実があり，その反動として，自らの業績を増やすためのデータ捏造や不正引用，補助金を得やすい軍事関連事項を研究テーマにすること等が起きている。加えて指導教官を含む研究機関内の「業績主義」によるそそのかしといった，非道徳的／非倫理的誘因がある。学術論文には内容が当該分野の水準向上に資することが求められ，それを満たしているかどうかを審査するため，その分野に精通した複数の学者が事前に目を通し，この査読者の見解を参考にして掲載可否を決定するのが正常な方式である。しかし地道な努力が評価されるとは限らない研究現場の環境と英語で出版されるものが高評価されるという「グローバル化」の悪弊から，簡単に論文が発表できるこうした誘惑に応じてしまうことが少なくない。このような形で論文を集め「学術書」として出版する会社を「ハゲタカ出版社」（predatory publisher）と呼ぶ。（渡辺武達）

パナマ文書と調査報道
Panama Papers and Investigative Journalism

パナマの法律事務所モサック・フォンセカ（Mossack Fonseca）が作成した世界の政治家，経営者による租税回避地（タックスヘイブン）の利用実態を記録した機密文書。2016年4月に世界で一斉に公表された。2015年，ドイツを代表する新聞の1つである『南ドイツ新聞』に匿名で情報が漏れ，同社はワシントンD.C.にある**国際調査報道ジャーナリスト連合**（International Consortium of Investigative Journalists：**ICIJ**）と同連合加盟の76カ国・地域の報道機関（日本は朝日新聞社，共同通信社，NHK）に調査を依頼，多くのジャーナリストが文書を分析，報道した。中身は1977年から2015年にかけて作成された電子メールや契約書，業務用ファイルなど約1150万件，データ量も2.6TBにのぼる膨大なもので，2010年の**ウィキリークス**流出事件（1.7GB）をはるかに上回る量だった。

英領バージン諸島やケイマン諸島など租税回避地に設立された約21万件の法人名や個人名が記載され，現・元職の大統領や首相，経営者，スポーツ選手，芸能人などが税逃れや資金洗浄（マネーロンダリング）に関わっていた実態が明るみに出た。会社株主に名を連ねていたアイスランド首相が辞任に追い込まれ，世界的に税逃れ対策の国際ルール作りを後押しした。日本でも約400の企業や経営者の名前があがり，国税当局が調査に乗り出した結果，数十円の申告漏れが見つかった。同ジャーナリスト連合は国や報道機関の枠を超えて取り組んだ功績が認められ，2017年の**ピュリッツア賞**（解説報道部門）を受賞した。（吉澤健吉）

ビブリオバトル
Biblio-Battle

「biblio＝本」と「battle＝戦い」の合成語で，情報工学者・谷口忠大が2007年に提唱した良書の推薦競争会のこと。自分が推薦したい本の宣伝を参加者の前で行い，それを聞いて皆がどの本を読みたくなったかを競いあうある種の競技で，知的書評合戦ともいい，そこで最高支持を得た本を「チャンプ本」とよぶ。普及活動の中核を担ってきたビブリオバトル普及委員会は，「本を通して人を知る，人を通して本を知る」をキャッチフレーズとし，今では全国組織に発展し新しい形式の読書推進活動ともなっている。今日のネット時代では，従来の対面式や文通，電話等よりも携帯端末を介した人間関係が主流となり，書物の購入もネット通販利用が多い。このビブリオバトルの方式は対面による知的交流の場，紙媒体による社会理解深化の方法としても注目を浴びている。（渡辺武達）

フリーランス
Freelance

企業などの組織に属さないTVディレクター・アナウンサー・俳優などで，フリーランサー（freelancer）ともいう。また，フリーランスの中でも，報道機関や組織に属さない記者をフリージャーナリストと呼ぶのが一般的である。組織の論理などに束縛されない自由な立場で，自己の価値観・主義・主張を貫くことを優先する人も存在するが，クライアントの中心は企業などの組織であるため，多くの人はクライアントの要求に従って仕事を行わざるを得ないのが実情である。

ところで，ICTを活用した新しい働き方として，場所にとらわれないテレワークや**クラウドソーシング**があげられる。テレワークが主に就業者の働く場所に着目したのに対し，クラウドソーシングは主に人材の調達方法に着目した概念である。発注者は主に一般企業であり，**プラットフォーム**となるマッチングサイトにアウトソーシングしたい業務を公募する。受注者はスキルを持ったフリーランサー（個人事業主）であり，求められるスキル等の条件をもとに自分が受注したい業務に応募する仕組みで，人脈に頼らない受注が可能である。（大谷奈緒子）

ヘイトスピーチ，ヘイトクライム
Hate Speech, Hate Crime

ヘイトスピーチは，人種や宗教，性別や障害など個人の主体的努力で変えることが困難な属性を侮辱，攻撃する偏向表現，「憎悪表現」。実際に犯罪行為に至ったものがヘイトクライム（憎悪犯罪）で，アンコンシャスバイアス（無意識の偏

見）とは異なる。国連人権規約などによる糾弾の対象になるが、**言論・表現の自由**等との兼ね合いで判断がむずかしい場合があり、一律的取り締まりへの反対もある。このため，欧州連合（EU）のように，SNS等の運営企業の自主的削除努力に委ねる場合もある。旧日本軍による南京虐殺や関東大震災時における朝鮮人虐殺，ナチスドイツによるユダヤ人の大量殺害「ホロコースト」等の否定論（**歴史修正主義**）についても問題になる。こうした主張はヘイトクライムにつながるため処罰の対象とする国も増えてきた。日本では2014年，学校法人京都朝鮮学園が「在日特権を許さない市民の会」（在特会）などによる学園周辺での「在日韓国人・朝鮮人は本国へ帰れ」といった差別的街宣活動で授業を妨害されたなどと訴えた。最高裁判所はその言動が許容限度を超えたと判断し，「学校の半径200メートル以内での街宣活動の禁止と約1200万円の損害賠償」を命じた。それが契機となり，ヘイトスピーチ解消法（「本邦外出身者に対する不当な差別的言動の解消に向けた取組の推進に関する法律」）が公布，施行された。この法律には罰則条項がないものの**名誉棄損**等の別の関連法に関連づけた対処が容易になり，ネット上の同種情報の削除等に効果を発揮している。（渡辺武達） 📖207

脱 真 実 の時代
（ポストトゥルース）
Post-Truth Era

事実や真実をないがしろにしかねない状況を指す言葉。2016年にその年に一番使われた言葉として英オクスフォード大学出版部が選び，話題になった。情報を発信する側も，受け取る側も，事実より自分の意見や感情に訴える言説を選択しがちということだ。SNSなどの**ソーシャルメディア**の発達や，人々の不満の増大がその背景にある。同年の米国大統領選挙や，それに先立つ英国の欧州連合（EU）離脱をめぐる国民投票の際，事実とは異なる情報が駆け巡り，選挙や国民投票の結果を左右したと言われる。米大統領選の際は，トランプ候補を担ぐ右翼政治グループなどが，「ローマ法王はトランプ支持」といった**デマ**を意図的に流し，そうした偽りの情報が広がって社会に大きな影響を与えた。その後のフランス大統領選挙でも，虚偽の情報が拡散し，右派の候補を助けたという経緯もある。偽りの情報は昔からあるものの，現代は簡単に作れ，あっという間に世界中に拡散するという意味で，その影響の深刻さは過去の比ではない。多くは，ニュースの形式を取り，「フェイクニュース」と言われている。米大統領選におけるトランプ候補の当選もそのおかげとの指摘も多いが，そうした指摘に反発した同氏は，情報の真偽を見きわめようとする伝統的な新聞やテレビを逆に「フェイクニュース」と呼び非難した。事実や真実をおろそかにする状況が続けば民主主義自体が危うくなる。そうした危機意識から，メディア関連企業が**ファクトチェック**（事実確認）に乗り出し，そのための専門組織を立ち上げるなどの動きが出ている。（小池洋次）

〈マ〉

ミーツー
#MeToo

英語で Me too とか，You too は

「私も同じ」「あなたもだ」という意味だが，その前に「#」（シャープ，**ハッシュタグ**）をつけた表現は，**ハリウッド**の女優たちによって「私も**セクハラ**の被害者！」という告発として使われ始め，TIME誌が，運動を起こしたテイラー・スウィフトらを「Silence Breakers＝沈黙を破った人たち」として「2017年，今年の顔」に取り上げた。それが契機となり，欧米を中心に芸能界だけではなく，クラシック音楽界など練習，学修時の密接な師弟関係により支配・被支配の構造に陥りやすい分野から，世界中に大きな**セクハラ**撲滅運動として拡大しつつある。日本でもメディア関連業界だけではなく，財務次官による取材記者への**セクハラ**を典型例として，社会全体の中で被害者が勇気を出して声をあげ始めている。（渡辺武達）

メディアイベント
Media Event

D・ダヤーンとE・カッツ（Dayan and Katz, 1992年）が提起した概念で，国家などの「大組織によってセットされメディアによって事前宣伝される通過儀礼的な重要行事や巨大スポーツイベントのこと」。例として1981年の英国チャールズ皇太子とダイアナ妃の結婚式のテレビ中継とそれに関する一連のメディア対応を挙げた。題材は必然的に肯定的，ほぼ無批判に伝えられ，その効果は同一題材を同一時間に大量提供することで，個々の家庭を共有の公的空間に変容させ，そこで取り上げられたものを集団として慶祝することで，個人が全社会的につながり，共通のアイデンティティ（自己同一感覚），共有の記憶あるいは体験となるとした。これは世界のどの地域においてもメディア利用とその機能論として有効で，日本では平成の天皇の結婚式前後の行事が，とりわけ民間出身の美智子妃をからめた人気（ミッチーブーム）によって盛り上がり，「御成婚」（1959年）に関わる多くの行事が，結果として英国の例と同様の社会共同体感情を形成した。

2019年に予定されている天皇譲位関連報道についても前年12月23日の天皇誕生日の「お言葉」（事前録画）がNHKを含む全キー局，主要紙媒体で好意的に報道されたのも，その一端である。2020年東京オリンピックについてもこれと同じことがメディアと政財界の共同により起きつつある。「**疑似イベント**」（pseudo-event, D・ブアスティン『幻影の時代』1992年）はメディアを通して巧妙につくり上げられる「非現実」のことだが，メディアイベントとは政治的経済的強者による民衆の操作手段とその効果においての類似性がある。（渡辺武達）📖 12, 142, 235

メディアの現場とハラスメント
Media Scene and Harassment

セクハラや**パワハラ**に代表されるハラスメントを発現させる土壌は，偏見や固定観念に支えられた差別意識であり，労働条件や環境等に表れる企業組織のあり方にある。①2018年4月，取材相手の財務事務次官によるテレビ局女性記者へのセクハラが週刊誌で報道されたのを契機に，メディアで働く女性たちが自らの所属する企業の内外で自身の体験したセクハラ被害について声を上げ始めた。被害が女性に集中しているのは，所属企業も取材先も「男社会」であることが大きな要因であり，とりわけメディア企業のな

かで役職・要職につく比重は依然として男性が圧倒的に高い。女性が被害を申告しにくいのは、申告した結果、社内で不遇な扱いを受けたり、取材先から情報を得られなくなる等の不利益を被ることへの懸念が強く、組織として被害の申告を真剣に受け止められない土壌があるためである。会社が女性記者を守り、被害を訴えた場合に不利益を与えない処遇が必須である。②報道・制作の現場にあっては、**パワハラ**も看過できない。常に他社との競争に晒され、締め切りに追われる環境のなか、とりわけ放送業界においては、キー局の正社員の下に制作会社からさまざまな雇用形態のスタッフが入り乱れ格差が構造化されており、**パワハラ**が醸成されやすい。近年、労働基準監督署から是正勧告が相次ぎ行われている長時間労働の問題も含め、働く者の人格や心理に触媒として機能する職場環境の改善を図るためには、経営サイドの強い意識改革の下、働き方の慣習を変え、差別意識を排除するための取組みが不可欠である。（池田雅子）

モラルハザード
Moral Hazard

この言葉が「倫理の崩壊」という意味で2017～18年の日本の言論界で頻繁に使われだしたのは、安倍晋三政権における森友・加計学園問題での財務官僚による公文書の書き換え、財務次官の**セクハラ**問題を含む麻生太郎副総理による国会発言等、政治家と官僚がもつべき「国民への奉仕」「公人のモラル」という倫理基盤の欠如が連続して露呈したからである。**メディア業界でも、放送法や新聞倫理綱領**の目的条項にある**表現の自由、公益性**＝公共の福祉原則への背反事例として、**原発事故報道**などにおいても、業界の利益や政治的配慮のための捏造が行われた。一方、欧米では「モラルハザード」は経済学用語で、「自動車保険をかけた安心感から運転がおろそかになる」といった傾向など、倫理・道徳よりも人間心理に起因する行動に関わる意味合いで多く使われている。（渡辺武達）

〈ヤ〉

有価証券報告書
Annual Securities Report / Financial Statement Report

投資者保護を目的とし、金融商品取引法24条および内閣府令の該当企業に課された報告書で、財務局や証券取引所で閲覧できる。現在は金融庁の電子開示システムEDINET（エディネット）による提出義務があり、外部からは同庁のウェブサーバ経由での閲覧が可能。2018年11月、日産自動車元会長カルロス・ゴーンがこの虚偽報告容疑で逮捕されたがこれまでにも同容疑で譴責または逮捕された例がある。西武鉄道に関する長年の虚偽記載に対してのコクド会長堤義明（04年）、日本テレビ放送網による讀賣新聞社の会長渡邉恒雄の個人名義株式が読売新聞社の実質所有であったことを認めての訂正（04年）、架空売上の計上などで起訴され実刑となったライブドア社長（当時）堀江貴文（06年）などである。（渡辺武達）

〈ラ〉

リベンジポルノ防止法, 出会い系サイトの危険性
Revenge Pornography Damage Prevention Law, Risk of Online dating website

リベンジポルノとは, 一般的に, 元交際相手や元配偶者に対する嫌がらせや復讐の目的で, 交際中や婚姻中に撮影した相手方の性的な画像や動画を**インターネット**上に公開する等して不特定多数に拡散する行為をいうが, その形態はさまざまである。2013年10月に東京都三鷹市で被害女性が復縁を迫る元交際相手に殺害され交際中に撮影された性的画像をインターネットで拡散された事件(「三鷹ストーカー殺人事件」)を機に, リベンジポルノへの対処を求める世論が強まり, 2014年11月にリベンジポルノ防止法(正式名称は「私事性的画像記録の提供等による被害の防止に関する法律」)が成立・施行された。全6条(目的(1条), 定義(2条), 罰則(3条), プロバイダ責任制限法の特例(4条), 支援体制の整備等(5条・6条)から成り, リベンジポルノ画像を典型とする「私事性的画像記録」等について, 個人の性に関わる名誉および私生活の平穏の侵害による被害の発生・拡大を防止することを目的として, 直接的処罰を含む総合的な対策を定めている。

リベンジポルノの被害者を擁護し, その被害を少しでも食い止めるために, 同法が制定された意義は大きい。これにより警察を始めとする行政の組織的な対応の取組も強化された。警察庁の統計によれば, 同法施行後に警察に寄せられた相談件数は毎年1000件を超えており, 2017年は1243件, 被害者は10〜20代で6割を超えている。スマートフォンの利用を始めとする急速なデジタル技術の向上に防犯意識が追いついておらず, 出会い系サイトやオンラインゲームの**アプリ**等, インターネットを通じて知り合った相手の要求に応じて画像を送り, 被害に遭ってしまうケースも少なくない。

一方, インターネットに対する法規制の強化は**表現の自由**と緊張関係にあることから, 規制強化に慎重な議論もある。たとえば, 同法2条の定義の曖昧さから処罰範囲が拡大され, 先々, 過剰に表現の自由を制限することにつながらないか懸念も指摘されている。性に関わる事柄は**プライバシー**の最たるものだが, たとえば著名な政治家のスキャンダルの暴露に当たるような性的写真の掲載など, たとえリベンジポルノの定義に形式的に該当すると考えられるような場合であっても, 一定の場合には**公共性**および**公益性**が認められ, 表現の自由の逸脱とはならない場合があることも考えられよう。

一度**インターネット**上に情報が流出し拡散してしまうと, 被害回復は著しく困難になる。とりわけ, 外国のサーバーを経由したり, 海外のプロバイダが運営するサイトに掲載されてしまうと, 日本の法規制が直ちには及ばないため, 被害回復は困難を極める。ことに若年層の深刻な被害を食い止めるためには, デジタル画像やネットがもつ特性・危険性について教育・啓発を進め, 出回って困るような写真や動画を「撮らない」「撮らせない」ことが肝要である。(池田雅子) 📖165

歴史修正主義・自由主義史観
Liberal Revisionism of History

　歴史的事実を自分に都合のよいように取捨選択し，歴史を書き換える思想とやり方のことで，欧米では歴史修正主義として批判されるが，日本では「自由主義史観」と自称している。ヒトラー時代のユダヤ人を主なターゲットとしたホロコーストはなかったとの主張がその代表事例だが，日本での主な題材は「南京大虐殺」や「朝鮮人従軍慰安婦」などの存在否定と旧・軍事政権の正当化で，事実の検証を経て学問的にも認められた歴史観と事実認識を「自虐史観」と呼んで攻撃する。

　日本の自由主義史観論者としては元東大教授の藤岡信勝（『これだけは譲れない歴史教科書10の争点』2005年），元上智大教授の渡部昇一（『日本を貶しめる「日本嫌い」の日本人―いま恐れるべきはジパノフォビア』2009年），評論家の加瀬英明（『21世紀日本は沈む太陽になるのか』1998年）などがおり，アジア諸国への侵攻は英米仏蘭（オランダ）などの植民地主義（たとえば英国によるインド支配）からの解放のためであった，太平洋戦争の発端は米国のアジア支配欲と日本いじめにあったなどとし，日本型植民地化計画としての「大東亜共栄圏」構想を肯定する。そうした立場から財界人なども加わった「新しい歴史教科書をつくる会」が結成され（1997年），安倍晋三らの政治家の応援を得て，NHK番組（「シリーズ　戦争をどう裁くか」第2回「問われる戦時性暴力」2001年）の内容に政治干渉した。同様のことが，その後も続き，同趣旨のシンポジウムなどを日本各地で開催，安倍首相の改憲提言などの下地にもなっている（2018年現在）。

　歴史記述は新資料の発見等によりその内容評価が変わるし，**言論・表現の自由**論からいっても，事実に基づき，かつ国の内外を問わず人権を侵害しないかぎりあらゆる言説は認められるべきだが，日本の「自由主義史観」の場合，事実によって検証され文科省の検定を経た教科書さえ問題とし，中国への「侵略」記述を「進出」に書き替えることを求め，そうした記述を短縮，あるいは削除しようとする。また彼らのメディアを対象とした運動は系統的で，かつてはNHK教育テレビの「視点・論点」（解説委員室製作担当，1998年4月29日放映）で上智大教授（当時）の渡部昇一を起用させ，「新・日本人とユダヤ人」という以下のような内容を含む**やらせ**番組を制作，放映させた。①日本は第1次大戦時から人種差別主義をとってこなかった，②第2次大戦中も英米などとは違って，日本政府はユダヤ人を差別しなかった，③リトアニアでユダヤ人数千人にビザを発給した杉原千畝の行為は日本政府の外交方針であった，④ユダヤ人の財閥や大学者たちが日本国籍をとらないのは，日本の税金が高いためであり，税制を改め，ユダヤ人の金持ちたちに「日本人」になってもらおう。

　実際には，当時の外務大臣松岡洋右からの数度にわたる拒否電報にもかかわらず，杉原は自己の信念と責任で日本通過の家族ビザ計約6000人分を発給した（電報記録や研究・証言）。加えて，金だけで人の価値を考えることをユダヤ人も好まないから，そうした思考そのものが世界平和と人間の平等思想に反する。この

番組は西岡昌紀「戦後世界史最大のタブー／ナチガス室はなかった」(『マルコポーロ』1995年2月号)と題した「プロパガンダ」記事，1998年3月30日付『産経新聞』の1面トップ「杉原ビザ発給の外務省指示説」につながり，それが昭和天皇の誕生日である4月29日(現・昭和の日)に放映されたことにも注目したい。そのような非合理的な天皇賛美には視聴者からの批判が寄せられたが，「NHK自らが取材し，製作した番組ではないから……」(海老沢勝二NHK会長(当時))などと抗弁し，自らの放送事業者としての**編集権**と**アカウンタビリティ**を放棄した無責任ぶりであった。

いつの世にもそうした右翼・反動的言辞はあるが，最近では新聞とテレビと出版社の連携やそうしたネット発信例が出てきている。十五年戦争(太平洋戦争)とその首謀者の1人である東條英機を英雄視した「プライド」「男たちの大和／YAMATO」などの映画がそうであるが，ドイツやフランスでは，ナチズムやホロコーストを是認し，それをメディア，その他の公の場で表現することは映像・活字を問わず刑法上の罪となる。米国では，人種・国籍・宗教などを攻撃理由とする**ヘイトクライム**は連邦犯罪とみなされ，州レベルでもヘイトクライム防止法を成立させているが，そこにLGBTなどへの批判防止まで含めているものが大半である。人種や宗教によって人を攻撃する表現手法は「**ヘイトスピーチ**」と呼ばれ，刑法上の犯罪になることが多く，日本でも雑誌や政治家によるそうした発言への批判の高まりがある。(渡辺武達)

📖 149, 218, 229

〈ワ〉

若者のメディア利用
Media Use Among Youth

10代および20代の人びとのメディア利用における特性について示す際に用いられることが多い。年齢や世代は，メディア利用行動の違いをもたらす主な要因の1つである。インターネットおよびスマートフォンを含むデジタルメディアに幼少期から接触してきた世代と，それ以前の世代のメディア利用行動は大きく異なる。デジタルメディア普及以降に幼少期を過ごした世代を「若者」と呼ぶことで，それ以前の世代と区別することも多い。

若者の特徴的なメディア利用行動に，**SNS**利用が挙げられる。10代・20代のスマートフォン利用時間は他と比べて長く，その主な用途はSNS利用である。特に，LINE，**Twitter**，**Instagram**が多く用いられている。**Twitter**や**Instagram**では，友人だけでなく，SNS上で知り合った人との情報交換や，情報拡散に利用される場合も多い。**Instagram**の利用率が急激に上昇していることから，**Instagram**を用いた若者向けの**マーケティング**戦略も拡大している。

情報環境の多様化は，若者のメディア利用行動の多様化を促進させている。かつて，「テレビを見る」という行為は，テレビ受像機でリアルタイムで番組を見ることを指していた。しかし，今日，デジタルメディアの利用が活発な若者たちは，自らの趣向に合わせ，媒体を組み合わせ，時間と場所を選択し，さまざまな形態で「テレビを見る」という行為を行っているのである。

「ダブルスクリーン視聴」「サイマルビューイング」などと表現される「ながら視聴」も，メディア利用行動の多様化をもたらす行為の1つである。これは，テレビ，パソコン，スマートフォン，タブレットなど複数のスクリーンを同時に使用し，1つのスクリーンで映像を見ながら，他のスクリーンで異なる映像を見たり，情報検索や**ソーシャルメディア**による情報発信など映像視聴以外の行動を行うことを指す。若者らは，複数のスクリーンを組み合わせることで，多様なメディア利用行動を展開しているのである。今日，「若者のテレビ離れ」という表現があるが，映像視聴行動の多様化および「ながら視聴」など，若者の映像視聴行動の特徴を考慮すると，単にリアルタイムにテレビ受像機を通して視聴する行為が減少しているだけであり，その他の機器を通して「テレビを見る」という行為が減少しているとは言えないという見方もある。

　デジタルメディアを中心に，メディア環境変化のスピードが加速するなか，人びとを取り巻くメディア環境は大きく変化している。2012年に行われたデジタル先進国である韓国の大学生を対象とした映像視聴行動に関する調査では，すでにデジタルメディアを用いた映像視聴形態の多様化が見られたが，今日，日本でもその傾向は強まっている。今後，さらに異なるメディア利用行動をとる若い世代が誕生することで，メディア利用行動がますます多様化する未来が予想される。

（竹村朋子）　　　　　　107, 147, 177

資 料 編

国際機関宣言・決議など

(1) 世界人権宣言（抄）
　［1948（昭23）.12.10　第3回国際連合総会において採択］
　（前略）
　第12条
　　何人も，自己の私事，家族，家庭若しくは通信に対して，ほしいままに干渉され，又は名誉及び信用に対して攻撃を受けることはない。人はすべて，このような干渉又は攻撃に対して法の保護を受ける意見を有する。
　（中略）
　第19条
　　すべて人は，意見及び表現の自由を享有する権利を有する。この権利は，干渉を受けることなく自己の意見をもつ自由並びにあらゆる手段により，また，国境を越えると否とにかかわりなく，情報及び思想を求め，受け，及び伝える自由を含む。
　（後略）

(2) 国際連合第2回総会決議59（Ⅰ）（情報の自由に関する国際会議の請求）（抄）
　［1946（昭21）.12.14］
　　情報の自由は基本的人権であり，国際連合が実現を目指すすべての自由の試金石である。
　　情報の自由とは，束縛を受けることなく，あらゆるところでニュースを収集し，伝える権利を意味する。それは，世界の平和と進歩を促進するための，あらゆる真剣な努力における本質的な要素の一つである。
　　情報の自由は，この特権を乱用することなく行使する意志と能力をその不可欠の要素として必要とする。それは，偏見なく事実を追求し，悪意なく知識を広める道徳的義務を，基本的規律として必要とする。
　　諸国間の理解と協調は，機敏で健全な意見なくしては不可能であり，同時にそうした意見は情報の自由に依拠している。
　（後略）

(3) ユネスコ：マスメディア基本原則宣言（平和と国際理解を強化し，人権を伸

長し,人種差別主義,アパルトヘイトならびに戦争扇動に反対するための,マスメディアの貢献に関する基本原則に関する宣言)(抄)
[1978(昭53).11.28 国際連合教育科学文化機関(ユネスコ)総会20回会期において採択]
(前略)
第1条〔マスメディアの貢献〕
　平和と国際理解の強化,人権の伸長,ならびに人種差別主義,アパルトヘイトおよび戦争宣伝への反対は,情報の自由な流れと,そのより広くより均衡のとれた普及とを必要とする。この目的のために,マスメディアは指導的な貢献をなすべきである。この貢献は,情報が対象の異なった諸側面を反映する程度に応じて,より効果的となるであろう。
(後略)

国内関連法規

(1) 国家公務員法(抄)〔昭和22年法律第120号〕
(この法律の目的及び効力)
第1条　この法律は,国家公務員たる職員について適用すべき各般の根本基準(職員の福祉及び利益を保護するための適切な措置を含む。)を確立し,職員がその職務の遂行に当たり,最大の能率を発揮し得るように,民主的な方法で,選択され,且つ,指導されるべきことを定め,以て国民に対し,公務の民主的且つ能率的な運営を保障することを目的とする。
(中略)
(秘密を守る義務)
第100条　職員は,職務上知ることのできた秘密を漏らしてはならない。その職を退いた後といえども同様とする。
(後略)

(2) 放送法(抄)〔昭和25年法律第132号〕
　　第1章　総則
(目的)
第1条　この法律は,次に掲げる原則に従つて,放送を公共の福祉に適合するように規律し,その健全な発達を図ることを目的とする。
　1　放送が国民に最大限に普及されて,その効用をもたらすことを保障すること。
　2　放送の不偏不党,真実及び自律を保障することによつて,放送による表現の自由を確保すること。
　3　放送に携わる者の職責を明らかにすることによつて,放送が健全な民主主義の発達に資するようにすること。
(中略)

第2章　放送番組の編集等に関する通則
（放送番組編集の自由）
第3条　放送番組は，法律に定める権限に基く場合でなければ，何人からも干渉され，又は規律されることがない。
（国内放送等の放送番組の編集等）
第4条　放送事業者は，国内放送及び内外放送（以下「国内放送等」という。）の放送番組の編集に当たつては，次の各号の定めるところによらなければならない。
　1　公安及び善良な風俗を害しないこと。
　2　政治的に公平であること。
　3　報道は事実をまげないですること。
　4　意見が対立している問題については，できるだけ多くの角度から論点を明らかにすること。
2　放送事業者は，テレビジョン放送による国内放送等の放送番組の編集に当たつては，静止し，又は移動する事物の瞬間的影像を視覚障害者に対して説明するための音声その他の音響を聴くことができる放送番組及び音声その他の音響を聴覚障害者に対して説明するための文字又は図形を見ることができる放送番組をできる限り多く設けるようにしなければならない。
（番組基準）
第5条　放送事業者は，放送番組の種別（教養番組，教育番組，報道番組，娯楽番組等の区分をいう。以下同じ。）及び放送の対象とする者に応じて放送番組の編集の基準（以下「番組基準」という。）を定め，これに従つて放送番組の編集をしなければならない。
2　放送事業者は，国内放送等について前項の規定により番組基準を定めた場合には，総務省令で定めるところにより，これを公表しなければならない。これを変更した場合も，同様とする。
（後略）

(3)　電波法（抄）[昭和25年法律第131号]
（目的）
第1条　この法律は，電波の公平且つ能率的な利用を確保することによって，公共の福祉を増進することを目的とする。
（中略）
（無線局の開設）
第4条　無線局を開設しようとする者は，総務大臣の免許を受けなければならない。ただし，次の各号に掲げる無線局については，この限りでない。
　1～4　（略）
（中略）
（免許の有効期間）
第13条　免許の有効期間は，免許の日から起算して5年を超えない範囲内におい

て総務省令で定める。ただし，再免許を妨げない。
（後略）

(4) 不正アクセス行為の禁止等に関する法律（抄）［平成11年法律第128号］
（目的）
第1条　この法律は，不正アクセス行為を禁止するとともに，これについての罰則及びその再発防止のための都道府県公安委員会による援助措置等を定めることにより，電気通信回線を通じて行われる電子計算機に係る犯罪の防止及びアクセス制御機能により実現される電気通信に関する秩序の維持を図り，もって高度情報通信社会の健全な発展に寄与することを目的とする。
（中略）
（不正アクセス行為の禁止）
第3条　何人も，不正アクセス行為をしてはならない。
（不正アクセス行為を助長する行為の禁止）
（中略）
第5条　何人も，業務その他正当な理由による場合を除いては，アクセス制御機能に係る他人の識別符号を，当該アクセス制御機能に係るアクセス管理者及び当該識別符号に係る利用権者以外の者に提供してはならない。
（後略）

(5) 公文書等の管理に関する法律（抄）〔平成21年法律第66号〕
（目的）
第1条　この法律は，国及び独立行政法人等の諸活動や歴史的事実の記録である公文書等が，健全な民主主義の根幹を支える国民共有の知的資源として，主権者である国民が主体的に利用し得るものであることにかんがみ，国民主権の理念にのっとり，公文書等の管理に関する基本的事項を定めること等により，行政文書等の適正な管理，歴史公文書等の適切な保存及び利用等を図り，もって行政が適正かつ効率的に運営されるようにするとともに，国及び独立行政法人等の有するその諸活動を現在及び将来の国民に説明する責務が全うされるようにすることを目的とする。
（後略）

(6) スポーツ基本法（抄）［平成23年法律第78号］
（目的）
第1条　この法律は，スポーツに関し，基本理念を定め，並びに国及び地方公共団体の責務並びにスポーツ団体の努力等を明らかにするとともに，スポーツに関する施策の基本となる事項を定めることにより，スポーツに関する施策を総合的かつ計画的に推進し，もって国民の心身の健全な発達，明るく豊かな国民生活の形成，活力ある社会の実現及び国際社会の調和ある発展に寄与することを目的とする。

(基本理念)
第2条　スポーツは，これを通じて幸福で豊かな生活を営むことが人々の権利であることに鑑み，国民が生涯にわたりあらゆる機会とあらゆる場所において，自主的かつ自律的にその適性及び健康状態に応じて行うことができるようにすることを旨として，推進されなければならない。
(後略)

(7)　私事性的画像記録の提供等による被害の防止に関する法律（抄）〔平成26年法律第126号〕
(目的)
第1条　この法律は，私事性的画像記録の提供等により私生活の平穏を侵害する行為を処罰するとともに，私事性的画像記録に係る情報の流通によって名誉又は私生活の平穏の侵害があった場合における特定電気通信役務提供者の損害賠償責任の制限及び発信者情報の開示に関する法律（平成13年法律第137号）の特例及び当該提供等による被害者に対する支援体制の整備等について定めることにより，個人の名誉及び私生活の平穏の侵害による被害の発生又はその拡大を防止することを目的とする。
(後略)

国内倫理綱領

(1)　新聞倫理綱領［2000年6月21日制定］
　21世紀を迎え，日本新聞協会の加盟社はあらためて新聞の使命を認識し，豊かで平和な未来のために力を尽くすことを誓い，新しい倫理綱領を定める。
　国民の「知る権利」は民主主義社会をささえる普遍の原理である。この権利は，言論・表現の自由のもと，高い倫理意識を備え，あらゆる権力から独立したメディアが存在して初めて保障される。新聞はそれにもっともふさわしい担い手であり続けたい。
　おびただしい量の情報が飛びかう社会では，なにが真実か，どれを選ぶべきか，的確で迅速な判断が強く求められている。新聞の責務は，正確で公正な記事と責任ある論評によってこうした要望にこたえ，公共的，文化的使命を果たすことである。
　編集，制作，広告，販売などすべての新聞人は，その責務をまっとうするため，また読者との信頼関係をゆるぎないものにするため，言論・表現の自由を守り抜くと同時に，自らを厳しく律し，品格を重んじなければならない。
　自由と責任　表現の自由は人間の基本的権利であり，新聞は報道・論評の完全な自由を有する。それだけに行使にあたっては重い責任を自覚し，公共の利益を害することのないよう，十分に配慮しなければならない。
　正確と公正　新聞は歴史の記録者であり，記者の任務は真実の追究である。報道は正確かつ公正でなければならず，記者個人の立場や信条に左右されてはなら

ない。論評は世におもねらず，所信を貫くべきである。
　独立と寛容　新聞は公正な言論のために独立を確保する。あらゆる勢力からの干渉を排するとともに，利用されないよう自戒しなければならない。他方，新聞は，自らと異なる意見であっても，正確・公正で責任ある言論には，すすんで紙面を提供する。
　人権の尊重　新聞は人間の尊厳に最高の敬意を払い，個人の名誉を重んじプライバシーに配慮する。報道を誤ったときはすみやかに訂正し，正当な理由もなく相手の名誉を傷つけたと判断したときは，反論の機会を提供するなど，適切な措置を講じる。
　品格と節度　公共的，文化的使命を果たすべき新聞は，いつでも，どこでも，だれもが，等しく読めるものでなければならない。記事，広告とも表現には品格を保つことが必要である。また，販売にあたっては節度と良識をもって人びとと接すべきである。

(2)　出版倫理綱領（抄）［1957年10月27日制定］
　われわれ出版人は，文化の向上と社会の進展に寄与すべき出版事業の重大な役割にかんがみ，社会公共に与える影響の大なる責務を認識し，ここに，われわれの指標を掲げて，出版道義の向上をはかり，その実践に努めようとするものである。
1　出版物は，学術の進歩，文芸の興隆，教育の普及，人心の高揚に資するものでなければならない。
　われわれは，たかく人類の理想を追い，ひろく文化の交流をはかり，あまねく社会福祉の増進に最善の努力を払う。
2　出版物は，知性と情操に基づいて，民衆の生活を正しく形成し，豊富ならしめるとともに，清新な創意を発揮せしめるに役立つものでなければならない。
　われわれは，出版物の品位を保つことに努め，低俗な興味に迎合して文化水準の向上を妨げるような出版は行わない。
　（後略）

(3)　放送倫理基本綱領［1996年9月19日制定］
　(社)日本民間放送連盟と日本放送協会は，各放送局の放送基準の根本にある理念を確認し，放送に期待されている使命を達成する決意を新たにするために，この放送倫理基本綱領を定めた。
・放送は，その活動を通じて，福祉の増進，文化の向上，教育・教養の進展，産業・経済の繁栄に役立ち，平和な社会の実現に寄与することを使命とする。放送は，民主主義の精神にのっとり，放送の公共性を重んじ，法と秩序を守り，基本的人権を尊重し，国民の知る権利に応えて，言論・表現の自由を守る。
・放送は，いまや国民にとって最も身近なメディアであり，その社会的影響力はきわめて大きい。われわれは，このことを自覚し，放送が国民生活，とりわけ児童・青少年および家庭に与える影響を考慮して，新しい世代の育成に貢献す

るとともに，社会生活に役立つ情報と健全な娯楽を提供し，国民の生活を豊かにするようにつとめる。
- 放送は，意見の分かれている問題については，できる限り多くの角度から論点を明らかにし，公正を保持しなければならない。放送は，適正な言葉と映像を用いると同時に，品位ある表現を心掛けるようつとめる。また，万一，誤った表現があった場合，過ちをあらためることを恐れてはならない。
- 報道は，事実を客観的かつ正確，公平に伝え，真実に迫るために最善の努力を傾けなければならない。放送人は，放送に対する視聴者・国民の信頼を得るために，何者にも侵されない自主的・自律的な姿勢を堅持し，取材・制作の過程を適正に保つことにつとめる。
- さらに，民間放送の場合は，その経営基盤を支える広告の内容が，真実を伝え，視聴者に役立つものであるように細心の注意をはらうことも，民間放送の視聴者に対する重要な責務である。
- 放送に携わるすべての人々が，この放送倫理基本綱領を尊重し，遵守することによってはじめて，放送は，その使命を達成するとともに，視聴者・国民に信頼され，かつ愛されることになると確信する。

データで見る各種メディア

(1) 2018年世界報道自由度ランキング

1	ノルウェー	45	アメリカ
2	スウェーデン	⋮	
3	オランダ	⋮	
4	フィンランド	67	日　本
5	スイス	⋮	
6	ジャマイカ	⋮	
7	ベルギー	⋮	
8	ニュージーランド	⋮	
9	デンマーク	176	中　国
10	コスタリカ	180	北朝鮮

※国境なき記者団発表（2018年4月25日）

(2) メディア別売上高などの推移

	2008	2009	2010	2011	2012	2013	2014	2015	2016	2017
新聞（総売上高：百億円）[※1]	214	200	194	195	192	190	183	179	177	171
出版（総売上高：百億円）[※2]	202	194	188	180	174	168	161	152	147	137
放送（総売上高：百億円）[※3]	397	383	391	391	389	393	388	392	393	
映画（興行収入：百億円）[※4]	19.4	20.6	20.7	18.1	19.5	19.4	20.7	21.7	23.6	22.9
アニメ（市場規模：百億円）[※5]	18.1	14.6	14.9	15.3	16.4	18.5	18.6	20.1	23.0	
インターネット広告（広告費：百億円）[※6]	69.8	70.7	77.5	80.6	86.8	93.8	105.2	115.9	131.0	150.9
インターネット通販（市場規模：千億円）[※7]			77.8	84.6	95.1	110.7	128.0	137.1	151.4	165.1
スマートフォン（出荷台数：十万台）[※8]	11.1	23.1	85.5	241.7	297.2	296.0	274.8	291.7	301.4	325.8

※1 出典：日本新聞協会「新聞社の総売高の推移」日本新聞年鑑各年度版より作成
※2 出典：出版科学研究所『出版指標 年報』各年度版より作成
※3 出典：総務省『情報通信白書 平成30年度版』
※4 出典：日本映像ソフト協会「ビデオソフトの売上金額と数量の推移（1978年～2017年）」表
※5 日本動画協会『アニメ産業レポート2017』
※6 総務省『情報通信白書 平成30年度版』
※7 経済産業省「平成29年度我が国におけるデータ駆動型社会に係る基盤整備（電子商取引に関する市場調査）」報告書
※8 MM総研「各年度通期国内携帯電話端末出荷概況」より作成

(3) 年度別ベストセラー（トーハン調べ）

2008年

	書　名	著　者
1	ハリー・ポッターと死の秘宝	J・K・ローリング
2	夢をかなえるゾウ	水野敬也
3	B型自分の説明書	Jamais Jamais
4	O型自分の説明書	Jamais Jamais
5	A型自分の説明書	Jamais Jamais

2009年

	書　名	著　者
1	1Q84（1・2）	村上春樹
2	読めそうで読めない間違いやすい漢字	出口宗和
3	新・人間革命⑳	池田大作
4	日本人の知らない日本語	蛇蔵・海野凪子
5	バンド1本でやせる！巻くだけダイエット	山本千尋

2010年

	書名	著者
1	もし高校野球の女子マネージャーがドラッカーの『マネジメント』を読んだら	岩崎夏海
2	バンド1本でやせる！巻くだけダイエット	山本千尋
3	体脂肪計タニタの社員食堂	タニタ
4	1Q84（3）	村上春樹
5	伝える力	池上 彰

2011年

	書名	著者
1	謎解きはディナーのあとで	東川篤哉
2	体脂肪計タニタの社員食堂	タニタ
3	続・体脂肪計タニタの社員食堂	タニタ
4	心を整える。	長谷部誠
5	もし高校野球の女子マネージャーがドラッカーの『マネジメント』を読んだら	岩崎夏海

2012年

	書名	著者
1	聞く力	阿川佐和子
2	置かれた場所で咲きなさい	渡辺和子
3	新・人間革命(24)	池田大作
4	体脂肪計タニタの社員食堂 続・体脂肪計タニタの社員食堂	タニタ
5	舟を編む	三浦しをん

2013年

	書名	著者
1	医者に殺されない47の心得	近藤 誠
2	色彩を持たない多崎つくると、彼の巡礼の年	村上春樹
3	聞く力 心をひらく35のヒント	阿川佐和子
4	海賊とよばれた男（上・下）	百田尚樹
5	ロスジェネの逆襲	池井戸潤

2014年

	書名	著者
1	長生きしたけりゃふくらはぎをもみなさい	鬼木豊監修
2	忍耐の法「常識」を逆転させるために	大川隆法
3	人生はニャンとかなる！	水野敬也・長沼直樹
4	村上海賊の娘（上・下）	和田 竜
5	銀翼のイカロス	池井戸潤

2015年

	書名	著者
1	火花	又吉直樹
2	フランス人は10着しか服を持たない	ジェニファー・L・スコット
3	家族という病	下重暁子
4	智慧の法 心のダイヤモンドを輝かせよ	大川隆法
5	聞くだけで自律神経が整うCDブック	小林弘幸

2016年

	書　名	著者
1	天才	石原慎太郎
2	おやすみ，ロジャー	カール＝ヨハン・エリーン
3	正義の法　憎しみを超えて，愛を取れ	大川隆法
4	ハリー・ポッターと呪いの子　第一部・第二部　特別リハーサル版	J・K・ローリングほか
5	君の膵臓をたべたい	住野よる

2017年

	書　名	著者
1	九十歳。何がめでたい	佐藤愛子
2	伝道の法　人生の「真実」に目覚める時	大川隆法
3	蜜蜂と遠雷	恩田　陸
4	儒教に支配された中国人と韓国人の悲劇	ケント・ギルバート
5	続ざんねんないきもの事典	今泉忠明監修

(4)　年度別日本国内映画興行収入（日本映画製作者連盟調べ）

2008年

	タイトル	(億円)
1	崖の上のポニョ	155.0
2	花より男子ファイナル	77.5
3	インディ・ジョーンズ　クリスタル・スカルの王国	57.1
4	レッドクリフ Part 1	50.5
5	容疑者Xの献身	49.2

2009年

	タイトル	(億円)
1	ROOKIES 卒業	85.5
2	ハリー・ポッターと謎のプリンス	80.0
3	レッドクリフ Part II 未来への最終決戦	55.5
4	マイケル・ジャクソン THIS IS IT	52.0
5	劇場版ポケットモンスター　ダイヤモンド＆パール　アルセウス　超克の時空へ	46.7

2010年

	タイトル	(億円)
1	アバター	156.0
2	アリス・イン・ワンダーランド	118.0
3	トイ・ストーリー3	108.0
4	借りぐらしのアリエッティ	92.5
5	THE LAST MESSAGE 海猿	80.4

2011年

	タイトル	(億円)
1	ハリー・ポッターと死の秘宝 PART 2	96.7
2	パイレーツ・オブ・カリビアン 生命の泉	88.7
3	ハリー・ポッターと死の秘宝 PART 1	68.6
4	コクリコ坂から	44.6
5	劇場版ポケットモンスター ベストウイッシュ ビクティニと黒き英雄 ゼクロム・白き英雄 レシラム	43.3

2012年

	タイトル	(億円)
1	BRAVE HEARTS 海猿	73.3
2	テルマエ・ロマエ	59.8
3	踊る大捜査線 THE FINAL 新たなる希望	59.7
4	ミッション：インポッシブル ゴースト・プロトコル	53.8
5	ヱヴァンゲリヲン新劇場版：Q	53.0

2013年

	タイトル	(億円)
1	風立ちぬ	120.2
2	モンスターズ・ユニバーシティ	89.6
3	ONE PIECE FILM Z	68.7
4	レ・ミゼラブル	58.9
5	テッド	42.3

2014年

	タイトル	(億円)
1	アナと雪の女王	254.8
2	永遠の0	87.6
3	STAND BY ME ドラえもん	83.8
4	マレフィセント	65.4
5	るろうに剣心 京都大火編	52.2

2015年

	タイトル	(億円)
1	ジュラシック・ワールド	95.3
2	ベイマックス	91.8
3	映画 妖怪ウォッチ 誕生の秘密だニャン！	78.0
4	バケモノの子	58.5
5	シンデレラ	57.3

2016年		
	タイトル	（億円）
1	君の名は。	250.3
2	スター・ウォーズ フォースの覚醒	116.3
3	シン・ゴジラ	82.5
4	ズートピア	76.3
5	ファインディング・ドリー	68.3

2017年		
	タイトル	（億円）
1	美女と野獣	124.0
2	ファンタスティック・ビーストと魔法使いの旅	73.4
3	怪盗グルーのミニオン大脱走	73.1
4	名探偵コナン から紅の恋歌（ラブレター）	68.9
5	パイレーツ・オブ・カリビアン 最後の海賊	67.1

(5) 災害関連

地震の震度

「気象庁震度階級関連解説表」（平成21年3月31日改正）によれば，気象庁発表の地震の震度に関しては，その基準は複雑かつ詳細なため，下記を参照のこと。
気象庁HP（https://www.jma.go.jp/jma/kishou/know/shindo/kaisetsu.html）

台風の大きさと強さ

気象庁では台風のおおよその勢力を示す目安として，風速（10分間平均）をもとに台風の「大きさ」と「強さ」を表現しており，「大きさ」は強風域（風速15m/s以上の風が吹いているか，吹く可能性がある範囲）の半径で，「強さ」は最大風速で区分している。さらに，風速25m/s以上の風が吹いているか，吹く可能性がある範囲を暴風域と呼んでいる。

・強さの階級

階　級	最　大　風　速
強　い	33m/s（64ノット）以上～44m/s（85ノット）未満
非常に強い	44m/s（85ノット）以上～54m/s（105ノット）未満
猛烈な	54m/s（105ノット）以上

・大きさの階級

階　級	風速15m/s以上の半径
大型（大きい）	500km以上～800km未満
超大型（非常に大きい）	800km以上

引用元：気象庁HP（https://www.jma.go.jp/jma/kishou/know/typhoon/1-3.html）

台風の名前の付け方

従来はアメリカの米軍合同台風警報センターが命名していたが，2000年から北西太平洋または南シナ海の領域の太平洋で発生した台風に関しては，アジア各国とアメリカなど14カ国が加盟する台風委員会が名前をつけることになった。具体的には，14カ国がそれぞれ10個ずつ，あらかじめ台風の名前を用意し，それが順番に名付けられていき，140番目までいったら再度1番目の名前に戻るシステムとなっているのである。

メディア・メディア学の歴史

	世　界	日　本	メディア学
BC１万3000年頃	ラスコー洞窟の壁画(仏)		
BC5000年頃	円筒印章(メソポタミア)		
BC3200年頃	シュメール絵文字(メソポタミア)		
BC3000年頃	パピルス(エジプト)		
BC1500年頃	甲骨文字(中)		
BC668～27年頃	世界最古の「ニネヴェ図書館」(メソポタミア)		
BC400年頃			墨子『墨経』でピンホールが作り出す倒立像などについて言及
BC４世紀頃			アリストテレス「デ・アニマ」
BC213～２年	秦の始皇帝による焚書坑儒(中)		
BC59年	カエサル「アクタ・ディウルナ」(世界最古の「官報」)を発行(伊)		
105年	蔡倫が紙を「発明」(中)		
751年？	仏国寺『無垢浄光大陀羅尼経』(韓)		
764～70年		称徳天皇が『無垢浄光大陀羅尼経』に基づいて陀羅尼を100万巻（百万塔陀羅尼）印刷	
９世紀頃			アル・キンディ『視覚論』(イラク)
887年	『邸報』(現存する世界最古の官報)(中)		
1037年	ヨーロッパ初の製紙工場が建設される(西)		
11世紀中頃	畢昇が陶活字による印刷を試みる(中)		
1086年			沈活『夢渓筆談』(中)
1275年	エドワード１世が，国王と臣民の間を疎遠にする作り話を流布した者を処罰する「貴人誹謗法」を制定(英)		
1298年	王楨が木活字約６万本により『大徳旌徳志』を印刷(中)		

330　資料編

	世界	日本	メディア学
1377年	世界最古の金属（銅）活字印刷物『仏祖直指心経要節』(韓)		
1414～18年	コンスタンツ会議で異端とされたヤン・フスの著作を焚書(独)		
1440年			ニコラウス・クザーヌス『学識ある無知』(独)
1454～56年	グーテンベルクが活版印刷による『42行聖書』を発行(独)		
1482年	トルコ軍の欧州侵攻を報じた，現存する世界最古のフルグブラット（1枚刷りの印刷物）発行		
1487年	ヘンリー7世が星室庁を設置し，報道統制を強化する(英)		
1508年			レオナルド・ダ・ヴィンチ，カメラ・オブスキュラの原理について記述(伊)
1515年	ローマ法王レオ10世が全教会に初の検閲教書を発布(伊)		
1536年	手書き新聞『ガゼッタ』発行(伊)		
1568年	フッガー家の私的情報紙『フッガー・ツァイトゥンゲン』発行(墺)		
1609年	世界初の週刊新聞『アヴィソ』『レラチオン』発行(独)		
1615年		現存する最古の瓦版『大坂安部之合戦之図』発行	
1627年			F・ベーコン『ニュー・アトランティス』(英)
1644年			J・ミルトン『アレオパジティカ』(英)
1660年	世界初の日刊印刷新聞『ライプチガー・ツァイトゥング』発行(独)／チャールズ2世が印紙条例を施行し，印刷物に対する事前検閲が始まる(英)		
1663年		幕府が江戸市中出版取締令を実施	
1695年	特許検閲法廃止(英)		
1712年	印紙税法成立(英)		
1722年		幕府が出版書籍業取締令を実施	
1771年	議会報道解禁(英)／『ブリタニカ百科事典』発刊(英)		
1785年	R・バーカー「パノラマ」を考案(英)		
1787年			T・ジェファソンが「新聞のない政府と政府のない新聞のいずれを選ぶかと言われたら，私はためらわず後者を選ぶだろう」と記す(米)

資料編 331

	世界	日本	メディア学
1791年	合衆国憲法修正第1条にて言論の自由を保障(米)		
1797年	E・G・ロベールが動く幻灯「ファンタスマゴリア」をパリで上演(仏)		M・ビルクナー『新聞の自由とその限界』(独)
1811年	F・ケーニヒがシリンダー式蒸気印刷機を発明(英)		
1825年	J・ハーシェルらが「ソーマトロープ」を発売(英)		
1831年	J・プラトーが「フェナキストスコープ」を発明(ベルギー)		
1833年	ペニー・プレスの先駆け『ニューヨーク・サン』創刊(米)		
1834年	W・ホーナーが「ゾートロープ」を発明(英)		
1835年	世界初の近代的通信社アヴァス設立(仏)		
1837年	S・モールスが電信機を発明(米)		
1839年	L・ダゲールが世界初の実用的写真技法「ダゲレオタイプ」を発明(仏)		
1840年			T・カーライル『英雄と英雄崇拝』のなかで新聞を「第4の権力 (the fourth estate)」として言及(英)
1841年	世界初の広告会社設立(米)		
1855年	印紙税法廃止(英)		
1867年	「レクラム百科文庫」創刊(独)		
1869年		出版条例制定	
1871年		国内初の日刊新聞『横浜毎日新聞』創刊	
1875年		新聞紙条例, 讒謗律制定	H・ウトケ『雑誌と世論の形成』(独)
1876年	A・G・ベルが電話機の特許取得(米)		
1877年	T・エジソンが蓄音機を発明(米)／E・レイノーが「ブラキシノスコープ」を発明(仏)		
1883年			J・H・ウィール『新聞』(独)
1886年	ベルヌ条約締結		
1888年	H・ヘルツが電磁波の実験に成功(独)		
1890年		最初の記者クラブである「議院出入記者団」結成	
1893年	T・エジソンがキネトスコープを公開(米)	出版法制定	ペンシルバニア大学にジャーナリズム講座開設(米)／K・ビューヒャー『国民経済の成立』(独)

	世界	日本	メディア学
1895年	リュミエール兄弟が映画（シネマトグラフ）を上映（仏）／G・マルコーニが無線通信の実験成功（伊）		
1896年	メリーランド州でシールド法（世界初の情報源秘匿法）成立（米）		
1897年	F・ブラウンがブラウン管を発明（独）		
1898年	米西戦争報道でイエロー・ジャーナリズムが過熱（米）		
1899年		ベルヌ条約批准、旧著作権法制定／国内初の劇映画「稲妻強盗」上映	
1900年	書籍再販制度確立（英）		
1901年			G・タルド『世論と群衆』（仏）／ノースウェスタン大学に広告心理学講座開設（米）
1904年			R・パーク『大衆と公衆』（米）
1909年	映画法公布（英）	新聞紙法制定	C・クーリー『社会組織論』（米）
1910年		円本ブーム起こる	M・ヴェーバーが「新聞の社会学」を提唱（独）
1911年	ハリウッドで映画製作開始（米）		
1912年			コロンビア大学にジャーナリズム学科設置（米）
1915年		無線電信法制定	
1918年	情報省設置（英）	朝日新聞白虹事件	
1919年			M・ヴェーバー『職業としての政治』（独）
1920年	KDKA局が世界初のラジオ放送開始（米）		J・クリール『アメリカの広告方法』
1922年			W・リップマン『世論』（米）／F・テンニース『世論批判』（独）／小野秀雄『日本新聞発達史』（日）
1923年		放送用私設電話規則制定	
1924年		『大阪朝日新聞』『大阪毎日新聞』100万部突破	B・バラージュ『視覚的人間』（ハンガリー）
1925年		東京放送局が国内初のラジオ放送開始／治安維持法制定	
1926年		社団法人日本放送協会設立／高柳健次郎がテレビ実験に成功	
1927年	連邦無線委員会FRC設置（34年に連邦通信委員会FCCに改組）（米）／イギリス放送協会BBC設立（英）	岩波文庫創刊	H・ラスウェル『世界大戦における宣伝技術』（米）
1932年	国際電気通信連合ITU発足		B・ブレヒト「コミュニケーション装置としてのラジオ」（独）

	世 界	日 本	メディア学
1933年	ナチスによる国民啓蒙宣伝省設置，ユダヤ系図書などの焚書事件起こる(独)		
1934年	映画法改正，検閲を明記(独)	映画統制委員会設置	戸坂潤「新聞現象の分析」(日)
1935年	世界初のテレビ定時放送開始(独)／「ペンギン・ブックス」創刊(英)／米映画製作者連盟MPPA設立(米)		L・W・ドーブ『宣伝心理学』／小山栄三『新聞学』(日)
1936年		同盟通信社設立	W・ベンヤミン『複製技術時代の芸術』(独)
1937年		内閣情報部設置（40年情報局に改組）	
1939年	「ポケット・ブックス」創刊(米)	映画法制定	
1940年			H・キャントリル『火星からの侵入』(米)
1941年		新聞事業令制定，以後「1県1紙」体制に向けて新聞統合が進む／国防保安法，言論出版集会結社等臨時取締法，新聞紙等掲載制限令など制定	
1944年			P・F・ラザースフェルドほか『ピープルズ・チョイス』(米)
1945年		GHQが「言論及び新聞の自由に関する覚書」などを発表	
1946年	J・F・ノイマンらが世界初の超大型コンピュータENIACを完成(米)	日本新聞協会発足	R・K・マートン『大衆説得』(米)
1947年			米国プレスの自由調査委員会著『自由で責任あるメディア』(米)／M・ホルクハイマー＆T・W・アドルノ『啓蒙の弁証法』(独)／清水幾太郎『流言蜚語』(日)
1948年		日本新聞協会が「編集権声明」を発表	H・ラスウェル「社会におけるコミュニケーションの構造と機能」(米)
1949年		GHQによる検閲廃止	W・シュラム編『マス・コミュニケーション』(米)
1950年		放送法，電波法，電波監理委員会設置法施行／GHQによるレッド・パージ	D・リースマン『孤独な群衆』(米)
1951年		国内初の民間放送開始／日本民間放送連盟発足／日本新聞学会（現日本マス・コミュニケーション学会）発足	H・A・イニス『メディアの文明史』(加)
1952年	万国著作権条約締結	電波監理委員会廃止／日本ABC協会設立	
1953年		NHKが国内初のテレビ放送開始	C・I・ホブランドほか『コミュニケーションと説得』(米)
1955年			E・カッツ＆P・F・ラザースフェルド『ピープルズ・チョイス』(米)

	世界	日本	メディア学
1956年		出版物に再販売価格維持制度を適用開始／日本雑誌協会発足	F・S・シーバートほか編『マス・コミの自由に関する四理論』(米)
1957年		日本書籍出版協会，日本広告主協会（現日本マドバタイザーズ協会）発足	E・カッツ「コミュニケーションの二段階の流れ」(米)／R・ホガート『読み書き能力の効用』(英)
1958年		皇太子妃選定問題で初の報道協定が結ばれる／皇太子成婚パレードテレビ中継	
1959年			ライリー夫妻「マス・コミュニケーションと社会体系」(米)
1960年		在京新聞7社が安保闘争を批判する「共同宣言」を発表／風流夢譚事件／カラーテレビ放送開始	J・T・クラッパー『マス・コミュニケーションの効果』(米)
1962年		邦画5社が各社専属俳優の他社出演を禁止（5社協定）	D・J・ブーアスティン『幻影の時代』(米)／J・ハーバーマス『公共性の構造転換』(独)／M・マクルーハン『グーテンベルクの銀河系』(加)
1963年		国内初のテレビアニメ「鉄腕アトム」放送開始	梅棹忠夫『情報産業論』(日)
1965年		「南ベトナム海兵大隊戦記」放送中止事件	R・ウィリアムス『長い革命』(英)
1966年	情報公開法制定(米)		M・L・ドフルール＆S・ボールロキーチ『マス・コミュニケーションの理論』(米)
1969年	国防総省がARPA-netプロジェクトを開始(米)		
1970年			J・ボードリヤール『消費社会の神話』(仏)
1971年	『ニューヨークタイムズ』国防総省秘密文書暴露報道(米)	現行著作権法施行／公共広告機構設立（2009年ACジャパンと改称）	
1972年	『ワシントンポスト』ウォーターゲート事件報道(米)	沖縄密約事件	M・マコームズ＆D・L・ショー「マスメディアの議題設定機能」(米)
1973年			J・バロン『アクセス権』(米)／S・ホール「テレビ言説におけるエンコーディングとディコーディング」(英)
1974年	世界初の個人向けコンピュータAltair 8800発売(米)	日本広告審査機構JARO設立	
1978年	ユネスコ「新世界情報コミュニケーション秩序」「マスメディア基本原則」宣言		G・タックマン『ニュース社会学』(米)
1979年		ソニーがウォークマンを発売	
1980年			E・N・ノイマン『沈黙の螺旋理論』(独)
1981年			J・ハーバーマス『コミュニケイション的行為の理論』(独)

	世 界	日 本	メディア学
1982年			W・J・オング『声の文化と文字の文化』(米)
1983年		任天堂がファミリーコンピュータを発売	B・アンダーソン『想像の共同体』(米)／D・マクウェール『マス・コミュニケーションの理論』(英)／E・L・エイゼンシュタイン『印刷革命』(米)
1984年		国内のインターネットの起源となるJUNETが運用開始／ロス疑惑事件	
1985年	全国科学財団による学術研究用のNSFNet運用開始(米)	テレビ朝日「アフタヌーンショー」やらせ事件／NTTが初の携帯電話「ショルダーホン」を発売	J・メイロウィッツ『場所感の喪失』(米)
1987年	FCCが公正原則を撤廃(米)	朝日新聞記者襲撃(赤報隊)事件	J・フィスク『テレビジョン・カルチャー』(英)
1988年			E・S・ハーマン&N・チョムスキー『マニュファクチャリング・コンセント』(米)
1989年	商用インターネット開始(米)	NHKが国内初のBS放送開始	
1991年	プレス苦情委員会PCC設置(英)／国防総省が湾岸戦争における取材・報道規制を発表(米)	日本複写権センター(現日本複製権センター)発足	J・カラン&M・グールヴィッジ編『マスメディアと社会』(英)／J・トリムソン『文化帝国主義』(米)
1992年	欧州合同原子核研究機構がWWWを開発	NHK「ムスタン」やらせ事件	D・ダヤーン&E・カッツ『メディア・イベント』(米)
1993年	全米情報基盤NII構想発表(米)	テレビ朝日椿発言事件	
1994年		松本サリン事件犯人視報道	R・シルバーストーン『テレビと日常生活』(英)
1995年	一般向けのインターネット利用が実質的に開始	TBSビデオ事件	N・ルーマン『マスメディアのリアリティ』(独)
1996年	1996年通信法制定(米)	CSデジタル放送開始	P・ブルデュー『メディア批判』(仏)
1997年		ポケモン事件／放送と人権等権利に関する委員会機構BRO(現放送倫理・番組向上機構BPO)発足	E・W・サイード『イスラム報道』(米)
1998年			L・グロスバーグ他『メディア・メイキング』(英)
1999年		情報公開法成立	
2000年	AOLがタイム・ワーナーを買収、以後世界規模でメディア産業の合併が相次ぐ	BSデジタル放送開始	
2001年		NHK「ETV2001 問われる戦時性暴力」改竄事件	
2002年			J・カラン『メディアと権力』(英)
2003年		地上波デジタル放送開始	D・マクウェール『メディア・アカウンタビリティと公表行為の自由』(蘭)
2004年	FacebookとGmail開始		

	世　界	日　本	メディア学
2005年	YouTube 開始	携帯電話不正利用防止法成立／個人情報保護法施行	
2006年	Twitter 開始／米バズフィード創設	ワンセグ放送開始	
2007年	iPhone 発売	関西テレビ『発掘！あるある大事典Ⅱ』やらせ事件／全国瞬時警報システム（J-ALERT）運用開始	
2008年	トムスンがロイターを買収		
2009年		青少年インターネット環境整備法施行	
2010年	ウィキリークスが米政府機密文書を発表／iPad 発売		
2011年	ITU（国際電気通信連合）世界のネット利用者数20億人，携帯電話の契約件数50億件以上と発表	大幅に改正された放送法施行／公文書管理法施行	D・A・グラバー『オン・メディア』（米）
2013年	米中央情報局・国家安全保障局元局員エドワード・スノーデンが米政府による個人情報収集活動を告発	公職選挙法改正により，ネット利用の選挙活動が可能に	
2014年		リベンジポルノ防止法施行	
2016年	南ドイツ新聞と国際調査報道ジャーナリスト連合がパナマ文書の分析結果を公表／米大統領選で SNS によるフェイクニュースが拡散し問題化		
2017年	米ディズニー21世紀がフォックスの映画・テレビ事業などの買収を発表	AV 人権倫理機構設立	

＊稲葉三千男『コミュニケーション発達史』，小糸忠吾『新聞の歴史』，小成隆俊編著『日本欧米比較情報文化年表』，佐藤卓己『現代メディア史』，土屋礼子編『日本メディア史年表』などを参考に作成。（野原仁）

参考文献

アライヒロユキ（2018）『検閲という空気：自由を奪うNG社会』社会評論社。
伊藤守・毛利嘉孝編（2014）『アフター・テレビジョン・スタディーズ』せりか書房。
伊東寛（2016）『サイバー戦争論：ナショナルセキュリティの現在』原書房。
岩岡中正（2016）『魂の道行き：石牟礼道子から始まる新しい近代』弦書房。
岩切博史（2011）『W・リップマンと二〇世紀国際政治：哲人ジャーナリストが見たアメリカ外交』志學社。
植村裁判取材チーム（2018）『慰安婦報道「捏造」の真実：検証・植村裁判』花伝社。
大石裕（2017）『批判する／批判されるジャーナリズム』慶應義塾大学出版会。
大塚英志（2014）『メディアミックス化する日本』イースト・プレス（イースト新書）。
金子将史・北野充（2014）『パブリック・ディプロマシー戦略：イメージを競う国家間ゲームにいかに勝利するか』PHP研究所。
カラン，J.／渡辺武達監訳（2007）『メディアと権力：情報学と社会環境の革変を求めて』論創社。
北川高嗣ほか編（2002）『情報学事典』弘文堂。
木下修（1997）『書籍再販と流通寡占』アルメディア。
グラムシ，A.／上村忠男編訳（1999）『知識人と権力：歴史的‐地政学的考察』みすず書房。
黒川創（2018）『鶴見俊輔伝』新潮社。
ケナン，G.F.／近藤晋一ほか訳（2000）『アメリカ外交50年』岩波書店（岩波現代文庫）。
ゴア，A.／枝廣淳子訳（2017）『不都合な真実：切迫する地球温暖化，そして私たちにできること』実業之日本社（実業之日本社文庫）。
後藤文康（1996）『誤報：新聞報道の死角』岩波書店（岩波新書）。
佐藤卓己（2014）『大衆宣伝の神話：マルクスからヒトラーへのメディア史〔増補〕』筑摩書房（ちくま学芸文庫）。
佐藤卓己（2018）『ファシスト的公共性：総力戦体制のメディア学』岩波書店。
佐藤卓己ほか編（2012）『ソフト・パワーのメディア文化政策：国際発信力を求めて』新曜社。
地球環境戦略研究機関編（2001）『環境メディア論』中央法規出版。
津金澤聰廣ほか責任編集（2003-10）叢書「現代のメディアとジャーナリズム」全8巻，ミネルヴァ書房。
デューイ，J.／阿部齊訳（2014）『公衆とその諸問題：現代政治の基礎』筑摩書房（ちくま学芸文庫）。
トムリンソン，J.／片岡信訳（1997）『文化帝国主義〔新装版〕』青土社。
永田浩三編著（2018）『フェイクと憎悪：歪むメディアと民主主義』大月書店。
丹羽美之・藤田真文編（2013）『メディアが震えた：テレビ・ラジオと東日本大震災』東京大学出版会。
ノエル＝ノイマン，E.／池田謙一・安野智子訳（2013）『沈黙の螺旋理論：世論形成過程の社会心理学〔改訂復刻版〕』北大路書房。

畑仲哲雄（2014）『地域ジャーナリズム：コミュニティとメディアを結びなおす』勁草書房．
浜田純一（1993）『情報法』有斐閣．
原真（2004）『巨大メディアの逆説：娯楽も報道もつまらなくなっている理由』リベルタ出版．
ハラリ，Y. N.／柴田裕之訳（2018）『ホモ・デウス：テクノロジーとサピエンスの未来』上・下，河出書房新社．
福田直子（2018）『デジタル・ポピュリズム：操作される世論と民主主義』集英社（集英社新書）．
米国プレスの自由調査委員会／渡辺武達訳（2008）『自由で責任あるメディア：米国プレスの自由調査委員会報告書』論創社．
ベック，U.／鈴木宗徳・伊藤美登里編（2011）『リスク化する日本社会：ウルリッヒ・ベックとの対話』岩波書店．
堀利和（2018）『障害者から「共民社会」のイマジン』社会評論社．
本多勝一（1983）『ルポルタージュの方法』朝日新聞社出版局（朝日文庫）．
マクウェール，D.／渡辺武達訳（2009）『メディア・アカウンタビリティと公表行為の自由』論創社．
マーシャル，T. H.・T. ボットモア／岩崎信彦・中村健吾訳（1993）『シティズンシップと社会的階級：近現代を総括するマニフェスト』法律文化社．
水島治郎（2016）『ポピュリズムとは何か：民主主義の敵か，改革の希望か』中央公論新社（中公新書）．
ミルトン，J.／仙名紀訳（1992）『イエロー・キッズ：アメリカ大衆新聞の夜明け』文藝春秋．
望月衣塑子（2017）『新聞記者』KADOKAWA（角川新書）．
望月衣塑子・M. ファクラー（2018）『権力と新聞の大問題』集英社（集英社新書）．
望月衣塑子・森ゆうこ（2018）『追及力：権力の暴走を食い止める』光文社（光文社新書）．
望月衣塑子ほか（2018）『しゃべり尽くそう！　私たちの新フェミニズム』梨の木舎．
諸橋泰樹（2009）『メディアリテラシーとジェンダー：構成された情報とつくられる性のイメージ』現代書館．
安田浩一（2015）『ネットと愛国：在特会の「闇」を追いかけて』講談社（講談社＋α文庫）．
リップマン，W.／掛川トミ子訳（1987）『世論』上・下，岩波書店（岩波文庫）．
和田洋一／鶴見俊輔・保阪正康解説（2018）『灰色のユーモア：私の昭和史』人文書院．
渡辺武達（1995）『メディア・トリックの社会学：テレビは「真実」を伝えているか』世界思想社．
渡辺武達（2000）『メディアと情報は誰のものか：民衆のコミュニケーション権からの発想』潮出版社．
渡辺武達ほか編（2015）『メディア学の現在〔新訂第2版〕』世界思想社．

引用・参照文献一覧

※ウェブサイトは2019.3.1最終アクセス

1. アイザックソン, W./井口耕二訳 (2011) 『スティーブ・ジョブズ』Ⅰ・Ⅱ, 講談社。
2. IPTV アクセシビリティ研究会 (2018) 放送文化基金助成事業報告書「災害時のテレビ放送アクセスのユニバーサルデザインを求めて」
3. 青木惠子 (2017) 『ママは殺人犯じゃない』インパクト出版会。
4. 青木貞茂 (2014) 『キャラクター・パワー』NHK 出版新書。
5. 朝日新聞社文化くらし報道部編 (2017) 『朝日書評大成』(第1分冊:2001-2008, 第2分冊:2009-2016), 三省堂。
6. 朝日新聞東京社会部編 (2017) 『もの言えぬ時代』朝日新書。
7. 朝比奈豊 (2002) 「客観報道と署名記事」天野勝文ほか編著『新版 現場からみた新聞学』学文社。
8. 阿島俊 (2004) 『漫画同人誌エトセトラ'82〜'98』久保書店。
9. 阿部潔 (1998) 『公共圏とコミュニケーション』ミネルヴァ書房。
10. アライヒロユキ (2018) 『検閲という空気』社会評論社。
11. アンダーソン, Ch./篠森ゆり子訳 (2006) 『ロングテール』早川書房。
12. 石田あゆう (2006) 『ミッチー・ブーム』文春新書。
13. 石牟礼道子 (2018) 『魂の秘境から』朝日新聞出版。
14. 伊藤守・毛利嘉孝編 (2014) 『アフター・テレビジョン・スタディーズ』せりか書房。
15. 今井澂・山川清弘 (1998) 『世界のメディア王マードックの謎』東洋経済新報社。
16. 今岡謙太郎 (2008) 『日本古典芸能史』武蔵野美術大学出版局。
17. 岩切博史 (2011) 『W・リップマンと二〇世紀国際政治』志學社。
18. 岩田昭男 (2017) 『Suica が世界を制覇する』朝日新書。
19. 岩渕功一 (2016) 『トランスナショナル・ジャパン』岩波現代文庫。
20. イングリス, F./伊藤誓・磯山甚一訳 (1992) 『メディアの理論』法政大学出版局。
21. ウィリアムズ, R./若松繁信・長谷川光昭訳 (2008) 『文化と社会』ミネルヴァ書房。
22. 上野俊哉・毛利嘉孝 (2002) 『実践カルチュラル・スタディーズ』ちくま新書。
23. 植村八潮 (2010) 『電子出版の構図』印刷学会出版部。
24. 植村八潮他編 (2018) 『電子図書館・電子書籍貸出サービス 調査報告2018』電子出版制作流通協議会。
25. 魚住真司 (2004) 「米国放送史におけるフェアネス・ドクトリンの今日的位置付け」『同志社アメリカ研究』40。
26. ウォルツ, M./神保哲生訳 (2008) 『オルタナティブ・メディア』大月書店。
27. 宇賀克也 (2008) 『新・情報公開法の逐条解説〔第4版〕』有斐閣。
28. 梅棹忠夫 (1963) 「情報産業論」『放送朝日』1963年1月号。
29. エスピン-アンデルセン, G./岡沢憲芙・宮本太郎監訳 (2001) 『福祉資本主義の三つの世界』ミネルヴァ書房。
30. NHK 放送文化研究所編 (2018) 『NHK データブック世界の放送2018』NHK 出版。
31. 江畑謙介 (2006) 『情報と戦争』NTT 出版。
32. 遠藤徹 (2017) 『スーパーマンの誕生』新評論。
33. 大隈秀夫 (1996) 『裸の大宅壮一』三省堂。
34. 大治朋子 (2013) 『アメリカ・メディア・ウォーズ』講談社現代新書。
35. 大宅壮一 (1991) 『無思想の思想:大宅壮一・一巻選集〔新装版〕』文藝春秋。
36. 大和田俊之ほか (2017) 『ラップは何を映しているのか』毎日新聞出版。
37. 小笠原正仁 (2015) 『著作権入門ノート「アートと法」』阿吽社。
38. 岡田尊司 (2014) 『インターネット・ゲーム依存症』文春新書。

39　岡田仁志（2008）『電子マネーがわかる』日経文庫。
40　小川明子（2017）「番組審議委員会における審議概要の内容分析」『メディアと社会』9。
41　小川明子（2018）「地上波民間放送局における番組審議会の現状と課題」『マス・コミュニケーション研究』92。
42　奥平康弘（1999）『「表現の自由」を求めて』岩波書店。
43　オルポート，G.W.・L. ポストマン／南博訳（1952）『デマの心理学』岩波書店。
44　カー，N.G.／村上彩訳（2008）『クラウド化する世界』翔泳社。
45　カー，N.G.／篠儀直子訳（2010）『ネット・バカ』青土社。
46　カークパトリック，D.／滑川海彦・高橋信夫訳（2011）『フェイスブック』日経BP社。
47　角川歴彦，片方善治監修（2010）『クラウド時代と〈クール革命〉』角川書店。
48　金山勉・津田正夫編（2011）『ネット時代のパブリック・アクセス』世界思想社。
49　金子雅臣（2006）『壊れる男たち』岩波新書。
50　金子将史・北野充編著（2014）『パブリック・ディプロマシー戦略』PHP研究所。
51　金平茂紀（2016）『抗うニュースキャスター』かもがわ出版。
52　カラン，J.／渡辺武達監訳（2007）『メディアと権力』論創社。
53　カラン，J.・M. グレヴィッチ編／児島和人・相田敏彦監訳（1995）『マスメディアと社会』勁草書房。
54　カラン，J.・朴明珍編／杉山光信・大畑裕嗣訳（2003）『メディア理論の脱西欧化』勁草書房。
55　川井良介編（2012）『出版メディア入門〔第2版〕』日本評論社。
56　キイ，W.B.／鈴木晶・入江良平訳（1991）『メディア・レイプ』リブロポート。
57　北郷裕美（2015）『コミュニティFMの可能性』青弓社。
58　木下修（1997）『書籍再販と流通寡占』アルメディア。
59　木村忠正（2001）『デジタルデバイドとは何か』岩波書店。
60　共同通信大阪社会部（2013）『大津中2いじめ自殺』PHP新書。
61　清川輝基・内海裕美（2009）『「メディア漬け」で壊れる子どもたち』少年写真新聞社。
62　クシュナー，B.／井形彬訳（2016）『思想戦』明石書店。
63　公文俊平編著（1996）『ネティズンの時代』NTT出版。
64　クラウス，E.／後藤潤平訳（2006）『NHK vs 日本政治』東洋経済新報社。
65　グラムシ，A.／上村忠男編訳（1999）『知識人と権力』みすず書房。
66　グラムシ，A.／山崎功監修（1961-65）『グラムシ選集』全6巻，合同出版。
67　黒上晴夫・堀田龍也（2017）『黒上晴夫・堀田龍也のプログラミング教育導入の前に知っておきたい思考のアイディア』小学館。
68　クロネンウェッター，M.／渡辺武達訳（1993）『ジャーナリズムの倫理』新紀元社。
69　経済産業省商務・サービスグループ（2017）『キャッシュレスの現状と推進』http://www.soumu.go.jp/main_content/000506129.pdf
70　ゲイツ，B.／西和彦訳（1995）『ビル・ゲイツ未来を語る』アスキー。
71　ケナン，G.F.／近藤晋一ほか訳（1986）『アメリカ外交50年〔増補版〕』岩波現代文庫。
72　行動する女たちの会編（1990）『ポルノ・ウォッチング』学陽書房。
73　国際交流基金（2017）『海外の日本語教育の現状　2015年度日本語教育機関調査より』https://www.jpf.go.jp/j/project/japanese/survey/result/survey15.html
74　小谷賢（2015）『インテリジェンスの世界史』岩波書店。
75　後藤文康（1996）『誤報』岩波新書。
76　コトラー，Ph.／和田充夫・上原征彦訳（1983）『マーケティング原理』ダイヤモンド社。
77　コミックマーケット準備会編（2015）『コミックマーケット40周年史』コミケット。
78　雑誌コード管理センター　http://www.jpo.or.jp/magcode/
79　佐藤卓己（2019）『流言のメディア史』岩波新書。

80 佐藤毅（1990）『マスコミの受容理論』法政大学出版局。
81 サンスティーン，C.／石川幸憲訳（2003）『インターネットは民主主義の敵か』毎日新聞社。
82 シグロ編（1989）『ドキュメンタリー映画の現場』現代書館。
83 渋谷重光（1991）『大衆操作の系譜』勁草書房。
84 市民意見広告運動編（2007）『武力で平和はつくれない』合同出版。
85 霜月たかなか（2008）『コミックマーケット創世記』朝日新書。
86 ジャウエット，G.S.・V. オドンネル／松尾光晏訳（1993）『大衆操作』ジャパンタイムズ。
87 ジャービス，J.／夏目大訳，茂木崇監修・解説（2016）『デジタル・ジャーナリズムは稼げるか』東洋経済新報社。
88 シャマユー，G.（2018）『ドローンの哲学』明石書店。
89 シュミット，E.・J. コーエン／櫻井祐子訳（2014）『第五の権力』ダイヤモンド社。
90 ショア，J.B.／中谷和男訳（2005）『子どもを狙え！』アスペクト。
91 ショークロス，W.／仙名紀訳（1998）『マードック』文藝春秋。
92 鈴木秀美ほか編著（2009）『放送法を読みとく』商事法務。
93 鈴木みどり編（1997）『メディア・リテラシーを学ぶ人のために』世界思想社。
94 スタインバーグ，M.／大塚英志監修，中川譲訳（2015）『なぜ日本は〈メディアミックスする国〉なのか』KADOKAWA／角川学芸出版。
95 スノー，N.／福間良明訳（2004）『情報戦争』岩波書店。
96 春原久徳（2018）『ドローン・ビジネス徹底解説』SB クリエイティブ。
97 世界保健機構 "ICD-11 The global standard for diagnostic health information" https://icd.who.int/
98 関正昭（1997）『日本語教育史研究序説』スリーエーネットワーク。
99 総務省『情報通信白書 for Kids』 http://www.soumu.go.jp/hakusho-kids/index.html
100 曽我部真裕（2012）「放送番組規律の「日本モデル」の形成と展開」（『憲法改革の理念と展開』下，信山社）。
101 ダウンズ，A.／古田精司監訳（1980）『民主主義の経済理論』成文堂。
102 高城千昭（2016）『「世界遺産」20年の旅』河出書房新社。
103 高木徹（2005）『ドキュメント戦争広告代理店』講談社文庫。
104 高木仁三郎（1999）『市民の科学をめざして』朝日新聞社出版局。
105 竹内オサム（1997）『児童文化と子ども学』久山社。
106 竹下敏郎（1998）『メディアの議題設定機能』学文社。
107 竹村朋子（2013）「韓国の若者によるテレビ番組映像ファイルのダウンロードおよび視聴行動とその動機」『情報通信学会誌』第107号。
108 田島悠来（2017）『「アイドル」のメディア史』森話社。
109 タックマン，G.／鶴木眞・櫻内篤子訳（1991）『ニュース社会学』三嶺書房。
110 田中浩編（2011）『EU を考える』未來社。
111 玉木明（1992）『言語としてのニュー・ジャーナリズム』學藝書林。
112 田村紀雄（1968）『日本のローカル新聞』現代ジャーナリズム出版会。
113 津堅信之（2017）『アニメーション学入門〔新版〕』平凡社新書。
114 津金澤聰廣・佐藤卓己責任編集（2003）『広報・広告・プロパガンダ』ミネルヴァ書房。
115 津金澤聰廣ほか責任編集（2009）『メディア研究とジャーナリズム21世紀の課題』ミネルヴァ書房。
116 辻一郎（2001）「ニュースキャスターについての雑感」『大手前大学社会文化学部論集』2。
117 津田正夫（2016）『ドキュメント「みなさまの NHK」』現代書館。
118 都築政昭（2010）『黒澤明』東京書籍。

119 鶴木眞編著（1999）『客観報道』成文堂。
120 デジタルサイネージコンソーシアム　マーケティング・ラボ部会編（2016）『デジタルサイネージ2020』東急エージェンシー。
121 手塚プロダクション・秋田書店共同編集（1998）『手塚治虫全史』秋田書店。
122 デニス，E・E・ウォーテラ／伊達康博ほか訳（2005）『アメリカ‐コミュニケーション研究の源流』春風社。
123 デューイ，J．／阿部齊訳（2014）『公衆とその諸問題』ちくま学芸文庫。
124 DENSO WAVE INCORPORATED　https://www.denso-wave.com/
125 東京大学社会科学研究所編（1974）『政治過程』東京大学出版会。
126 特定非営利活動法人言論NPO／東アジア研究院（2018）「第6回日韓共同世論調査　日韓世論比較結果」http://www.genron-npo.net/world/archives/6941.html
127 トムリンソン，J．／片岡信訳（1993）『文化帝国主義』青土社。
128 トンプソン，P．／酒井順子訳（2002）『記憶から歴史へ』青木書店。
129 ナイ，J.S．／山岡洋一訳（2004）『ソフト・パワー』日本経済新聞社。
130 長井勉（2017）『公文書館紀行』丸善プラネット。
131 仲本和彦（2008）『研究者のためのアメリカ国立公文書館徹底ガイド』凱風社。
132 成実弘至編（2009）『コスプレする社会』せりか書房。
133 新嶋良恵（2017）「声を上げるマジョリティ」『慶應義塾大学メディア・コミュニケーション研究所紀要』67。
134 西兼志（2017）『アイドル／メディア論講義』東京大学出版会。
135 西川長夫ほか編（1997）『多文化主義・多言語主義の現在』人文書院。
136 西原清一ほか（2016）『入門マルチメディア〔第3版〕』画像情報教育振興協会。
137 日本印刷技術協会（JAGAT）「第5回フリーペーパー調査〜印刷会社の地域社会における役割」https://www.jagat.or.jp/archives/49589
138 日本新聞協会（2018）『取材と報道〔改訂5版〕』日本新聞協会。
139 日本生活情報紙協会（2018年10月31日解散）http://www.jafna.or.jp
140 日本図書コード管理センター（2006）「13桁ISBN"国内標準ガイドライン"追補版」
141 日本放送協会放送文化研究所編（2015）「特集　多様化する子どもの学習環境と教育メディア」『放送メディア研究』12。
142 日本マス・コミュニケーション学会編（2015）「特集　東京オリンピックの80年史」とメディア」『マス・コミュニケーション研究』86。
143 ニューヨーク・タイムズ編／杉辺利英訳（1972）『ベトナム秘密報告』上・下，サイマル出版会。
144 ノエル＝ノイマン，E．／池田謙一・安野智子訳（1997）『沈黙の螺旋理論〔改訂版〕』ブレーン出版。
145 野上暁（2015）『子ども文化の現代史』大月書店。
146 ハウベン，M・R・ハウベン／井上博樹・小林統訳（1997）『ネティズン』中央公論社。
147 萩原滋編（2013）『テレビという記憶』新曜社。
148 バーズ，S．／日本情報倫理協会訳（2002）『IT社会の法と倫理』ピアソン・エデュケーション。
149 バスティアン，T．／石田勇治ほか編訳（1995）『アウシュヴィッツと〈アウシュヴィッツの嘘〉』白水社。
150 畑仲哲雄（2014）『地域ジャーナリズム』勁草書房。
151 バッテル，J．／中谷和男訳（2005）『ザ・サーチ』日経BP社。
152 服部幸雄ほか（1998）『芸能史』（体系日本史叢書　21）山川出版社。
153 花田達朗（1996）『公共圏という名の社会空間』木鐸社
154 早川洋行（2002）『流言の社会学』青弓社。

155 林雅之（2016）『イラスト図解式　この一冊で全部わかるクラウドの基本』SBクリエイティブ．
156 原寿雄（2011）『ジャーナリズムに生きて』岩波現代文庫．
157 原田正純（1972）『水俣病』岩波新書．
158 パリサー，E.／井口耕二訳（2016）『フィルターバブル』ハヤカワ文庫NF．
159 ハルバースタム，D.／浅野輔訳（2009）『ベスト＆ブライテスト』上・下，二玄社．
160 ハルバースタム・渡辺武達（1992）「地球村からレポートする」『世界』1992年2月号．
161 春原昭彦（2003）『日本新聞通史［四訂版］』新泉社．
162 ばるぼら・野中モモ編著（2017）『日本のZINEについて知ってることすべて』誠文堂新光社．
163 韓永學（2009）「編集の自由に関する一考察」『マス・コミュニケーション研究』第74号．
164 帆風出版プロジェクト（2006）『印刷用語ハンドブック　基本編』印刷学会出版部．
165 平沢勝栄ほか（2016）『よくわかるリベンジポルノ防止法』立花書房．
166 平松毅（2012）『各国オンブズマンの制度と運用』成文堂．
167 フェーヴル，L.・H.-J. マルタン／関根素子ほか訳（1985）『書物の出現』上・下，筑摩書房．
168 藤代裕之（2010）「新たな情報交差点としてのミドルメディアの可能性とメディア連携」『放送メディア研究』7．
169 藤森研（2015）「編集権問題から見た朝日新聞の70年」『Journalism』2015年8月号．
170 米国プレスの自由調査委員会／渡辺武達訳（2008）『自由で責任あるメディア』論創社．
171 ベイレンソン，J.／倉木幸信訳（2018）『VRは脳をどう変えるか？』文藝春秋．
172 ベック，U.／鈴木宗徳・伊藤美登里編（2011）『リスク化する日本社会』岩波書店．
173 「編集長だより　広島リビング新聞社　編集長　髙山由美子読者の声を拾い，幅広い世代に役立つ情報を届けたい」
　 http://www.jafna.or.jp/jafnatsushin/no121/pdf/no121_6.pdf
174 방송통신위원회（放送通信委員会）（2018）『2017년 방송매체 이용행태 조사』（『2017年放送媒体利用行態調査』）Jinhan M & B．
175 放送法制立法過程研究会編（1980）『資料・占領下の放送立法』東京大学出版会．
176 星浩・逢坂巌（2006）『テレビ政治』朝日新聞社．
177 保髙隆之・木村義子（2016）「20代は，テレビのリアルタイム視聴と録画再生，動画視聴をどう使い分けているのか？」『放送研究と調査』2016年8月号．
178 堀部政男（1978）『アクセス権とは何か』岩波新書．
179 堀部政男編（1996）『情報公開・プライバシーの比較法』日本評論社．
180 マクウェール，D. 編著／時野谷浩訳（1979）『マス・メディアの受け手分析』誠信書房．
181 マクウェール，D.・S. ウィンダール／山中正剛・黒田勇訳（1986）『コミュニケーション・モデルズ』松籟社．
182 マクウェール，D.／渡辺武達訳（2009）『メディア・アカウンタビリティと公表行為の自由』論創社．
183 マクウェール，D.／大石裕監訳（2010）『マス・コミュニケーション研究』慶應義塾大学出版会．
184 マクルーハン，E. F. ジングローン編／有馬哲夫訳（2007）『エッセンシャル・マクルーハン』NTT出版．
185 マクルーハン，M.／森常治訳（1986）『グーテンベルクの銀河系』みすず書房．
186 マクルーハン，M.／栗原裕・河本仲聖訳（1987）『メディア論』みすず書房．
187 マクルーハン，M.・F. クエンティン／南博訳（2010）『メディアはマッサージである〔新装版〕』河出書房新社．
188 増田聡・谷口文和（2005）『音楽未来形』洋泉社．

189 松井茂記（2013）『マス・メディア法入門〔第5版〕』日本評論社。
190 松浦さと子（2012）『英国コミュニティメディアの現在』書肆クラルテ。
191 松浦さと子編著（2017）『日本のコミュニティ放送』晃洋書房。
192 松浦総三（1978）『清水幾太郎と大宅壮一』世界政治経済研究所。
193 松尾剛行（2017）『最新判例にみるインターネット上のプライバシー・個人情報保護の理論と実務』勁草書房。
194 マッキーヴァー，R. M.／中久郎・松本通晴監訳（1975）『コミュニティ』ミネルヴァ書房。
195 松田浩（1980）『ドキュメント放送戦後史』Ⅰ，双柿舎。
196 松田浩（2015）「戦後メディアの成立」渡辺武達ほか編『メディア学の現在〔新訂第2版〕』世界思想社。
197 マートン，R. K.／森東吾ほか訳（1961）『社会理論と社会構造』みすず書房。
198 丸山昇（1992）『報道協定』第三書館。
199 ミッチェル，J. M.／田中俊郎訳（1990）『文化の国際関係』三嶺書房。
200 ミュラー，J.-W.／板橋拓己訳（2017）『ポピュリズムとは何か』岩波書店。
201 ミルトン，J.／上野精一ほか訳（1953）『言論の自由』岩波文庫。
202 ミルトン，J.／仙名紀訳（1992）『イエロー・キッズ』文藝春秋。
203 毛利嘉孝（2012）『ポピュラー音楽と資本主義〔増補〕』せりか書房。
204 森達也（2005）『ドキュメンタリーは嘘をつく』草思社。
205 森西真弓編（2008）『上方芸能事典』岩波書店。
206 諸橋泰樹（2009）『メディアリテラシーとジェンダー』現代書館。
207 安田浩一（2015）『ヘイトスピーチ』文春新書。
208 柳田邦男（1984）『発想の現場』講談社文庫。
209 矢野直明（2007）『サイバーリテラシー概論』知泉書館。
210 矢野直明（2013）『IT社会事件簿』ディスカヴァー・トゥエンティワン。
211 矢作俊彦著，横木安良夫：写真（1996）『ポルノグラフィア』小学館。
212 山口功二ほか編（2007）『メディア学の現在〔新訂〕』世界思想社。
213 山崎豊子（2009）『運命の人』1～4，文藝春秋。
214 山村浩二（2006）『アニメーションの世界へようこそ〔カラー版〕』岩波ジュニア新書。
215 湯浅俊彦（2013）『電子出版学入門〔改訂3版〕』出版メディアパル。
216 横山正夫ほか編（2012）『アニメーションの事典』朝倉書店。
217 吉見俊哉編（2001）『カルチュラル・スタディーズ』講談社。
218 吉見義明（1995）『従軍慰安婦』岩波新書。
219 ラザースフェルド，P. F. ほか／有吉広介監訳（1987）『ピープルズ・チョイス』芦書房。
220 ラスキン，J.／鈴木忠雄訳（1980）『ウォルター・リップマン』人間の科学社。
221 ランダール，N.／村井純監訳（1999）『インターネットヒストリー』オライリー・ジャパン。
222 リップマン，W.／掛川トミ子訳（1987）『世論』上・下，岩波文庫
223 ロジャーズ，E. M.／三藤利雄訳（2007）『イノベーションの普及』翔泳社。
224 渡辺武達（1987）『市民社会のパラダイム』市民文化社。
225 渡辺武達（1995）『メディア・トリックの社会学』世界思想社。
226 渡辺武達（1996）「報道における〈積極的公正中立主義〉」『ジュリスト』1996年6月号増刊。
227 渡辺武達（1997）『メディア・リテラシー』ダイヤモンド社。
228 渡辺武達（2000）『メディアと情報は誰のものか』潮出版社。
229 渡辺武達（2001）『市民社会と情報変革』第三文明社。
230 渡辺武達（2001）『テレビ：「やらせ」と「情報操作」〔新版〕』三省堂。

231 渡辺武達ほか編（2015）『メディア学の現在〔新訂第2版〕』世界思想社.
232 Abe, Y. (2015) Measuring for What: Networked citizen science movements after the Fukushima nuclear accident. (Doctoral dissertation, University of Southern California)
233 Cappella, J. N. and K. H. Jamieson (1997) *Spiral of cynicism*, Oxford University Press.（平林紀子・山田一成監訳（2005）『政治報道とシニシズム』ミネルヴァ書房）
234 Carney, S. (2005) "The Function of the Superhero at the Present Time," *Iowa Journal of Cultural Studies*, 6.
235 Dayan, D. and Katz, E. (1992) *Media Events*, Harvard University Press.（浅見克彦訳（1996）『メディア・イベント』青弓社）
236 Entman, R. M. (1993) "Framing," *Journal of Communication*, 43(4).
237 Erlanger, S. (2016) "European？British？These 'Brexit' Voters Identify as English," *The New York Times*, June 16, 2016.
238 Gamson, W. A. (1992) *Talking politics*, Cambridge University Press.
239 Goffman, E. (1974) *Frame Analysis*, Harper and Row.
240 Grevsmuhl, S. V. (2018) "Revisiting the 'Ozone Hole' Metaphor," *Environmental Communication*, 12(1).
241 Hillygus, D. S. and T. G. Shields (2008) *The Persuadable Voter*, Princeton University Press.
242 Holt, N. P. (2011) "Toward a Definition of Popular Culture," *History and Theory*, 50(2).
243 Iyengar, S. (1991) *Is Anyone Responsible ?*, The University of Chicago Press.
244 Katz, E., and P. F. Lazarsfeld (1955) *Personal influence*, Free Press.（竹内郁郎訳（1965）『パーソナル・インフルエンス』培風館）
245 Martin, K. D. and N. C. Smith (2008) "Commercializing Social Interaction," *Journal of Public Policy & Marketing*, 27(1).
246 McCombs, M. E. and D. L. Shaw (1972) "The agenda setting function of mass media," *The Public Opinion Quarterly*, 36(2).
247 McCombs, M. E. and D. L. Shaw (1976) "Structuring the 'Unseen Environment'," *Journal of Communication*, 26(2).
248 Ono, K. A. and V. N. Pham (2008) *Asian Americans and the Media*, Polity.
249 Schudson, M. (1995) *The Power of News*, Harvard University Press.
250 Schudson, M. (1998) *The Good Citizen*, Free Press.
251 Schudson, M. (2003, 2011) *The Sociology of News*, W. W. Norton.
252 Schudson, M. (2008) *Why Democracies Need an Unlovable Press*, Polity Press.
253 Storey, J. (2001) *Cultural Theory and Popular Culture*. Pearson/Prentice Hall.
254 Thouny, C. (2015) "2012 The Land of Hope: Planetary Cartographies of Fukushima," *Mechademia*, 10.
255 Tversky, A. and D. Kahneman (1981) "The framing of decisions and the psychology of choice," *Science*, 211.

『雑誌新聞総かたろぐ』（メディア・リサーチ・センター）
『情報通信白書』（総務省）
『情報メディア白書』（電通総研）
『データブック　日本の新聞』（日本新聞協会）
「データベース日本書籍総目録」（日本書籍出版協会）http://www.jbpa.or.jp/database/
『日本新聞年鑑』（日本新聞協会）
『日本の広告費』（電通）
『ブックストア全ガイド』（アルメディア）

索　引

■あ行
IoT テロ　155
IT 眼症　171, 291
アイドル　74, 237
IP 電話　155, 177
アカウンタビリティ（説明責任）　26, 64, 93, 108, 115, 127, 134
アーキビスト　75
アクセス権　61, 75, 112, 148, 188, 260
アクセスジャーナリズム　253
アジア系　247
アップル（Apple）　35, 131, 159, 161, 171, 277, 279
アドテクノロジー　222
アニメーション（アニメ）、アニメ文化　48, 73, 86, 178, 237, 240, 244, 254, 275, 283, 288, 289
アーネット，P.　286
アフィリエイト（成果報酬型広告）　90, 173
アプリ　155, 160
アマゾン（Amazon）　33, 34, 35, 78, 159, 161, 167, 171, 210, 214, 277, 278
アメリカ合衆国憲法修正第 1 条　69, 91, 92, 187, 253
アメリカンヒーロー　238
アルゴリズム　9, 75, 159, 233
アルジャジーラ　255, 298
アレオパジティカ　64, 253
安全神話　254, 266
アントレプレナー（起業家的な）ジャーナリズム　29, 30, 78
イエロージャーナリズム　27, 28, 76
池上彰　282
意見広告　222
意匠権　128
委託制度　212, 213
一業種一社制　226
e-スポーツ　33, 239
e-デモクラシー　94, 95
e-ポリティクス　78
印刷　76, 80, 88, 145, 202, 208, 209, 221, 248
印象操作　223, 302
インスタグラム（Instagram）　2, 127, 159, 300, 316
インスタ映え　80, 242, 302
インターネット　156
インターネット・AI 社会　1
インターネット安全法　79, 161, 166
インターネット広告　222, 223, 227
インターネット社会　183, 258
インターネット（ネット）スラング　80
インターネットマルチメディア放送（IPTV）　37, 256, 263, 307
インタラクティブ／双方向性　80, 143, 231, 278
インディーズ　239
インナーサークル　88
インフォテインメント　80, 175, 252, 288
インフォームドコンセント　81
インフルエンサー　59, 80, 81, 85, 225, 231, 232
ウィキペディア　81
ウィキリークス　68, 82, 123, 281, 296, 309

ウィーチャット（WeChat）　159, 162
ウェーバー，M.　86, 250
ウェアラブルデバイス　157
ウェブジャーナリズム　82, 132
ウォーターゲート事件　29, 117, 148, 274
ウォッチガードテクノロジー　165
ウォッチドッグ　61, 83, 115, 121, 150
受け手分析　272, 273
梅棹忠夫　117, 162
うわさ　83, 124, 225, 266
AI 時代　6, 96
映画　32, 239, 240, 242, 247
英国放送協会（BBC）　76, 77, 78, 114, 145, 175, 177, 178, 193, 252, 297
映像の技術　240
エゴサーチ　158
エコーチェンバー　158, 303
エコメディア　291
AC ジャパン　224
エデュテインメント　175
NHK 問題　176
NG 社会　291
AV 人権倫理機構　292
演劇　240, 243
炎上　159, 160, 235, 242
エンタメ（エンターテインメント）産業　31, 33, 34, 37, 164
冤罪　83
お祈りメール　292
オーウェル，G.　65
大阪の文化　49, 241
大宅壮一　279
大宅壮一文庫　280
沖縄報道　109, 298
押し紙　203, 204
オーディエンス　11, 59, 70, 74, 84, 125, 129, 143, 144, 147, 175, 224, 255, 259, 261
オピニオンリーダー　84, 261, 273
オーラルヒストリー　85
オルタナティブメディア　85, 100, 125
オルタナファクト　159
お笑い文化　241
オンデマンド　33, 37, 79, 171, 186
オンライン書店　210, 214

■か行
海賊版サイト　154, 174
開発コミュニケーション　97
カウンターカルチャー（対抗文化）　100
顔認証　122, 292
科学計量学　292
仮想通貨　96, 127, 160, 166, 167, 173
勝ち馬（バンドワゴン）効果　255
ガラパゴス現象　86
カラン，J.　59, 68, 252, 266
カリスマ　86
カルチュラルスタディーズ　74, 244, 255, 268, 273, 275

索　引　347

環境コミュニケーション 87, **293**
環境ジャーナリズム 206, **293**
環境問題報道 **87**
韓国大統領弾劾 **294**
監視社会 65, 82, 170, 296
疑似イベント **312**
既視感／デジャブ 125, **224**
疑似環境 272, 290
記事データベース 197
記者クラブ 88, 89, 136, 137, 145, 147, 148
技術革新 201, 308
技術決定論 88, 184
技術的発展 125, **183**, 272
議題設定機能 **257**, **273**
ギデンズ，A. 154
客観報道 28, 29, **89**, 148, 198
キャッシュレス社会 **89**, **170**
キャラクター 6, 7, 8, 50, 51, 52, **149**, **243**, 244, 246
キャラクタービジネス 52, **241**, **283**
QRコード **295**
キュレーションメディア 82, **90**, **172**
教育利用 **121**
業界紙 200, **215**
業界用語 **196**[TV], **207**[新聞], **220**[出版・印刷], **234**[広告]
共謀罪 **295**
玉音放送 **176**
虚報 **93**, 143, 148
キラーコンテンツ **258**
グーグル(Google) 24, 35, 159, 173, 277, 278
クチコミ広告 **224**
グーテンベルク，J. 209, 261
クラウド 8, 157, **160**
クラウドサービス **160**, 161, 217, 236
クラウドソーシング **161**, 310
クラウドファンディング **161**, 246
黒澤明 **280**
クロスオーナーシップ **202**
グローバライゼーション **192**
携帯電話・スマートフォンの文化 **242**
ゲイツ，W. 277
系列化 144, **202**
ゲートキーパー **90**, 127
ゲートキーパーモデル **261**
ゲートキーパー理論 **258**
ケーブルテレビ(CATV) **176**
ゲーム依存 **169**
ゲーム障害 **244**
検閲 90, 108, 112, 146, **253**
検索サービス **163**, **174**, 278
顕彰制度 **182**[TV], **198**[新聞]
現代文学 **251**
限定効果理論 **14**
権力批判 83, 117, 184, 253
原発事故報道 296, 313
言論の自由 40, **90**, 104, 108, 110, 134, 213, 267, 296
公益性 14, 64, 65, 75, 77, **91**, 101, 139, 161, 177, 189, 232, 271, 313, 314
高級紙 200, 201, 287
公共圏 **91**, 94, **95**, 101, 276
公共性 14, 64, 65, **91**, 94, 101, 139, 144, 161, 177, 232, 269, 314

公共善 12, 67, **92**, 112, **271**
公共放送 143, **175**, **177**, **187**
広告 **16**, **135**
　——の種類 **226**
　——の制作過程 **227**
　——の表現と法規制 **227**
広告効果 142, 180, 222, **225**, 236
広告代理店 **225**, 230
広告主(クライアント) 12, 13, 222, 230, 235
広告媒体 82, 226, **228**, 278
広告費 78, 151, 175, 189, 228
広告(料)収入 119, 168, 195, 201, 213, 263
公正の原則／フェアネスドクトリン **92**
行動ターゲティング広告 224, **229**
購買行動モデル **229**
降版協定 **197**
高プロ(高度プロフェッショナル制度) **297**
公文書管理法 75, **259**, **303**
広報(PR) **81**, 113, 135, 141, 146, 223, 233, 269
合理的無知 112, **259**
交流サイト 11, **114**, 158, 264, **303**
国際協力 **118**
国際調査報道ジャーナリスト連合(ICIJ) **118**, **309**
国際放送 187, **297**, **307**
国際メディアコミュニケーション学会(IAMCR) 12, 38, 153, 260, 262, **291**
国立公文書館(NARA)[米] **135**
個人情報保護法 45, 206, **300**
コスプレ文化 51, **238**, **243**, 244
国家公務員法 92, 107
子どもの保護 **93**, 139, 206
子ども文化 **243**
子ども番組 **178**
ご飯論法 **298**
誤報 25, **93**, 102, 143, 148, 207
コミックマーケット(コミケ) 219, 243, **244**, 246
コミュニケーション権 **150**, 260, 300
コミュニケーションモデル **260**, 272
コミュニケーター 11, **66**, 69, 115
コミュニティ放送 **177**
コミュニティラジオ 175, **178**, 187
コミュニティメディア **93**, **175**[英], **177**, **178**
娯楽産業 31, **164**
コンセンサスコミュニティ(共創社会) **94**
ゴンゾー(gonzo)ジャーナリズム **131**
コンテンツ促進法 **162**
コンテンツモデレーター **62**, **161**
コンピュータ **162**
コンピュータグラフィクス(CG) 125, 237, 240
コンピュニケーション **162**

■さ行
災害・安全対策 **21**
災害時安否確認システム **95**
災害時相互援助に関する協定 **197**
災害対策基本法 **137**
災害報道 **21**, 24
サイトブロッキング **163**, 174
サイバー戦争 **95**, 107, 115, 131, 155, 163, 170
サイバー犯罪 **163**
再販制度(再販売価格維持制度) **96**, 213
サイレントマジョリティ **97**

348　索　引

サステナビリティ **97**
ザッカーバーグ, M. **277, 278**
雑誌 **211**
雑誌コード **212**
サブカルチャー 6, 100, 243, **244**
サブリミナル **179**
差別用語, 不快語 **136**
参加型コミュニケーション **97**
シェアリングエコノミー **299**
Jアラート（全国瞬時警報システム） **98**, 177
CS放送 **179**
ジェンダー **70**, 110, 255, 273, 301
自主規制 66, 69, **99**, 102, 133, 134, 188, 227, 228
G-SPACEプログラム **99**
視聴率 13, 51, 79, 144, 179, **180**, 189, 192, 196, 220
児童ポルノ **93**, 139, 161, 163
シネマコンプレックス **77, 240**
支配文化 **100**
GPS（衛星利用測位システム） **132**, 163, 306
字幕放送 **40, 42**, 189
市民・市民社会 **94, 100**, 150, 268
市民主権 11, 49, 64, 68, 91, **101**, 111, 121, 144, 260, 268, 296
市民メディア **68**, 85, 93, 125, 178
謝罪記事, 謝罪公告 **102**
ジャーナリスト教育 **53**, 113
ジャーナリストの先駆者［日］ **284**
ジャーナリズムの課題 **26**
ジャーナリズムの精神 **104**
ジャーナリズム教育 **54**, 102［米］
週刊誌 **212**
熟議民主主義 41, **65**, 95, 106, 113, 303
宗教間対話 **105**
集団的過熱取材（メディアスクラム） **105**, 206
集団分極化 **158**
「自由で責任あるメディア」 **66, 90**
集中豪雨型報道 **106**
縮刷版 **197**
取材方法 **146**
受信障害 **181**
出版印刷文化 **261**
出版業界 **213**
守秘義務 **92, 107**
シュラム, W. **134, 266**
主流メディア 15, **63**, 66, 68, 70, 72, **100**, 110, 267, 279
手話放送 **42, 190**
準拠枠 **272**
消去する権利 **276**
小説投稿サイト **300**
情報アクセシビリティ **190**
情報格差 **38**, 64, 106, 254, 271
情報化社会 13, **140**, 182, 240, 270, 271
情報技術 5, 42, 106, **163**, 266
情報公開 **81**, 107, 135, 306
情報公開法 **91**, 107, 259, 300
情報産業社会 **162**
情報産業の先駆者［米］ **277**
情報処理推進機構（IPA） **164**
情報セキュリティ **17**, 18, 40, 164
情報通信法制 **300**
情報バリアフリー社会 **38**, 63, 106

情報貧層・情報富層 **39**, 106
情報リテラシー **149**, 304
書店 33, 34, 210, 212, **214**, 218
書評紙（誌） **215**
ジョブズ, S.P. **277, 278**
署名記事 **198**
知る権利 66, 90, 96, **107**, 145, 147, 259, 276
シールド法／情報源秘匿法 **108**
ZINE **93**, 246
新海誠 52, **288**, 289
シンギュラリティ（技術的特異点） **126**, 164
新国際情報秩序（NIICO） **254**
新書 **215**
新聞学研究 **264**
新聞記者 116, **199**, 220, 264, 265
新聞産業 **199**
新聞製作 **201**
新聞倫理綱領 5, 66, **89**, 199, 204, 313
スキミング **163**
スクープ **147**, 177
ステルスマーケティング **231**
ステレオタイプ **109**, 247, 256, 272, 290
ストリーミングコンテンツ 31-33, 35, **164**, 171
ストーン, O. **281**
スノーデン, E. **82**, 123, 296
スピンドクター **179**
スポーツ **109**, 239, **248**［米］
スポーツジャーナリズム **245**
スポンサー, スポンサーシップ 18, 51, 87, 109, 125, 132, 189, 192, 220, 233, **245**, 282
スロージャーナリズム **109**
生活情報紙（誌） **202**, 211
政経権力 13, **39**, 65, 68, 91, 99, 106, 121, 158, 223
全国紙 199, 206, 296, **298**
政治ジャーナリズム **245**
政治的公正論／ポリティカルコレクトネス **110**, 116
性の多様性 **301**
世界人権宣言 153, **260**
セクハラ／セクシャルハラスメント 110, 111, **138**, 301, 305, 311
積極的公正中立主義 101, **111**, 268
世論 **113**, 114, 290
世論操作 **100**, 158, 172, 207
世論調査 **43**, 129, 134, 177, 256, 259, 301, 305
戦時宣伝 **113**
扇情的な報道 **76**
センセーショナリズム 22, 25, 27, **28**, 144
戦争利用 **106**
先有傾向 **272**, 273, 290
戦略的コミュニケーション 95, **114**
総合雑誌 **216**
送信可能化権 **165**
ソーシャルメディア 29, 40, 53, 58, 78, 84, 139, 143, 155, 159, 168, 171, 229, 235, 259, 296, **317**
ソーシャルロボット **6**
ソフトジャーナリズム **252, 282**
ソフトパワー **117**, 232, 254, 302
ソロー, H.D. **101**
忖度 99, **128**, 259, 302
ゾンビ **303**

索引 349

■た行
対抗テクノロジー 165
第3種郵便物 216
大衆紙 76, 77, 200, 201, 287
対人コミュニケーション 2, 115, 261
ダイバーシティ 301
第4次産業革命 165
第4の権力 115
ダークウェブ 166
宅配制度 200, 203
田原総一朗 282
タブー 91, 136, 220, 267
タブレット通訳 116
多文化主義 116
弾丸理論 14, 272
チェリーピッキング 116
地下放送 298
知識資本主義 117
知的財産権 119, 128
地方紙 197, 199, 226
調査報道 27, 62, 68, 85, 117, 119, 123, 171, 295, 296, 308, 309
著作権 113, 119, 128, 154, 163, 165, 173, 181, 211, 217, 218, 228, 231, 241, 244
著作権管理団体 120
ツイッター(Twitter) 14, 82, 127, 156, 159, 160, 166, 168, 171, 235, 316
ツイッター政治 303
通信社 2, 89, 120, 199, 200, 201
通信の自由 163, 166, 260
通信の秘密 108, 174
通信品位法 166
通信・放送委員会 121
津田大介 282
鶴見俊輔 91, 105, 255, 268
出会い系サイト 163, 314
デザインシンキング(デザイン思考) 303
デジタルアーカイブズ 217
デジタル機器 121, 122
デジタルサイネージ 231
デジタルジャーナリズム 81, 282
デジタルタトゥー 124
デジタルデバイド 106
デジタル版 82, 139, 205
デジタルフォレンジック(電子鑑識) 122, 292
デジタルヘルスケア 122, 150
デジタル放送 33, 180, 181, 195
データアクティビズム 296
データサイエンス 123
データジャーナリズム 123
データ生態系 123
手塚治虫 49, 283, 288
TEDカンファレンス 123
デマ 25, 83, 124, 159, 168
デューイ, J. 138, 158, 274, 289
テレビ局入社の心得 182
テレビコメンテーター 81, 182
電子広告 231
電子ジャーナル 124
電子出版 213, 216, 217
電子商取引 167, 239
電子書籍 209, 213, 214, 217, 251
電子図書館 217
電子チラシ 231
電子マネー 89, 167
電子メール 155, 163, 167, 172
伝統芸能 246
電波監理委員会 99, 190
電波3法 99, 190
電波法 99, 102, 144, 177, 190, 191, 300
伝統メディア 62, 82, 102, 139, 222
動画投稿(共有)サイト 168, 171, 224, 300
投稿(者) 3, 72, 82, 102, 141, 157, 159, 161, 242
同人誌 211, 219, 238, 244, 245
東南アジア諸国の放送制度 184
ドキュメンタリー 110, 124, 153, 181, 220, 307
ドキュメンタリー制作 185
特ダネ 147, 148, 177, 207, 253
徳富蘇峰 285
都市伝説 83, 263, 266
図書館 75, 120
図書館の変容 304
トランスヒューマニズム 125
トランプ型選挙 305
トリセツ(取扱説明書・取説) 306
トリックスター 264
ドローン 25, 306
■な行
なりすまし 131, 165, 169
日米地位協定 298, 306
2ちゃんねる／5ちゃんねる 80, 172
ニッチマーケット 232
日本アニメーション学会 52, 266
日本イメージ 256[韓], 263[中]
日本ABC協会(新聞雑誌部数公査機構) 204
日本音楽著作権協会(JASRAC) 120
日本外国特派員協会 126
日本広告審査機構(JARO) 227, 232
日本広報学会 266
日本語教育 85
日本新聞協会 66, 88, 96, 99, 106, 136, 148, 204, 206
日本バッシング 307
日本複製権センター(JRRC) 218
日本放送協会(NHK) 66, 98, 137, 143, 176, 186, 190, 307
日本マス・コミュニケーション学会 266
日本マンガ学会 52
日本民間放送連盟(民放連) 136, 144, 150, 179, 183, 185, 187, 191, 223, 228, 270
ニュージャーナリズム 125, 126, 131, 285, 286
ニュースキャスター 186
ニュースバリュー 90, 258, 261, 265
ネット依存 5, 168, 243
ネット言論 63, 169
ネット情報 15, 39, 54, 140, 166, 169
ネット新聞 205
ネットセキュリティ 169
ネットTV 24, 127, 186, 223
ネット同時配信 171
ネットフリックス(Netflix) 35, 78, 171, 307
ネットメディア 67, 94, 102, 118, 139, 263, 271
ネットラジオ 171, 186, 187
ネットワークジャーナリズム 126, 259
ネチズン 170

350 索引

ネーミングライツ（命名権） **308**
ノンフィクション 110, 125, 126, 220
■は行
配信サービス 24, 33, 35, **171**, 187, 307
バイラルメディア 171, **172**, 235
ハゲタカジャーナル 124, **309**
バズフィード（BuzzFeed） **171**
バズる **171**
8月ジャーナリズム **127**
ハッカー 96, **127**, 156, 165
ハッキング **127**, 165
パックジャーナリズム **147**
ハッシュタグ／ハッシュ **127**, 242, **311**
発表報道 **117**, 147
バーティカルメディア **172**
パナマ文書 68, 118, **309**
パノプティコン **128**
ハーバーマス，J. 12, 64, 91, 92, 95, **101**, 106
パパラッチ **195**
パブリシティ **226**, 233, 235
パブリックアクセス **187**
パブリック・アクセス・チャンネル 177, **188**, 223
パブリックエディター **67**
パブリックコメント／パブコメ **205**
パブリックジャーナリズム **68**, 125, **128**
パブリックディプロマシー **232**
パブリックドメイン **128**
ハラスメント 109, **312**
ハリウッド 32, **280**, 312
ハリウッド（米国）映画 77, 232, 238, 242, 247, 249
パワハラ／パワーハラスメント 111, **312**, 313
ハルバースタム，D. 126, 269, **285**
番審審議機関（番審） **188**
万国著作権条約 **128**
犯罪報道 27, **146**
BS放送 **179**, 181
皮下注射効果（理論） 14, 84, **272**
ビッグデータ 1, 8, 89, 123, **129**, 157, 164, 165
ビブリオバトル **310**
ピュリッツァ賞 28, **130**, 198
表現規制 **188**
表現の自由 66, **90**, 98, 162, 253, 276, 300, 313-15
貧困ジャーナリズム **205**
ファクトチェック **130**, 169, **311**
ファストジャーナリズム **110**
ファブレス **131**
フィクション **125**
フィッシング 95, **131**, 163, 165
VDT症候群 **291**
フィルターバブル 3, 65, **158**
風評被害 2, 254, 264, **266**
フェイスブック（Facebook） 95, 156, 159, **161**, 277
フェムバタイジング **232**
フォト（写真）ジャーナリズム **131**
フォロワー 11, 15, 80, 81, **84**, 85
不正アクセス **79**, 170, 172
不正アクセス禁止法 **79**, 162, 163, 172
不文律 92, **132**, 136
プライバシー 19, 82, 108, **109**
プライバシーの権利 **132**
ブラウザ 156, **173**, 174
プラットフォーマー 123, 161, **163**, 308
プラットフォーム 58, 95, 102, 155, 159, 166, 192, **307**, 310
フランクフルト学派 91, **250**
フリーランス 54, 146, 245, **282**, 310
プリン，S. 277, 278
プレスオンブズマン **132**
プレス苦情処理委員会（PCC）[英] **77**
プレスの自由 42, 65, 101, **133**, 253
　―の5類型 **266**
プレスの自由委員会 65, 67, 90, **133**, 274
フレーミング **149**
ブログ 19, 26, 54, 159, **173**
フローチャート **233**
ブロックチェーン 160, **173**
ブロードウェイ **247**
プロパガンダ 12, **134**, 252, 254, 272
文化相対主義 **116**
文化帝国主義 **134**, 153, 192, 242, 254
文庫本 **210**
ペイジ，L. 277, **278**
ヘイトクライム **248**, 310, 316
ヘイトスピーチ **310**, 316
ヘゲモニー理論 252, **268**
ベゾス，J. 277, **278**
ベック，U. 153, **154**
ベルヌ条約 **128**
編集権 117, **148**, 206, 316
編集プロダクション（編プロ） **219**
ペンタゴンペーパーズ 117, **268**, 274
放映権料 **189**, 248
放送基準 **144**, 177, 228
放送禁止用語 **144**
放送史初期事情[米] **189**
放送法 23, 66, 99, 112, 127, **136**, 141, 144, 177, 188, **190**, 228, 300, 307, 313
放送倫理基本綱領 **5**
放送倫理・番組向上機構（BPO） 99, 102, 150, 188, **191**
報道協定 **136**
報道審議機関 **188**
報道の危機管理 **138**
脱真実（ポストトゥルース）の時代 53, 169, **311**
ポータルサイト **173**, 205, 230
ポピュラー音楽 **248**
ポピュラーカルチャー 73, **249**, 276
ポピュリズム 53, 80, 86, 97, **138**
ホール，S. 255, **268**
ポルノグラフィー（ポルノ） 3, **138**, 166
■ま行
マクルーハン，M. 88, 158, **286**
マーケティング 2, 81, 123, 225, **233**, 316
マスゴミ **269**
マスコミ4媒体 **139**, 143, 229
マスコミ倫理懇談会全国協議会 **207**
マスメディア **139**
マックレーキング **28**
マードック，R. 149, **287**
まとめサイト 90, 139, **173**
マルウェア 95, 170, **174**
マンガ，マンガ文化 48, 73, 165, 213, 217, 237, 244, **283**
#MeToo 111, **311**

ミドルメディア **139**
ミニコミ誌 **219**, **246**
MIMAサーチ **139**
宮崎駿 51, **288**
民放 125, 144, 177, 185, 191, **192**, 202
ムーア, M. **281**
名誉毀損 102, 132, **141**, 163, 311
メタジャーナリズム **270**
メディア
　研究・関連学会［世界］ **262**
　研究・関連学会［日本］ **266**
　イギリスの—— **76**
　越境する—— **254**
　韓国—— **256**
　米国—— **308**
　若者の——利用 **316**
　——と権力 15, 54, 65, 91, 99, **143**, 223
　——と国家 **145**
　——の社会的責任 30, 61, 64, 90, **133**
　——の内部的自由 **148**
メディアイベント 60, 305, **312**
メディアインテリジェンス **141**
メディア化 59, 60, 64, **141**
メディア規制三法 **207**
メディア研究の課題 6, 10, **59**, 270
メディア効果研究の諸理論 **272**
メディアコミュニケーション教育［米］ **135**
メディア産業 13, 31, 55, **143**
メディア政策 113, **150**
　EUの—— **79**, 193
　GHQの—— **98**
メディア接触 **256**［韓］, **263**［中］
メディア体験 **6**
メディア批評 **148**, 152
メディア批評誌 **219**
メディアフレーム **149**
メディアミックス **149**, 238
メディア欄 **148**, 206
メディアリテラシー 63, 102, **149**, 175, 179, 187, 224
モッキンバード作戦 269, **273**
モノのインターネット（IoT） 1, 8, 38, 122, **150**, 155, 165
モラルハザード **313**
■や行
闇サイト **166**
やらせ 102, 125, **150**, 179, 315
有価証券報告書 87, 91, **313**
夕刊紙 97, 200, **226**
ユーチューブ（YouTube） 35, 156, 230, 235, 257, **300**
ユーチューバー 168, 237, **242**
UDトーク **152**
ユニバーサルサービス **40**
ユネスコ・マスメディア基本原則宣言 61, 91, **152**, **302**
ユビキタス社会 **106**
ヨーロッパ（英独仏）の放送法制 **193**
4K/8K 35, 174, 181, **183**
■ら行
LINE 2, 123, 155, 159, 168, 172, **316**

落語 241, 246, **247**
ラジオ 183, 186, **272**
ラップ 87, **153**
ランサムウェア **163**
リアリティショー／リアリティテレビ **194**
リーヴィズム／反商業文化主義 13, **252**
リスク社会 39, **153**
リーチサイト **154**
リップマン, W. 109, 113, 272, **289**
リップマン-デューイ論争 **274**
リトルプレス 93, **94**
リテラリージャーナリズム **110**
リベンジポルノ防止法 **314**
流言 83, **124**
倫理基準 **169**
倫理綱領 5, 15, 66, 89, 112, 199, 204, 228, **313**
ルポ／ルポルタージュ 125, 126, 198, **220**
歴史修正主義・自由主義史観 311, **315**
連邦通信委員会（FCC）［米］ 92, 161, 187, **275**
ローカル報道 **194**
ロールズ, J. **106**
ロングフォームジャーナリズム **131**
■わ行
猥褻 **138**
ワイドショー 81, 113, 175, 182, **195**
惑星的カルチュラルスタディーズ **275**
忘れられる権利 **276**
ワンセグ放送 181, **195**
■a～z
AEJMC **263**
AI（Artificial Intelligence） 1, 6, 38, 64, 140, 157, 165, 173, **260**
AISAS 16, **229**
AR（Augmented Reality） 33, **157**, 240
ASP（Application Service Provider） 95, **160**
BBS（Bulletin Board System） **172**
BI（Brand Identity） **229**
Blu-ray Disc **174**
CI（Corporate Identity） **229**
CM（Commercial Message） 31, 224, 225, 227, **230**, 233
DTP **209**, 245
FANG **288**, 308
GAFA（Google/Apple/Facebook/Amazon.com） 62, 159, 161, **278**
ICA（International Communication Association） **262**
ICT（情報通信技術） 8, 128, **140**, 291, 310
ISBN（国際標準図書番号） **209**
LGBT 70, 71, 74, 110, 301, **316**
MR（Mixed Reality） **157**, 240
Ofcom（Office of Communications）［英］ **133**, 175, 193
SIPS **229**
SNS（Social Networking Service） **158**, 167
SSD（Solid State Drive） **174**
VI（visual identity） **229**
VR（Virtual Reality） 33, **157**, 240
Whois **174**

編者紹介

渡辺武達(わたなべ・たけさと)
1944年,愛知県に生まれる。同志社大学名誉教授。
著作は,『メディア・トリックの社会学』(世界思想社, 1995),『メディア・リテラシー』(ダイヤモンド社, 1997),『メディアと情報は誰のものか』(潮出版社, 2000),『市民社会と情報変革』(第三文明社, 2001), *A Public Betrayed* (共著, Regnery Publishing, 2004),訳書に米国プレスの自由調査委員会『自由で責任あるメディア』(論創社, 2008) など。

金山 勉(かなやま・つとむ)
1960年,山口県に生まれる。現在,立命館大学産業社会学部教授。
著作は,『ブッシュはなぜ勝利したか——岐路にたつ米国メディアと政治』(花伝社, 2005),『やさしいマスコミ入門——発信する市民への手引き』(共著,勁草書房, 2005),『ネット時代のパブリック・アクセス』(共編著, 世界思想社, 2011) など。

野原 仁(のはら・ひとし)
1966年,岐阜県に生まれる。現在,岐阜大学地域科学部教授。
著作は,『メディアの法理と社会的責任』(共著, ミネルヴァ書房, 2004),『番組はなぜ改ざんされたか——「NHK・ETV事件」の深層』(共著, 一葉社, 2006),『メディア用語基本事典』(共編著, 世界思想社, 2011),『メディア学の現在〔新訂第2版〕』(共著, 世界思想社, 2015) など。

メディア用語基本事典〔第2版〕

2019年5月10日 第1刷発行　　　定価はカバーに表示しています

編者　渡辺武達（わたなべ たけさと）
　　　金山　勉（かなやま つとむ）
　　　野原　仁（のはら ひとし）

発行者　上原寿明

世界思想社

京都市左京区岩倉南桑原町56　〒606-0031
電話 075(721)6500
振替 01000-6-2908
http://sekaishisosha.jp/

© 2019 T. WATANABE, K. KANAYAMA, H. NOHARA
Printed in Japan　　　　　　　　（共同印刷工業・藤沢製本）

落丁・乱丁本はお取替えいたします。

JCOPY 〈(社)出版者著作権管理機構 委託出版物〉

本書の無断複写は著作権法上での例外を除き禁じられています。複写される場合は,そのつど事前に,(社)出版者著作権管理機構(電話 03-5244-5088, FAX 03-5244-5089, e-mail: info@jcopy.or.jp)の許諾を得てください。

ISBN978-4-7907-1732-4

世界思想社既刊書より

メディア学の現在〔新訂第2版〕
渡辺武達・田口哲也・吉澤健吉 編／本体2,300円

メディア・情報・消費社会（社会学ベーシックス6）
井上 俊・伊藤公雄 編／本体2,000円

現代ジャーナリズムを学ぶ人のために〔第2版〕
大井眞二・田村紀雄・鈴木雄雅 編／本体2,300円

メディアは社会を変えるのか
津田正太郎 著／本体2,500円

ポスト・モバイル社会
富田英典 編／本体3,600円

ニュース空間の社会学
伊藤守・岡井崇之 編／本体2,500円

メディアとコミュニケーションの文化史
伊藤明己 著／本体2,300円

はじめてのメディア研究―「基礎知識」から「テーマの見つけ方」まで
浪田陽子・福間良明 編／本体2,200円

テレビ・コマーシャルの考古学―昭和30年代のメディアと文化
高野光平・難波功士 編／本体3,000円

メディアを教える―クリティカルなアプローチへ
L. マスターマン 著・宮崎寿子 訳／本体3,800円

ジャーナリズムの政治社会学―報道が社会を動かすメカニズム
伊藤高史 著／本体2,200円

広告のクロノロジー―マスメディアの世紀を超えて
難波功士 著／本体2,000円

＊本体価格（税別）2019年4月現在